# विज्ञापन और जनसम्पर्क

*(नई शिक्षा नीति के पाठ्यक्रमानुसार)*

# विज्ञापन और जनसम्पर्क

## Advertisement And Public Relations

(नई शिक्षा नीति के पाठ्यक्रमानुसार)

**डॉ. मुक्ति नाथ झा**

*परास्नातक*

*(राजनीतिशास्त्र, रसियन, पत्रकारिता एवं जनसंचार) पीएच.डी.*

**सुधांशु श्रीवास्तव**

*परास्नातक*

*प्रबन्धनशास्त्र पत्रकारिता एवं जनसंचार*

लोकभारती प्रकाशन

**लोकभारती प्रकाशन**
पहली मंजिल, दरबारी बिल्डिंग, महात्मा गान्धी मार्ग
प्रयागराज-211 001
वेबसाइट: www.lokbhartiprakashan.com
ईमेल : info@lokbhartiprakashan.com

**शाखाएँ :** 1-बी, नेताजी सुभाष मार्ग, दरियागंज
नई दिल्ली-110 002
अशोक राजपथ, साइंस कॉलेज के सामने
पटना-800 006
1, अनमोल सोराबजी संतुक लेन, मरीन लाइंस
मुम्बई-400002

मूल्य: ₹ 795

**पहला संस्करण :** 2023

**ग्राफिक ऑफसेट**
प्रयागराज द्वारा मुद्रित

VIGYAPAN AUR JANSAMPARK
*by* Dr. Mukti Nath Jha
Sudhanshu Srivastava

ISBN : 978-93-93603-82-1

परम पूज्यनीय, सदा श्रद्धेय अपने बड़का चाचा

**श्री श्याम किशोर लाल जी**

के श्री चरणों में

समर्पित

# विषयसूची

**1**

# विज्ञापन

## (Advertisement)

### विज्ञापन की अवधारणा

### (Concept of Advertisement)

आज विज्ञापन हमारे चारों ओर छाया हुआ है इसे अनदेखा और अनसुना करना किसी के वश में नहीं है। विज्ञापन शब्द उच्चारित होते ही हमारे मस्तिष्क में ऐसे सन्देशों की छवियाँ अंकित हो जाती हैं जिनमें से अधिकांश का उद्‌देश्य किसी वस्तु, सेवा या विचार को बढ़ावा देना होता है। आज सर्वत्र विज्ञापनों का साम्राज्य है, इनकी व्यापकता और सार्वभौमिकता को देखते हुए आज के युग को 'विज्ञापन युग' की संज्ञा दी जा सकती है। विज्ञापन हमारे सामाजिक, आर्थिक एवं व्यक्तिगत जीवन से इतनी घनिष्ठता से जुड़ गए हैं कि उनके बिना रह पाना अधूरा-सा लगता है।

विज्ञापन आज के प्रतिस्पर्धापूर्ण युग में एक साधन ही नहीं बल्कि एक बड़े व्यवसाय के रूप में विकसित हो गया है क्योंकि बड़ी-बड़ी कम्पनियाँ अपने उत्पाद को अधिक-से-अधिक उपभोक्ताओं तक पहुँचाने के लिए नियमित रूप से विज्ञापन पर ढेर सारा पैसा खर्च करती हैं। अत: भारत में भी अन्य पश्चिमी देशों की तरह अनेक विज्ञापन एजेंसियाँ इसे व्यवसाय के रूप में विकसित करके अच्छा खासा धन अर्जन कर रही हैं। विज्ञापन ने अनेक व्यक्तियों को रोजगार उपलब्ध कराने की क्षमता भी पैदा कर ली है। विज्ञापन एक अनिवार्य सामाजिक संस्था के रूप में उभरकर सामने आया है जो सूचना, सेवा, मार्गदर्शन के अतिरिक्त गतिशीलता का संचार करके जीवन को जीवन्त बना सकता है और दूसरी ओर उत्पाद के क्रय-विक्रय के चक्र को निरन्तर बनाए रखकर आर्थिक विकास का अनिवार्य अंग बन गया है। किसी उत्पाद या सेवा को बेचने अथवा परिवर्तित करने के उद्‌देश्य से किया जानेवाला संचार विज्ञापन कहलाता है अर्थात् उत्पादित वस्तु या सेवा को लोकप्रिय बनाने के लिए और इसकी आवश्यकता को महसूस कराने का कार्य विज्ञापन कहलाता है। विज्ञापन एक लाभदायक व्यवसाय संचालन करने के लिए, व्यवसायियों के साथ सफलतापूर्वक प्रतिस्पर्धा करने के लिए और अपने अभियान में कारपोरेट प्रबन्धन के लिए उपलब्ध सबसे शक्तिशाली उपकरणों में से एक है। विज्ञापन संचार (Communication) का एक रूप है। विज्ञापन को और अधिक स्पष्ट करने के लिए कह

सकते हैं कि यह एक विशेष प्रकार का संचार है जिसमें विज्ञापन एक समारोह (Celebration) है साथ ही यह एक सहायक गतिविधि है जो उत्पादन की सम्भावना को बढ़ाते हुए बिक्री की प्रक्रिया को पहले से और अधिक कुशल बनाता है।

## विज्ञापन का उद्देश्य
## (Objective Of Advertisement)

विज्ञापन का प्रमुख उद्देश्य उपभोक्ता को अपनी ओर आकर्षित करना है। विज्ञापन वाणिज्य का एक महत्त्वपूर्ण अंग होने के साथ ही समाचार पत्रों की आय का महत्त्वपूर्ण साधन भी है। किसी नए उत्पाद की अपने ग्राहकों को जानकारी देना, अपने उत्पादों की विशेषताओं से ग्राहकों को अपनी ओर आकर्षित करना, अपने उत्पाद के प्रचार के लिए वातावरण तैयार करना, अपने विशेष उत्पाद के विरोधियों के तर्कों को काटना, जनमत कराना आदि अनेकों कार्य विज्ञापन के माध्यम से ही सम्पन्न किए जाते हैं। इस प्रकार हम कह सकते हैं कि किसी भी नए उत्पादों के प्रचार एवं प्रसार के लिए विज्ञापन का अत्यन्त महत्त्वपूर्ण स्थान है। जनसंचार माध्यम को आर्थिक दृष्टि से सम्पन्न बनाने का एक उचित और सर्वश्रेष्ठ साधन है विज्ञापन। विज्ञापन संचार का एक सशक्त माध्यम है और संचार का सशक्त माध्यम होने के कारण विज्ञापन किसी भी वस्तु की बिक्री बढ़ाने या उसके पक्ष के लिए जनमत जुटाने में सहायक होती है लेकिन यहाँ अवश्य ध्यान देना चाहिए कि विज्ञापन किसी वस्तु की बिक्री नहीं कर सकता बल्कि वह सिर्फ बिक्री में और जनमत जुटाने में ही सहायक होता है।

## विज्ञापन की परिभाषा
## (Definition of Advertisement)

विज्ञापन विक्रय कला का एक नियन्त्रित संचार माध्यम है जिसके द्वारा उपभोक्ताओं को दृश्य, श्रव्य, सूचना इस उद्देश्य से प्रदान की जाती है कि वह विज्ञापनकर्ता की इच्छा के अनुरूप अपने विचार, सहमति, अपने कार्य अथवा अपना व्यवहार करने लगे अर्थात् उत्पादित वस्तुओं को लोकप्रिय बनाने तथा उसकी आवश्यकता महसूस कराने का कार्य विज्ञापन करता है। अनेक विद्वानों ने अपने-अपने अनुसार विज्ञापन को परिभाषित किया है –

एस.आर. हॉल के अनुसार, "विज्ञापन लिखित, मुद्रित या चित्रित विक्रय कला है अथवा लिखित, मुद्रित या चित्रों के माध्यम से सूचना का प्रसारण है।"

व्हीलर के अनुसार, "विज्ञापन लोगों को क्रय करने के उद्देश्य से विचारों, वस्तुओं, सेवाओं का प्रस्तुतीकरण है जिसका भुगतान किया जाता है।"

अमेरिकन मार्केटिंग एसोसिएशन के अनुसार, "एक निश्चित विज्ञान द्वारा व्यक्तिगत रूप से विचारों, वस्तुओं या सेवाओं को प्रस्तुत करने तथा विक्रय संवर्धन (Sales Promotion) करने का एक प्रारूप है जिसके लिए विज्ञापनदाता द्वारा भुगतान किया जाता है।"

फ्रैंक ब्रेस बी. के अनुसार, "विज्ञापन मुद्रित, लिखित, उच्चारित अथवा चित्रित विक्रय कला है।"

गार्डनर के अनुसार, "विज्ञापन किसी उत्पाद के विपणन तथा उसके उत्पाद की गति को बनाए रखने का माध्यम है। विज्ञापन वस्तु अथवा सेवाओं की बिक्री का महत्त्वपूर्ण साधन है जबकि इसका कार्य मात्र सूचना देना है लेकिन सूचना देने के साथ ही विज्ञापन में एक ऐसी प्रेरणा होती है जिससे उपभोक्ता या ग्राहक के मन में ऐसी भावना उत्पन्न हो जाए कि वह उस वस्तु या सेवाओं को खरीदने के लिए प्रेरित हो सकें।"

Philip Kotler—"Advertisement is any paid form of non-personal presentation and promotion of goods, services or ideas by an identified sponsor.

Frank Presbrey– "Advertising is a printed, written, oral and illustrated art of selling."

W.J.Stanton– "Advertising consists of all the activities involved in presenting to a group a non-personal, oral or visual, openly sponsored message regarding a product, service or idea,"

J.K.Galbraith—"Advertising and the sales promotion activities of firms create wants for people, which makes them consume more without making them better off because their wants were artificially created."

London School of Advertising—"Advertising is the nonpersonal communication of information usually paid for and usually persuasive in nature about products."

Wheeler-—"Advertising is any form of paid non-personal presentation of ideas, goods or services for the purpose of inducing people to buy."

The Advertising Practitioners Council of Nigeria—"A form of communication through the media about products, services or ideas paid for by an identified sponsor."

The Times Of India—"Advertisement is the paid communication tool or message in a marketing and Advertising campaign that, when used effectively will increase awareness, interest and potential customer's desire for products or services".

किसी भी समाचार पत्र-पत्रिका, टेलीविजन, रेडियो, न्यूज़ पोर्टल आदि के लिए विज्ञापन उसकी रीढ़ होती है, इस प्रकार की कोई भी संस्था बिना विज्ञापन के नहीं चल सकती है। किसी भी व्यवसाय या उद्योग में विज्ञापन के महत्त्व को कहीं भी कमतर नहीं आँका जा सकता है। विज्ञापन का महत्त्व इतना व्यापक हो गया है कि वह समाज की निरन्तर बढ़ती हुई

आवश्यकताओं के साथ इस प्रतियोगी बातावरण में वस्तु की गुणवत्ता, उपयोगिता तथा उत्तमता का निर्णायक एवं परामर्शक सिद्ध होता है। अतः हम निस्सन्देह कह सकते हैं कि वर्तमान समय में विज्ञापन, जीवन एवं व्यवसाय का महत्त्वपूर्ण अंग बन चुका है।

सामान्य से कुछ अलग, कुछ विशेष आकर्षण होना विज्ञापन की प्रथम शर्त है। जिस उत्पाद अथवा वस्तु का विज्ञापन किया जा रहा है उसकी मुख्य विशेषता विज्ञापन में होनी चाहिए जिससे लोगों में उस विज्ञापन के प्रति धारणा स्थापित करने में कोई रुकावट न पैदा हो। विज्ञापन का मुख्य उद्देश्य उसकी बिक्री में सुधार लाने के लिए अनुकूल माहौल बनाना है, ग्राहकों को उत्पाद और ब्रांड के बारे में याद दिलाना है, विज्ञापन नए ग्राहकों को उत्पाद खरीदने के लिए प्रेरित करता है क्योंकि यह हमेशा सम्भव नहीं हो सकता है कि कोई ग्राहक अपना बहुत दिन से इस्तेमाल किए जानेवाला ब्रांड तुरन्त एक विज्ञापन के कारण ही बदल दे लेकिन यदि वह विज्ञापन बार-बार उस उपभोक्ता को प्रेरित करेगा, बार-बार उसे एक नएपन का एहसास दिलाएगा साथ ही यदि उस कम्पनी का उत्पाद भी अच्छा होगा तो निस्सन्देह आज नहीं तो कल वह उपभोक्ता, उस विज्ञापन को देखते हुए उस उत्पाद को खरीद कर उपयोग करने की इच्छा व्यक्त करेगा।

## विज्ञापन के प्रकार और कार्य

### (Types of Advertisement and Function)

विज्ञापन किसी विशेष प्रस्तुति के बिना, किसी व्यक्तिगत प्रस्तुति और विचारों, वस्तुओं या सेवाओं के प्रचार का भुगतान किया हुआ रूप है। यदि उत्पाद वर्ग नया है और कम्पनी बाजार में उपलब्ध सर्वोत्तम उत्पाद (Market Leader) नहीं है लेकिन उसके उत्पाद उपलब्ध श्रेष्ठ ब्रांड (Brand Leader) से बेहतर हैं तो विज्ञापन का उद्देश्य अपने ब्रांड की श्रेष्ठता और गुणवत्ता से बाजार को आश्वस्त कराना होता है। किसी उत्पाद का विज्ञापन देकर उसके प्रचार-प्रसार को बढ़ाते हुए उसकी बिक्री को बढ़ाया जा सकता है परन्तु यह यक्ष प्रश्न है कि उस उत्पाद का प्रचार एवं प्रसार के लिए कौन-सा माध्यम चुना जाए। विज्ञापन देने के लिए उसका माध्यम उस संस्था द्वारा पूर्व में ही निर्धारित कर लिया जाता है। प्रत्येक संस्था या कम्पनी की यही इच्छा होती है कि उसके उत्पाद का विज्ञापन इस प्रकार हो कि वह उपभोक्ताओं और ग्राहकों को अधिक-से-अधिक आकर्षित कर सके और उसकी बिक्री बढ़ सके। इसी परिप्रेक्ष्य में किसी उत्पाद का विज्ञापन कराने के लिए निम्नलिखित माध्यम पर विज्ञापन दिए जा सकते हैं—

1. टेलीविजन विज्ञापन (TV Advertisement)
2. इन्फॉमेडियल विज्ञापन (Infomedial Advertisement)
3. रेडियो विज्ञापन (Radio Advertisement)
4. ऑनलाइन विज्ञापन (Online Advertisement)
5. न्यू मीडिया विज्ञापन (New Media Advertisement)
6. उत्पाद प्लेसमेंट (Product Placement Advertisement)
7. प्रेस बिलबोर्ड विज्ञापन (Press Billbord Advertisement)

8. विज्ञापन मोबाइल बिलबोर्ड (Mobile Billbord Advertisement)
9. इनस्टोर विज्ञापन (Instore Advertisement)
10. इनस्ट्रीट विज्ञापन (Instreet Advertisement)
11. आउटडोर विज्ञापन (Outdoor Advertisement)
12. सेलिब्रिटी ब्रांडिंग विज्ञापन (Celebrity Branding Advertisement)
13. उपभोक्ता रेटेड विज्ञापन (Consumer Rated Advertisement)
14. विक्रय संवर्धन विज्ञापन (Sales Promotion Advertisement)

वस्तु, उत्पाद अथवा सेवा की प्रकृति के आधार पर ही निश्चित किया जा सकता है कि अमुक विज्ञापन को किस प्रकार प्रदर्शित किया जाए कि जन सामान्य उस वस्तु या सेवा की माँग में वृद्धि प्रदान कर सकें। विज्ञापन के कुछ प्रकार निम्नलिखित हैं –

### 1. उत्पाद विज्ञापन (Product Advertisement)

उत्पाद विज्ञापन में किसी विशेष ब्रांड की तुलना में कम्पनी के उसी उत्पाद का उपयोग करने पर जोर दिया जाता है जिसका विज्ञापन दिखाया जा रहा है। एक समय ऐसा आता है जिसका विज्ञापन दिखाया जा रहा है उसी कम्पनी के उत्पाद का उपयोग करने की उपभोक्ताओं को आदत हो जाती है और वही उत्पाद लोगों की प्राथमिक माँग (First Preference) बन जाता है, इसे ही उत्पाद विज्ञापन कहते हैं।

### 2. संस्थागत विज्ञापन (Institutional Advertisement)

संस्थागत विज्ञापन में कोई कम्पनी अथवा संस्था अपनी छवि और सेवाओं पर अधिक ध्यान केन्द्रित करते हुए लोगों के बीच ज्यादा सम्मान पाने की कोशिश करती है। इसका उद्देश्य शेयरधारकों और उपभोक्ताओं के बीच कम्पनी की अच्छी साख का निर्माण करना होता है।

### 3. प्राथमिक माँग विज्ञापन (Primary Demand Advertisement)

प्राथमिक माँग विज्ञापन में जब कोई नया उत्पाद बाजार के लिए पेश किया जाता है तो यह विज्ञापन ऐसे उत्पादों की प्राथमिक माँग के निर्माण पर केन्द्रित होता है।

### 4. प्रतिस्पर्धी विज्ञापन (Competitive Advertisement)

प्रतिस्पर्धी विज्ञापन में प्रतियोगी अपने कम्पनी के उत्पाद के अलावा, दूसरी प्रतियोगी कम्पनी के उत्पादों के स्थान पर निर्माता अपने ब्रांड की वस्तु, उसके मूल्य और उसकी गुणवत्ता आदि पर ही अधिक जोर देता है।

### 5. तुलनात्मक विज्ञापन (Comperative Advertisement)

तुलनात्मक विज्ञापन में विभिन्न कम्पनियाँ अपने उत्पादों के साथ एक-दूसरे की लागत पर गलाकाट (Throatcut) प्रतियोगिता करते हुए, एक-दूसरे के व्यापार, ग्राहक, उपभोक्ता, बाजार आदि पर कब्जा जमाने के लिए करती हैं, इसे ही तुलनात्मक विज्ञापन कहा जाता है।

**6. वाणिज्यिक विज्ञापन (Commercial Advertisement)**

वाणिज्यिक विज्ञापन को व्यावसायिक विज्ञापन भी कहा जाता है इसका उद्देश्य उत्पाद की बिक्री या व्यवसाय को बढ़ाना है।

**7. गैर-वाणिज्यिक विज्ञापन (Non-Commercial Advertisement)**

गैर-वाणिज्यिक विज्ञापन की श्रेणी में दान और शैक्षणिक संस्थाओं के विज्ञापन आते हैं, इसमें इस तरह का विज्ञापन देने का प्रयास किया जाता है कि दानदाता स्वयं बुलाकर उस कम्पनी या संस्था के अच्छे धर्मार्थ कार्यों को देखते हुए पैसे दे सकें।

## विज्ञापन के कार्य

### (Function Of Advertisement)

पूँजीवादी देशों में बहुआयामी उत्पादक संस्थानों के बीच प्रतिस्पर्धा के स्तर पर उत्पादों की गुणवत्ता उत्तम और शिष्टता की स्वीकृति उपभोक्ता से प्राप्त करने के लिए विज्ञापन ही एकमात्र आधार होता है इसलिए कहा जाता है कि विज्ञापन पूँजीवादी देशों की ही देन है। विज्ञापन का सर्वप्रमुख कार्य है नवीन वस्तुओं और सेवाओं की सूचना देना। विज्ञापन किसी वस्तु की उपयोगिता एवं क्षमता को बताते हुए उसकी ओर लोगों का ध्यान आकर्षित कराता है। उपभोक्ताओं के लिए जिस वस्तु अथवा उत्पाद का विज्ञापन किया जा रहा है उसके प्रति उपभोक्ताओं में रुचि तथा विश्वास उत्पन्न कराना है। विज्ञापन उपभोक्ता की स्मृति को प्रभावित करता है। विज्ञापन के माध्यम से ही किसी विशेष छूट आदि की जानकारी उपभोक्ताओं को दी जाती है जिसके परिणामस्वरूप जिस वस्तु का विज्ञापन दिखाया जा रहा है उसकी माँग में वही उपभोक्ता वृद्धि करता है।

## विज्ञापन का मूल्याँकन

### (Evaluation of Advertisement)

किसी निर्माता या संस्था का विज्ञापन प्रभावोत्पादक है या नहीं इस बात का पता लगाना अत्यन्त आवश्यक कार्य होता है। यदि वस्तु या सेवा जिसका विज्ञापन किया जा रहा है उसकी माँग में वृद्धि हो रही है तो निस्सन्देह यही समझा जा सकता है कि किया जा रहा विज्ञापन प्रभावशाली है। विज्ञापन करने का उद्देश्य होता है कि नई या पुरानी वस्तु अथवा सेवा की बाजार में निरन्तर वृद्धि होती रहे।

एक प्रसिद्ध अमेरिकी डिपार्टमेंटल स्टोर के मालिक का कहना है कि मुझे पता है कि आधे पैसे जो मैं विज्ञापन पर खर्च करता हूँ वह बेकार में करता हूँ लेकिन मैं निश्चित रूप से जानता कि इनमें से कौन-सा आधा व्यर्थ में खर्च किया जा रहा है इसलिए विज्ञापनों की प्रभावशीलता का निरन्तर विश्लेषण किया जाना चाहिए। विज्ञापन में वाणिज्यिक कम्पनियों की प्रभावशीलता अनुसन्धान द्वारा निर्धारित किए जाने में विशेष रूप से यह पता लगाते हैं कि वह इस कम्पनी के बारे में वास्तव में क्या जानते हैं, वह उस कम्पनी के किसी उत्पाद या सेवा का कितना लाभ

उठाते हैं, उस कम्पनी के उत्पाद में वह क्या पसन्द करते हैं और क्या उन्हें नापसन्द है साथ ही इसमें क्या बदलाव किया जाना चाहिए।

हाल के कुछ वर्षों में कारपोरेट विज्ञापन जिसे ब्रांडेड विज्ञापन भी कहते हैं, के उपयोग पर जोर दिया जाने लगा है। ऐसा उस कम्पनी की छवि को बेहतर बनाने के लिए डिजाइन किया जाता है साथ ही कारपोरेट विज्ञापनों से अन्य लक्ष्य भी प्राप्त करने का प्रयास किया जाता है। जैसे—जिस कम्पनी का विज्ञापन किया जा रहा है उस कम्पनी और उसकी गतिविधियाँ, बाजार में उस कम्पनी का स्थान, उसके शेयरों के मूल्य में वृद्धि, कर्मचारियों के नैतिक सिद्धान्तों को मजबूत करने के साथ-साथ एजेंटों, डीलरों और ग्राहकों के बीच एक अच्छा सह–सम्बन्ध (Co-relation) स्थापित करने का प्रयास किया जाता है।

2

# विज्ञापन एजेंसी

## (Advertisement Agency)

विज्ञापन एजेंसी ऐसी सेवाओं का व्यापार है जिसमें अपने ग्राहक के लिए विज्ञापन बनाना उनका नियोजन करना शामिल है। विज्ञापन एजेंसी ग्राहक से पूर्ण रूप से स्वतन्त्र होती है और ग्राहक को उत्पादों या सेवाओं को बेचने के लिए अलग-अलग अपना नजरिया प्रदान करती है। विज्ञापन एजेंसी हमेशा यह देखती है कि कोई कम्पनी किस प्रकार के उत्पाद का विज्ञापन कराना चाहती है वह उस कम्पनी या अपने ग्राहक (Client) से मिलकर उनके साथ सभी बातों पर समाधान खोजने का प्रयास करती है और उस कम्पनी के बजट के अनुसार अपने प्रचार अभियान का प्रारम्भ करने की बात करती है। कहने का तात्पर्य यह है कि अगर कोई भी वस्तु जिस उम्र के लोगों के लिए है, उसी के अनुरूप उसका विज्ञापन किया जाना आवश्यक है अर्थात् यदि कम पढ़े लिखे लोगों के लिए कोई उत्पाद है तो मुनादी करवा करके या डुगडुगी बजा करके विज्ञापन कराने का कार्य करना चाहिए या फिर रिक्शे पर ध्वनिविस्तारकयन्त्र (Loudspeaker) लगा कर विज्ञापन करने का कार्य किया जा सकता है लेकिन उस उत्पाद का सम्भावित उपभोक्ता यदि पढ़ा-लिखा है तो उसको अंग्रेजी या हिन्दी समाचार पत्र में, यदि राष्ट्रीय स्तर का वह उत्पाद है तो राष्ट्रीय स्तर के समाचार पत्र में, टेलीविजन, रेडियो पर दिया जाना चाहिए। यह सब कुछ विज्ञापन एजेंसी अपने ग्राहक (Client) के लिए बैठकर, उसके साथ संवाद स्थापित करके नतीजे पर पहुँच सकता है। विज्ञापन एजेंसी में विज्ञापन विशेषज्ञों, उस विज्ञापन की बिक्री की व्यवस्था, उसकी सामग्री व्यवस्था, संचार व्यवस्था से सम्बन्धित लोगों का एक समूह होता है। विज्ञापन एजेंसियाँ अपने साथ कुछ जनसम्पर्क अधिकारियों का समूह भी रखती हैं जिससे वह नए ग्राहकों से मिल कर, उनके लिए विज्ञापन तैयार कर सकें और उनको सेवाएँ प्रदान कर सकें। विज्ञापन करनेवाली संस्थाओं को जो कम्पनी या संस्थाएँ उन से काम लेते हैं बदले में वह उनकी सृजन प्रतिभा और अन्य सेवाओं के बदले में विज्ञापन एजेंसियों को उसकी अनुमानित लागत भी देते हैं अर्थात् उस विज्ञापन कार्य में कितना खर्चा आ जाएगा यह सब कुछ विज्ञापन एजेंसी और वह कम्पनी बैठकर पहले ही तय कर लेती हैं जिससे बाद में कोई समस्या न आए। सबसे पहले विज्ञापन एजेंसी अपने विज्ञापनकर्ता के उत्पादों का अध्ययन करती है कि

वह किस तरह के उत्पाद बनाता है और किस तरह से बाजार में उनके उत्पाद को प्रभावशाली ढंग से विज्ञापन कराया जा सकता है। विज्ञापन एजेंसी और विज्ञापनदाताओं के बीच जब सारा निर्णय हो जाता है उसके बाद विज्ञापन एजेंसी उस वस्तु का विज्ञापन करती है जिसके लिए विज्ञापनदाता ने विज्ञापन करवाने के लिए उसका मूल्य अदा किया है। इसके पश्चात विज्ञापन एजेंसी का अन्तिम उद्देश्य अपने विज्ञापनदाता अर्थात् अपने ग्राहक की सेवा के पक्ष में उस वस्तु या सेवा के उपयोगकर्ताओं को प्रेरित करके उन्हें इस प्रकार से तैयार करना होता है कि जिससे उस वस्तु या सेवा जिसका विज्ञापन करवाया जा रहा है उसकी बिक्री में बढ़ोतरी हो सके और विज्ञापनदाताओं को लाभ पहुँचे।

## विज्ञापन एजेंसी के कार्य

### (Advertisement Agency: Function)

विज्ञापन एजेंसी एक कम्पनी की तरह कार्य करती है, विज्ञापन एजेंसी विज्ञापनदाता कम्पनियों के लिए विज्ञापन के उत्पादन, उत्पाद के प्रचार अभियान, उसके लिए सृजन और क्रियान्वयन आदि लगभग सभी पहलुओं का निर्वहन करती हैं जिसके लिए उस विज्ञापन एजेंसी को नियुक्त किया गया है। कुछ विज्ञापन एजेंसी विज्ञापन अभियानों के सभी चरणों को सम्हालती हैं। यह उत्पाद के बाजार अनुसन्धान से लेकर उत्पाद के ब्रांडिंग रणनीति को स्थापित करने, विज्ञापनों के उत्पादन और उन्हें उपयुक्त आउटलेट में रखवाने तक सब कुछ सम्भालती हैं। विज्ञापन एजेंसियों के पास आमतौर पर विज्ञापनदाताओं (Clients) की विज्ञापन की जरूरतों के सभी पहलुओं का पूरा संसाधन होता है। इस प्रकार विज्ञापन एजेंसी कई विभागों से बनती हैं जो प्रत्येक विज्ञापन अभियान को स्थापना से लेकर निष्पादन तक सभी कार्य करते हैं। किसी विज्ञापन एजेंसी का ग्राहक प्रबन्धन विभाग (Client Management Department) अपने जनसम्पर्क अधिकारी और उसके ग्राहकों (Clients) के बीच एक लिंक प्रदान करता है। यह जानकारी अन्य विभागों को दी जाती है जिससे उन्हें ग्राहक बनाने और विज्ञापन एजेंसी को लाभ पहुँचानेवाले अभियान की अनुमति मिलती है। किसी विज्ञापन एजेंसी का एक अन्य अत्यन्त महत्त्वपूर्ण विभाग शोध विभाग (Research Department) है, यह विभाग बाजार के रुझानों और बिक्री के आँकड़ों का विश्लेषण करनेवाले समूहों का संचालन करता है। इस तरह की जानकारी यह तय करने में सहायक होती है कि किसी उत्पाद का कैसे विपणन किया जाना चाहिए और विज्ञापन अभियान के लक्षित दर्शकों को कैसे निर्धारित किया जाना चाहिए। विज्ञापन एजेंसी अपने ग्राहक (Clients) की जरूरतों को स्पष्ट करती है और यह निर्धारित करती है कि उसके उत्पाद का कैसे सबसे अच्छा विज्ञापन किया जा सकता है। विज्ञापन एजेंसी का रचनात्मक विभाग उचित विज्ञापन तैयार करता है, यह विज्ञापन कई रूप ले सकता है जिसमें सचित्र (Photograph) चित्रित (Stil Images) और जीवन्त (Animated) या फिल्माए (Films) गए विज्ञापन शामिल हैं। कई विज्ञापन अभियान इस तरह के और अन्य प्रारूपों के संयोजन का उपयोग करते हैं। इस प्रकार एक विज्ञापन एजेंसी में विशिष्ट रचनात्मक विभाग के साथ एक कलात्मक और बहुमुखी कर्मचारी होता है जो मीडिया की एक विस्तृत श्रृंखला में विज्ञापन तैयार करने में सक्षम

होता है। किसी विज्ञापन के उत्पादन के बाद इसे एक उपयुक्त आउटलेट में रखा जाना चाहिए। एक विज्ञापन एजेंसी का मीडिया सेवा विभाग उस स्थान को खरीदने के लिए जिम्मेदार है जहाँ से उस विज्ञापित वस्तु को ग्राहकों द्वारा आसानी से बिना किसी कठिनाई के देखा जा सकता है। विज्ञापन एजेंसी पत्रिकाओं या समाचार पत्रों, होर्डिंग, रेडियो, टेलीविजन या इंटरनेट पर अत्यधिक दृश्यमान बाहरी वस्तुओं पर स्थान सुरक्षित करके विज्ञापन करवाती हैं। विज्ञापन एजेंसी के कर्मचारी उन स्थानों पर विज्ञापन देना चाहते हैं जो उनके ग्राहक के बजट के भीतर होते हुए लक्षित उपभोक्ता (Targeted Consumer) तक पहुँचने की सबसे अधिक सम्भावना रखते हैं। एक अच्छी विज्ञापन एजेंसी विज्ञापन उत्पादन की प्रक्रिया के लगभग सभी पहलुओं के बारे में अपने विज्ञापनदाता से बात करती हैं।

विज्ञापन एजेंसी का प्रमुख कार्य हैं विज्ञापनदाताओं से नए व्यापार प्राप्त करना, उनके विज्ञापन तैयार करके उसको सही ढंग से प्रचारित और प्रसारित करना साथ ही नए ग्राहकों की खोज करना। सही ढंग से विज्ञापन कार्यों का निष्पादन कराना जिससे उस उत्पाद की बिक्री में बढ़ोतरी हो सके। सामान्यतया कोई भी विज्ञापन एजेंसी ऐसे ग्राहकों को पसन्द करती है जो उनके बिल का भुगतान समय से कर दे और कोई भी उद्योग या विज्ञापनदाता हमेशा यह सोचता है कि वह जिस उत्पाद का विज्ञापन करवा रहा है बिलकुल सही समय पर और बहुत ही प्रभावशाली ढंग से प्रदर्शित हो सके जिससे उस उत्पाद की माँग में बढ़ोतरी हो सके और कम्पनी ज्यादा-से-ज्यादा लाभ अर्जित कर सकें। नए ग्राहकों को खोजने में प्राय: विज्ञापन एजेंसियाँ क्लब के कार्यक्रम, व्यावसायिक ग्रुप की व्यापारिक बैठकों के साथ ही अनेक संगठनों से जुड़ी रहती हैं जिससे जब कोई भी नया ग्राहक किसी से अगर विज्ञापन एजेंसी का नाम पूछे तो उन्हीं का नाम लोग बता सके इसलिए वह अपने लिए अच्छा वातावरण तैयार करके रखती हैं और कभी-कभी देखने में आता है कि विज्ञापन एजेंसी स्वयं ही नए ग्राहकों को आमन्त्रित करने के लिए उनके उत्पादों का अध्ययन करके उनके बजट का अध्ययन करते हुए एक विज्ञापन तैयार करके दे देती हैं और यही तरीका सबसे सुलभ और जल्दी का है इसमें विज्ञापनदाता और विज्ञापन एजेंसी दोनों अपना कार्य बहुत ही कम समय में निपटा लेती हैं और पैसों के लेन-देन की बात भी वह लिखा-पढ़ी में कर लेती हैं।

एक उदाहरण के द्वारा इस बात को और भी अच्छी तरीके से समझा जा सकता है कि विज्ञापनदाता यदि किसी प्रकार के टूथपेस्ट का उत्पादन करता है तो उसको वैसे ही विज्ञापन एजेंसी की आवश्यकता होगी जो टूथपेस्ट के विज्ञापन को अच्छी तरह से करती हो। विज्ञापनदाता को स्वयं तय करना होता है कि वह विज्ञापन एजेंसी से क्या सेवा प्राप्त करना चाहता है और उसके लिए कौन सी एजेंसी ठीक रहेगी। यह तय करते समय उसे वह एजेंसी अधिक उपयुक्त लगती है जो अपने संलग्नक (Deta) के हिसाब से बता सके कि वह इस समय किस प्रकार का विज्ञापन कर रही है, टूथपेस्ट के विज्ञापन में उसे कितना अनुभव है और किस-किस कम्पनी के टूथपेस्ट का वह काम कर चुकी है, उसने उस कम्पनी को क्या परिणाम दिए हैं और जिन कम्पनियों का वह काम कर चुकी है उसकी माँग को उसने कितना प्रभावित किया है। इन सब बातों से सन्तुष्ट होकर ही विज्ञापनदाता अपने लिए विज्ञापन एजेंसी का चुनाव करता है। इसके

बदले में विज्ञापन एजेंसी भी चाहती है कि विज्ञापनदाता कम्पनी उस विज्ञापन कार्य का पैसा समय से देती रहे। इस प्रकार विज्ञापन एजेंसी को अपनी तथा अपने विज्ञापनदाता की साख का पूरा ध्यान रखना होता है।

विज्ञापन एजेंसी ऐसी सेवाओं का व्यापार हैं जिसमें अपने ग्राहकों के लिए विज्ञापन बनाना, उनका नियोजन (Planning) करना, उन्हें प्रचार एवं प्रसार के नए-नए तरीके इस्तेमाल कराना शामिल है। विज्ञापन एजेंसी ग्राहक से पूर्ण रूप से स्वतन्त्र होती है और ग्राहक के उत्पादों या सेवाओं को बेचने के लिए अलग-अलग नजरिया प्रदान करती है। विज्ञापन एजेंसी अपने ग्राहकों के लिए विपणन ब्रांड बनाने और बिक्री से जुड़े प्रचार की समग्र रणनीतियों को सम्हालती है। विशिष्ट विज्ञापन एजेंसियों के ग्राहकों में उद्योग जगत, निगम, लाभ निरपेक्ष संगठन और सरकारी ऋण भी शामिल है।

## विज्ञापन एजेंसी का संगठनात्मक ढाँचा

### (Advertisement Agency: Organisational Structure)

प्रारम्भिक दौर में चार्ल्स बार्कर लन्दन का एक विज्ञापन एजेंट था और उसने जिस फर्म की स्थापना की थी उसने 2009 में ब्रिटेन प्रशासन के अधीन जाने से पहले तक 'बार्करस' के नाम से कारोबार किया। बोलनी बि. पाल्मर ने 1850 में फिलाडेल्फिया में पहली अमेरिकी विज्ञापन एजेंसी खोली। यह एजेंसी अपने ग्राहकों द्वारा निर्मित विज्ञापनों को विभिन्न अखबारों में प्रकाशित कराती थी। उनके द्वारा विशिष्ट बड़े अक्षरों का अधिकाधिक उपयोग सनसनी का कारण बन गया, बाद में उसी वर्ष रॉबर्ट वार्नर ने एक अखबार में पहली बार पूरे पृष्ठ का विज्ञापन दिया। 1864 में विलियम जेम्स कार्लटन ने धार्मिक पत्रिकाओं में विज्ञापन के लिए स्थान बेचना आरम्भ किया। 1868 में जेम्स वाल्टर थॉम्सन ने इस कम्पनी में अपने नौकरी की शुरुआत की और थॉमसन तेजी से उसके सर्वश्रेष्ठ सेल्समैन बन गए और 1877 में उस कम्पनी को खरीद लिया और उसका नाम बदलकर 'जेम्स वाल्टर थॉम्सन' कम्पनी रख दिया जो आज सबसे पुरानी अमेरिकी एडवरटाइजिंग एजेंसी है। यह महसूस करने के बाद कि अगर कम्पनी विज्ञापनदाताओं के लिए विषय को विकसित करने की सेवा उपलब्ध कराती है तो वह और अधिक जगह बेच सकती है थॉमसन ने लेखकों और कलाकारों को काम पर रखकर पहली बार किसी विज्ञापन एजेंसी में सृजनात्मक (Creative) विभाग की स्थापना की। अमेरिका में उन्हें "आधुनिक पत्रिकाओं में विज्ञापन प्रणाली के जनक" के रूप में जाना जाता है। ऐसा माना जाता है कि लन्दन गैजेट के एक अधिकारी ने 1812 में लन्दन में पहली विज्ञापन एजेंसी की स्थापना की थी। 1993 तक यह 'रेनेल एंड सन' नाम से पारिवारिक व्यवसाय बना रहा और अब टीएमपी 'रेनिल ब्रांड' के अधीन टीएमपी वर्ल्ड वाइड एजेंसी (ब्रिटेन और आयरलैंड) का हिस्सा है।

वर्तमान समय के विज्ञापन एजेंसी कि अगर हम बात करें तो सभी विज्ञापन एजेंसियों के पास समान संगठनात्मक संरचना नहीं है। उनकी संरचना, उनके आकार के सम्बन्ध में वह एक-दूसरे से भिन्न हो सकती है। सम्पर्क विभाग जिसे ग्राहक विभाग के रूप में भी जाना जाता

है, विज्ञापन एजेंसी अपने सम्भावित ग्राहकों के साथ या पुराने ग्राहकों के साथ सम्पर्क रखने के प्रभारी होते हैं जिनमें ज्यादातर विज्ञापनकर्ता हैं।

किसी विज्ञापन एजेंसी की संगठनात्मक संरचना विभिन्न कारकों पर निर्भर करती है जैसे किसी कम्पनी का आकार, कम्पनी द्वारा नियोजित लोगों की संख्या, उनके खातों की मात्रा और मूल्य जो कम्पनी ने हासिल किए हैं। विज्ञापन एजेंसी में सभी विभाग एक-दूसरे पर निर्भर होते हैं और यह विभाग विज्ञापन व्यवसाय के चार से पांच अलग-अलग पहलुओं के बीच अलग किए जाते हैं जिनमें संरचनात्मक विभाग और ग्राहक प्रबन्धक सभी शामिल है। अध्यक्ष या सीईओ (Chief Executive Officer) आमतौर पर विज्ञापन एजेंसी की संगठनात्मक संरचना के शीर्ष स्तर पर होते हैं। वह एजेंसी के दैनिक कार्यों के प्रबन्धन के लिए जिम्मेदार हैं और वित्त आवंटित करता है। इसके अलावा वह व्यक्ति ग्राहक प्रबन्धन विपणन और विज्ञापन रणनीतियों में सहायता करता है। अध्यक्ष या सीईओ के अन्तर्गत ही ग्राहक प्रबन्धक, रचनात्मक विभाग, मीडिया खरीददार और विज्ञापन उत्पादन प्रबन्धन है। ग्राहक स्थापित होने के बाद ग्राहक प्रबन्धक और ग्राहक विपणन और विज्ञापन उद्देश्यों पर सहमत होते हैं। ग्राहक प्रबन्धक परियोजना के पूरा होने के लिए बजट की एक समय सीमा तय कर देते हैं। कॉपीराइटर और कला निर्देशक रचनात्मक विभाग में है और दोनों एक साथ समूह और यादगार विज्ञापन अभियान विकसित करने के लिए काम करते हैं। ग्राहक (Client) की जरूरतों को पूरा करने के लिए वह खाता प्रबन्धकों से दिशा निर्देश लेते हैं। रचनात्मक टीम (Creative Team) उन विचारों की एक श्रृंखला प्रस्तुत करने के लिए जिम्मेदार हैं जिनमें खाता प्रबन्धकों को चुनना है। खाता प्रबन्धकों के साथ वह प्रस्तावित विज्ञापन विचारों के लिए एक उत्पादन बजट स्थापित करते हैं और ग्राहक (Client) प्रस्तुतियों के लिए मौजूद होते हैं। कोई भी विज्ञापन एजेंसी एक विशिष्ट संरचना से मिलकर बनती है—

### 1. सम्पर्क विभाग (Public Relation Department)

किसी विज्ञापन एजेंसी में सम्पर्क विभाग का कार्य नए ग्राहक (Client) से मिलना और उनसे नए विज्ञापन या जो विज्ञापन चल रहे हैं उनके विषय में बात करना होता है जिससे उस विज्ञापन एजेंसी के व्यापार में बढ़ोतरी हो सके।

### 2. मीडिया विभाग (Media Department)

विज्ञापन एजेंसी के मीडिया विभाग का कार्य होता है लगभग प्रत्येक समाचार पत्र-पत्रिका, टीवी पत्रकारों से सम्बन्ध स्थापित करना जिससे जब उनके किसी ग्राहक को प्रेस कॉन्फ्रेंस आयोजित करनी हो तो उनको अपने सम्बन्ध का हवाला देकर बुलाया जा सके।

### 3. कॉपी लेखन विभाग (Copy-writing Department)

कॉपी लेखन विभाग का कार्य किसी विज्ञापन एजेंसी के लिए अत्यन्त महत्त्वपूर्ण होता है क्योंकि कॉपी विभाग ही उस उत्पाद और अपने ग्राहक के अनुरूप उस उत्पाद के लिए विज्ञापन

लेखन का कार्य करता है वह कुछ ऐसे सूत्र भी लिखता है जो आगे चलकर उस उत्पाद के लिए एक सफलता सूत्र का कार्य करता है।

### 4. कला विभाग (Design Department)

कला विभाग अपना कार्य कॉपी लेखन विभाग के साथ सम्बद्ध होकर करता है क्योंकि कला विभाग में उस उत्पाद के विज्ञापन की डिजाइन तैयार की जाती है यदि सफल डिजाइन बन गई तो वह उस उत्पाद के लिए सफलता के क्षेत्र में नए परचम लहराता है।

### 5. उत्पादन विभाग (Production Department)

विज्ञापन एजेंसी में उत्पादन विभाग विज्ञापन के उत्पादन का कार्य करते हैं यह विभाग अपने ग्राहक के मन के अनुरूप कला विभाग और कॉपी लेखन विभाग से तारतम्य स्थापित करके अपना कार्य निष्पादित करते हैं।

### 6. अनुसन्धान विभाग (Research Department)

विज्ञापन एजेंसी में अनुसन्धान विभाग का कार्य अत्यन्त महत्त्वपूर्ण होता है यह अपने अनुसन्धान विभाग से यह निश्चित करते हैं कि जो विज्ञापन दिया जा रहा है वह उस उत्पाद की बिक्री पर कितना असर डॉल रहा है या यदि कोई विज्ञापन वह दिखा रहे हैं, सुना रहे हैं या किसी समाचार पत्र में पढ़ा रहे हैं तो वह उपभोक्ताओं को अपनी ओर कितना आकर्षित कर रहा है। किसी विज्ञापन एजेंसी के द्वारा अनुसन्धान विभाग की अवहेलना नहीं की जा सकती है।

### 7. लेखा और वित्त विभाग (Accounts & Finance Department)

विज्ञापन एजेंसी के लिए लेखा और वित्त विभाग यह निश्चित करता हैं कि किसी ग्राहक का पैसा कितना आया, कितना बाकी है और उस विज्ञापन एजेंसी की वर्तमान स्थिति कैसी है अर्थात् वह लाभ में चल रही है या घाटे में क्योंकि यदि हानि लाभ का प्रतिशत किसी विज्ञापन एजेंसी द्वारा सही तरीके से नहीं रखा जाएगा तो उस संस्था को बन्द होने से कोई बचा नहीं सकता है।

### 8. बिक्री विभाग (Sales Department)

विज्ञापन एजेंसी में विक्रय विभाग किसी नए ग्राहकों को खोज कर या जो पुराने ग्राहक हैं उनके साथ मिलकर, उनसे बात करके अपने एजेंसी की सेवाओं को बेचने का कार्य करते हैं। यह अत्यन्त महत्त्वपूर्ण विभाग है क्योंकि आपको सारी कलाएँ आती हैं आपको विज्ञापन के उत्पादन, उसका लेखन, मीडिया सम्बन्ध, विज्ञापन अनुसन्धान, डिजाइनिंग, कॉपी लेखन आदि सब कुछ ठीक है लेकिन यदि आपके बनाए गए विज्ञापन की बिक्री नहीं हो पा रही है तो यह सारी बातें धरी-की-धरी रह जाएँगी इसलिए विक्रय विभाग अत्यन्त महत्त्वपूर्ण है किसी भी विज्ञापन एजेंसी के लिए।

एक विज्ञापन एजेंसी में सबसे महत्त्वपूर्ण विभागों में से एक मीडिया खरीददार और उत्पादन विभाग है। मीडिया खरीददार विभागों प्रिंट मीडिया या ऑनलाइन में विज्ञापन प्लेसमेंट के लिए सर्वोत्तम दरें सुनिश्चित करते हैं और वह विज्ञापनों की सफलता के लिए उसका निर्धारण करते हैं। विज्ञापन एजेंसी में विज्ञापन उत्पादन विभाग यह सुनिश्चित करने के लिए जिम्मेदार है कि सभी विभाग, ग्राहक और खाता प्रबन्धकों द्वारा निर्धारित बजट दिशा निर्देशों के भीतर अच्छी तरह से हैं। वे सुनिश्चित करते हैं कि प्रत्येक इकाई समय सीमा को पूरा कर रही है और सटीकता विज्ञापनों को सत्यापित कर रही है। इसके अलावा उत्पादन विभाग विज्ञापन एजेंसी के कार्यालय के भीतर सभी प्रशासनिक कर्तव्यों के लिए जिम्मेदार रहती है।

## विज्ञापन और विपणन सम्मिश्रण

### (Combination of Advertising and Marketing Mix)

किसी वस्तु के बनने से पूर्व और बनने के बाद से लेकर उसके विक्रय के उपरान्त दी जानेवाली सेवाओं (After Sale Service) को विपणन कहते हैं। विपणन के अन्तर्गत वस्तु, मूल्य, स्थान, संवर्धन, विज्ञापन, बिक्री, बिक्री के उपरान्त दी जानेवाली सेवाएँ आदि सब कुछ आती है। इस प्रकार नि:सन्देह कहा जा सकता है कि विपणन एक बहुत बड़ी प्रक्रिया है जबकि विज्ञापन उसका एक भाग है परन्तु सही विज्ञापन के बिना विपणन का कार्य अधूरा रह जाएगा और संस्था की बिक्री निरन्तर प्रभावित हो सकती है। आधुनिक विपणन की अवधारणा के अन्तर्गत उपभोक्ता के हितों को सर्वोपरि माना जाता है। किसी वस्तु के उत्पादन के पूर्व उसके उत्पादन के लिए वित्त की उपलब्धि, सम्भावित बाजार का पता लगाना, उपभोक्ता की रुचि और सबसे प्रमुख विज्ञापन आदि क्रियाओं को सम्मिलित रूप से विज्ञापन और विपणन सम्मिश्रण (Combination of Advertising And Marketing) के रूप में जाना जाता है। विपणन कार्य में विज्ञापन सबसे महत्त्वपूर्ण कार्य माना जाता है क्योंकि इससे उपभोक्ता की भावनाओं, उनको उत्पाद की पसन्द और नापसन्द के बारे में हम अन्दाजा लगा सकते हैं, उनके व्यवहार और समझ के अनुरूप हम अपने नए उत्पाद का निर्माण कर बाजार में बेच सकते हैं जिससे उस कम्पनी की आय निरन्तर बढ़ती रहे। 'जेम्स मैकार्थी' को विज्ञापन विपणन मिश्रण का जन्मदाता माना जाता है।

लोगों का यह मानना है कि विज्ञापन (Advertisement) और विपणन (Marketing) दोनों पर्यायवाची हैं जबकि यह दो अलग-अलग अवधारणाएँ हैं। उन्हें भेद करने का एक तरीका यह है कि विज्ञापन विपणन का एक हिस्सा है और दूसरा यह कि विज्ञापन के समक्ष विपणन बहुत बड़ा है। विज्ञापन किसी वस्तु को दोहरानेवाले ग्राहकों और सम्भावित नए ग्राहकों को एक व्यक्तिगत उत्पाद या सेवा से अवगत कराने के बारे में है। विज्ञापन का उद्देश्य उत्पाद को सीधे ग्राहकों से खरीदवाने के लिए प्रेरित करने से है। इसमें विज्ञापन, प्लेसमेंट, फ्रीक्वेंसी आदि जैसी रणनीतियों को विकसित करने की प्रक्रिया शामिल है। दूसरी ओर विपणन उत्पाद या सेवा को विकसित करने, ब्रांडिंग करने, डिजाइन करने, लक्षित ग्राहकों (Targeted Customer) पर शोध करने, उत्पाद या सेवा के गुणों और लाभों का विज्ञापन करने के बारे में है। इसमें उत्पाद

की डिजाइन, लाभ, मूल्य निर्धारण और उत्पाद के अपेक्षित प्रदर्शन, मीडिया नियोजन, उत्पाद को जनता के साथ जोड़ने की रणनीति और ग्राहक सहायता प्रणाली में सुधार करना शामिल है। विपणन उत्पाद बेचने के साथ समाप्त नहीं होता है बल्कि यह एक कदम और आगे जाता है। विपणन यह पता लगाने का प्रयास करता है कि उपभोक्ता को उसके उत्पाद के बारे में क्या पसन्द है और क्या नापसन्द है। उपभोक्ता के व्यवहार से यदि उत्पादक को उसके उत्पाद की कमी का पता चल जाए तो उस कमी को दूर कर अपने उत्पाद को उपभोक्ता के पसन्द के अनुरूप निर्माण करने का प्रयास करता है। विपणन का प्रमुख कार्य किसी उत्पाद को एक पहचान योग्य ब्रांड बनाने से है।

किसी निर्माता का उद्देश्य लाभ प्राप्त करना होता है। यह लाभ उसे उपभोक्ताओं से प्राप्त होगा और उपभोक्ता से यह लाभ उसे तभी प्राप्त होगा जब कोई उत्पादक उपभोक्ताओं के ही पसन्द की वस्तु का उत्पादन करके उनको अधिकतम सन्तुष्टि उपलब्ध कराता है। अतः हम कह सकते हैं कि उपभोक्ता बाजार का राजा है इसलिए निर्माता उन्हीं वस्तुओं का निर्माण करता है जो उपभोक्ता या ग्राहक खरीदता है या खरीदना चाहता है। उपभोक्ता द्वारा की जानेवाली पसन्द, उसके द्वारा व्यय करने का ढंग, किसी वस्तु के उत्पादन एवं उसके स्वरूप को निर्धारित करता है। इस प्रकार किस वस्तु का उत्पादन एक उत्पादक द्वारा किया जाए इसका निर्धारण उपभोक्ता द्वारा तय किया जाता है। उपभोक्ता किसी वस्तु को खरीदने का निर्णय विभिन्न आधारों पर करता है जैसे वस्तु की कीमत, वस्तु की किस्म, वस्तु के सम्बन्ध में विक्रय संवर्धन (Sales Promotion), ब्रांडिंग-पैकेजिंग और सबसे अन्त में लेकिन सबसे प्रमुख उस वस्तु का किया जानेवाला विज्ञापन है। वस्तु निर्माता को अत्यधिक लाभ कमाने के लिए बाजार पर प्रभावपूर्ण ढंग से नियन्त्रण करना होता है और यह तभी सम्भव है जब निर्माता को ऐसे समस्त विपणन निर्णय की जानकारी हो जिससे विक्रय में वृद्धि हो सकती है इसलिए विज्ञापन विपणन सम्मिश्रण के माध्यम से कोई उत्पादक यह सब कुछ जान सकता है। बाजार में सफलतापूर्वक विक्रय करने के लिए एक अच्छी सोचवाली कम्पनी विज्ञापन विपणन सम्मिश्रण के निर्माण की नीति अपनाती है। वह उत्तम सम्भावित परिणाम के लिए विभिन्न विपणन के तत्त्वों का उपयोग करती है। विक्रेता के लिए विपणन का उद्देश्य विभिन्न उत्पादन के तत्त्वों को इस प्रकार उपयोग करने से है जिसमें वह उस लागत पर, उस मात्रा तक आवश्यक विक्रय कर सके जिससे वह उसका वांछनीय लाभ प्राप्त कर सके इसे सीमान्त लागत (Break Even Point) कहते हैं। यह विक्रय उत्पन्न करनेवाले तत्त्व विज्ञापन विपणन सम्मिश्रण को इंगित करते हैं। विज्ञापन विपणन सम्मिश्रण के अन्तर्गत निम्नलिखित तत्त्व है—

1. विपणन अनुसन्धान (Marketing Research)
2. विज्ञापन अनुसन्धान (Advertisement Research)
3. उत्पाद, ब्रांड (Product, Brand)
4. कीमत (Cost)
5. विक्रय संवर्धन (Sales Promotion)

6. विक्रय के बाद की सेवाएँ (After Sale Service)

7. वितरण के माध्यम (Distribution Medium)

विक्रेता या उत्पादकों के लिए यह सबसे बड़ी समस्या है कि इन विभिन्न तत्त्वों का किस प्रकार से एकीकरण करे कि संस्था के ऊपर इसका सकारात्मक प्रभाव दिखे और उसकी बिक्री में बढ़ोतरी हो सके। संस्थाए उपरोक्त घटकों का सम्मिश्रण इस प्रकार करती हैं कि किसी एक निश्चित समय व तिथि में उस व्यवस्था से सबसे अधिक लाभ कमाया जा सके। विज्ञापन विपणन सम्मिश्रण के सम्बन्ध में कुछ विद्वानों ने निम्नलिखित परिभाषाए दी हैं—

फिलिप कोटलर के अनुसार, "किसी कम्पनी का उद्देश्य अपने विपणन कार्यों के लिए सर्वोत्तम बिन्दु या तरीका खोजना है यह तरीका ही विज्ञापन विपणन सम्मिश्रण कहलाता है।"

डॉ आर एस डॉवर के अनुसार, "निर्माता के द्वारा बाजार में सफलता प्राप्त करने के लिए प्रयोग की जानेवाली नीतियाँ ही विज्ञापन विपणन सम्मिश्रण कहलाती हैं।"

कीली एवं लेजर के अनुसार, "विज्ञापन विपणन सम्मिश्रण उस बड़ी बैटरी की युक्ति से बना है जिसका ग्राहकों को किसी वस्तु या सेवा को क्रय करने के लिए प्रेरित करने के उद्देश्य से काम में लाया जाता है।"

## विज्ञापन, विपणन सम्मिश्रण की विशेषताएँ

**(Characteristics of Advertising And Marketing Combinantion)**

विज्ञापन विपणन सम्मिश्रण प्रमुख चार घटकों (4P) का मिश्रण है जो उत्पाद (Product), मूल्य (Price), स्थान (Place) तथा संवर्धन (Promotion) के नाम से जाने जाते हैं। इन्हीं चारों घटकों के संयोजन से विज्ञापन विपणन सम्मिश्रण के उद्देश्यों की प्राप्ति की जाती है—1. विज्ञापन विपणन सम्मिश्रण का कार्य सदैव करना पड़ता है जिसमें समय-समय पर विज्ञापन विपणन सम्मिश्रण में परिवर्तन करने की भी आवश्यकता पड़ती है। इस प्रकार कहा जा सकता है कि विज्ञापन विपणन सम्मिश्रण एक सतत चलनेवाली प्रक्रिया है।

2. प्रत्येक संस्था को अपनी एक विज्ञापन विपणन व्यूह रचना (Strategy) तैयार करनी पड़ती है जिसमें विज्ञापन, विपणन की विभिन्न क्रियाओं, विधियों, नीतियों आदि का समावेश करना पड़ता है इस प्रकार यह कहना ठीक होगा कि विज्ञापन विपणन सम्मिश्रण एक व्यूह रचना है जिसमें विभिन्न विपणन क्रियाओं का समावेश होता है।

3. विज्ञापन विपणन सम्मिश्रण की प्रभावशीलता इस बात पर निर्भर करती है कि विज्ञापन विपणन सम्मिश्रण में प्रत्येक घटक का समावेश, उपक्रम की स्थिति एवं वातावरण को ध्यान में रखकर किया जाए। संक्षेप में, विज्ञापन विपणन सम्मिश्रण की प्रभावशीलता उसके समुचित सम्मिश्रण पर निर्भर करती है।

4. विज्ञापन विपणन सम्मिश्रण एक व्यवस्थित अवधारणा है जो विपणन समस्याओं के समाधान में सहायता प्रदान करती है। विज्ञापन विपणन सम्मिश्रण का कार्य अति महत्त्वपूर्ण है

अतः इसे विज्ञापन विपणन प्रबन्धक द्वारा ही सम्पादित किया जाना चाहिए।

5. विज्ञापन विपणन सम्मिश्रण का उद्देश्य उपभोक्ताओं की आवश्यकताओं को सन्तुष्ट करते हुए संस्था के लक्ष्यों को प्राप्त करना तथा संस्था के उत्पाद की बिक्री को बढ़ाना है।

## विज्ञापन विपणन सम्मिश्रण को प्रभावित करनेवाले घटक

**(Factors Affecting The Combinantion of Advertising And Marketing Mix)**

विज्ञापन विपणन सम्मिश्रण को प्रभावित करनेवाले घटक को दो भागों में बांट कर अध्ययन किया जा सकता है—

### I. अनियन्त्रण योग्य तत्त्व या बाजार तत्त्व (Uncontrolled Or Market Element)

इस प्रकार के वह तत्त्व है जिन पर किसी भी प्रकार से नियन्त्रण स्थापित नहीं स्थापित किया जा सकता उन्हें अनियन्त्रण योग्य तत्त्व, बाजार तत्त्व या वातावरण तत्त्व के नाम से जाना जाता है ऐसे तत्त्व निम्नलिखित हैं–

**1. उपभोक्ता व्यवहार (Consumer Behaviour)**

उपभोक्ता की रुचि, माँग एवं फैशन में निरन्तर परिवर्तन होते रहते हैं। एक सफल विज्ञापन विपणन प्रबन्धक को सदेव इन बातों पर नजर रखनी चाहिए एवं उत्पाद की माँग पर पड़नेवाले उपभोक्ता व्यवहार के प्रभाव का अध्ययन करना चाहिए।

**2. वितरण व्यवस्था (Distribution System)**

बाजार में विद्यमान वितरण व्यवस्था संस्था की वितरण व्यवस्था को प्रभावित करती है। अतः एक विज्ञापन विपणन प्रबन्धक को बाजार में विद्यमान मध्यस्थ शृंखला, परिवर्तन, भंडॉरण आदि को व्यवस्थित रूप से अध्ययनकर अपना विज्ञापन विपणन सम्मिश्रण तैयार करना चाहिए।

**3. प्रतियोगी स्थिति (Competitive Situation)**

विज्ञापन विपणन प्रबन्धक को प्रतियोगी संस्था की विज्ञापन विपणन नीतियों, व्यूह रचना, उत्पाद की किस्म, मूल्यादि का भली प्रकार अध्ययन कर लेना चाहिए इसके बाद ही अपना विज्ञापन विपणन सम्मिश्रण तैयार करना चाहिए।

**4. सरकारी नियम एवं नीतियाँ (Government Rules and Policies)**

देश की व्यापार एवं विपणन नीति, औद्योगिक नीति, कर नीति, उदारीकरण नीति, व्यापारिक और औद्योगिक संस्था की नीतियाँ विज्ञापन विपणन सम्मिश्रण को प्रभावित करती हैं।

### II. नियन्त्रण योग्य तत्त्व या आन्तरिक तत्त्व (Controlled Or Internal Element)

ऐसे तत्त्व जिन पर नियन्त्रण स्थापित करना संस्था के अधीन होता है उन्हें नियन्त्रण योग्य तत्त्व या आन्तरिक तत्त्वों के नाम से जाना जाता है ऐसे तत्त्व निम्नलिखित हैं –

### 1. उत्पाद से सम्बन्धित तत्त्व (Product Related Element)

जो तत्त्व सिर्फ उत्पाद से ही सम्बन्धित होते हैं उन्हें उत्पाद से सम्वन्धित तत्त्व कहा जाता है जिन पर कुछ सीमा तक संस्था उनके उत्पादों पर नियन्त्रण कर सकती है जैसे उत्पाद का आकार, उसकी पैकिंग, उसका रंग–रूप, डिजाइन, उसकी किस्म इत्यादि। इसके अलावा उत्पाद का ब्रांड, उत्पाद की श्रृंखला एवं प्रत्येक उत्पाद श्रृंखला में उत्पादों की संख्या, उत्पाद के सम्बन्ध में गारंटी एवं वारंटी, इनकी अवधि तथा प्रकार साथ ही उत्पाद के लिए दी जानेवाली विक्रय के बाद की सेवाएँ आदि ऐसी बातें हैं जिन पर संस्था नियन्त्रण स्थापित कर सकती है और आवश्यकतानुसार उनमें परिवर्तन भी कर सकती है।

### 2. मूल्य से सम्बन्धित तत्त्व (Price Related Element)

जो तत्त्व उत्पाद के मूल्य से सम्बन्ध रखते हैं वह मूल्य से सम्बन्धित तत्त्व कहलाते हैं। कुछ सीमा तक संस्था इन पर नियन्त्रण स्थापित कर सकती है। इसमें संस्था की मूल्य नीति (Price Policy), मूल्य से सम्बन्धित व्यूह रचना, संस्था की उदार नीति, प्रदत्त उधार की अवधि, छूटो से सम्बन्धित नीति, मूल्य विभेदीकरण आदि ऐसे तत्त्व है जो संस्था के विज्ञापन विपणन सम्मिश्रण को प्रभावित करते हैं।

### 3. स्थान सम्बन्धी तत्त्व (Place Related Element)

स्थान से सम्बन्धित तत्त्वों में संस्था की वितरण व्यवस्था से सम्बन्धित तत्त्व आते हैं इन तत्त्वों पर भी कुछ सीमा तक संस्था का नियन्त्रण होता है इनमें संस्था के वितरण माध्यम एवं उनके सम्बन्ध में संस्था की नीति, मध्यस्थों का पारिश्रमिक से सम्बन्धित नीति, उत्पादों के परिवहन, भंडॉरण एवं संग्रहण से सम्बन्धित नीति आदि ऐसे तत्त्व हैं जो संस्था के विपणन विज्ञापन सम्मिश्रण को प्रभावित करते हैं।

### 4. संवर्धन से सम्बन्धित तत्त्व (Promotion Related Element)

संवर्धन से सम्बन्धित तत्त्व विज्ञापन विपणन सम्मिश्रण से सम्बन्ध रखते हैं तथा संस्था के विज्ञापन विपणन कार्यक्रम को प्रभावित करते हैं। इन पर भी संस्था कुछ सीमा तक अपने नियन्त्रण स्थापित कर सकती है। इनमें संस्था की विज्ञापन नीति, विज्ञापन के माध्यम, विज्ञापन का बजट, विक्रय संवर्धन से सम्बन्धित नीति, विक्रय संवर्धन के साधन, विक्रय संवर्धन का वर्तमान एवं भावी बजट, संस्था की प्रचार एवं प्रसार व्यवस्था आदि ऐसे तत्त्व हैं जिनका निरन्तर अध्ययन एवं विश्लेषण, विज्ञापन विपणन सम्मिश्रण प्रबन्धक को करते रहना चाहिए।

## विज्ञापन विपणन सम्मिश्रण के तत्त्व

**(Elements of Advertising And Marketing Mix)**

विज्ञापन विपणन सम्मिश्रण के प्रमुख तत्त्व निम्नलिखित हैं–

**1. उत्पाद सम्मिश्रण (Product Combination Mix)**

उत्पाद सम्मिश्रण उत्पादों का वह समूह है जिसे कोई संस्था विक्रय हेतु बाजार में प्रस्तुत करती है जैसे हिन्दुस्तान युनिलीवर लिमिटेड कम्पनी द्वारा जितने भी उत्पाद बाजार में बेचे जाते हैं वे उत्पाद सम्मिश्रण के अन्तर्गत आएँगे यदि नहाने के साबुन की बात करें तो उत्पाद रेखा में लक्स, रेक्सोना, हमाम, पीयर्स आदि नहाने के साबुन आएँगे इसमें शामिल उत्पादों के लक्ष्यों को निर्धारित करना पड़ता है। उत्पाद के लक्षणों में निम्नलिखित तत्त्व को शामिल किया जाता है—

1. उत्पाद की डिजाइन (Product Design)
2. उत्पाद का रंग (Product Colour)
3. उत्पाद की पैकेजिंग (Product Packaging)
4. उत्पाद का ब्रांड और लेबलिंग (Product Branding & Labeling)
5. विक्रय के उपरान्त की सेवाएँ (After Sale Service)
6. उत्पाद की प्रसिद्धि (Famousness Of Product)

**2. मूल्य सम्मिश्रण (Price Combination Mix)**

विज्ञापन विपणन प्रबन्धन को अपने उत्पाद के मूल्य से सम्बन्धित नीतियों एवं व्यूह रचनाओं को निर्धारित करना पड़ता है तथा साथ-ही-साथ मध्यस्थों को प्रदान किए जानेवाली छूटो, उधार की शर्तों उधार की अवधि तथा उनको दी जानेवाली सुविधाओं आदि को निर्धारित करना पड़ता है। किसी उत्पाद का मूल्य अनेक घटकों से प्रभावित होता है जिसमें कुछ घटक निम्नलिखित हैं—

1. वस्तु की बाजार माँग (Product Market Demand)
2. विद्यमान प्रतियोगिता की स्थिति एवं स्तर (Market Competition)
3. मध्यस्थों को दी जानेवाली सुविधाएँ (Facilities of Mediator)
4. उत्पाद की लागत एवं लाभ (Product Cost and Profit)
5. संस्था की प्रसिद्धि (Famousness of Company)

**3. संवर्धन सम्मिश्रण (Promotion Combination Mix)**

ग्राहकों को कम्पनी के उत्पादों की सूचना प्रदान करना एवं उत्पाद खरीदने के लिए उकसाना संवर्धनात्मक सम्मिश्रण कार्यों में सम्मिलित किया जाता है। कुछ संवर्धनात्मक सम्मिश्रण कार्य निम्नलिखित है—

1. विज्ञापन (Advertisement)
2. विक्रय संवर्धन हेतु किए जानेवाले उपाय एवं प्रयास (Sales Promotion)
3. प्रचार एवं प्रसार (Publicity)

4. विक्रय दलों का अभियान (Sales Campaign)

5. विक्रय (Sales)

6. टेलीमार्केटिंग (Telemarketing)

## विज्ञापन विपणन सम्मिश्रण का निर्माण

**(Construction of Advertisement And Marketing Mix)**

विज्ञापन विपणन सम्मिश्रण का निर्माण करते समय विज्ञापन विपणन प्रबन्धक को सबसे पहले बाजार और सम्बन्धित उन सभी तत्त्वों की पहचान करनी होती है जो विज्ञापन विपणन सम्मिश्रण को प्रभावित करती है। इसके पश्चात विज्ञापन विपणन प्रबन्धक को उन नीतियों, विधियों, क्रियाओं एवं व्यूह रचनाओं को निर्धारित करना पड़ता है जिनका उपयोग कर विज्ञापन विपणन कार्यक्रम को प्रभावी तरीके से लागू किया जाता है। इसके लिए विज्ञापन विपणन प्रबन्धक को विज्ञापन विपणन सम्मिश्रण के प्रत्येक घटक के बारे में कई महत्त्वपूर्ण निर्णय लेने होते हैं क्योंकि प्रत्येक घटक एक-दूसरे से भिन्न होता है लेकिन एक-दूसरे पर प्रभाव डॉलता है। ऐसे निर्णय में कुछ निर्णय निम्न प्रकार के हो सकते हैं—

1. उत्पाद मिश्रण में कौन-कौन से उत्पाद होंगे।

2. उत्पाद मिश्रण में सम्मिलित उत्पाद रेखाएँ एवं प्रत्येक उत्पाद रेखा में सम्मिलित उत्पादों की संख्या।

3. उत्पाद के मध्यस्थों की संख्या एवं उनके प्रकार।

4. उत्पादों के मूल्य सम्बन्धी निर्णय।

5. उत्पादों के भंडारण एवं परिवहन से सम्बन्धित निर्णय।

6. विक्रय संवर्धन से सम्बन्धित निर्णय।

उपरोक्त विवरण से स्पष्ट है कि संस्था को अपना विज्ञापन विपणन सम्मिश्रण तैयार करते समय सभी अनियन्त्रण योग्य एवं नियन्त्रण योग्य घटकों का ध्यान रखना चाहिए। एक संस्था इस बात का ध्यान रखकर अपनी संस्था के विज्ञापन विपणन सम्मिश्रण को सही समय एवं परिस्थितियों के अनुरूप बनाए रख सकती है।

## विज्ञापन और विपणन शोध

**(Advertisement And Marketing Research)**

विज्ञापन शोध, विपणन शोध का ही एक अभिन्न अंग है। विज्ञापन और विपणन शोध के अन्तर्गत विज्ञापन से सम्बन्धित सूचनाओं, तथ्यों व आँकड़ों का व्यवस्थित संकलन और विश्लेषण किया जाता है जिससे विज्ञापन प्रतियों, रणनीतियों व अभियानों का सतत मूल्याँकन किया जा सके। विज्ञापन शोध को मीडिया शोध एवं विपणन शोध दोनों का अभिन्न अंग माना जाता है।

उत्पाद अपील, कापी परीक्षण और मीडिया प्रभावशीलता पर विस्तृत अध्ययन की सहायता से विज्ञापन प्रभाव के परिणाम को मापने के लिए विज्ञापन और विपणन शोध आयोजित किया जाता है। विज्ञापन शोध, विज्ञापन प्रभावशीलता को मापने के उद्देश्य से विपणन शोध का ही एक प्रयोग है। विज्ञापन शोध को इतिहास और अभ्यास से बेहतर परिभाषित किया जाता है। विज्ञापन शोध कई बिन्दुओं पर विज्ञापन प्रक्रिया में आता है। इस प्रक्रिया के आरम्भ में इसका उपयोग कभी-कभी लक्ष्य निर्धारित करने में सहायता करने के लिए किया जाता है कि बाजार के किस हिस्से को लक्षित किया जाए। विज्ञापन शोध एक विशेष उत्पाद या सेवा पर केन्द्रित होता है। एक उत्पाद के लिए एक विज्ञापन योजना किसी अन्य उत्पाद की तुलना में बहुत भिन्न हो सकती है। विज्ञापन आमतौर पर संकेतों, ब्रोशर, विज्ञापनों, प्रत्यक्ष मेलिंग या ईमेल सन्देश, व्यक्तिगत सम्पर्क आदि के साथ किया जाता है। किसी उत्पाद के प्रचार को कोई ग्राहक अपने दिमाग में रखता है और उत्पाद की माँग को प्रोत्साहित करने में सहायता करता है। बिक्री और जनसम्पर्क की चल रही गतिविधियों को अक्सर विज्ञापन शोध का ही पहलू माना जाता है। कुल मिलाकर विज्ञापन शोध, जो लोग वास्तव में विज्ञापन बनाते हैं अपने दर्शकों को समझाने में सहायता करते हैं। बाद में कभी-कभी किसी विज्ञापन अभियान के प्रभाव का अनुमान लगाने और किसी विज्ञापन एजेंसी के प्रदर्शन का मूल्याँकन करने के लिए इसका उपयोग किया जाता है।

विज्ञापन शोध विपणन के प्रदर्शन और दक्षता का अध्ययन है। इस प्रकार का शोध कम्पनी अपने उत्पाद की साख (Credit) जानने के लिए करती है। एक विशेष प्रकार के विज्ञापन की प्रभावशीलता, ग्राहकों की सन्तुष्टि या विविधताओं को मापने के लिए बड़े पैमाने पर विज्ञापन शोध किया जाता है। यह एक परीक्षा के रूप में भी प्रदर्शित किया जा सकता है कि कोई विशेष उद्योग या बाजार खंड विज्ञापनों का उपयोग कैसे करता है, उसकी बाजार में साख (Credit) कितनी है। उत्पादक अक्सर अपने विज्ञापन व्यवहार को सूचित करने या उसको प्रतिबन्धित करने के लिए विज्ञापन शोध करते रहते हैं। एक कम्पनी मौजूदा विज्ञापन पर शोध करने के लिए देख सकती है कि जनता उन्हें कैसा मानती है, उस उत्पाद का प्रदर्शन लम्बे समय तक चलनेवाले अभियान के सम्बन्ध में और विज्ञापनों को उपभोक्ताओं की पसन्द या नापसन्द कितना करती है। यह आमतौर पर उपभोक्ता सर्वेक्षण और बिक्री डेटा विश्लेषण (Sales Data Analysis) के माध्यम से किया जाता है। किसी नए उत्पाद का विज्ञापन अभियान विकसित करना और प्रारम्भ करना (Launch) कुछ विज्ञापन शोध का प्राथमिक केन्द्र है।

एक व्यवसायी हमेशा यह जानना चाहता है कि नया विज्ञापन अभियान पिछले उत्पादों द्वारा बनाए गए ब्रांड निष्ठा (Brand Credibility) को कितना बनाए रखा है इसलिए वह रोमांचक तरीके से अपना नया उत्पाद पेश करता है। इस प्रकार के विज्ञापन शोध अक्सर फोकस समूहों के माध्यम से किए जाते हैं जो दर्शकों को विज्ञापन देखने और उन पर इनपुट देने के लिए चुने जाते हैं। फोकस समूह को आमतौर पर यह पहचानने के लिए कहा जाता है कि विज्ञापन के बारे में उन्हें सबसे अधिक क्या पसन्द है, उन्हें क्या अच्छा लगा। इससे उनके ध्यान और भावनाओं को समझते हुए जो कमियाँ नजर आती है उनको दूर करने का प्रयास करते हैं। किसी अभियान में फोकस ऑडियंस की भावनात्मक और मनोवैज्ञानिक प्रतिक्रियाएँ निर्धारित करने में सहायता

करती हैं कि विज्ञापन बड़े स्तर पर और विभिन्न जनसांख्यिकी पर कैसे चलेगा। किसी भी व्यवसाय के लिए विज्ञापन शोध विपणन कार्य के लिए सबसे महत्त्वपूर्ण अंग है क्योंकि विज्ञापन अत्यन्त महंगा अभियान होता है, टेलीविजन पर जो विज्ञापन दिखाए जाते हैं वह लाखों रुपये के खर्च पर आधारित होते हैं। विज्ञापन चलाने के लिए विज्ञापन समय खरीदा जाता है उसकी डील पहले ही तय कर ली जाती है। यदि रेडियो या टेलीविजन पर खर्च किया जानेवाला कोई भी पैसा जो विज्ञापन के माध्यम से खर्च किया जा रहा है, यदि विज्ञापन अभियान फ्लॉप हो गया तो न केवल व्यवसाय के ऑपरेटिंग बजट को गम्भीर रूप से बर्बाद कर सकता है बल्कि आनेवाले वर्षों के लिए भी उस उत्पाद को प्रभावित कर सकता है। विज्ञापन अनुसन्धान व्यवसायियों को अधिक प्रभावी ढंग से विज्ञापन करने में सहायता करता है और एक विपणन आपदा (Marketing Disaster) के स्पष्ट चेतावनी संकेत भी प्रदान करता है। आन्तरिक विज्ञापन शोध के विज्ञापन या अभियान विशिष्ट फोकस समूहों के विपरीत बाहरी विज्ञापन शोध व्यापक पैमाने पर विज्ञापनों के घटकों को मापता है। इस प्रकार के शोध विपणन कम्पनियों, समाजशास्त्रियों और विज्ञापन उद्योग विश्लेषकों द्वारा यह समझने के लिए किए जा सकते हैं कि विज्ञापन कैसे काम करते हैं और इनका उपयोग कैसे किया जाता है। विज्ञापन शोध अध्ययन विज्ञापनदाताओं को यह समझाने में सहायता करते हैं कि कौन सी विज्ञापन तकनीकी का उपयोग करना सबसे अच्छा है। यह विज्ञापन प्रवृत्तियों के प्रतिरूप (Pattern) की पहचान करने में सहायता करता है।

# 3

# विज्ञापन के सिद्धान्त

## (Theory Of Advertisement)

विज्ञापन का प्रमुख सिद्धान्त उपभोक्ताओं का ध्यान अपनी ओर आकर्षित कराना है। यह कार्य आकार, रंग, प्राकल्पन, स्लोगन आदि के साथ किया जा सकता है। विज्ञापन इच्छाओं को उद्दीप्त करते हैं। यह विज्ञापित उत्पाद विशेष के प्रति लोगों में इच्छा उत्पन्न कराते हैं। आज विज्ञापन संचार माध्यमों का आधार स्तम्भ हो गया है। विज्ञापन व्यवसाय आज एक ऐसा प्रतिष्ठित व्यवसाय बन गया है जो सृजनात्मक क्षमता और सम्प्रेषण कला के हुनर से हमेशा चमकता रहता है। विज्ञापन निर्माण एक अत्यन्त सृजनात्मक कार्य है। आजकल श्रव्य, दृश्य माध्यम से उपभोक्ताओं अथवा लक्षित जनसमूहों को किसी विशिष्ट उत्पाद या सेवा के प्रति आकर्षित करने की कला का कौशल विज्ञापन की दुनिया में खूब दिखाई पड़ रहा है। विज्ञापन कला में आज विज्ञापन एजेंसियों और विज्ञापन कम्पनियों के व्यावसायिक विभागों में सृजनात्मक प्रतिभा से सम्पन्न लोगों की खूब नियुक्ति की जाती है जो अपने प्रतिभा के बल पर एक से बढ़कर एक विज्ञापन तैयार कर रहे हैं। विज्ञापन एजेंसियों में विज्ञापन निर्माण की जिम्मेदारी सृजनात्मक विभाग निभाता है। सृजनात्मक विभाग विज्ञापन की अवधारणा और उसकी डिजाइन तैयार करता है। वस्तुतः रचनात्मक विभाग के दो भाग कॉपीराइटिंग और डिजाइन मिलकर एक टीम भावना के तहत अपने कार्य को अंजाम देते हैं। कॉपी लेखक (Copy Writer) और कला निर्देश (Designer) दोनों साथ-साथ विज्ञापन के निर्माण कार्य को आगे बढ़ाते हैं। जिसमें कॉपीलेखक शब्दों के पुल बनाता है और कला निर्देशक चित्रों का विज्ञापन के सृजनात्मक आयाम उसमें लेआउट बनाता है।

किसी विज्ञापन का लेआउट बनाना विज्ञापन निर्माण का पहला चरण है। हमेशा कॉपी राइटर और कला निर्देशक विज्ञापन के लिए विचार और चिन्तन की प्रक्रिया से गुजरते हैं। इस प्रक्रिया में विज्ञापन का जो प्रारम्भिक रूप या उसका खाका तैयार होता है वही 'लेआउट' कहलाता है। विज्ञापन का लेआउट कई तत्त्वों के समन्वय से तैयार होता है जैसे हेड लाइन, दृश्य सामग्री, सब लीड़, पंक्तियाँ, कॉपी, कैप्शन, बैकग्राउंड, बाई लाइन, नारे या स्लोगन, पंच लाइन, कूपन आदि। यह विज्ञापनदाता पर निर्भर करता है कि वह एक विज्ञापन में किन-किन तत्त्वों का शामिल करवाता है आमतौर पर आकार, क्षेत्र, रंग का संयोजन और बैकग्राउंड ही विज्ञापन के प्रमुख तत्त्व माने जाते हैं। लेआउट के अन्तर्गत कॉपीलेखक, कला निर्देशक और फोटोग्राफर मिलकर

यह तय करते हैं कि विज्ञापन के तत्त्वों का किस प्रकार संयोजन किया जाए। लेआउट के जरिये यह जाना जा सकता है कि विज्ञापनों में किस स्थान पर चित्र होगा, कौन-सा स्थान सादा होगा, कैप्शन कहाँ पर होगा, लोगों कहाँ लगेगा, हेड लाइन कहाँ होगी आदि सभी बातों पर चर्चा की जाती है। इस तरह लेआउट विज्ञापन का प्रारूप अर्थात् ब्लूप्रिंट (BluePrint) तैयार करने का कार्य करता है। प्रिंट माध्यम में दिए जानेवाले विज्ञापनों के लेआउट में चित्रकाफी महत्त्वपूर्ण होते हैं जबकि श्रव्य, दृश्य माध्यमों के विज्ञापनों का लेआउट स्टोरी बोर्ड के रूप में होता है। लेआउट तैयार करते समय निम्नलिखित विज्ञापन के सिद्धान्तों का ध्यान में रखा जाता है—

### 1. सन्तुलन का सिद्धान्त (Theory of Balance)

जीवन, समाज और प्रकृति सभी के लिए सन्तुलन आवश्यक है, असन्तुलन से अव्यवस्था पैदा होती है। किसी भी वस्तु की अधिकता असन्तुलन की स्थिति पैदा कर सकती है इसलिए सन्तुलन विज्ञापन के निर्माण का प्रमुख सिद्धान्त है।

### 2. अनुपात का सिद्धान्त (Theory Of Ratio)

अनुपात का सिद्धान्त भी विज्ञापन के लिए अत्यन्त आवश्यक है इसे 'सम्बद्धता का नियम' (Law Of Relationship) भी कहा जाता है। इस सिद्धान्त के अनुसार विज्ञापन के लेआउट में विज्ञापन के सभी तत्त्वों के बीच उचित आनुपातिक समन्वय बैठाया जाता है। विज्ञापनों में कौन-सा और कितना अनुपात किस तत्त्व को दिया जाएगा इसका निर्णय विज्ञापन निर्माण करने से पहले ही लिया जाता है, यह निर्णय रचनात्मक विभाग लेता है।

### 3. गति का सिद्धान्त (Theory Of Motion)

गतिशीलता का तत्त्व सम्पूर्ण विज्ञापन को जीवन्त बनाता है। नदी की लहरें, झरनो का प्रवाह अपनी गतिशीलता और प्रवाह के कारण भला किसे आकर्षित नहीं करते हैं। किसी लेआउट में गतिशीलता का सिद्धान्त ही उसे जीवन्त बनाता है। इसमें विज्ञापन को इस तरह से प्रस्तुत किया जाता है कि पाठक और दर्शक की दृष्टि गतिशील रहे और विज्ञापन एक तत्त्व से दूसरे तत्त्व की ओर बड़ी स्वाभाविकता से चलता चला जाए।

### 4. एकता का सिद्धान्त (Theory Of Unity)

विज्ञापन के लेआउट के सिद्धान्त के अन्तर्गत विज्ञापन सिद्धान्तों में एकता, सहयोग या सामंजस्य का सिद्धान्त भी बहुत महत्त्वपूर्ण है। इस सिद्धान्त की अवधारणा यह है कि विज्ञापन के समग्र तत्त्व लेआउट में इस तरह संगठित होजाए कि वह आकर्षक लगे।

### 5. विरोध और प्रबलता का सिद्धान्त (Theory Of Power And Against)

विरोध और प्रबलता का सिद्धान्त लेआउट को सुन्दर और आकर्षक बनाने में सहायता करता है, जहाँ एकता के सिद्धान्त से लेआउट में विज्ञापन के तत्त्व परस्पर संगठित रहते हैं वहीं दूसरी ओर उसमें आकर्षण जगाता है 'विरोध का सिद्धान्त'। विरोध के सिद्धान्त के आधार पर आकारों, रंगो; टाइप, चित्रों और आकृतियों में अन्तर प्रदर्शित करके ध्यानाकर्षण का तत्त्व पैदा

किया जाता है। सफेद और काले रंग के विरोधाभासी (Contradictory) चित्र द्वारा, छोटा या बड़ा चित्र एक साथ देकर, पतले और मोटे व्यक्ति को एक साथ दिखाकर रोचकता का समावेश किया जाता है।

## अभिप्रेरणा का सिद्धान्त

### (Theory Of Motivation)

अभिप्रेरणा को अंग्रेजी में मोटिवेशन कहते हैं मोटिवेशन शब्द की उत्पत्ति लेटिन भाषा के 'मोटम' शब्द से हुई है जिसका अर्थ होता है उत्तेजना (Motous), मोट यानी गति। हम किसी भी उत्तेजना को प्रेरणा कह सकते हैं जिसके कारण कोई भी व्यक्ति कोई प्रतिक्रिया या व्यवहार करता है। अत: प्रेरणा एक संक्रिया है, जो जीव को क्रिया के प्रति उत्तेजित करती है तथा सक्रिय करती है। उत्तेजना बाह्य और आन्तरिक दोनों प्रकार की हो सकती हैं। मनोवैज्ञानिक दृष्टि से अभिप्रेरणा एक मानसिक प्रक्रिया है जिसमें व्यक्ति अपने अन्दर से किसी कार्य को करने के लिए प्रेरित हो जाता है। विभिन्न वैज्ञानिकों ने अपने-अपने तर्कों के अनुसार अभिप्रेरणा की परिभाषा बताई हैं। अभिप्रेरणा की कुछ परिभाषा निम्नलिखित हैं—

वुड के अनुसार, "कार्य को आरम्भ करने, जारी रखने और नियमित करने की प्रक्रिया अभिप्रेरणा कहलाती है।"

वुडवर्थ के अनुसार, "निष्पत्ति (Settlement) का परिणाम योग्यता और अभिप्रेरणा है।"

पी.टी. यंग के अनुसार, "प्रेरणा व्यवहार को जागृत करने की क्रिया के विकास को सम्पोषित करने और कार्य करने के तरीके को निहित करने की प्रक्रिया है।"

थॉमसन के अनुसार, "प्रेरणा लोगों में रुचि उत्पन्न करने की कला है।"

अभिप्रेरणा के प्रकार (Type Of Motivation)

अभिप्रेरणा मुख्यतया दो प्रकार की होती है जो निम्नलिखित है—

#### 1. आन्तरिक अभिप्रेरणा (Internal Motivation)

आन्तरिक अभिप्रेरणा के अन्तर्गत वह कार्य आते हैं जिन्हें व्यक्ति अपनी इच्छा एवं रुचियों के अनुरूप करता है, जैसे—भूख, प्यास, नीन्द आदि।

#### 2. बाह्य अभिप्रेरणा (External Motivation)

बाह्य अभिप्रेरणा के अन्तर्गत वह कार्य आते हैं जिसे व्यक्ति किसी बाह्य दबाव के कारण, किसी बाह्य वस्तु से प्रभावित होकर करता है जैसे पुरस्कार, दंड, प्रशंसा आदि।

### अभिप्रेरणा के सिद्धान्त

अभिप्रेरणा के मुख्य सिद्धान्त निम्नलिखित हैं—

#### 1. मूल प्रवृत्ति का सिद्धान्त (Theory Of Basic Instinct)

अभिप्रेरणा के मूल प्रवृत्ति के सिद्धान्त का निष्पादन मैड्रिगल ने 1908 में किया था इस नियम के अनुसार मनुष्य का व्यवहार उनकी मूल प्रवृत्तियों पर आधारित होता है। इन मूल प्रवृत्तियों के पीछे छिपे संवेग किसी कार्य को करने के लिए प्रेरित करते हैं।

## 2. अन्तर्नाद का सिद्धान्त (Theory Of Interlocutor)

इस सिद्धान्त का प्रतिपादन मनोवैज्ञानिक हल ने किया था इस सिद्धान्त के अनुसार मनुष्य की शारीरिक आवश्यकताएँ उसमें तनाव उत्पन्न करती हैं, मनोवैज्ञानिक भाषा में इसे अन्तर्नाद कहा जाता है। यही अन्तर्नाद व्यक्ति को कोई विशेष कार्य करने के लिए प्रेरित करता है।

## 3. मनोविश्लेषणात्मक सिद्धान्त (Theory Of Psychoanalytic)

मनोविश्लेषणात्मक सिद्धान्त का प्रतिपादन सिगमन फ्रायड ने किया इस सिद्धान्त के अनुसार अभिप्रेरणा के दो मुख्य कारक हैं मूल प्रवृत्ति और अचेतन मन। जीवन की मूल प्रवृत्तियों के द्वारा व्यक्ति संरचनात्मक कार्य करने के लिए प्रेरित होता है, जबकि मृत्यु की मूल प्रवृत्ति विध्वंसकारी कार्यों को करने की प्रेरणा देती है इन दोनों के पीछे अचेतन मन अप्रत्यक्ष रूप से कार्य करता है।

## 4. प्रोत्साहन का सिद्धान्त (Theory Of Encouragement)

प्रोत्साहन के सिद्धान्त का प्रतिपादन बोल्स और कॉफमैन ने किया। इस सिद्धान्त के अनुसार मनुष्य जिस वातावरण में रहता है उस वातावरण में निश्चित वस्तुएँ उसे किसी कार्य को करने के लिए प्रेरित करती हैं इनके अनुसार प्रोत्साहन दो प्रकार का होता है –

### I. धनात्मक प्रोत्साहन (Positive Encouragement)

धनात्मक प्रोत्साहन किसी लक्ष्य की ओर बढ़ने के लिए प्रेरित करता है।

### II. ऋणात्मक प्रोत्साहन (Negative Encouragement)

ऋणात्मक प्रोत्साहन किसी लक्ष्य की ओर आगे बढ़ने से रोकता है।

## 5. आवश्यकता का सिद्धान्त (Theory Of Need)

इस सिद्धान्त का प्रतिपादन मैस्लो ने किया था इसलिए इसे मैस्लो की आवश्यकता का सिद्धान्त या मैस्लो की नीड थ्योरी (Maslow's Need Theory) भी कहते हैं। इस सिद्धान्त के अनुसार मनुष्य की आवश्यकताएँ ही उसे किसी कार्य को करने के लिए 'प्रेरित' करती हैं। मैस्लो ने इन आवश्यकताओं को एक विशेष क्रम में (निम्न से उच्च वर्ग की ओर) व्यक्त किया है। मैस्लो के अनुसार किसी भी व्यक्ति के अन्दर पांच प्रकार की आवश्यक आवश्यकताएँ होती हैं जो निम्नलिखित हैं—

1. दैनिक आवश्यकता (Daily Need)
2. सुरक्षा आवश्यकता (Security Need)
3. सामाजिक आवश्यकता (Social Need)
4. स्वसम्मान आवश्यकता (Self Respect Need)

**5. आत्मसिद्धि की आवश्यकता (Self Realisation Need)**

मैस्लो के अनुसार प्रेरक (Motivation) भी दो प्रकार के होते हैं –

जन्मजात प्रेरक—जैसे—भूख, प्यास, काम, निद्रा, विश्राम आदि।

अर्जित प्रेरक—जैसे—रुचि, आदत, सामुदायिकता आदि।

अभिप्रेरणा की विधियाँ (Law Of Motivation)

अभिप्रेरणा की निम्नलिखित विधियाँ है –

**1. सफलता का ज्ञान (Knowledge Of Success)**

प्रत्येक व्यक्ति अपने किए कार्य में सफल होने का प्रयास करता है और सदा इसके लिए कार्य करता रहता है और वह इस सोच की ओर अत्यन्त अभिप्रेरित हो जाता है कि उसे सफलता मिलेगी तो पहले से भी अधिक आशान्वित होकर अपने कार्य में लगा रहता है, यही सफलता की अभिप्रेरणा विधि है।

**2. प्रशंसा एवं पुरस्कार (Praise And Prize)**

प्रशंसा एवं पुरस्कार के अभिप्रेरणा की इस विधि में व्यक्ति को जब उसके कार्य के उपरान्त किसी प्रकार की प्रशंसा की प्राप्ति होती है या उसे कोई पुरस्कार मिलता है तो वह अत्यन्त अभिप्रेरित हो जाता है यह अभिप्रेरणा की यह दूसरी विधि मानी जाती है।

**3. मनुष्य का व्यवहार (Human Nature)**

मनुष्य का व्यवहार ऐसा होता है कि वह अनेक आन्तरिक और बाह्य द्वन्द से हमेशा जूझता रहता है। इसमें कुछ नकारात्मक और कुछ सकारात्मक अभिप्रेरणा की क्रियाएँ उसके दिमाग में हरदम चलती रहती हैं वह हमेशा अपने कार्य में सफल होने का प्रयास करता है इसलिए वह सकारात्मक भूमिका को हरदम अपनाने का प्रयास करता है।

**4. मनुष्यों की आकांक्षा का स्तर (Human's Ambitiousness)**

मनुष्य स्वभाव से बड़ा महत्त्वाकांक्षी होता है वह नित नए आयाम प्राप्त करने का प्रयास करता रहता है इसलिए वह आन्तरिक रूप से अभिप्रेरित रहता है जो मनुष्य जितना अधिक अभिप्रेरित रहेगा उसकी आकांक्षा का स्तर उतना ही अधिक होगा।

**5. मनुष्य का उद्‌देश्य (Human's Objective)**

मनुष्य के उद्‌देश्य रहता है कि लोग उसे एक सफल व्यक्ति के रूप में देखें इसलिए वह अपनी आन्तरिक सकारात्मक अभिप्रेरणाओं से अभिप्रेरित रहता है और इस तरह के वातावरण की तलाश करता है कि वह जो उद्‌देश्य स्थापित किया है उसकी प्राप्ति करने में उसे कोई समस्या न हो कहने का तात्पर्य है कि मनुष्य के उद्‌देश्य उसके सकारात्मक अभिप्रेरणाओं से ही पूर्ण किए जा सकते हैं।

### 6. मनुष्य की प्रतियोगिता एवं प्रतिद्वन्द्विता (Human's Competition And Rivalry)

मनुष्य स्वभाव से बड़ा ही प्रतियोगी और प्रतिद्वन्दी प्राणी है वह हमेशा अपने आप को एक प्रतियोगी मानता है चाहे वह अपनी कक्षा में हो, नौकरी में हो, घर में हो या अपने खेती गृहस्थी के कार्यों में व्यस्त हो वह हमेशा अपने आपको एक प्रतियोगी मानकर अपने कार्यों को अंजाम देता है। उसकी यह प्रतियोगिता और प्रतिद्वन्द्विता उसके आसपास के वातावरण में हो रहे बदलाव के कारण होता है। वह हमेशा यही प्रयास करता है कि वह सफल हो इसके लिए वह हमेशा अभिप्रेरित रहता है।

### 7. मनुष्य का वातावरण (Human's Atmosphere)

वर्तमान समय में प्रत्येक मनुष्य इस प्रकार के वातावरण में रह रहा है कि वह वातावरण ही उसे ऊंचाँई की ओर जाने के लिए प्रेरित करता रहता है। इस प्रकार मनुष्य भी हमेंशा यही सोचता है कि अभिप्रेरणा के सकारात्मक पहलुओं को प्राप्त करते हुए वह अपने अभीष्ट कार्य को सफलतापूर्वक सम्पादित कर सके इसलिए मनुष्य का वातावरण सकारात्मक होना भी आवश्यक है।

### 8. मनुष्यों की आवश्यकता (Human Needs)

मनुष्यों की अनन्त आवश्यकताएँ हैं। वह उन आवश्यकताओं की पूर्ति करने के लिए हमेशा प्रयासरत रहता है और मनुष्यों को उसकी आवश्यकताएँ ही अभिप्रेरणा के इस सिद्धान्त का पालन कराती हैं अर्थात् वह अपनी आन्तरिक पहलुओं से इतना प्रेरित रहता है कि वह अपनी आवश्यकताओं को पूर्ण करने के लिए हमेशा प्रयासरत रहता है तभी उसकी आवश्यकताओं की पूर्ति हो पाती है।

# 4

# उपभोक्ता व्यवहार

## (Consumer Behaviour)

साधारण शब्दों में उपभोक्ता द्वारा प्रयोग की जानेवाली उत्पाद के क्रय प्रक्रिया को ही उपभोक्ता व्यवहार कहा जाता है। विपणन की सम्पूर्ण प्रक्रिया उपभोक्ता के चारों ओर चक्कर लगाती है। संक्षेप में हम यह कह सकते हैं कि उपभोक्ता किसी वस्तु को कब, कहाँ, कैसे और क्यों खरीदता है, इसका पता लगाना ही उपभोक्ता व्यवहार है। उपभोक्ता विपणन में महत्त्वपूर्ण बिन्दु है। उपभोक्ता व्यवहार बहुत ही जटिल है और विभिन्न कारकों से प्रभावित होता है जो सभी उपभोक्ताओं के पास अलग-अलग होते हैं। विभिन्न उपभोक्ताओं कि अपनी आवश्यकताएँ, उनका अपना स्वाद और प्राथमिकताएँ, पसन्द और नापसन्द है और वह सामान खरीदते समय विभिन्न व्यवहार तरीकों (Pattern) को अपनाते हैं। इस प्रकार विपणन प्रबन्धक को अपने उपभोक्ता और उसके व्यवहार को समझने से पहले यह महत्त्वपूर्ण हो जाता है कि वह अपनी विपणन रणनीति (Markeing Strategy) किस प्रकार से तैयार करें कि उपभोक्ताओं को अपनी ओर आकर्षित कर सके जिससे विपणन प्रबन्धक के उत्पाद की हमेशा बाजार में माँग बढ़ती जाए। उपभोक्ता व्यवहार शब्द उपभोक्ता द्वारा उत्पाद और सेवाओं की खोज, खरीद और उसके उपयोग के समय दिखाया गया व्यवहार है जो उनकी आवश्यकता और इच्छाओं को पूरा करता है। यह वस्तुओं और सेवाओं को खरीदने और उपयोग करने में व्यक्ति की गतिविधियों से सम्बन्धित है। इसमें निर्णय लेने की प्रक्रिया शामिल है जो उसकी वास्तविक खरीद से पहले होती है। उपभोक्ता व्यवहार का अध्ययन व्यक्तियों का अध्ययन है अर्थात् व्यक्ति अपने उपलब्ध संसाधनों को खर्च करने के लिए निर्णय लेते हैं अर्थात् माल और सेवाओं को खरीदने से पहले, खरीदने के लिए समय, धन और प्रयास करते हैं। उपभोक्ता व्यवहार इस प्रकार सम्भावित ग्राहकों के सामाजिक, मनोवैज्ञानिक और शारीरिक व्यवहार से सम्बन्धित है क्योंकि वह उत्पाद के बारे में जागरूक हो जाते हैं, उत्पाद की विशेषताओं का मूल्यांँकन करते हैं, सामान खरीदते हैं, उपभोग करते हैं साथ ही उत्पाद और सेवाओं के बारे में एक-दूसरे को विज्ञापित करते हैं। उपभोक्ता व्यवहार को समझने के लिए पहले उपभोक्ता की खरीदने की प्रक्रिया को समझना महत्त्वपूर्ण है। उपभोक्ता के सामान खरीदने की प्रक्रिया विभिन्न चरणों का प्रतिनिधित्व करती है जिसका अध्ययन करने पर पता चलता है कि उपभोक्ता के पास इच्छाओं और आवश्यकताओं

का एक बंडल होता है जिसमें अधिक दबाव की आवश्यकताएँ शीर्ष पर चली जाती हैं। इसे उपभोक्ता की आवश्यकता पहचानने के रूप में जाना जाता है। इसके बाद उपभोक्ता उत्पाद से सम्बन्धित प्रासंगिक जानकारी के आधार पर निर्णय लेता है और उस वस्तु या सेवाओं की खरीद करता है जिसकी क्रमांक संख्या उसकी आवश्यकताओं में शीर्ष पर स्थित होती है। जब उपभोक्ता उत्पाद का उपभोग कर लेता है तब उस उपभोक्ता के खरीद व्यवहार का मूल्याँकन किया जाता है।

अनेक विद्वानों ने अपने-अपने विचार से उपभोक्ता व्यवहार की परिभाषाएँ प्रस्तुत की है—

फिलिप कोटलर के अनुसार, "वस्तुओं, सेवाओं, विचारों और अनुभवों का चयन वस्तु की खरीद, उसका उपयोग व्यक्ति और उनकी आवश्यकताओं को पूरा करने के लिए किया जाता है।"

अमेरिकन मार्केटिंग एसोसिएशन के अनुसार, "उपभोक्ता व्यवहार प्रभाव, अनुभूति, व्यवहार और पर्यावरणीय घटनाओं को गतिशील बातचीत के रूप में परिभाषित करता है जिसके द्वारा मानव अपने जीवन के विनिमय पहलू का संचालन करता है।"

स्टील कंडिफ एवं गोवोनि के अनुसार, "उपभोक्ता व्यवहार वह क्रमबद्ध प्रक्रिया है जिसके अन्तर्गत कोई व्यक्ति बाजार, स्थान अथवा उत्पाद एवं सेवा से सम्बन्धित निर्णय लेने के लिए अपने वातावरण से परस्पर प्रभावित होता है।"

गोथे के अनुसार, "क्रय करते समय किसी व्यक्ति के सम्पूर्ण व्यवहार को क्रय व्यवहार या उपभोक्ता व्यवहार कहा जाता है।"

वॉल्टर एवं पॉल के अनुसार, "उपभोक्ता व्यवहार एक ऐसी प्रक्रिया है जिससे व्यक्ति यह निर्णय लेता है कि वस्तुओं और सेवाओं को यदि खरीदना है तो क्या, कब, कहाँ और किससे खरीदना है।"

शिपमेंट एवं कनु के अनुसार, "उपभोक्ता व्यवहार वह अनुभव है जो विपणन प्रबन्धकों को यह बताता है कि उपभोग की गई वस्तुओं पर व्यय करने के निर्णय के पीछे क्या कारण है। यह केवल यह सिद्ध नहीं करता है कि विनिमय किया गया है बल्कि यह भी दर्शाता है कि कब, कहाँ, क्यों एवं कितनी बार विनिमय किया गया है।"

## उपभोक्ता व्यवहार की विशेषताएँ (Characteristics Of Consumer Behaviour)

उपभोक्ता व्यवहार की विशेषताएँ इस प्रकार से हैं—

### 1. विपणन अवधारणा (Marketing Concept)

विपणन अवधारणा उपभोक्ता व्यवहार की पहली विशेषता है, उपभोक्ता व्यवहार विपणन अवधारणा का मूलाधार होती है। सम्पूर्ण विपणन प्रक्रियाएँ उपभोक्ता व्यवहार के चारों तरफ घूमती रहती हैं। विपणन अवधारणा की सफलता उपभोक्ता व्यवहार के अध्ययन पर निर्भर करती है।

**2. मानव व्यवहार का अंग (Human Nature)**

उपभोक्ता व्यवहार मानव व्यवहार का ही एक महत्त्वपूर्ण अंग है जिसका सीधा सम्बन्ध वस्तुओं एवं सेवाओं के क्रय से है।

**3. मानसिक चिन्तन (Mental Reflection)**

यह उपभोक्ता व्यवहार की तीसरी महत्त्वपूर्ण विशेषता है। उपभोक्ता व्यवहार एक मानसिक चिन्तन है जिसके भीतर उपभोक्ता के मस्तिष्क में उत्पन्न होनेवाले विचारों, उद्वेगों, तरंगों एवं धारणाओं का अध्ययन किया जाता है।

**4. व्यापक प्रक्रिया (Comprehensive Process)**

उपभोक्ता व्यवहार बहुत अधिक व्यापक प्रक्रिया है जिसके भीतर अनेक प्रश्नों का हल खोजा जाता है जैसे—उपभोक्ता क्या खरीदता है, उपभोक्ता कौन है, उपभोक्ता किससे खरीदता है, उपभोक्ता कहाँ से खरीदता है, उपभोक्ता क्यों खरीदता है और उपभोक्ता कब खरीदा है।

**5. गत्यात्मक क्रिया (Dynamic Action)**

यह उपभोक्ता व्यवहार की पांचवी महत्त्वपूर्ण विशेषता है। गत्यात्मक क्रिया उपभोक्ता व्यवहार की क्रिया स्थाई नहीं होकर निरन्तर बदलती रहनेवाली है, उदाहरण के लिए आज जो वस्तु उपभोक्ता खरीदता है यह निश्चित नहीं है कि वह आगे चलकर भी उन्हीं वस्तुओं को खरीदेगा। जब उपभोक्ता बाजार में बहुत प्रकार के उत्पादों को देखता है तो उसका मन चलायमान होने लगता है। वह अवश्य ही नए-नए विज्ञापन देखकर निर्णय बदल सकता है।

**6. अनिश्चितता का तत्त्व (Element Of Uncertainty)**

उपभोक्ता के व्यवहार में अनिश्चितता का गुण हमेशा ही रहता है। उपभोक्ता व्यवहार में यह नहीं कहा जा सकता है कि उपभोक्ता अमुक समय पर अमुक प्रकार का ही व्यवहार करेगा बल्कि वह समय, दिशा, दशा और परिस्थितियों के अनुरूप अपना व्यवहार बदलता रहता है।

## विज्ञापन अपील

## (Advertisement Appeal)

विज्ञापन की दुनिया में सभी कम्पनियाँ अपने उत्पाद के प्रचार एवं प्रसार के लिए सिर्फ और सिर्फ उपभोक्ताओं के ऊपर ही निर्भर होती हैं वह हमेशा उपभोक्ताओं को रिझाने (Fascinate) का प्रयास करती रहती हैं। हम कह सकते हैं कि विज्ञापन की दुनिया में उपभोक्ता की ही सत्ता महत्त्वपूर्ण होती है। उपभोक्ता की इच्छाओं को प्रभावित करने के लिए विज्ञापन सन्देश के द्वारा उससे अपील की जाती है। विज्ञापन अपील के माध्यम से उपभोक्ताओं की मनोवृतियों को प्रभावित कर उन्हें अपने पक्ष में मोड़ने का प्रयास किया जाता है इसे ही विज्ञापन अपील कहते हैं। विज्ञापन अपील वास्तव में एक विज्ञापन सन्देश है जिसमें सूचना और ग्राहकों को अपनी

ओर जोड़ने के लिए भावनात्मक सन्देश होता है। इस प्रकार कहा जा सकता है कि विज्ञापन अपील एक केन्द्रीय कड़ी है जिसमें विज्ञापन संचार, भावनात्मक और सूचनात्मक प्रभाव का वाहक होता है। विज्ञापन अपील में रचनात्मकता, पारस्परिक सम्मान का माहौल बनाने की क्षमता, ईमानदारी, पारस्परिक रूप से लाभकारी और साझेदारी इसकी खास विशेषता होती है। विज्ञापन अपील प्रचार गतिविधियों में एक बड़ी भूमिका निभाता है। विज्ञापन अपील प्राचीन काल से ही पुजारियों की पुकार से ध्यान आकर्षित करता था आज यह अपनी विशिष्टता, अपने वाक्याँशों की मौलिकता से ध्यान आकर्षित कराने का प्रयास करता है। जैसे-जैसे विकास होता गया यह विज्ञापनकर्ता और विज्ञापन प्राप्तकर्ता अर्थात् ग्राहक के बीच परस्पर संचार लिंक के रूप में अधिक-से-अधिक विकसित होता जा रहा है। विज्ञापन अपील एक सम्भावित खरीदार को उसके मकसद के आधार पर उसे विज्ञापन अपील कर खरीदारी के लिए प्रोंत्साहित करने का कार्य करता है। विज्ञापन अपील का उद्देश्य ग्राहक की आवश्यकताओं के हिसाब से मेल खाना चाहिए।

विज्ञापन अपील करने का सबसे पुराना और सबसे विश्वस्त तरीका AIDA है जिसका पूर्ण विस्तार निम्नलिखित है—

1. ध्यान (Attention)
2. रुचि (Interest)
3. इच्छा (Desire)
4. क्रिया (Action)

बाद में AIDA में संशोधन करके AIDMA मॉडल बना दिया गया और इसमें पांचवा घटक प्रेरणा (Motivation) शामिल कर दिया गया।

विज्ञापन अपील में विज्ञापन सन्देश का मूल्य इस तथ्य में निहित रहता है कि उपभोक्ता को सूचना, सुझाव, अनुनय, भावनात्मक प्रभाव आदि तरीकों से प्रभावित कर यह उपभोक्ता को किसी विशेष वस्तु या उत्पाद को चुनने में मदद करता है साथ ही अपनी उत्पादित वस्तुओं को खरीदने के लिए उपभोक्ताओं के अन्दर रुचि जगाता है। एक विज्ञापन अपील, एक तैयार विज्ञापन उत्पाद है जिसके द्वारा विज्ञापनदाता अपने ग्राहकों या उपभोक्ताओं को सम्बोधित करता है जिसकी सहायता से उन उपभोक्ताओं को खरीदारी करने, सेवाओं का उपयोग करने के लिए मनाने की उम्मीद करता है। विज्ञापन अपील वह है जो सभी सम्भावित उपभोक्ताओं को अपने पक्ष में मनाने के लिए समाचार पत्र-पत्रिकाओं, रेडियो, टीवी, सड़क, बस आदि में उन्हें विज्ञापन दिखाते हुए अपने उत्पाद को खरीदारी के लिए प्रेरित करने का कार्य किया जाता है।

विज्ञापन अपील में उपभोक्ता व्यवहार के तीन पक्षों संज्ञानात्मक, भावात्मक और क्रियात्मक को प्रभावित करने की शक्ति होती है। संज्ञानात्मक स्तर पर बौद्धिक, मानसिक और तार्किक की स्थिति में व सन्देश के द्वारा उत्पाद पर विचार करता है। भावात्मक स्तर पर सन्देश को ग्रहण करता है और क्रियात्मक स्तर पर सन्देश के अनुरूप कार्य करता है। जनसंचार के संज्ञानात्मक एवं व्यवहारिक सिद्धान्तों के अन्तर्गत माना जाता है कि प्राय: लोगों की बोध या संज्ञान करने

की प्रवृत्ति, उनकी आवश्यकताओं, दृष्टि और अन्य मनोवैज्ञानिक कारकों से प्रभावित होती है। व्यक्ति किसी सन्देश के उस भाग को आसानी से ग्रहण कर लेता है जो उसके दृढ़ दृष्टिकोण, विश्वास और व्यवहार के अनुरूप होते हैं और वह सन्देश के उस भाग की उपेक्षा करता है जो उसके दृढ़ दृष्टिकोण, विश्वास और व्यवहार के प्रतिकूल होते हैं। इस प्रकार मनोविज्ञान ही मानव जीवन के संज्ञानात्मक और व्यवहारिक सिद्धान्त का प्रथम आधार है। विज्ञापन अपील के निर्माण में तरह-तरह की प्रेरणा या अपीलों का प्रयोग विज्ञापन एजेंसी के रचनात्मक टीम द्वारा किया जाता है। कुछ प्रमुख प्रेरणा अथवा विज्ञापन अपील इस प्रकार हैं—

### 1. उपयोगिता अपील (Utility Appeal)

उत्पाद की उपयोगिता और गुणवत्ता ही उपभोक्ता के क्रय निर्णय को प्रेरित करती हैं। उत्पाद के विज्ञापनों में उपयोगिता अपील का प्रमुखता से इस्तेमाल किया जाता है। उत्पाद के विज्ञापन में कॉपी अपील उत्पाद की उपयोगिता को इस तरह से संकेतिक, चित्रित या वर्णित करती है जिससे उपभोक्ता उसे खरीदने के लिए तत्पर हो उठे। उपयोगिता अपील में उत्पाद की अनूठी विशेषताओं को ही आधार बनाया जाता है।

### 2. सुरक्षात्मक अपील (Protective Appeal)

प्रत्येक व्यक्ति अपने जीवन में अनेक स्थानों पर सुरक्षा पाना चाहता है। चोरी, दुर्घटना, बीमारी आदि से प्रत्येक व्यक्ति सुरक्षित रहना चाहता है। वित्तीय विज्ञापनों तथा बीमा कम्पनियों के विज्ञापन में प्राय: सुरक्षात्मक अपील का प्रयोग किया जाता है इसलिए उपभोक्ता के इस्तेमाल में होनेवाली रोजमर्रा की सभी वस्तुओं जैसे—आयुर्वेदिक दवाइयाँ, अंग्रेजी दवाइयाँ, साबुन, टूथपेस्ट, खाने की सामग्री आदि लगभग सभी विज्ञापनों पर सुरक्षात्मक अपील की जाती है।

### 3. भौतिक सुख-सुविधा सम्बन्धी अपील (Material Comfort Appeal)

आज की उपभोक्तावादी दौड़ में विकसित और विकासशील देशों के बाजार भौतिक सुख-सुविधाओं के सामानों से भरे पड़े हैं। इस तरह के सामानों के विज्ञापनों में भौतिक सुख-सुविधाएँ सम्बन्धी अपील का प्रयोग किया जाता है जैसे—टीवी, फ्रिज, वाशिंग मशीन, कूलर, पंखे आदि के विज्ञापन, विज्ञापन अपील के भौतिक सुख-सुविधा सम्बन्धी अपील माध्यम से उपभोक्ताओं को आकृष्ट करते हैं।

### 4. बचत और लाभ की अपील (Savings and Profit Appeal)

व्यवसायी कम्पनियाँ बिक्री बढ़ाने के इरादे से और उपभोक्ताओं को लुभाने के लिए कभी-कभी कीमतें घटा देती हैं और कीमतें घटाने पर उपभोक्ताओं की भीड़ को अपने पास बुलाने के लिए वह यही दावा करती हैं कि हम सुविधाजनक दाम पर पहले ही जैसी गुणवत्ता दे रहे हैं, इस प्रकार बचत और लाभ की अपील हर व्यक्ति को प्रभावित करती है। विज्ञापन अपील में बिक्री

(Sale) की अपीलवाले विज्ञापन से उपभोक्ता बहुत अधिक प्रभावित होते हैं और ऐसे विज्ञापन की समाचार पत्र-पत्रिकाओं, रेडियो और टेलीविजन में भरमार बहुत ज्यादा रहती है।

### 5. स्वास्थ्य अपील (Health Appeal)

स्वास्थ्य की अपील लगभग प्रत्येक व्यक्ति के लिए होती है क्योंकि कोई भी व्यक्ति उन्हीं सौन्दर्य प्रसाधनों, दवाई, खाने-पीने की कोई भी वस्तु वही खाना चाहता है या वही इस्तेमाल करना चाहता है जिससे उसके स्वास्थ्य को कोई खतरा न हो इसलिए इस प्रकार के विज्ञापनों में हमेशा स्वास्थ्य अपील का प्रयोग किया जाता है।

### 6. भय और असुरक्षा अपील (Fear and Insecurities Appeal)

व्यक्ति में भय और असुरक्षा की भावना जगा कर भी किसी उत्पाद के क्रय के लिए व्यक्ति को प्रेरित किया जाता है। टीवी विज्ञापनों, बीमा कम्पनियों तथा औषधियों के विज्ञापन में इस तरह की अपीलों का अक्सर प्रयोग किया जाता है।

### 7. मातृत्व वात्सल्य की अपील (Motherhood Affection Appeal)

महिला उपभोक्ताओं में मातृत्व की भावना को जगाकर, उनके वात्सल्य भाव को जगाकर उत्पाद खरीदने के लिए प्रेरित किया जाता है जैसे—बेबी क्रीम, डॉयपर, बेबी सोप आदि ऐसे अनेक उत्पाद हैं जिनमें इस प्रकार की अपील का प्रयोग होता है।

### 8. सौन्दर्य अपील (Beauty Appeal)

सौन्दर्य प्रसाधन, आभूषण, वस्त्र आदि के विज्ञापनों में सौन्दर्य अपील का प्रयोग किया जाता है। इस प्रकार की अपील में ऐसा सन्देश दिया जाता है कि यदि व्यक्ति को सुन्दर दिखना है तो उसे उसी विज्ञापित वस्तु को खरीदना ही पड़ेगा।

### 9. तुलनात्मक अपील (Comparative Appeal)

बाजार में उपलब्ध विभिन्न ब्रांडों के बीच कड़ी स्पर्धा के कारण उनके विज्ञापनों में प्रायः तुलनात्मक अपील के द्वारा अपने ब्रांड की सर्वोत्कृष्टता का दावा किया जाता है। तुलनात्मक विज्ञापन में अपने प्रतिस्पर्धी ब्रांड के द्वारा घोषित गुणों को अपने विज्ञापन की सन्देश रचना में शामिल कर लिया जाता है जैसे—किसी टूथपेस्ट में नमक का गुण बताया जाएगा तो दूसरी प्रतिस्पर्धी कम्पनी उससे अच्छे गुणों का समावेश करना बताएगी और अपने विज्ञापन में ऐसे ही प्रदर्शित भी करेगी।

### 10. गर्व अपील (Proud Appeal)

गर्व की भावना को भी विज्ञापन एजेंसी की रचनात्मक टीम अपने विज्ञापनों में प्रेरक तत्त्व बना लेती हैं। किसी विशिष्ट उपलब्धि या रिकार्ड आदि का उल्लेख करके अपने उत्पाद की बिक्री बढ़ाने का यह सबसे आसान और अच्छा तरीका बनता जा रहा है।

विज्ञापन अपील विज्ञापन को प्रभावी और असरदार बनाने का महत्त्वपूर्ण साधन है। अच्छे कॉपी लेखक के लिए यह आवश्यक है कि वह अपील के पीछे सही परिप्रेक्ष्य का इस्तेमाल करें। अपील का सही उपयोग न होने पर कई बार विज्ञापन का प्रभाव कम हो जाता है या उल्टा भी हो जाता है। अच्छे विज्ञापन की सफलता के पीछे उसकी अपील का सर्वाधिक योगदान होता है। कोई विज्ञापन चाहे वह प्रिंट में दिखाई दे, इंटरनेट पर, होर्डिंग पर या टेलीविजन पर किसी भी माध्यम पर इसमें विज्ञापन अपील का दावा है कि एक विशिष्ट उत्पाद की विज्ञापन अपील के माध्यम से उसकी बिक्री बढ़ाई जा सकती है। इस प्रकार के विज्ञापन में पेशेवर भावनाओं, सामाजिक प्राथमिकताओं या उनके लक्षित जनसांख्यिकी (Targeted Demography) के अन्य पहलुओं पर अपील करने की कोशिश करते हैं। वे शब्दों, छवियों और संगीत का उपयोग करते हैं यह प्रदर्शित करने के लिए कि किसी दिए गए उत्पाद या सेवा को खरीदने से आपके स्वयं के सामाजिक प्रतिष्ठा में खुशी, आकर्षण या अन्य पहलुओं में वृद्धि होगी। कुछ मामलों में विज्ञापन अपील सार्वभौमिक करने का इरादा होता है जबकि अन्य मामलों में अपील एक विशिष्ट दर्शक पर लक्षित होती है, उदाहरण के लिए खिलौने और ऑनलाइन गेम्स आदि के लिए कई विज्ञापन इस बात पर जोर देते हैं कि बच्चे को उत्पाद के साथ कितना मजा आ सकता है, इस प्रकार के विज्ञापन अपील बच्चों और अभिभावकों पर प्रभावी हो सकती है जिससे ऐसे विज्ञापन हमेशा बजट आदि के बारे में सोचनेवाले लोगों की तुलना में अमीर और सफल व्यक्तियों की अपील होती है।

## उपभोक्ता व्यवहार : कारक
## (Consumer Behaviour: Factors)

यदि कोई कम्पनी अपने व्यापार को एक बड़ा ब्रांड बनाना चाहती है और अपने उत्पाद या सेवा को वह घर-घर पहुँचाना चाहती है तो इसके लिए उसे उपभोक्ताओं की मानसिकता (Mindset) को समझना होगा और उपभोक्ताओं की मानसिकता को समझने के लिए उपभोक्ताओं के व्यवहार को जानना ही पड़ेगा। उपभोक्ता व्यवहार एक ऐसी तकनीक है जिसकी सहायता से ग्राहकों और उपभोक्ताओं की पसन्द और नापसन्द को समझ सकते हैं। उपभोक्ता व्यवहार को प्रभावित करने के लिए बहुत से कारक मौजूद हैं जैसे सांस्कृतिक, सामाजिक, वैयक्तिक, मनोवैज्ञानिक, विपणन अभियान, आर्थिक स्थिति, वैयक्तिक प्राथमिकता आदि। उपभोक्ता व्यवहार मुख्य रूप से लोगों के ऊपर एक अध्ययन होता है जो कि समूह और संगठन करती है। उपभोक्ता व्यवहार एक तरीका है जिसके द्वारा हम यह जान सकते हैं कि उपभोक्ता कैसे निश्चित करता है कि उन्हें क्या खरीदना है, कैसे खरीदना है, कैसे उपयोग करना है, उन चीजों से कैसे पीछा छुड़ाना है जो उन्हें नहीं पसन्द है आदि। उपभोक्ता व्यवहार इस प्रकार का अध्ययन है जिसका बाजार की दिशा और दशा तय करने में बहुत अधिक योगदान है। उपभोक्ता व्यवहार का अध्ययन करके बाजार का पता चलता है कि बाजार में कौन से उत्पाद चाहिए, कौन-सा उत्पाद पुराना हो चुका है, कौन-सा उत्पाद उपभोक्ताओं को कैसे दिखाना है। उपभोक्ता व्यवहार को समझने के बाद हम यह मान सकते हैं कि उपभोक्ता एक कलाकार (Actor) है

और बाजार में वह एक भूमिका (Role) निभाता है, जिसमें उपभोक्ता ही सबसे अहम किरदार निभाता है क्योंकि बाजार में मौजूद सभी उत्पादों पर जानकारी देने का कार्य वह उपभोक्ता ही करता है। उस वस्तु को बनवाने से लेकर उसे खरीद कर उपयोग करने तक की भूमिका निभाता है। उपभोक्ता अपनी यह भूमिका मुख्य रूप से उस वस्तु की खरीददारी के समय निभाता है। उपभोक्ता व्यवहार का अध्ययन करने पर पता चलता है कि उपभोक्ता की भूमिका अलग-अलग परिस्थितियों में अलग-अलग हो सकती है।

## उपभोक्ता व्यवहार के प्रकार

**(Type Of Consumer Behaviour)**

उपभोक्ता या ग्राहक का व्यवहार समय और परिस्थिति के अनुसार हमेशा बदलता रहता हैं, जैसी परिस्थिति होती है वैसा उसका उत्पाद को खरीदने का व्यवहार रहता है अर्थात् यदि उसके पास पैसे ज्यादा है तो वह महंगी वस्तु खरीदने के लिए प्रेरित होगा और यदि पैसे कम हैं तो उसी के अनुसार वह कम पैसे में वही वस्तु प्राप्त करने का प्रयास करेगा। अपने व्यवहार के कारण ही उपभोक्ता उस वस्तु की स्थानापन्न वस्तु भी खरीदने का प्रयास करता है। उपभोक्ता के इस व्यवहार को देखते हुए उपभोक्ता व्यवहार के कई प्रकार परिलक्षित होते हैं जिसमें से कुछ उपभोक्ता व्यवहार निम्नलिखित है—

### 1. जटिल उपभोक्ता व्यवहार (Complex Buying Behaviour)

इस प्रकार के उपभोक्ता व्यवहार में ग्राहक बहुत महंगी वस्तुओं की खरीदारी करता है जिसके लिए वह पहले से काफी शोध करके रखा होता है।

### 2. असंगति खरीद व्यवहार (Dissonance Buying Behaviour)

इस उपभोक्ता व्यवहार के प्रकार में उपभोक्ता या ग्राहक दिग्भ्रमित होता है और उसके दिमाग में हमेशा यही चलता रहता है कि कहीं सामान खरीद लेने के बाद में मुझे पछताना न पड़े।

### 3. अभ्यस्त खरीदार व्यवहार (Habitual Buying Behaviour)

इस प्रकार के उपभोक्ता व्यवहार में उपभोक्ता को ब्रांड से कोई मतलब नहीं होता है, चाहे वह उत्पाद किसी भी छोटे या बड़े ब्रांड का हो इस बात को जानने में वह कोई रुचि नहीं लेता है, ऐसे में कहा जा सकता है कि उस सामान को खरीदना उपभोक्ता की मजबूरी होती है।

### 4. विविधता खोजी व्यवहार (Variety Seeking Behaviour)

इस प्रकार के उपभोक्ता व्यवहार में उपभोक्ता या ग्राहक को हर बार अलग-अलग उत्पाद चाहिए। इसका तात्पर्य नहीं है कि वह पहले उत्पाद से सन्तुष्ट नहीं था, बस उपभोक्ता का इस प्रकार का व्यवहार है कि उसको विविधताओं से भरा बाजार चाहिए जिसमें उसके पसन्द

की वस्तुएँ अलग-अलग कम्पनी की हो क्योंकि उसका यह व्यवहार ही उसे नए-नए उत्पाद आजमाते रहने की कोशिश करवाना चाहता है।

## उपभोक्ता व्यवहार को प्रभावित करनेवाले कारक

**(Factors Of Consumer Behaviour Affecting)**

उपभोक्ताओं के व्यवहार के प्रकार के बाद जब हम बात करते हैं उपभोक्ता व्यवहार को प्रभावित करनेवाले कारक कि जिससे उपभोक्ताओं का व्यवहार परिवर्तित होता है तो ऐसे कई कारक हैं जिनके कारण उपभोक्ताओं के व्यवहार प्रभावित होते हैं जिनमें से कुछ कारक निम्नलिखित है—

## I. व्यक्तिगत कारक

**(Personal Factor)**

व्यक्तिगत उपभोक्ता व्यवहार को प्रभावित करनेवाले प्रमुख कारक निम्नलिखित है –

### 1. उम्र और जीवन चक्र कारक (Age and LifeCycle Factor)

उम्र उपभोक्ताओं के क्रय व्यवहार को बहुत प्रभावित करता है जैसे-जैसे लोगों की उम्र बढ़ती जाती है उनकी आवश्यकताएँ बदलती जाती हैं। कुछ कम्पनियाँ विशेष रूप से उम्र को ध्यान में रखकर अपने उत्पाद बनाती हैं। प्रत्येक उम्र के लोगों के लिए अलग-अलग आवश्यकताएँ होती हैं। उम्र के साथ-साथ व्यक्ति रहन-सहन का स्तर भी बदलता रहता है जहाँ एक युवा व्यक्ति मनोरंजन के लिए पैसे खर्च करता है, वही एक बूढ़ा आदमी अपने स्वास्थ्य के लिए पैसे खर्च करता है।

### 2. आय कारक (Income Factor)

आय के कारण भी उपभोक्ता एक उत्पाद से दूसरे उत्पाद और फिर एक ब्रांड से दूसरे ब्रांड में बदलता रहता है। आय के अनुरूप ही उपभोक्ता की क्रय शक्ति भी घटती-बढ़ती रहती है और तदनुरूप ही वह अपनी आवश्यकता और इच्छा की प्रतिपूर्ति करता है

### 3. शिक्षा कारक (Education Factor)

शिक्षा व्यक्ति की दुनिया देखने का नजरिया बदल देता है। एक शिक्षित व्यक्ति को जब कोई सामान खरीदना होता है तो बाजार जाने से कुछ दिन पूर्व ही उस वस्तु के बारे में, उसकी गुणवत्ता के बारे में, उसकी बिक्री के बाद की सेवाओं, रंग इत्यादि के बारे में इंटरनेट या लोगों से बातचीत करके उस वस्तु के बारे में ढेर सारी जानकारी इकट्ठी कर लेता है। जैसे-जैसे लोग शिक्षित हो रहे हैं वह उन्हें मिलनेवाले उत्पाद के बारे में अधिक-से-अधिक जानना चाहते हैं अब वह केवल विज्ञापन पर ही निर्भर नहीं रहते हैं। एक शिक्षित व्यक्ति वही उत्पाद खरीदता है जो वह उसे ज्यादा-से-ज्यादा सन्तुष्ट कर सके।

### 4. मनोवैज्ञानिक कारक (Psychological Factor)

मनोवैज्ञानिक कारक वह होते हैं जो ग्राहक को शारीरिक नहीं बल्कि मानसिक रूप से प्रभावित करते हैं।

### 5. नजरिया कारक (Views Factor)

कोई उपभोक्ता अपने उत्पाद को कैसे देखता है और उसे कैसे विश्लेषण करता है, यह कई कारकों पर निश्चित रहता है। जैसे—उपभोक्ता आपके ब्रांड के बारे में क्या सोचता है, क्या सुनता है, क्या समझता है क्योंकि किसी उत्पाद के बारे में उपभोक्ता की उसकी सोच, उसका निर्णय किसी प्रकार से बदल सकती है इसलिए कोई ब्रांड अपने उत्पाद का अच्छे से प्रचार करता है और यदि उसका विज्ञापन बहुत दिलचस्प होता है तो वह ग्राहक के दिमाग में एक लम्बे समय तक अपना छाप छोड़ सकती है।

### 6. सीखने की प्रक्रिया (Learning Factor)

सीखने की प्रक्रिया से पता चलता है कि ग्राहक किसी उत्पाद का उपयोग कर उसके बारे में क्या याद रखता है और भविष्य में उस उत्पाद को खरीदेगा या नहीं। इससे यह भी पता चलता है कि उत्पाद की गुणवत्ता, कीमत और सेवा ने उस ग्राहक को ठीक से सन्तुष्ट किया है और उसकी आशाओं को पूरा किया है तभी वह उसे भविष्य में खरीदने की सोचेगा अन्यथा नहीं।

### 7. अभिप्रेरणा कारक (Motivation Factor)

अभिप्रेरणा एक आन्तरिक शक्ति है जो उपभोक्ता को एक विशेष उत्पाद खरीदने के लिए प्रोत्साहित करती है। जब कोई उपभोक्ता यह निर्णय लेता है कि मुझे यह उत्पाद खरीदना चाहिए और मुझे यह उत्पाद किसी भी तरह चाहिए तो यह मनोविज्ञान उस उत्पाद के पक्ष में कार्य करती है।

### 8. विश्वास कारक (Belief Factor)

कभी-कभी ग्राहक किसी विशेष उत्पाद के साथ अपने विश्वास को सम्मिलित कर लेता है। जब कोई उपभोक्ता किसी विशेष उत्पाद के साथ अपना विचार बना लेता है और वह उसे सच मानने लगता है तो ऐसे ही समय में उपभोक्ता व्यवहार को प्रभावित करनेवाले महत्त्वपूर्ण कारक, विश्वास कारक का जन्म होता है।

## II. सांस्कृतिक कारक (Cultural Factor)

संस्कृति एक समूह है उन विश्वास और धारणाओं का जिसमें एक व्यक्ति अपने परिवार के साथ समाज में बहुत कम उम्र में सीख जाता है और उसको मानता है। उदाहरण के लिए अमेरिका की संस्कृति भारत से अलग है क्योंकि अमेरिका में महिलाएँ पाश्चात्य कपड़े पसन्द

करती है जबकि भारत में महिलाएँ साड़ी ही पसन्द करती है। हिन्दू महिलाएँ शादी में लाल लहंगा पहनती हैं जबकि ईसाई महिलाएँ अपने यहाँ शादी में सफेद कपड़े पहन कर शादी करती हैं। एक उच्च वर्ग का व्यक्ति अपने विलासिता की वस्तुओं पर पैसे खर्च करता है जबकि एक निम्न वर्ग का व्यक्ति सस्ते और जीवन उपयोगी उत्पादों पर ही खर्च करेगा।

## III. सामाजिक कारक (Social Factor)

सामाजिक कारक समाज (Society) से सम्बन्धित है और मुख्यतया उपभोक्ता व्यवहार को सामाजिक कार्य प्रभावित करता है। जब लोग एक-दूसरे के रिश्तो में होते हैं चाहे वह खून का रिश्ता हो या सिर्फ एक साथ रहने का हो, उसे परिवार कहते हैं। उपभोक्ता व्यवहार को प्रभावित करने में परिवार एक बड़ी भूमिका निभाता है क्योंकि एक व्यक्ति अपने परिवार के अनुरूप ही अपनी व्यक्तिगत आवश्यकताएँ, विश्वास, अपनी धारणा, अपने खाने-पीने के स्तर को बनाता है। जैसे कि एक बच्चा अपना निर्णय अपने परिवार के अनुसार ही लेता है क्योंकि वह उन्हीं के ऊपर आश्रित होता है।

## IV. सन्दर्भ समूह कारक (Reference Group Factor)

यह इस प्रकार के लोगों का समूह है जिनकी सलाह लोग अपनी खरीदारी करते समय लेते हैं। सन्दर्भ समूह उपभोक्ता के व्यवहार को प्रभावित करती है क्योंकि किसी व्यक्ति का विश्वास, उसकी धारणा, उसकी कीमत और उसका व्यवहार आमतौर पर सन्दर्भ समूह से हमेशा प्रभावित होती है। किसी समाज में प्रतिष्ठित व्यक्ति की भूमिका किसी समूह में उसके स्थिति के आधार पर निश्चित होता है। लोग समाज में अपने हैसियत और स्थिति के आधार पर खरीदारी करते हैं। वह ऐसे उत्पाद की खरीदारी करते हैं जिन्हें वह अपने समूह में वैभव (Majesty) के रूप में दिखा सकें इसलिए कम्पनियाँ अपने लक्षित ग्राहकों के हैसियत के आधार पर उत्पाद बनाना चाहती हैं जैसे कि मोबाइल, कार, बड़े घर, फार्म हाउस आज के समय में एक प्रतिष्ठा का प्रतीक (Status Symbol) बन गए हैं।

उपभोक्ता व्यवहार कम्पनियों को यह तय करने में मदद करता है कि उत्पादों और सेवाओं का निर्माण का प्रस्ताव क्या है। जब कम्पनियों को यह पता चलता है कि ग्राहक क्या खरीदते हैं, क्यों खरीदते हैं, उत्पादों को खरीदने से पहले क्या सोचते हैं और खरीदने के बाद में वह उस उत्पाद के बारे में क्या सोचते हैं तो कोई भी कम्पनी आसानी से उनकी ऐसी आवश्यकताओं को पूरी कर सकती है जो ग्राहक अभी तक सन्तुष्ट नहीं हुए हैं। आज का उपभोक्ता या ग्राहक सिर्फ उत्पादों की उपलब्धता ही नहीं चाहता है बल्कि वह बेहतर अनुभव सेवाएँ और ऐसा माहौल भी चाहता है जहाँ पर वह उत्पाद को खरीद सके। उपभोक्ताओं की इसी सोच के कारण आज की तारीख में ढेर सारी खरीदारी की सामूहिक जगह (Shopping Mall) का विकास हुआ है जहाँ पर एक ही छत के नीचे आप विविध प्रकार के सामान खरीद सकते हैं, मनोरंजन कर

सकते हैं और ढेर सारी बेहतर सुविधाएँ प्राप्त कर सकते हैं। उपभोक्ता व्यवहार के अध्ययन से उपभोक्ताओं की खरीद व्यवहार को पहचानने में मदद मिलती है। उपभोक्ता व्यवहार का अध्ययन कम्पनियों को न केवल यह समझने में मदद करता है कि उपभोक्ता क्या खरीदना चाहता है बल्कि वह यह भी समझने में मदद करता है कि उपभोक्ता क्यों खरीदना चाहता है और इससे बेहतर वह क्या खरीद सकता है। उपभोक्ता व्यवहार एक गतिशील घटना है और हमारे चारों ओर बहुत तेजी से विकास हो रहा है, इसी क्रम में हमें भी रोज नए-नए उत्पादों से दो-चार होना पड़ता है जिससे हमारी आदतें भी लगातार गतिशील संस्कृतियों और रुझानों को बदल रही है।

## उपभोक्ता व्यवहार : मॉडल

### (Consumer Behaviour : Models)

किसी कम्पनी के लिए विभिन्न उत्पाद, सुविधाओं, कीमतों और विज्ञापन अपील के साथ-साथ अन्य उत्पादों पर प्रतिस्पर्धात्मक बढ़त प्राप्त करने के लिए और बाजार में ज्यादा-से-ज्यादा जगह बनाने के लिए किसी उत्पाद पर उनके प्रभाव के बारे में उपभोक्ताओं की प्रतिक्रिया को जानना और समझना अत्यन्त आवश्यक है। उपभोक्ताओं के व्यवहार को जानने के लिए उपभोक्ता व्यवहार के ढेर सारे मॉडल प्रचलन में है जिनमें से कुछ निम्नलिखित है—

### 1. पारम्परिक मॉडल (Traditional Model)

शुरुआती या पारम्परिक मॉडल अर्थशास्त्रियों द्वारा आर्थिक प्रणालियों को समझने की दृष्टि से विकसित किए गए थे। पारम्परिक मॉडल यह समझने में मदद करता है कि असीमित इच्छाओं की जरूरतों के बीच दुर्लभ संसाधन कैसे आवंटित किए जाते हैं। पहले 4 मॉडल आर्थिक मॉडल, लर्निंग मॉडल, मनोविश्लेषणात्मक मॉडल और समाजशास्त्रीय मॉडल के सन्दर्भ में एक सामान्य दृष्टिकोण देते हैं—

### I. आर्थिक मॉडल (Economic Model)

ऐसा माना जाता है कि मनुष्य एक तर्कसंगत इंसान है जो लागत और मूल्य के सन्दर्भ में सभी विकल्पों का मूल्याँकन करता है और वह हमेशा उस उत्पाद या सेवा का चयन करेगा जो उसे अधिकतम सन्तुष्टि और उपयोगिता दे सकेगा। उपभोक्ताओं को कम कीमत में उपयोगिता के कानून के आधार पर अधिकतम उपयोगिता के सिद्धान्त का पालन करने के लिए माना जाता है। साथ ही यह माना जाता है कि सीमित क्रय शक्ति, आवश्यकताओं और स्वाद के साथ एक उपभोक्ता दिए गए मूल्यों पर विभिन्न उत्पादों पर अपना खर्च आवंटित करेगा जिससे उससे मिलनेवाली उपयोगिता को अधिकतम किया जा सके। समसामयिक उपयोगिता का कानून उसे सीमित क्रय शक्ति से अधिकतम उपयोगिता को सुरक्षित करने में सक्षम बनाता है। किसी व्यक्ति द्वारा किसी उत्पाद को खरीदने का फैसला उसकी उपयोगिता की अवधारणा से नियन्त्रित करता है। एक तर्कसंगत व्यक्ति अपनी उपयोगिता और लाभ को अधिकतम करने के इरादे से अपने

खरीद निर्णय करेगा। उपभोक्ता व्यवहार में आर्थिक मॉडल कुछ अन्य घटकों पर निर्भर करता है जिनमें से कुछ निम्नलिखित है—

### A. मूल्य प्रभाव (Price Effect)

उत्पाद की कीमत कम होगी तो खरीदी गई मात्रा अधिक होगी।

### B. प्रतिस्थापन का प्रभाव (Substitute Effect)

स्थानापन्न उत्पाद की कीमत कम होगी तो खरीदे गए मूल्य की उत्पाद की कीमत अधिक होगी।

### C. आय का प्रभाव (Income Effect)

अधिक क्रय शक्ति होगी तो खरीदी गई मात्रा अधिक होगी।

मानव के तर्कसंगत व्यवहार के बारे में धारणा को उपभोक्ता व्यवहार वैज्ञानिकों द्वारा चुनौती दी गई है। वैज्ञानिकों की राय है कि जब भविष्यवाणी उपयोगी होती है तो उपभोक्ता व्यवहार मॉडल केवल यह बताता है कि उपभोक्ता को कैसे व्यवहार करना चाहिए, वह यह नहीं बताता है कि वर्तमान समय में उपभोक्ता का व्यवहार कैसा है।

## II. अभ्यास प्रारूप (Learning Model)

मनोवैज्ञानिकों ने तर्क दिया है कि जीवित व्यक्ति को भूख, प्यास, आश्रय, परिवार, प्राथमिक आवश्यकता, भय और अपराध जैसी जरूरतें उसकी आवश्यकताओं से प्रभावित रहती हैं जो बाद में उसी का मकसद बन जाती हैं। विपणन के सन्दर्भ में अभ्यास प्रारूप से यह समझने में बाजारों को मदद मिलेगी कि उपभोक्ता नई वितरण स्थितियों में प्रतिक्रिया करने के लिए कैसे तैयार होते हैं या उन्हें कैसे सिखाया जा सकता है। बहुत बार यह देखा गया है कि किसी संगठन के एक उत्पाद के साथ उपभोक्ता का अनुभव फर्म के अन्य उत्पादों के लिए सामान्यकृत होने की सम्भावना होती है।

## III. मनोविश्लेषणात्मक मॉडल (Psychological Model)

यह मॉडल मनोवैज्ञानिकों के काम पर आधारित है जो व्यक्तित्व से सम्बन्धित होते हैं। वह इस विचार के हैं कि मानव आवश्यकताएँ और उद्देश्य चेतन के साथ-साथ अवचेतन स्तरों पर भी संचालित होते हैं। यह सिद्धान्त सिगमंड फ्रायड द्वारा विकसित किया गया था। उनके अनुसार मानव व्यवहार गहरे उद्देश्यों के एक जटिल समूह द्वारा निर्देशित है। विपणन के दृष्टिकोण से इसका तात्पर्य यह है कि खरीदार उत्पाद खरीदने में प्रतीकात्मक कारकों से प्रभावित होंगे। प्रेरक अनुसन्धान उपभोक्ता व्यवहार के उद्देश्यों की जाँच में शामिल किया गया है जिससे उसके अनुसार उचित विपणन निहितार्थ विकसित किया जा सके। अभी तक इस दृष्टिकोण का उपयोग विकासशील उत्पादों, डिजाइन, सुविधाओं, विपणन, विज्ञापन और अन्य प्रचार तकनीकों के लिए विचार उत्पन्न करने के लिए हो रहे हैं।

## IV. समाजशास्त्रीय मॉडल (Sociological Model)

इस मॉडल के अनुसार व्यक्तिगत खरीदार समाज नामक संस्था का एक हिस्सा है क्योंकि वह एक समाज में रह रहा है। वह उससे प्रभावित होता है और बदले में अपने विकास के मार्ग को भी प्रभावित करता है। वह विभिन्न औपचारिक और अनौपचारिक संघों या संगठनों जैसे कि एक परिवार के सदस्य, एक फर्म के कर्मचारी के रूप में, एक पेशेवर मंच के सदस्य के रूप में और एक अनौपचारिक सांस्कृतिक संगठन के एक सक्रिय सदस्य के रूप में कई भूमिका निभा रहे हैं। इस तरह की बातचीत उस पर कुछ छाप छोड़ती है और उसके खरीद व्यवहार को प्रभावित करने में भूमिका निभा सकती है। परिवार, दोस्तों, करीबी सहयोगियों के अन्तर्गत समूह जीवन-शैली और एक व्यक्तिगत सदस्य के खरीद व्यवहार पर एक मजबूत प्रभाव का उपयोग कर सकते हैं। सहकर्मी समूह विशेष रूप से विशेष जीवन-शैली को अपनाने और व्यवहार प्रतिरूप (Pattern) खरीदने में एक प्रभावशाली कारक के रूप में अभिनय करने में बहुत महत्त्वपूर्ण भूमिका निभाता है। समूह में आमतौर पर एक अनौपचारिक राय वाले नेता होते हैं जिनके विचारों का समूह द्वारा सम्मान किया जाता है। यह नेता व्यक्तिगत सदस्य की जीवन-शैली और खरीद के फैसले को प्रभावित करने में सक्षम होते हैं। विपणन बाजार विभाजन की एक प्रक्रिया के माध्यम से एक विशिष्ट वर्ग और खरीदारों के समूह के सामान्य व्यवहार प्रतिरूप पर काम कर सकते हैं और उनके खरीद प्रतिरूप को प्रभावित करने की कोशिश कर सकते हैं।

### 1. समकालीन मॉडल (Contemporary Model)

उपभोक्ता व्यवहार अध्ययन के विकास के साथ उपभोक्ता व्यवहार को क्या प्रभावित करता है यह समझने के लिए नए तरीकों का उपयोग किया जाता है इन्हें समकालीन मॉडल कहा जाता है। यह समकालीन मॉडल या विचार पहले के मॉडल से मुख्य रूप से भिन्न थे क्योंकि उन्होंने उपभोक्ता द्वारा अपनाई गई निर्णय प्रक्रिया पर ध्यान केन्द्रित किया था।

### 2. मार्शल मॉडल (Marshal Model)

मार्शल मॉडल इस धारणा पर आधारित है कि उपभोक्ताओं को उनकी इच्छाओं और उन्हें सन्तुष्ट करने के लिए उपलब्ध सभी साधनों का पूरा ज्ञान है। यह मॉडल कम सीमान्त उपयोगिता के कानून पर आधारित है। यह मॉडल बताता है कि स्थानापन्न उत्पाद की कीमत कम और पहले खरीदे गए उत्पाद की उपयोगिता से कम होगी और अधिक मात्रा तभी खरीदी जाएगी जब व्यक्ति की आय में वृद्धि होगी। इस मॉडल की मुख्य आलोचना यह है के बाजार की समरूपता और खरीददार व्यवहार की समानता को मानता है। यह प्रेरणा, धारणा, सीखने की दृष्टिकोण और सामाजिक, सांस्कृतिक कार्य जैसे पहलू की उपेक्षा करता है।

### 3. फ्रॉयड का मॉडल (Freud's Model)

व्यक्तित्व के अपने मनोविश्लेषणात्मक सिद्धान्त के आधार पर फ्रॉयड ने प्रस्ताव दिया कि मानव व्यक्तित्व में तीन अन्तर क्रियाएँ प्रक्रियात्मक प्रणालियाँ शामिल होती हैं—आईडी, ईगो

और सुपर ईगो। फ्रॉयड उपभोक्ता के रूप और सम्पत्ति जैसे—कपड़े, जूते और अन्य भौतिक सुख को व्यक्ति के व्यक्तित्व का प्रतिबिम्ब मानते हैं।

**4. पावलोवियन मॉडल (Pavlovion Model)**

इस मॉडल का नाम रूसी जन्तु वैज्ञानिक इवान पावलव के नाम पर रखा गया। इस मॉडल के अनुसार उपभोक्ता व्यवहार के सन्दर्भ में यदि उत्तेजना में एक प्रसिद्ध ब्रांड का नाम लिया जाए तो उपभोक्ता उस ब्रांड की श्रेष्ठता के बारे में सोचता है जैसे माइक्रोसॉफ्ट या एप्पल का नाम लिया जाए तो उपभोक्ता के दिमाग में उस उत्पाद की तकनीकी श्रेष्ठता और परेशानी से मुक्त संचालन की बात आएगी। इस मॉडल में उपभोक्ता व्यवहार का अधिकांश कार्य दोहराव पर आधारित होता है। उपभोक्ता अपने स्मृति में जानकारी संग्रहीत करते हैं और अपने निर्णय प्रक्रिया में एक दिनचर्या के रूप में स्थापित कर लेते हैं।

## उपभोक्ता व्यवहार : ब्रांड की स्थिति
## (Consumer Behaviour : Brand Positioning)

कोई भी ब्रांड किसी एक कम्पनी के लोगो (Logo), उसके रंग, उसके नाम का उल्लेख करता है। यह अपने आप में कम्पनी की समग्र पहचान और बाजार में उसकी धारणा के रूप में परिभाषित किया गया ब्रांड (Brand Name) है। आज की तारीख में तेजी से आगे बढ़ रहे 'ब्रांड' (Brand) शब्द ने लोगों को एक नया अर्थ दे दिया है, हम देख सकते हैं कि एक ब्रांड या लोगो पहचान ही नहीं बल्कि यह अपने आप में एक वादा है उस ग्राहक के प्रति जिसने उस ब्रांड का सामान खरीदा है।

2018 तक ब्रांड केवल कम्पनी के लोगो, रंग आदि से ही ताल्लुक रखता था जबकि अब यह गतिशील (Dynamic) और बहुआयामी (Multifunctional) बनने की राह पर तेजी से बढ़ता जा रहा है। एक मजबूत ब्रांड के लिए आज एक ऐसे व्यक्तित्व की आवश्यकता है जो सोशल मीडिया से लेकर बिलबोर्ड तक उसकी पैकेजिंग, उस वस्तु को खरीदने के बाद दी जानेवाली सेवाओं की गारंटी, वस्तु की गुणवत्ता, बिकने के बाद ग्राहक की सन्तुष्टि आदि सब कुछ मिलाकर एक मजबूत ब्रांड का निर्माण करने के लिए सभी प्लेटफार्म पर समन्वित तरीके से अपने दर्शकों, उपभोक्ताओं और अपने ग्राहकों के साथ प्रतिनिधित्व कर सम्बन्ध स्थापित करें। आधुनिक समय में ब्रांडिंग को किसी कम्पनी की पहचान का प्रतिनिधित्व करने की कला के रूप में परिभाषित किया जा सकता है कि वह कौन सी कम्पनी है, वह किस प्रकार के उत्पाद बनाती है, उसकी उत्पाद की गुणवत्ता स्तर कैसा है और उसकी गुणवत्ता कम्पनी की प्रतिष्ठा के लिए कितना महत्त्वपूर्ण है आदि। सीधे शब्दों में कहा जाए तो कम्पनी अपने उत्पाद को अपने दर्शकों, ग्राहकों या उपभोक्ताओं का ध्यान कैसे आकृष्ट करा सकती है। अपने ब्रांड के बारे में सकारात्मक भावनाओं को जगाने की इरादे से अपने ब्रांड की विपणन (Marketing) करती है। ब्रांड विपणन रणनीति (Brand Marketing Strategy) बनाते समय दीर्घकालिक योजना बनाना अति महत्त्वपूर्ण होता है। सभी ब्रांड विपणन रणनीतियों को एक विशिष्ट कम्पनी की दृष्टि से

स्थापना, लक्षित दर्शकों को निर्धारित करने, स्थिरता बनाने और भावना का संचार करके निर्देशित किया जाना चाहिए। किसी कम्पनी के उत्पादों को एक बड़ा ब्रांड बनाने के कई प्रकार हैं जिनमें से कुछ निम्नलिखित हैं—

### 1. कम्पनी का दृष्टिकोण स्थापित करके (Establishing Company's Perspective)

कम्पनी को पहले यह तय करना चाहिए कि वह किस वस्तु, कार्य अथवा सेवा के लिए ज्यादा जानी जाती है, लोगों में वह किसलिए प्रसिद्ध है और फिर सभी उपलब्ध विपणन चैनलों के माध्यम से कम्पनी को उस उत्पाद से सम्बन्धित रचनात्मक विज्ञापन दिखाकर ग्राहकों और उपभोक्ताओं को अपनी ओर जोड़ने की रणनीति का विकास करना चाहिए। जैसे—सॉफ्टवेयर का काम करनेवाले लोग एप्पल, पढ़नेवाले लोग कैमलिन, कार का शौक रखनेवाले जगुआर, टाटा. मारुति, खेती का काम करनेवाले आयशर, स्वराज यह सभी कम्पनी अपने उद्योग जगत में एक बड़ी ब्रांड के रूप में प्रथम श्रेणी में खड़ी रहने के लिए जानी जाती हैं। इसी प्रकार माउंटेन ड्यू के पेय पदार्थ का इस प्रकार विज्ञापन आता है कि यदि आपको साहसिक कार्य करने हैं तो आप अपने भीतर के डर को माउंटेन ड्यू पीकर अपने डर से आगे बढ़िए क्योंकि डर के आगे जीत है। इसी प्रकार थम्सअप एक ब्रांड है कि अगर आपको हवा में पैराशूट से कूदने में डर लगता है तो आप बस थम्सअप पीजिए और कहीं भी, किसी जंगल में किसी पैराशूट की मदद से कहीं भी आप उतर सकते हैं क्योंकि आपने थम्सअप पी रखी है। इसो प्रकार से कोका कोला, नाइक, एक्शन, एडिडॉस, मोची, लिबर्टी आदि।

### 2. लक्षित ग्राहक के लिए रणनीति (Strategy For Targated Customer)

यदि कम्पनी अपने लक्षित दर्शकों, ग्राहकों या उपभोक्ताओं की सही पहचान नहीं कर पाती है तो अपने ब्रांड के विपणन का सही प्रयास नहीं हो पाता है। सामान्यतया कोई कम्पनी अपने सामान या सेवाओं को बेचने से पहले वहाँ की जनसांख्यिकी को समझने के लिए बहुत प्रयास करती है जिससे उसके द्वारा निर्मित वस्तु या सेवा बाजार में आते ही तुरन्त उसकी बिक्री में बढ़ोतरी हो सके।

### 3. निरन्तरता बनाए रखना (Maintaining Continuity)

जो भी अच्छी कम्पनी होती है वह अपने उत्पाद को एक अच्छा ब्रांड के रूप में स्थापित करना चाहती हैं और समय-समय पर अपने ग्राहकों, उपभोक्ताओं से बातचीत करने का प्रयास करती रहती हैं जिससे उनकी पसन्द के अनुरूप एक अच्छा उत्पाद बनाया जा सके। जब कम्पनी लोगों से परस्पर संवाद करती है तो वहाँ पर उसके उत्पादों को उत्तरोत्तर एक अच्छी पहचान मिलती है। लोगों का विश्वास और निष्ठा के निर्माण के लिए इस प्रकार का वातावरण बनाना अत्यन्त महत्त्वपूर्ण है। किसी भी उद्योग में लगातार ब्रांडिंग के माध्यम से हम उत्पाद या सेवाओं को अच्छी तरह पहचान सकते हैं और उन पर विश्वास कर सकते हैं। एक मजबूत ब्रांड स्थापित करने के लिए किसी उत्पाद की गुणवत्ता भी अच्छी होनी चाहिए क्योंकि जब किसी कम्पनी के पास एक खराब उत्पाद होता है तो वह ब्रांड बाजार के लिए

कभी सकारात्मक भूमिका नहीं निभा सकता है बल्कि वह हमेशा नकारात्मक रूप में ही देखा जाएगा। इसके अलावा कम्पनी अपने ग्राहकों के साथ बातचीत करते हुए सभी क्षेत्रों के साथ गुणवत्ता पर भी ध्यान देती है यही कारण है कि मारुति कार के एक मॉडल 'एस्टीम' में जब उसके इंजन में कुछ खराबी आ गई तो मारुति कम्पनी ने बाकायदा अपने ग्राहकों को सूचित करने के लिए सोशल मीडिया के लगभग सभी प्लेटफार्म का इस्तेमाल करते हुए उसने लोगों को आगाह किया कि इतने समय के बने हुए कार इंजन में यह खराबी आ गई है जिससे लोग अपने कार को वापस करके दूसरी कार प्राप्त कर सकते हैं ऐसा बस उसने इसलिए किया कि लोगों की नजर में ब्रांड की साख बनी रहे मारुति की भी इज्जत बनी रहे। अभी एनफील्ड इंडिया लिमिटेड की बुलेट अपने कुछ मॉडल को बाजार से वापस ले लिया, बस इसलिए कि उसके इंजन में कुछ खराबी है। जब कोई कम्पनी झूठ बोलती है या अपने वायदों पर खरी नहीं उतरती तो उसकी ब्रांड मार्केटिंग अनिवार्य रूप से वर्तमान और भविष्य के ग्राहकों से अविश्वास पैदा करने के साथ रेखाकित होती है। उस कम्पनी और उसके ब्रांड की साख लगातार गिरती चली जाएगी।

### 4. भावनात्मक रेखांकन (Emotional Draw)

भावनात्मक विज्ञापन लोगों को खूब प्रेरित करता है। जैसे कोका कोला अपने ब्रांड को उपभोक्ताओं के साथ भावनात्मक सम्बन्ध स्थापित करने का प्रयास करता है जो इसकी सफलता के लिए अत्यन्त महत्त्वपूर्ण माना गया है। इसी प्रकार कैडब्रीज आदि इस प्रकार की कम्पनियाँ हैं जो भावनात्मक रेखांकन करके विज्ञापन करती हैं। भाई बहन के प्यार को इनके विज्ञापनों में दिखाया जाता है और इतना दिल छू लेनेवाला यह विज्ञापन होता है कि लोग विज्ञापन देखते ही मुस्कुराने लगते हैं और अगले दिन वह कोका कोला या फिर कैडबरीज के चॉकलेट खरीदने का प्रयास करते हैं जिससे उस उत्पाद की बिक्री दिनों दिन बढ़ती रहती है।

## ब्रांड मार्केटिंग उद्देश्य

## (Objective Of Brand Marketing)

एक ब्रांड का निर्माण अपने व्यवसाय की सफलता में एक चुनौतीपूर्ण और महत्त्वपूर्ण कदम है। रणनीतिक विपणन का उद्देश्य किसी भी ब्रांड के मुख्य लक्ष्य होते हैं जैसे कि बाजार में एक विशेष छवि बनाना और राजस्व बढ़ाना जिससे कम्पनी का लाभ लगातार बढ़ता जाए। वैसे कम्पनी आमतौर पर ब्रांड रणनीति निम्नलिखित कारणों से भी करती हैं—

### 1. ब्रांड जागरूकता (Brand Awareness)

ग्राहकों को विभिन्न विज्ञापन गतिविधियों के माध्यम से अपने उत्पाद या सेवाओं को पहचानने और याद दिलाने के लिए जागरूकता बढ़ाते हैं इसे ही ब्रांड जागरूकता कहते हैं और यही उनका मुख्य कार्य है।

**2. ब्रांड निष्ठा (Brand Loyalty)**

ग्राहकों को केवल अपने ब्रांड को पहचानने और सुनने के लिए नहीं बल्कि उसके साथ बने रहने के लिए इसे बनाना आवश्यक है। ब्रांड निष्ठा का प्राथमिक कार्य ग्राहकों को यह विश्वास दिलाना है कि उन्होंने उत्पाद की कीमत और विशिष्टता प्रदर्शित करके अपने ब्रांड का विकल्प चुना है।

**3. ब्रांड वकालत (Brand Advocacy)**

उन ग्राहकों की संख्या बढ़ाने का कम्पनी प्रयास करती है जो उसके उत्पाद या सेवाओं को अन्य लोगों को आगे भी समझाएँ, साझा करें या उनको विज्ञापित करें। इसे ही ब्रांड की वकालत कहते हैं।

**4. ब्रांड साझा करना (Brand Share)**

आधिकारिक और मजबूती से स्थापित ब्रांड को अधिक सफल माना जाता है क्योंकि लोग कम पहचाननेवाले ब्रांड के मुकाबले प्रसिद्ध कम्पनी के उत्पाद को ज्यादा पसन्द करते हैं।

**5. ब्रांड सामंजस्य (Brand Harmony)**

अपने सक्रिय उपयोगकर्ता से बढ़ते हुए जुड़ाव की दिशा में काम करना बेहतर है क्योंकि जितने अधिक उपयोगकर्ता अपने ब्रांड के साथ सामंजस्य स्थापित करते हैं, आपकी वेबसाइट पर जाते हैं, उत्पाद की समीक्षा करते हैं या आर्डर देते हैं उतने ही अधिक हमारे लिए एक पहचान योग्य ब्रांड बनने की सम्भावना है।

**6. ब्रांड पहचान और छवि इमेज (Brand Identity and Image)**

कम्पनी की कोशिश रहती है कि लोग उसके ब्रांड को उसके लोगो, रंग, पैकेजिंग आदि दृश्यों को वह किसी आवाज या चित्र आदि के माध्यम से पहचान ले। इसे ही ब्रांड पहचान और छवि कहते हैं।

## उपभोक्ता व्यवहार : रचनात्मक रणनीति

## (Consumer Behaviour: Creative Strategy)

किसी लक्ष्य की प्राप्ति के लिए बनाई गई कार्य योजना को सामान्य अर्थों में रणनीति कहते हैं। रणनीति मूलत: सैन्य विज्ञान से आया हुआ शब्द है जिसका अर्थ होता है किसी लक्ष्य की प्राप्ति के लिए बनाई गई कार्य योजना अर्थात् अनिश्चय की स्थिति में एक या अधिक लक्ष्यों की प्राप्ति के लिए उच्च स्तर पर बनाई गई योजना को रणनीति कहते हैं। रणनीतिक प्रबन्धन का तात्पर्य मुख्य रूप से दो कार्यों से होता है एक कार्य योजना का निर्धारण और दूसरा कम्पनी के संसाधनों का प्रयोग कर कार्य योजना को लागू करना जिससे कम्पनी के विकास, लाभ, विस्तार तथा कम्पनी की सफलतापूर्वक उन्नति को सुनिश्चित किया जा सके। रणनीतिक प्रबन्धन एक

ऐसी प्रक्रिया है जिसका नियोजन उच्च प्रबन्धन द्वारा किया जाता है जिसमें संगठन के उद्देश्यों और लक्ष्य को निर्धारित किया जाता है जिससे वह निर्णय दीर्घकालीन लक्ष्यों और उद्देश्यों को प्राप्त करने में सहायक हो सके और अल्पकाल में भी उनके लिए अनुकूल अवसर प्रदान कर सकें। किसी भी कम्पनी के लिए रचनात्मक रणनीति अत्यन्त महत्त्वपूर्ण होती है क्योंकि इन लक्ष्यों को प्राप्त करने के लिए उपलब्ध संसाधन आमतौर पर सीमित होते हैं। रणनीति में लक्ष्य को निर्धारित करने, लक्ष्यों को प्राप्त करने के लिए कार्यों का निर्धारण करने और कार्यों को निष्पादित करने के लिए संसाधनों को एकत्रित करना शामिल है। एक रचनात्मक रणनीति बताती है कि संसाधनों द्वारा लक्ष्य कैसे प्राप्त किए जाएँगे। रणनीति का उद्देश्य गतिविधि के प्रतिरूप (Pattern) में उभर सकता है क्योंकि संगठन अपने पर्यावरण के अनुकूल प्रतिस्पर्धा करता है इसमें रणनीति की योजना और सामरिक सोच जैसी गतिविधियाँ शामिल होती है।

एक विज्ञापन रणनीति के सफल होने की तभी सम्भावना है जब उसमें सूचना, अनुसन्धान, रचनात्मकता सब कुछ साथ-साथ शुरू किया जाए और एक नई रचनात्मकता के साथ शुरू किया जाए। किसी उत्पाद या सेवा के लिए लक्षित ग्राहकों और उपभोक्ताओं दोनों के बारे में स्पष्ट विचार रखने से यह निर्णय लेने में मदद मिलती है कि विज्ञापन की प्रतिलिपि कैसे केन्द्रित होनी चाहिए। विज्ञापन के प्रकाशन या प्रसारण के साथ-साथ प्रतिलिपि (Copy writing) और ग्राफिक्स के लिए भी बजट पर विचार करना होगा। रचनात्मक विज्ञापन रणनीति से जो परिणाम की उम्मीद है, वह इसके विकास में मार्गदर्शन करता है। जैसे यदि हम ब्रांड जागरूकता पैदा करने की उम्मीद करते हैं तो ध्यान आकर्षित करनेवाली रणनीति का उपयोग करना सबसे अच्छा होता है। एक पत्रिका, समाचार पत्र या टेलीविजन विज्ञापन में दर्शकों को ध्यान देने के लिए मजबूर करने के बहुत सारे दृश्य पेश करके किया जाता है। फिर उत्पाद को स्पष्ट रूप से अपने नाम के साथ दिखाया जाता है और इस ब्रांड पर विचार करने के लिए सम्भावित ग्राहकों को समझाने के लिए कुछ सम्मोहक टैगलाइन दी जाती है। यदि सम्भावित खरीदारों को याद है कि आपका विज्ञापन मजाकिया या निराला था फिर भी आपके उत्पाद या सेवा का नाम उनके दिमाग में नहीं आता है तो आपकी रणनीति प्रभावी नहीं है। यदि इसके बजाय हम सीधे विज्ञापन के साथ एक उत्पाद को बेचने की उम्मीद करते हैं तो हमें एक प्रेरक, रचनात्मक रणनीति की आवश्यकता होगी जो लक्षित दर्शकों को "तुरन्त ऑर्डर" इसे प्रभावी ढंग से करने के लिए, मुफ्त बोनस, उत्पाद की पेशकश, आमतौर पर अच्छी तरह से काम करती है। सम्मोहक सुर्खियाँ भी महत्त्वपूर्ण हैं जैसे "क्या आप अपना वजन कम करना चाहते हैं" तो टीवी स्क्रीन पर दिखाए गए नम्बर पर आप तुरन्त फोन लगाइए और अपने उत्पाद का आर्डर दीजिए, तुरन्त आर्डर करने पर आपको मिलेगा एक वजन कम करनेवाले बेल्ट के साथ दूसरा बेल्ट मुफ्त।

एक विज्ञापन बनाते समय उस उत्पाद या सेवा को उसकी प्रतिस्पर्धा से अधिक आकर्षक बनाता है। उसके मूल्य, प्रदर्शन या दोनों के लिए, प्रतिस्पर्धी उत्पाद के नाम का उल्लेख करना आमतौर पर एक अच्छी रणनीति नहीं है। जब यह किया जाता है तो रचनात्मक विज्ञापन रणनीति के सन्दर्भ में जोखिम यह है कि पाठक या दर्शक प्रतियोगी के नाम या उत्पाद को याद रखेगा

और हमें नहीं। यदि टेलीविज़न विज्ञापन हमारे बजट में नहीं है तो हम एक समाचार पत्र या पत्रिका में एक विज्ञापन का प्रयास कर सकते हैं। किसी विज्ञापन को विकसित करते समय एक अच्छी रचनात्मक विज्ञापन रणनीति, पाठकों की जनसांख्यिकी (Population) को जानना सुनिश्चित करती है जिससे हम विज्ञापन की प्रतिलिपि को लक्षित दर्शकों से बेहतर तरीके से जोड़ सकें। विज्ञापन रणनीति में आम तौर पर एक आकर्षक हेडलाइन और सबहेडलाइन शामिल होते हैं और मजबूत, सम्मोहक बॉडी, कॉपी होता है।

## रचनात्मक विज्ञापन

### (Creative Advertisement)

किसी कम्पनी को उसके उत्पाद की बिक्री बढ़ाने का सबसे उचित तरीका उसके द्वारा किया गया उसका रचनात्मक विज्ञापन है। उस उत्पाद या सेवा के लिए किया गया कोई विज्ञापन उसके सम्भावित खरीदारों के हितों को बढ़ाता है। किसी व्यक्ति को, वह इसे खरीदने के लिए प्रोत्साहित करता है और इस प्रकार कम्पनी अपनी कुल आय बढ़ाता है। कोई विज्ञापन न केवल प्रचारक वस्तु या उसकी सेवा पर ध्यान आकर्षित करता है बल्कि वह इस प्रकार की कुछ ऐसी छवि (Image) या ऐसा कोई वीडियो दिखाता है जो दर्शकों की कल्पना में शामिल हो, जिसे दर्शक आसानी से, लम्बे समय तक याद रख सकें और इसमें उस उत्पाद या सेवा के प्रति सकारात्मक वादे हो। विज्ञापन रणनीति में लोगों को उकसाकर किसी ख़ास उत्पाद को खरीदने के लिए प्रेरित किया जाता है। आज की इस विज्ञापन भरी दुनिया में लगभग सभी कम्पनी ऑनलाइन सामान बेच रही हो या फिर कोई इलाके के दुकान पर सामान बेचा जा रहा हो, हर जगह एक रणनीतिक बिक्री करने की प्रयास किया जाता है और ऐसे उत्पादों का इतना रचनात्मक विज्ञापन होता है कि उस विज्ञापन को देखते ही ग्राहक या उपभोक्ता उस वस्तु को खरीदने की प्रयास करता है। जैसे एक सामान पर एक सामान मुफ्त या फिर एक उत्पाद पर 5 उत्पाद मुफ्त।

जब एफएमसीजी कम्पनी का विज्ञापन अभियान शुरू किया जाता है तो वह इतना रचनात्मक होता है कि उत्पाद के बाजार में आने के पहले ही बड़े-बड़े प्रोविजन स्टोर पर जो बड़े किराना व्यवसायी हैं, उनकी दुकानों पर विंडो डिस्प्ले खरीद लिए जाते हैं और उसके उत्पाद लॉन्चिंग के पहले ही वहाँ पर उस विंडो कॉलम को सजा करके रखा जाता है। बाकायदा वह कम्पनियाँ उन दुकानदारों को प्रतिमाह के हिसाब से पैसा देती हैं जिससे कि जब उत्पाद बाजार में आए तो उसको जगह सबसे अच्छा दिया जा सके, जिससे यह कहावत जो कही गई है कि "जो दिखता है वह बिकता है" चरितार्थ हो सके। इस प्रकार जब एफएमसीजी उत्पादों की बात आती है तो इसमें कम्पनियाँ बहुत ज्यादा ध्यान देती हैं कि किस तरह से विज्ञापन करना है और किस तरह बाजार को पकड़ के रखना है। इस तरह के विज्ञापन करते समय टीवी, रेडियो या अखबारों में अपने नए उत्पाद की लॉन्चिंग के लिए यह रणनीतिक विज्ञापन देना प्रारम्भ कर देते हैं जो उस विंडो डिस्पले में एफएमसीजी उत्पाद लगता है वह बाजार में कोलाहल कर रहा होता है और उपभोक्ता या ग्राहक के दिमाग में उस उत्पाद के प्रति उस उत्पाद को खरीद लेने

की इच्छा जागृत होने लगती है और जब इस तरह के विज्ञापन टेलीविजन, रेडियो या अखबारों में दिए जाते हैं तो उसके लिए एक अलग तरह की रचनात्मकता का प्रवेश कराया जाता है। जैसे टीवी पर यदि आपने विज्ञापन देखा तो आपको किसी खास नम्बर पर एसएमएस (SMS) करना होता है और यदि आप ऐसा करते हैं तो आप जीत सकते हैं कोई सिनेमा का टिकट या फिर कोई फूड वाउचर और यदि यही विज्ञापन रेडियो आदि पर दिया जाता है तो उसमें प्रयास होता है कि जो कम्पनी अपने साबुन या शैम्पू आदि का विज्ञापन कराना चाहती है वह रेडियो जॉकी (Announcer) से इस तरह से बात बुलवाया जाता है कि अगर आपको इस उत्पाद के सम्बन्ध में कोई बढ़िया जानकारी है या कोई अच्छी सी पंक्ति आपके दिमाग में आ रही है तो आप लिखिए और हमें फटाफट कॉल या मैसेज करके अच्छी सी पंक्ति भेजिए और जीतिये सुन्दर-सा उपहार।

इसी प्रकार से यदि हम समाचार पत्रों पर एफएमसीजी उत्पाद के लिए रचनात्मक विज्ञापन की बात करें तो समाचार पत्रों के माध्यम से जब किसी वस्तु के लिए विज्ञापन की बात आती है तो उस दिन के अखबार में उस वस्तु का एक छोटा-सा उत्पाद (Sample) उस अखबार के पाठकों के लिए उसमें चिपका रहता है। जब वितरण के माध्यम से उपभोक्ता या ग्राहक को वह उत्पाद मुफ्त में मिलता है तो उस उत्पाद के बारे में वह उपभोक्ता या ग्राहक और ज्यादा जानकारी चाहते हैं इसके बाद वह इंटरनेट या गूगल आदि के माध्यम से उस उत्पाद के बारे में खोजते हैं और वह उत्पाद इस्तेमाल करते हैं। यदि उसकी गुणवत्ता भी अच्छी होती है तो निस्सन्देह अगले दिन वह उस उत्पाद को अपने स्थानीय बाजार में भी माँग (Demand) करेंगे, जिसे दुकानदार को वह उत्पाद उपलब्ध कराना पड़ेगा। एफएमसीजी क्षेत्र में रचनात्मक विज्ञापन का यह अत्यन्त प्रभावशाली तरीका है जिसके द्वारा एक अच्छी और समझदार कम्पनी अपने उत्पाद की बिक्री को बढ़ाने का कार्य करती है।

## ब्रांड और विक्रय संवर्धन

### (Brand And Sales Promotion)

विक्रय संवर्धन में उन सभी क्रियाओं को सम्मिलित किया जाता है जो कम्पनी के उत्पाद या सेवाओं के विक्रय हेतु उपभोक्ता का ध्यान अपनी ओर आकर्षित कर सकें। विक्रय संवर्धन दो शब्दों—'विक्रय' और 'संवर्धन' से बना है जिसका अर्थ बिक्री बढ़ाने से लिया जाता है। आपने अपने आस-पास के बाजारों में अक्सर 'विंटरसेल', 'समर सेल,' 'मेले', '50 प्रतिशत की छूट' और इसी प्रकार की विभिन्न योजनाएँ भी देखी होगी जो ग्राहक को कुछ विशेष उत्पाद खरीदने के लिए आकर्षित करती हैं। ये सभी योजनाएँ निर्माताओं या मध्यस्थों द्वारा अपनी वस्तुओं की बिक्री में वृद्धि करने के लिए प्रयोग किए जानेवाले अभिप्रेरक हैं। ये अभिप्रेरक मुफ्त नमूनों, उपहार, छूट, कूपन, प्रदर्शन, प्रतियोगिताओं आदि के रूप में हो सकते हैं। ये सभी उपाय साधरणतया उपभोक्ता को अधिक क्रय के लिए प्रेरित करते हैं और इस प्रकार से वस्तु की बिक्री में वृद्धि करते हैं। वस्तु बेचने की इस विधि को विक्रय संवर्धन (Sales Promotion) के नाम से जाना जाता है। विक्रय संवर्धन उत्पाद और सेवा निर्माता तथा ग्राहक दोनों के लिए लाभप्रद

होता है जिसके कारण निम्नलिखित हैं—निर्माताओं के लिए विक्रय संवर्धन बहुत महत्त्वपूर्ण है क्योंकि :-

1. प्रतियोगिता के बाजार में यह बिक्री बढ़ाने में सहायता करता है जिससे निर्माताओं के लाभ में वृद्धि होती है।

2. यह भावी उपभोक्ताओं का ध्यान आकृष्ट कर बाजार में नए उत्पाद की प्रस्तुति में सहायता करता है।

3. जब बाजार में कोई नया उत्पाद प्रस्तुत किया जाए या उपभोक्ताओं की रुचि में परिवर्तन हो जाए तो वर्तमान उत्पाद को शीघ्रता से बेचने में विक्रय संवर्धन सहायता करता है।

4. यह अपने उपभोक्ताओं को अपने साथ रखकर विक्रय की मात्रा में स्थिरता लाता है। प्रतियोगिता के इस युग में यह सम्भव है कि उपभोक्ता के दिमाग में परिवर्तन आ जाए और वह अन्य ब्रांड की वस्तुओं का भी प्रयोग करना चाहे। विक्रय संवर्धन योजनाओं के अन्तर्गत विभिन्न अभिप्रेरक, उपभोक्ताओं को बनाए रखने में सहायता करते हैं।

उपभोक्ताओं के लिए विक्रय संवर्धन बहुत महत्त्वपूर्ण है क्योंकि—

1. इससे उपभोक्ता को वही वस्तु कम मूल्य पर मिल जाती है।

2. यह विभिन्न प्रकार के पुरस्कार देकर तथा उपभोक्ताओं को भिन्न-भिन्न स्थानों का भ्रमण कराकर उन्हें वित्तीय लाभ भी पहुँचाता है।

3. इससे उपभोक्ताओं को विभिन्न वस्तुओं की गुणवत्ता, लक्षण एवं उनके उपयोग आदि के बारे में सभी सूचनाएँ मिलती हैं।

4. मूल्य वापसी जैसी कुछ योजनाएँ उपभोक्ताओं के मस्तिष्क में वस्तु की गुणवत्ता के प्रति विश्वास जाग्रित करती हैं।

5. यह लोगों का जीवन-स्तर ऊंचा उठाने में सहायता करती है। लोग अपनी पुरानी वस्तुओं के बदले बाजार में उपलब्ध आधुनिक वस्तुओं का उपयोग कर सकते हैं। इस प्रकार की वस्तुओं के उपयोग से समाज में उनकी छवि सुधरती है।

ब्रांड और विक्रय संवर्धन अत्यन्त महत्त्वपूर्ण कार्य है इससे उत्पादक और उपभोक्ता दोनों को निम्नलिखित प्रकार से लाभ पहुँचाता है—1. उपभोक्ताओं को जागरूक करना (Consumer Awareness)

इस रणनीति का प्राथमिक उद्देश्य ब्रांड जागरूकता को बढ़ाना है। इस बात को और सरल तरीके से समझा जा सकता है कि लोग वह नहीं खरीदते हैं जो वह नहीं जानते हैं इसलिए जनता को किसी न किसी विज्ञापन के माध्यम से उन तक उत्पादक या कम्पनी अपनी बात को पहुँचाने का प्रयास करती है। किसी कम्पनी के विस्तार या उसकी प्रतिस्पर्धा करने और अपने सन्देश को जनता तक पहुँचाने के लिए कम्पनी को काफी प्रयास करने होते हैं। कम्पनी विभिन्न तरीकों से खरीदारों के साथ संवाद करने का प्रयास करती है जैसे—प्रिंट विज्ञापन, रेडियो विज्ञापन, टेलीविजन विज्ञापन, इंटरनेट विज्ञापन, प्रदर्शनी का उपयोग विज्ञापन आदि। कई मामलों में कम्पनी के अधिक प्रभावी होने के लिए इन विज्ञापन तरीकों में से एक से अधिक तरीकों का भी उपयोग करती है। कम्पनी जनता को इस बात की जानकारी देती है

कि उसकी खरीद के लिए बाजार में क्या नया आया है और उस कम्पनी का उद्देश्य क्या है, उसकी गुणवत्ता में किस प्रकार का सुधार किया गया है। जागरूकता पैदा करने के लिए जनता के साथ उस वस्तु या सेवा की पुनरावृत्ति आवश्यक है। सामान्यतया औसत व्यक्ति को कम्पनी के विज्ञापन सन्देश उस तक पहुँचाने में उसे पांच से सात बार सुनाना पड़ता है या दिखाना पड़ता है इसलिए कम्पनी को अपने विज्ञापन को सप्ताह, महीनों या वर्षों तक देने पड़ सकते हैं।

### 2. प्रतिस्पर्धा (Competition)

जैसा कि एक कम्पनी उपभोक्ताओं को अपने माल या सेवाओं को दिखाता है, कम्पनियों को यह भी दिखाना होगा कि वे खरीदार को कुछ ऐसा दे सकते हैं जो कहीं और उपलब्ध नहीं है। उदाहरण के लिए, एक काजल निर्माता इस तथ्य पर ध्यान केन्द्रित कर सकता है कि उसका उत्पाद लैशेस पर अधिक समय तक रहता है। कभी-कभी एक विपणन टीम के भीतर के नेता प्रत्येक प्रमुख विक्रय बिन्दुओं के आधार पर एक अलग अभियान विकसित करते हैं लेकिन वे अपने विज्ञापन बजटों के आधार पर एक सन्देश के भीतर कुछ प्रतिस्पर्धाओं को भी संचारित करते हैं। इन विक्रय बिन्दुओं पर जोर देना अक्सर एक कम्पनी को समग्र रूप से अधिक प्रतिस्पर्धी बनाता है। खरीदार इन तत्त्वों को देखने, तुलना करने में सक्षम होते हैं और अन्त में निर्णय लेते हैं कि किस सेवा या उत्पाद को खरीदना है। एक कम्पनी का प्रतिस्पर्धा सन्देश जितना अधिक आक्रामक होता है, वह कम्पनी उतना ही खुद को बेहतर साबित करती हैं और उतने ही अधिक ग्राहक या उपभोक्ता उस कम्पनी के ब्रांड को चुनते हैं।

### 3. वफादार ग्राहक निर्माण (Making Loyal Coustomer)

यदि कोई कम्पनी अपने उत्पाद या सेवाओं को दिखा सकती है और ग्राहकों को प्रतिस्पर्धा में मूल्य का भी तुलनात्मक अध्ययन करा सकती है तो उस खरीद के साथ आनेवाली अच्छी भावनाएँ उस ग्राहक को दोबारा उस सामान को खरीदने के लिए प्रेरित करती रहेगी और ग्राहक भी वही सामान उपयोग करेगा धीमे-धीमे वह उत्पाद ही उस ग्राहक को पसन्द आने लगेगा, एक समय ऐसा आएगा की उस उत्पाद का वह ग्राहक हमेशा मुरीद हो जाएगा जबकि उसके सामने सस्ता विकल्प मौजूद रहेगा तब भी ग्राहक वही सामान खरीदता रहेगा।

### 4. बिक्री, लाभ और कम्पनी मूल्य (Sales, Profit and Company Price)

जब लोग किसी नई कम्पनी के उत्पाद या उसकी सेवाओं के बारे में जानते हैं तो वह विकल्पों के रूप में इन्हें पसन्द करने लगते हैं जिससे कम्पनी की बिक्री बढ़ जाती है, निस्सन्देह इससे कम्पनी को काफी लाभ होता है और जब कम्पनी को वित्तीय लाभ होता है तो जिससे उसका ज्यादा-से-ज्यादा पैसा दूसरी परियोजनाओं में और उस उत्पाद की सुधार में निवेश किया जाता है। परिणामस्वरूप उस कम्पनी के उत्पाद की कीमतें लगातार बढ़ने लगती हैं, जनता अक्सर इसे अभिनव रूप में देखती है।

### 5. छवि बनाना (Image Building)

किसी कम्पनी की सकारात्मक छवि यदि उसके अधिकारियों ने बना ली है तो उन्हें यह नहीं सोचना है कि उनका काम अब पूरा हो गया है इसलिए कम्पनी को उनके बाजार का आकलन हमेशा करते रहना होगा। यदि वह देखते हैं कि कुछ उत्पाद को लेकर जनता में अनिच्छा हो रही है या उसकी गुणवत्ता उन्हें पसन्द नहीं आ रही है तो वह उसमें सुधार करते हैं, नए प्रमुख विक्रय बिन्दुओं की पहचान करते हैं और नए बिक्री अभियान विकसित करते हैं। किसी कम्पनी के अधिकारी अपने उत्पाद के विषय में झूठ नहीं बोल सकते हैं क्योंकि उपभोक्ता हमेशा झूठ और बेईमानी को पसन्द नहीं करते हैं यदि वह बुरा मान गए तो उस उत्पाद की बिक्री तुरन्त प्रभावित हो जाएगी। इस कारण ब्रांड और विक्रय संवर्धन में नैतिकता अत्यन्त आवश्यक है।

### 6. भविष्य पर विचार (Longterm Vision)

किसी कम्पनी का विपणन निदेशक अपने ब्रांड के प्रचार पर ध्यान केन्द्रित रखता है वह ध्यान रखते हैं कि भले ही विज्ञापन सन्देशों में प्रतिस्पर्धा को देखते हुए कुछ मामूली उतार चढ़ाव हो लेकिन उस उत्पाद की छवि को पूर्णतया नाटकीय रूप से नहीं प्रस्तुत कर सकते हैं क्योंकि लोग अपने उत्पाद या सेवा के साथ अपनी प्रतिक्रिया एक-दूसरे से साझा करना नहीं भूलते हैं इसलिए उस कम्पनी को अपने उत्पाद की छवि का ध्यान रखना होगा जिससे नाटकीय न होकर उसका विज्ञापन आदि असली लगे तभी वह कम्पनी उपभोक्ताओं और ग्राहकों के दिल में लम्बे समय तक राज कर पाएगी।

### 7. जुनून का तत्त्व (Passion)

जो लोग विपणन, ब्रांडिंग, विक्रय संवर्धन आदि कार्य में संलग्न रहते हैं उनमें जोश, ध्यान, जुनून और स्वस्थ रहना अत्यन्त आवश्यक है क्योंकि जब प्रचार अभियान चलता है तो यह बहुत ही लम्बा और काफी थका देनेवाला होता है। इन्हें अपने कार्य के अनुरूप काफी जुनूनी होना पड़ता है अन्यथा वह अपने लक्ष्य को हासिल नहीं कर पाएँगे। हमेशा यही देखने में आता है कि विपणन कार्य से जुड़े हुए लोगों का जुनूनी होना अत्यन्त आवश्यक है अन्यथा वह उपभोक्ता, ग्राहकों या बाजार आदि को प्रभावित नहीं कर पाएँगे।

प्रत्येक उत्पादक या निर्माता यही चाहता है कि उसके उत्पादों की अधिक-से-अधिक बिक्री हो और उसे ज्यादा-से-ज्यादा लाभ हो। इसके लिए वह ऐसे कार्य करते हैं जिसके कारण ज्यादा-से-ज्यादा ग्राहक उत्पाद की ओर आकर्षित होकर उनको खरीदते हैं। ब्रांड या विक्रय संवर्धन से आशय उन समस्त क्रियाओं से है जो विक्रय की मात्रा में वृद्धि करने के लिए की जाती है। यदि सामान्य शब्दों में हम कहें तो विक्रय संवर्धन का प्रमुख कार्य वस्तुओं और सेवाओं के विपणन में अनुकूल वातावरण निर्मित करना होता है। विक्रय संवर्धन को अनेक विद्वानों ने अपने-अपने ढंग से परिभाषित किया है—

फिलिप कोटलर के अनुसार, "विपणन मिश्रण के सभी उपकरण जिनका प्रमुख अभिनय अनुनय सन्देश है, विक्रय संवर्धन के अन्तर्गत आता है।"

विलियम जे. स्टाटन के अनुसार "संवर्धन में विज्ञापन, वयक्तिक विक्रय, संवर्धन अन्य विक्रय उपकरण आते हैं।"

ए.एच.आर. बैलेंस के अनुसार, "विक्रय संवर्धन का आशय उन कदमों से है जो विक्रय करने या विक्रय बढ़ाने के लिए उठाए जाते हैं।"

अमेरिकन मार्केटग एसोसिएशन के अनुसार, "विक्रय संवर्धन में वैयक्तिक विक्रय, विज्ञापन एवं प्रकाशन के अलावा वे समस्त अनियमित क्रियाएँ जैसे—प्रदर्शन, दिखावा एवं प्रदर्शनी आदि सम्मिलित की जाती हैं जो उपभोक्ता एवं व्यापारी की प्रभावशीलता को प्रोत्साहित करती है।"

ब्रांड संवर्धन ब्रांड प्रचार, उत्पाद जागरूकता, ग्राहक वफादारी, प्रतिस्पर्धा, बिक्री और समग्र कम्पनी मूल्य बढ़ाने के लिए एक आम विपणन रणनीति है। कम्पनी इसका उपयोग न केवल यह दिखाने के लिए करती हैं कि अपने बारे में क्या अलग है, क्या अच्छा है और क्या बिक्री के लिए है बल्कि उपभोक्ताओं के लिए उस छवि को जीवित रखने के लिए करती हैं। यह आमतौर पर उन तत्त्वों पर केन्द्रित होता है जो समय की कसौटी पर खरे उतर सकते हैं। वैसे तो बाजार में जो हो रहा है उसके आधार पर ब्रांड संवर्धन को समायोजित करते हैं। इन तकनीकों के प्रभावी होने के लिए आवश्यक प्रयासों को किया जाता है जिसमें उत्पादक, कम्पनी और उस विपणन अधिकारी को जोश में होना आवश्यक है क्योंकि यह अभियान के तरह किया जानेवाला कार्य है।

## विक्रय संवर्धन की विधियाँ

### (Method Of Sales Promotion)

उत्पाद की बिक्री को बढ़ाने के लिए निर्माता या उत्पादक विभिन्न विधियों अपनाते हैं, जैसे—नमूने बांटना, उपहार देना, अतिरिक्त वस्तु देना और बहुत सी अन्य विधिया हैं। इन्हें विक्रय संवर्धन की तकनीकों या विधियों के नाम से जाना जाता है, जिनमें से कुछ निम्नलिखित हैं—

### 1. मुफ्त नमूने बांटना (Free Sample Distribution)

दुकानों से समान खरीदते समय हमने शैम्पू, कपड़े धोने का साबुन, कॉफी पाउडर आदि वस्तुओं के मुफ्त नमूने अवश्य ही प्राप्त किए हैं। कुछ निर्माता, उत्पादक या व्यवसायी उत्पाद को लोकप्रिय बनाने के लिए नमूनों का मुफ्त वितरण करते हैं। जैसे—दवाओं का मुफ्त वितरण (केवल चिकित्सकों को) तथा पाठ्य पुस्तकों की नमूना-प्रतिओं का वितरण (केवल अध्यापकों को) किया जाता है। राधेश्याम

### 2. उपहार देना (Gift Distribution)

नेस्कैफे के साथ एक मिल्क शेकर, बोर्नवीटा के साथ एक मग, 200 ग्राम टूथपेस्ट के साथ एक टूथब्रश, एक किलो के पैकेट में 20 प्रतिशत अतिरिक्त आदि, एक उत्पाद की खरीद पर पुरस्कार स्वरूप मुफ्त मिलनेवाली वस्तुओं के कुछ उदाहरण हैं।

### 3. पुरानी वस्तु देकर नई वस्तु (Exchange Offer)

इसमें पुरानी वस्तु देकर नई वस्तु को वास्तविक मूल्य से कम मूल्य पर प्राप्त करने की योजना से है। ग्राहकों का ध्यान वस्तु के नए स्वरूप की ओर आकर्षित करने के लिए यह योजना बहुत उपयोगी है। अपना पुराना मिक्सर-जूसर लाइए और केवल रु. 200 के भुगतान पर नया मिक्सर-जूसर प्राप्त कीजिए आदि।

### 4. मूल्य में कमी (Price Deduction)

इसमें उत्पाद को उसके वास्तविक मूल्य से कम मूल्य पर बेचा जाता है। एक लाइफबॉय की टिकिया खरीदने पर रु. 2 की छूट, ताजा चाय के 250 ग्राम पैकेट पर रु. 15 की छूट, कूकर पर रु. 1000 की छूट आदि कुछ सामान्य योजनाएँ है।

### 5. कूपन बांटना (Coupon Distribution)

कभी-कभी किसी वस्तु के निर्माता द्वारा उत्पाद के पैकेट में या समाचार पत्र अथवा पत्रिका में छपे विज्ञापन के माध्यम से अथवा डॉक द्वारा उपभोक्ताओं में कूपन वितरित किए जाते हैं जो उत्पाद खरीदते समय इन कूपन को उपभोक्ता फुटकर विक्रेता को दे देता है और उपभोक्ताओं को वह उत्पाद या सेवा कुछ छूट के साथ कम दर पर प्राप्त होती है।

## विज्ञापन और नीतिशास्त्र

**(Advertisement And Ethics)**

वर्तमान समय में विज्ञापनों के आकर्षण में फंस कर किसी कम्पनी का समान खरीदनेवालों की होड़ लगी हुई है क्योंकि मार्केटिंग के जमाने में विज्ञापन एक ऐसा हथियार है जो मिट्टी को भी सोना बना कर बेच सकता है। जैसा कि हम देखते हैं कि मोबाइल फोन बनानेवाली कम्पनी अपने मोबाइल कैमरे का प्रचार करने के लिए उसके द्वारा लिया हुआ इस प्रकार का फोटो दिखाती है कि आप तुरन्त उसे खरीदने का प्रयास करेंगे जबकि हकीकत यह होती है कि वह फोटो किसी अच्छे मेगापिक्सल (Megapixel) के डीएसएलआर कैमरे से खींचा हुआ होता है कहने का तात्पर्य यह है कि हकीकत उससे कहीं दूर होता है। कुछ समय पहले यह कहा जाता था कि फैशन के दौर में गारंटी की इच्छा न करें लेकिन आज के इस विज्ञापन और मार्केटिंग के दौर में तो यही कह सकते हैं कि नैतिकता और सत्य की इच्छा इस विज्ञापन के दौर में न करें। विज्ञापन कम्पनियाँ विज्ञापन को आकर्षक बनाने की होड़ में कई बार नैतिकता की सीमाओं का उल्लंघन करने लगती हैं।

विज्ञापन में उत्तेजक और अश्लील दृश्य, अतिकल्पना, असत्य सूचनाओं, द्विअर्थी संवादों आदि का प्रयोग करते हुए उत्पाद को ऐसे आकर्षक, भ्रामक और मोहक स्वरूप में प्रस्तुत किया जाता है जो उसकी वास्तविक प्रकृति से बिलकुल भिन्न होता है ऐसे विज्ञापन कभी अपनी अति काल्पनिक, दृश्यात्मक प्रस्तुति, बच्चों पर पड़नेवाले नकारात्मक प्रभाव, महिलाओं के अशिष्ट

रूपण अथवा अश्लील संवादों के कारण विवादों के घेरे में आ जाते हैं इसलिए विज्ञापन उद्योग से सम्बद्ध अनेक संगठनों, विज्ञापन परिषदों और सरकार ने कानून एवं नियमावलियों के रूप में विज्ञापन के लिए कुछ दिशा-निर्देश जारी किए हैं। समय-समय पर जारी इन दिशा-निर्देशों के अलावा विज्ञापन के अन्तर्गत मानवीय, सांस्कृतिक मूल्यों के संरक्षण की वकालत करते हुए आचार संहिता भी बनाई गई हैं। विश्वस्तर पर विज्ञापन के विभिन्न पहलुओं की समीक्षा की जरूरत बताई जाती रही है।

अमेरिकन एसोसिएशन ऑफ एडवरटाइजिंग एजेंसी, अमेरिकन एडवरटाइजिंग फेडरेशन एव एडवरटाइजिंग काउंसिल ऑफ इंडिया आदि ने विज्ञापन की सकारात्मक और सार्थक भूमिका के प्रति जागरूकता अभियान चलाया है। इस तरह समय-समय पर उपभोक्ताओं के हितों को ध्यान में रखते हुए विज्ञापन के सन्दर्भ में भारत में जो कानून और आचार संहिता बनी हैं उसके आधार पर यदि किसी विज्ञापन द्वारा इन दिशा-निर्देशों का पालन नहीं किया जाता है तो उसकी शिकायत भारतीय विज्ञापन परिषद् तथा भारतीय विज्ञापन मानक परिषद् से की जा सकती है। विज्ञापन के सन्दर्भ में बनी आचार संहिताओं और कानूनों में भारतीय विज्ञापन परिषद की आचार संहिता प्रमुख है।

भारतीय विज्ञापन परिषद की आचार संहिता (एडवरटाइजिंग काउंसिल ऑफ इंडिया) द्वारा निर्धारित आचार संहिता में विस्तृत नियमावली इस प्रकार है—

1. विज्ञापन के अन्तर्गत उत्पाद के विज्ञापन का डिजाइन और योजना इस प्रकार बनाई जाए कि वह देश के कानूनी प्रावधानों के अनुकूल होने के साथ-ही-साथ नैतिक, धार्मिक और सौन्दर्यपरक संवेदनाओं के भी अनुरूप हो।

2. विज्ञापन से किसी की धार्मिक, सामाजिक तथा नैतिक भावनाओं को चोट नहीं पहुँचाना चाहिए।

3. ऐसे विज्ञापन को प्रकाशन अथवा प्रसारण की अनुमति नहीं दी जानी चाहिए जिसमें किसी के प्रति अवमानना या अनादर का भाव प्रकट होता हो।

4. विज्ञापन द्वारा किसी अन्धविश्वास या आम जनता की निर्दोषता का गलत फायदा नहीं उठाया जाना चाहिए।

5. तिलिस्म, जादू-टोने या किसी फोटो के आधार पर निजी गुण बताने, अन्य कोई तथ्य जिससे जनता में अन्धविश्वास को बढ़ावा मिले, भ्रम की स्थिति पैदा हो, प्रस्तुत नहीं किए जाने चाहिए।

6. विज्ञापन सत्य पर आधारित होना चाहिए तथा इसमें तथ्यों को तोड़-मरोड़कर गलत ढंग से प्रस्तुत नहीं किया जाना चाहिए। जान-बूझकर अथवा अनजाने में भी (परोक्ष या अपरोक्ष) जनता को गलत व असत्य वक्तव्यों के द्वारा छला नहीं जाना चाहिए।

इस आचार संहिता में यह भी बताया गया है कि किन-किन सन्दर्भों अथवा स्थितियों में झूठे और भ्रामक तथ्यों का कोई प्रयोग नहीं किया जाना चाहिए–

1. खरीदी जानेवाली वस्तु या उत्पाद की विशेषता उसकी उपयोगिता आदि के सन्दर्भ में।

2. उत्पाद या वस्तु की कीमत तथा खरीद की शर्तों के बारे में।

3. उत्पाद या वस्तु का विवरण उपलब्ध कराए जाने सम्बन्धी सुविधाओं अथवा बदलने, ठीक करने, वापस करने एवं रखरखाव सम्बन्धी सुविधाओं के विवरण के सन्दर्भ में।

4. ऐसे प्रमाण पत्र जो मनगढ़न्त, नकली या जालसाजी और धोखाधड़ीवाले हों या फिर विज्ञापनों की सत्यता प्रस्तुत न हो, उसे विज्ञापन में अथवा विज्ञापन द्वारा प्रस्तुत नहीं किया जाना चाहिए।

5. दूसरी कम्पनी की प्रतिस्पर्धा, उत्पाद की योग्यता, विशिष्टता, कीमत अथवा विश्वसनीयता के सन्दर्भ में झूठे, धोखेबाजी से भरे हुए तथा भ्रामक तथ्य विज्ञापन में प्रस्तुत नहीं किए जाने चाहिए।

6. प्रतियोगी कम्पनियों के साथ स्वस्थ प्रतियोगिता का भाव रखना चाहिए।

7. विज्ञापन में उत्पाद के सम्बन्ध में दावों अथवा घोषणाओं को बढ़ा-चढ़ाकर वर्णित नहीं करना चाहिए। चिकित्सा व औषधियों से सम्बन्धित विज्ञापनों के सन्दर्भ में भारतीय विज्ञापन परिषद द्वारा निर्धारित (दवाओं के लिए) मानक स्तर का ईमानदारी एवं गम्भीरतापूर्वक पालन करना चाहिए।

8. वित्तीय निवेश से सम्बन्धित विज्ञापनों में हमेशा ब्याज दर, सुरक्षा, धनवापसी की शर्तों आदि के बारे में जनता को गुमराह नहीं किया जाना चाहिए। उन्हें स्पष्ट और विस्तृत जानकारी देनी चाहिए लेकिन आज के इस मार्केटिंग के युग में इसका हमेशा अभाव देखा जाता है।

9. यदि कोई विज्ञापन जनता को लॉटरी या उपहार जैसी योजनाओं के लिए आमन्त्रित करता है तो इसके लिए सरकार से अनुमति लेना आवश्यक है। ऐसे विज्ञापन में लॉटरी उपहार वितरण की समस्त शर्तें साफ तौर पर अंकित होनी चाहिए, ग्राहकों से कुछ छुपाना नहीं चाहिए।

10. विज्ञापन की सन्देश रचना क्षेत्र में अश्लीलता, उत्तेजकता और द्विअर्थी संवादों का इस्तेमाल नहीं करना चाहिए।

11. विज्ञापन के ट्रेडमार्क में राष्ट्रीय चिह्न या राष्ट्रीय ध्वज का उपयोग किसी भी परिस्थिति में नहीं किया जाना चाहिए, यदि इस्तेमाल किया जा रहा है तो इसकी अनुमति पूर्व में ही सरकार से लेनी चाहिए।

12. बिना अनुमति के राष्ट्रपिता, भारत के राष्ट्रपति, उपराष्ट्रपति, प्रधानमन्त्री आदि के चित्रों का इस्तेमाल किसी विज्ञापन में नहीं कर सकते।

13. विज्ञापन का समूचा ढांचा ऐसा होना चाहिए जिसमें प्रतियोगी उत्पाद की अवमानना नहीं हो।

14. प्रतियोगी वस्तुओं या सेवाओं का नाम लेकर उनकी तुलना नहीं की जा सकती है।

15. विज्ञापन की संरचना में किसी प्रतियोगी उत्पाद के विज्ञापन को हूबहू नकल नहीं कर सकते हैं।

16. जाति-धर्म से सम्बन्धित कोई भी विज्ञापन प्रकाशित अथवा प्रसारित नहीं कर सकते हैं।

विज्ञापन एजेंसियों के लिए दिशा निर्देश (Guidelines For Advertising Agencies)

वर्गीज कमेटी की सन् 1978 में प्रस्तुत रिपोर्ट के आधार पर विज्ञापन एजेंसियों से जुड़े लोगों के लिए कुछ सामान्य नियम और आचार निर्दिष्ट किए गए हैं, दूरदर्शन और आकाशवाणी की व्यावसायिक प्रसारण और प्रदर्शनों पर भी यह नियमावली लागू होती है। वर्गीज कमेटी की रिपोर्ट के अनुसार-

1. विज्ञापन निर्माण में देश के कानून का उल्लंघन नहीं किया जाना चाहिए।

2. विज्ञापन की भाषा अमर्यादित या अशिष्ट नहीं होनी चाहिए।

3. धार्मिक उन्माद या प्रभाव को पैदा करनेवाले विज्ञापनों का निर्माण नहीं होना चाहिए।

4. किसी भी जाति, व्यक्ति, समुदाय, लिंग, धर्म, पन्थ या राष्ट्रीयता का संकेत देने अथवा निन्दा करनेवाले विज्ञापन प्रकाशित अथवा प्रसारित नहीं किए जाने चाहिए, इस प्रकार किसी भी तरह के साम्प्रदायिक भेदभाव और वैमनस्य पैदा करनेवाले विज्ञापनों की अनुमति नहीं है।

5. जनता में कानून का उल्लंघन या न्यायालय की अवमानना, हिंसा, अव्यवस्था, अपराध की प्रवृत्ति को उठानेवाले विज्ञापन की अनुमति नहीं है।

6. इस प्रकार के विज्ञापनों का निर्माण नहीं करना चाहिए जो दूसरे देश या दूसरे राज्यों के प्रति वैमनस्य का भाव उत्पन्न कर सकें।

7. राष्ट्रीय प्रतीक, किसी राष्ट्रीय नेता या व्यक्ति, राष्ट्रीय या राज्य स्तर की प्रमुख हस्तियाँ या संविधान के किसी भाग का अपमान या दुरुपयोगवाले विज्ञापन नहीं दिखाने चाहिए।

8. अपराध को प्रस्तुत करने के लिए उसकी वांछनीयता रखनेवाले अथवा अपराध को स्थापित करनेवाले या अपराध के अनुसरण करनेवाले विज्ञापन नहीं दिखाने चाहिए।

9. किसी उत्पाद के आपसी औद्योगिक विवादवाले विज्ञापन नहीं दिखाने चाहिए।

इस नियमावली में कई प्रकार की ऐसी सेवाओं से सम्बन्धित विज्ञापन कार्य हैं जिनको स्वीकार नहीं करने की बात कही गई है यह सेवाएँ निम्नलिखित हैं—

1. पैसा उधार देने के विज्ञापन।

2. चिटफंड या बचत योजना के विज्ञापन।

3. गैर लाइसेंस प्राप्त रोजगार सेवाओं की विज्ञापन।

4. मन्त्र, वशीकरण, भविष्यवाणी और सम्मोहन विद्या से जुड़े विज्ञापन।

5. चमत्कारी इलाज का दावा करनेवाले विज्ञापन।

6. हिंसा, अपराध को बढ़ावा देनेवाले विज्ञापन।

7. किसी नुस्खे या गाइड बुक आदि से सम्बन्धित विज्ञापन।

8. घड़सवारी अथवा किस्मत के खेलवाले विज्ञापन।

9. हानिकारक उत्पाद, सिगरेट और तम्बाकू के विज्ञापन प्रकाशित या प्रसारित नहीं किए जाने चाहिए।

विज्ञापन में ईमानदारी पूर्ण बर्ताव को प्रोत्साहित करने के लिए आचार संहिता में कहा गया है कि विज्ञापन में किसी प्रकार से किसी अन्य उत्पाद या सेवा के सन्दर्भ में आपत्तिजनक या विरोध पूर्ण बात नहीं कही जानी चाहिए। जो विज्ञापन, विज्ञापित उत्पाद के विशिष्टता या योग्यता को स्थापित करने में अक्षम हो उसे प्रकाशित या प्रसारित नहीं किया जाना चाहिए। विज्ञापन के

अन्तर्गत वैज्ञानिक अर्थ व सांख्यिकी उदाहरण का समावेश ऐसे रूप में होना चाहिए जो आम आदमी की समझ में आ सके जो दायित्व बोध की भावना को जगाए। किसी उत्पाद के दावे के लिए अप्रासंगिक आँकड़ों तथा आधुनिक वैज्ञानिक शब्दावली का उपयोग भी विज्ञापन में नहीं किया जाना चाहिए। विज्ञापन में प्रस्तुत प्रमाण पत्र उचित और सही होना चाहिए न कि उपभोक्ताओं को भ्रमित करनेवाली। स्त्री-पुरुष का भेद प्रदर्शित करनेवाले तथा नारी की प्रतिष्ठा को धक्का पहुँचे ऐसे विज्ञापन प्रकाशित या प्रसारित नहीं किए जा सकते हैं। विज्ञापन द्वारा दर्शकों, पाठकों और श्रोताओं को गुमराह नहीं किया जाना चाहिए। विज्ञापन को किसी कॉपीराइट या किसी अनुबन्ध को तोड़ने अथवा नियम भंग करने से बचना चाहिए।

## भारतीय विज्ञापन मानक परिषद

**(Advertising Standards Council Of India, ASCI)**

भारतीय विज्ञापन मानक परिषद (Advertising Standards Council Of India, ASCI) भारत में विज्ञापन उद्योग का एक स्वैच्छिक, स्वनियामक संगठन है। सन् 1985 में स्थापित ASCI कम्पनी अधिनियम की धारा 25 (Company Act 25) के अन्तर्गत यह गैर-लाभकारी कम्पनी के रूप में पंजीकृत है। भारतीय विज्ञापन मानक परिषद उपभोक्ताओं के हितों की सुरक्षा सुनिश्चित करते हुए विज्ञापन में स्वनियमन (Self Regulation) के लिए प्रतिबद्ध है। यह सुनिश्चित करना चाहता है कि विज्ञापन स्वनियमन के अनुरूप हो, उत्पाद या सेवा में कानूनी रूप से कोई त्रुटि नहीं हो, प्रतिस्पर्धा में निष्पक्षता का पालन करते हुए उत्पाद या सेवा खतरनाक और हानिकारक नहीं हो। भारतीय विज्ञापन मानक परिषद प्रिंट, टेलीविजन, रेडियो, होर्डिंग, s.m.s., ईमेल, इंटरनेट, वेबसाइट, उत्पाद पैकेजिंग, ब्रोशर, प्रचार सामग्री और बिक्री के लिए उपलब्ध किसी भी प्रचार सामग्री आदि जैसे सभी मीडिया के विज्ञापन सम्बन्धित सभी प्रकार के शिकायतों की सुनवाई करता है और सही पाए जाने पर उन पर आवश्यक कार्यवाही करता है।

विज्ञापन उद्योग के चार प्रमुख घटक अर्थात् विज्ञापनदाता, विज्ञापन एजेंसी, मीडिया और व्यवसायियों ने मिलकर भारतीय विज्ञापन मानक परिषद का गठन किया है, इसका उद्देश्य विज्ञापन में जनता के विश्वास को बनाए रखना और विश्वास को बढ़ाना है। उनका जनादेश है कि सभी विज्ञापन सामग्री सत्य, कानूनी, ईमानदार, सभ्य, महिलाओं और उपभोक्ताओं के लिए सुरक्षित, विशेष रूप से बच्चों के लिए और अन्तिम लेकिन कम से कम अपने प्रतिस्पर्धियों के लिए उचित होनी चाहिए। ASCI की टीम में बोर्ड आफ गवर्नर्स, उपभोक्ता शिकायत परिषद (Consumer Complaint Council) और इसका सचिवालय शामिल है। किसी भी विज्ञापन के खिलाफ शिकायत करने पर उपभोक्ता शिकायत परिषद का निर्णय अन्तिम होता है, भारत में कोई अन्य गैर सरकारी निकाय नहीं है। भारत में जारी होनेवाले विज्ञापन सामग्री को भारतीय विज्ञापन मानक परिषद नियन्त्रित करता है। यदि भारत में जारी किया गया कोई विज्ञापन आपत्तिजनक लगता है तो कोई भी व्यक्ति अपनी शिकायत के साथ ASCI को लिख सकता है। विज्ञापनदाता को शिकायत के खिलाफ विज्ञापन का बचाव करने के लिए उचित प्रक्रिया प्रदान करने के बाद उपभोक्ता शिकायत परिषद द्वारा इस शिकायत पर विचार किया जाता है और यह

इस बात पर निर्भर करता है कि विज्ञापन भारतीय विज्ञापन मानक परिषद और देश के कानून के अनुरूप है या नहीं। शिकायत सही मिलने उस विज्ञापन को या तो बन्द कर दिया जाता है या फिर उसमें आवश्यक रूप से संशोधन किया जाता है।

लगभग सभी पेशेवर क्षेत्रों में उनकी गतिविधियों को नियन्त्रित करने के लिए स्वनियामक निकाय होते हैं। सन् 1985 के पहले तक इस तरह की कोई संस्था नहीं थी जो भ्रामक विज्ञापनों पर रोक लगा सकती। इसके कारण बहुत सारे झूठे, भ्रामक और आपत्तिजनक विज्ञापन बाजार में फैल गए थे इससे उपभोक्ताओं का विज्ञापन पर से विश्वास उठने लगा था, वह इससे नाराज हो गए थे और यह निर्णय लिया कि यदि इस प्रकार का विज्ञापन जारी रहा तो विज्ञापन सामग्री पर सेंसरशिप (Censorship) जैसे वैधानिक नियमों को लागू करने में समय नहीं लगाया जाएगा। सन् 1985 में भारतीय विज्ञापन मानक परिषद ने विज्ञापन में स्वनियमन के लिए एक कोड अपनाया गया। इस कोड की शुरुआत करने के साथ ही विज्ञापन उद्योग में ईमानदारी और निष्पक्ष प्रतिस्पर्धा को बढ़ावा देने का चलन आ गया। यह उपभोक्ता हितों, विज्ञापन उद्योग से सम्बन्धित सभी विज्ञापनदाताओं, मीडिया, विज्ञापन एजेंसियों और अन्य जो विज्ञापन के निर्माण या प्लेसमेंट (Placement) में सहायता करने के साथ उनकी सुरक्षा भी सुनिश्चित करने लगा।

जब कोई विज्ञापनदाता विज्ञापन बना रहा होता है तो उपभोक्ता उसका दर्शक होता है। विज्ञापनदाता को उपभोक्ता की प्रतिक्रिया महत्त्वपूर्ण होती है जिससे उसे आश्वस्त किया जा सके कि उसका सन्देश सही ढंग से दिया गया है या नहीं। यदि किसी उपभोक्ता को लगता है कि कोई विशेष विज्ञापन उत्पाद या सेवा स्वाद में खराब है या दामों में झूठा है तो उन्हें एक निकाय या परिषद की आवश्यकता होती है जिसके पास वह अपनी शिकायतों को रख सकें और यदि उनकी शिकायत सही पाई जाए तो आवश्यकता पड़ने पर उस संस्था या कम्पनी के खिलाफ कार्यवाही भी की जा सके। विज्ञापन सामग्री को नियन्त्रित करनेवाली एक स्वनियामक संस्था के रूप में भारतीय विज्ञापन मानक परिषद आदर्श माध्यम है क्योंकि इसका उद्देश्य विज्ञापनदाताओं के साथ-साथ उपभोक्ताओं की देखरेख और सेवा करना है। भारतीय विज्ञापन मानक परिषद ने विज्ञापन प्रणाली के स्वनियमन की एक पूरी संहिता बना रखी है जिसके अनुसार प्रत्येक विक्रेता का (उसकी इच्छानुसार) विज्ञापन करना एक कानूनी अधिकार है जिसके माध्यम से वह उपभोक्ता के मन में अपने उत्पादों के प्रति रुचि और उत्सुकता जगाता है। विज्ञापन की सफलता जनता के विश्वास पर निर्भर करती है इसलिए ऐसे किसी प्रचार को सहन नहीं किया जा सकता है जिससे विश्वास खंडित होता है। इस प्रकार यह स्पष्ट है कि प्राय: सभी विज्ञापन आचार संहीताओं तथा नियमावली में दिग्भ्रमित करनेवाले, समाज विरोधी, देश विरोधी, जन विरोधी तथा मिथ्याजनक विज्ञापनों के निर्माण, प्रकाशन अथवा प्रसारण पर रोक लगाने की बात कही गई है। ऐसे विज्ञापनों की शिकायत भारतीय विज्ञापन मानक परिषद अथवा न्यायालय में की जा सकती है और दोषी पाए जाने पर विज्ञापनकर्ता के विरुद्ध परिषद द्वारा आवश्यक कार्यवाही की जा सकती है। विज्ञापन उद्योग को नियन्त्रित और निर्देशित करने के लिए निम्नलिखित कानूनों की महत्त्वपूर्ण भूमिका है—

## 1. दवा और जादुई उपचार आपत्तिजनक एक्ट 1954

**(Drug And Magic Remedies Act)**

दवा और जादुई उपचार महिलाओं के गर्भपात, गर्भधारण या पुरुषों की यौन शक्ति बढ़ाने का दावा करनेवाली औषधियों, पागलपन, मिर्गी आदि लगभग 54 रोगों के उपचार का दावा करनेवाले औषधियों के भ्रामक युक्त विज्ञापनों को यह कानून प्रतिबन्धित करता है।

## 2. मानहानि कानून (Defamation Act)

मानहानि कानून किसी व्यक्ति की छवि, यश, प्रतिष्ठा आदि को खराब करनेवाले विज्ञापनों पर प्रतिबन्ध लगाता है।

## 3. पुरस्कार प्रतियोगिता एक्ट 1955 (Prize Competition Act)

पुरस्कार, प्रतियोगिता, पत्रिकाओं में प्रकाशित होनेवाली पहेलियाँ 1000 से अधिक की पुरस्कार राशि के विज्ञापनों पर रोक लगाता है।

## 4. कॉपीराइट एक्ट (Copyright Act )

यह कानून कॉपीराइट कानूनों का उल्लंघन करनेवाले विज्ञापनों पर अंकुश लगाने का कार्य करता है।

## 5. राष्ट्रीय चिह्न प्रयोग अवैध एक्ट 1950 (National Emblem Illegal Act)

राजकीय चिह्न अवैध प्रयोग निरोधक एक्ट, राष्ट्रीय और अन्तरराष्ट्रीय चिह्नों को संयुक्त राष्ट्र संघ, विश्व स्वास्थ्य संगठन आदि के चिह्न को विज्ञापनों में इस्तेमाल को यह कानून प्रतिबन्धित करता है।

## 6. अश्लीलता चित्रण निरोधक बिल 1986 (Porn Picture Preventive Bill)

अश्लीलता चित्रण निरोधक बिल अश्लील विज्ञापन को दिखाए जाने, सुनाए जाने पर रोक लगाने के लिए इस्तेमाल किया जाता है।

वैसे तो यह सभी कानून अलग-अलग उद्देश्यों के लिए बनाए गए हैं मगर इन सब के प्रभाव क्षेत्र में विज्ञापन का क्षेत्र आता है। वर्तमान समय में देश में टेलीविजन चैनलों के प्रतिनिधि संगठन न्यूज ब्रॉडकास्टर्स एसोसिएशन (News Broadcasters Association, NBA) ने भी अपनी एक आचार संहिता बनाई है जिसमें कार्यक्रमों और विज्ञापनों में अश्लीलता, हिंसा, अन्धविश्वास आदि को रोकने के लिए जरूरी दिशा निर्देश दिए जाते हैं अथवा इस तरह के कार्यक्रमों को रोकने आदि तक का प्रबन्ध रहता है।

5

# विज्ञापन अनुसन्धान

## (Advertisement Research)

किसी वस्तु की बिक्री बढ़ाने के लिए और यदि उसकी बिक्री ज्यादा है तो उसकी सफलता का राज जानने के लिए विज्ञापन अनुसन्धान का कार्य किया जाता है। इसी प्रकार विपणन शोध आमतौर पर कम्पनियों द्वारा उनके आन्तरिक उपयोग के लिए किया जाता है जबकि विज्ञापन अनुसन्धान का उपयोग संगठन के लाभ के लिए, जटिल समस्या का पता करने और कम्पनी के उत्पादों का सही विश्लेषण करने के लिए किया जाता है। विज्ञापन अनुसन्धान का अध्ययन करते समय संचार मॉडल (Communication Model) के घटक को अच्छी तरह अध्ययन किया जाना चाहिए साथ ही उनकी प्रभावशीलता का मूल्याँकन भी किया जाना चाहिए। संचार के प्रमुख घटक निम्नलिखित हैं—I. कारक (Factors)

II. मीडिया रणनीति (Media Strategy)

III. सन्देश प्राप्तकर्ता (Message Receiver)

उत्पाद अपील का परीक्षण, मीडिया प्रभावशीलता पर विस्तृत अध्ययन की सहायता से ही विज्ञापन प्रभाव के परिणाम को मापने के लिए विज्ञापन अनुसन्धान आयोजित किया जाता है। विज्ञापन अनुसन्धान के निम्नलिखित उद्देश्यों पर हमेशा ध्यान केन्द्रित करना चाहिए-

I. विज्ञापन बजट का पूर्णतया उपयोग

II. विज्ञापन अभियान को लागू करने में मीडिया की पसन्द

III. लक्षित दर्शकों पर विज्ञापन का प्रभाव

IV. विज्ञापन में लागत प्रभावशीलता

विज्ञापन अनुसन्धान वर्तमान समय में अत्यन्त महत्त्वपूर्ण कार्य बन गया है क्योंकि आज के तीव्र प्रतिस्पर्धा पूर्ण बाजार में अनेक उत्पादों के क्षेत्र में विज्ञापन एक महत्त्वपूर्ण परिवर्तनशील घटक है। विज्ञापन अनुसन्धान की उस स्थान पर प्रमुख भूमिका होती है जहाँ प्रमुख व्यापार चिह्नोंवाला उत्पादक व्यापक रूप से वितरित होता है तथा जिन उत्पादों के मूल्य एवं लक्षण तुलनात्मक होते हैं यह निश्चित करने के लिए कि क्या विज्ञापन की पुनरावृत्ति की जाए अथवा नहीं, उसमें कोई परिवर्तन किया जाए या उसको समाप्त कर दिया जाए। यह जानना आवश्यक है कि विज्ञापन की उपलब्धियाँ क्या रही है, यह विज्ञापन लोगों को कितना अपने उत्पाद की

ओर आकृष्ट कर पाया है। प्रभावशाली विज्ञापन अनुसन्धान के लिए यह आवश्यक है कि वह उपभोक्ता की प्रवृत्ति को, उसकी आदतों और उसके आवश्यकताओं की जानकारी प्राप्त करे। यह जानकारी केवल विज्ञापन अनुसन्धान के द्वारा ही की जा सकती है। विज्ञापन अनुसन्धान का महत्त्व इस बात से भी होता है की यदि अच्छा अनुसन्धान कार्य किया जाएगा तो विज्ञापन को प्रभावशाली ढंग से ग्राहक और उपभोक्ताओं तक पहुँचाया जा सकता है। विज्ञापन में होनेवाले अतिरिक्त व्यय को रोका जा सकता है और वह कम्पनी या संस्था अपने अनुसार सकारात्मक परिणाम प्राप्त कर सकती है और अपने लक्ष्य की ओर तीव्र गति से अग्रसर हो सकती है।

## विज्ञापन अनुसन्धान : प्रकार

**(Advertisement Research: Type)**

विज्ञापन अनुसन्धान में लक्ष्यों को निर्धारित करने के लिए विज्ञापन उद्देश्य और व्यय के बजट के निर्माण पर हमेशा विचार किया जाता है और विज्ञापन अनुसन्धान कार्यों को निर्धारित करने के लिए उद्देश्यों को सुव्यवस्थित किया जाता है। एक विज्ञापन अनुसन्धान अभियान की प्रभावशीलता का विभिन्न चरणों में अध्ययन किया जाता है—

### 1. उत्पाद अपील (Product Appeal)

विज्ञापन अनुसन्धान किसी विशेष उत्पाद या ब्रांड के प्रति लक्षित समूह (Targeted Group) का रवैया उपभोक्ता व्यवहार का अध्ययन करने के लिए सर्वथा महत्त्वपूर्ण है। यह तरीका उत्पाद अपील के रूप में जाना जाता है। सामान्यतया किसी उत्पाद की मुख्य विशेषताओं के प्रति उपभोक्ता के दृष्टिकोण में स्थिरता होती है। एक उपभोक्ता अपने दृष्टिकोण से किसी एक उत्पाद की तुलना में मूल्याँकन करता है जिसे बैक ग्रुप (Back Group) के नाम से भी जाना जाता है। किसी उत्पाद की मुख्य विशेषताओं को विभिन्न खंडों में उपभोक्ता की धारणाओं का अध्ययन करना अति महत्त्वपूर्ण होता है। उत्पाद अपील को किसी उत्पाद के अनुकूल कारकों को देखते हुए इसे बनाया (Design) जाता है। उत्पाद अपील के माध्यम से किसी लक्षित समूह को किसी उत्पाद के प्रतिकूल छवि को उसे अनुकूल छवि में बदलने का कार्य किया जाता है। एक उत्पाद की विशेषताओं को वक्ताओं के दृष्टिकोण से देखते हुए सावधानी पूर्वक उजागर किया जाना चाहिए। बाजार के विभिन्न क्षेत्रों में आकर्षण की मुख्य विशेषताएँ अलग-अलग हो सकती हैं। किसी उत्पाद की मुख्य विशेषताओं को विज्ञापन में अधिक सुदृढ़ करने का प्रयास किया जाना चाहिए। उत्पाद अपील का वर्णन करने के लिए हम किसी विशेष बाजार खंड (Segment) में टूथपेस्ट के ब्रांड का उदाहरण ले सकते हैं, टूथपेस्ट के उत्पाद की विशेषताओं को ज्यादा-से-ज्यादा उजागर किया जाना चाहिए, बाजार खंड पर विचार करना और उत्पाद के अनुसार उसे स्थाप्ति करने का प्रयास करना चाहिए। इस प्रकार हम कह सकते हैं कि विज्ञापनदाता को बाजार पर कब्जा करने के लिए और प्रतियोगियों के अन्य ब्रांड के साथ अच्छी प्रतिस्पर्धा करने के लिए उत्पाद अपील अनुसन्धान का सबसे ज्यादा महत्त्व है।

## 2. विज्ञापन सन्देश अनुसन्धान (Advertisement Copy Write Research)

विज्ञापन सन्देश या कॉपी परीक्षण विज्ञापन अनुसन्धान का एक विशेष क्षेत्र है जो उपभोक्ताओं की प्रक्रियाओं प्रतिक्रिया के आधार पर विज्ञापन की प्रभावशीलता को निर्धारित करता है। किसी विज्ञापन को ग्राहकों के लिए लाए जाने से पहले उसका पूर्व परीक्षण किया जाता है। विज्ञापन का पूर्व परीक्षण करने के लिए सामान्यतया निम्नलिखित विधियों का पालन किया जाता है—

1. फोकस समूह (Group Focus)
2. चर्चा (Discussion)
3. प्रोजेक्टिव तकनीक (Projective Technique)
4. चेकलिस्ट विधि (Checklist Method)
5. उपभोक्ता जूरी विधि (Consumer Forum Method)
6. बिक्री क्षेत्र परीक्षण (Sale Testing)
7. प्रश्नावली विधि (Questionnaire Method)
8. याद परीक्षण (Memory Testing)
9. पठनीयता परीक्षण (Readability Testing)

## 3. विज्ञापन माध्यम चयन अनुसन्धान (Advertisement Medium Selection Research)

किसी उत्पाद के विज्ञापन के विषय में मीडिया के किस माध्यम पर विज्ञापन दिया जाय, यह अत्यन्त विचारणीय प्रश्न है जिस पर किसी भी कम्पनी को विज्ञापन देने से पूर्व निर्णय लेना अत्यन्त आवश्यक है। किसी वस्तु का विज्ञापन टेलीविजन पर देना है, रेडियो पर, प्रिंट पर या पम्पलेट पर देना है इसका निर्णय पूर्व में ही कर लेना उचित होता है साथ ही उस वस्तु का विज्ञापन राष्ट्रीय स्तर पर देना है, क्षेत्रीय या स्थानीय स्तर पर देना है इसमें भी मीडिया का चयन पूर्व में ही कर लेना उचित होता है। यदि प्रिंट माध्यम में उसका विज्ञापन देना है तो यह निश्चित कर लेना उचित है कि विज्ञापन कितना बड़ा होना चाहिए क्योंकि जितना जगह अखबार में हम लेंगे उतना ही ज्यादा उसका पैसा देना होगा। यदि कोई कम्पनी उस विज्ञापित वस्तु का प्रचार-प्रसार दूरदर्शन पर कराना चाहती है तो यह तय करना आवश्यक है कि कितनी अवधि का विज्ञापन होगा, इसी प्रकार यदि रेडियो पर उस उत्पाद का विज्ञापन देना है तो कम्पनी को यह पहले ही तय कर लेना पड़ेगा कि कितनी अवधि का विज्ञापन दे रहे हैं तभी एक प्रभावी विज्ञापन हो सकेगा और वह ग्राहकों व उपभोक्ताओं को अपनी ओर आकर्षित कर सकेगा।

## 4. विज्ञापन प्रभावशीलता अनुसन्धान (Advertisement Effectiveness Research)

विज्ञापन प्रभावशीलता अनुसन्धान को लक्षित दर्शकों पर अलग-अलग प्रभावों के लिए विभिन्न वैकल्पिक नीतियों के माध्यम से किया जाता है। भावी उपभोक्ताओं, वर्तमान उपभोक्ता और ग्राहकों के बीच प्रेरक व्यवहार की प्रभावशीलता को मापने के लिए कई मॉडल लागू किए जाते हैं जिनमें से कुछ मॉडल निम्नलिखित है—

### I. कूपन अनुसन्धान (Coupon Research)

इस माध्यम से ग्राहकों या उपभोक्ताओं से पूछताछ करने के लिए कुछ विशेष प्रकार के कूपन अखबार में, रेडियो में या टीवी पर चलाए जाते हैं जिससे सम्बन्धित श्रोताओं और दर्शकों से कुछ सवाल पूछे जाते हैं और उनके उत्तरों का विश्लेषण किया जाता है और सही जवाब मिलने पर इनाम के तौर पर कूपन देने की व्यवस्था की जाती है और बाद में विभिन्न प्रकाशनों की प्रभावशीलता का मूल्याँकन किया जाता है इसे ही कूपन अनुसन्धान कहते हैं।

### II. प्रश्नावली प्रक्रिया (Questionnaire Method)

इस प्रकार की प्रश्नावली प्रक्रिया में मीडिया प्रक्रिया से रिकॉर्ड प्राप्त करने के लिए नमूना प्रतिक्रियाएँ उत्पन्न की जाती है जैसे—रेडियो, टीवी, समाचार पत्र आदि माध्यम से ग्राहकों या उपभोक्ताओं से कुछ सवाल पूछे जाते हैं। इस पद्धति का उद्देश्य अच्छी तरह से डिजाइन किए गए प्रश्नावली की मदद से विभिन्न प्रकार की जानकारी इकट्ठा करना होती है। इसमें विभिन्न मीडिया की स्वीकृति का पता लगाने के लिए याँत्रिक उपकरण (Mechanical Device) भी स्थापित किए जा सकते हैं। इसमें प्रक्रिया और कार्यप्रणाली थोड़ी जटिल होती है लेकिन परिणाम अधिक निष्पक्ष और जल्दी प्राप्त किया जा सकता है।

### III. व्यक्तिगत साक्षात्कार तकनीक (Individual Interview Technique)

विज्ञापन अनुसन्धान की व्यक्तिगत साक्षात्कार तकनीक काफी समय लेनेवाली और महंगी है। व्यक्तिगत साक्षात्कार तकनीक में दर्शकों को विज्ञापन दिखाया जाता है उसके बाद उन्हें उस विज्ञापन में क्या याद है यह जानने के लिए कुछ सवाल पूछे जाते हैं और उन सभी प्रतिक्रियाओं को शब्दश: रिकॉर्ड किया जाता है। इसे पेनिट्रेशन, कम्प्रीहेंशन, रीकॉल वेलिवेबिलिटी मेथड के रूप में भी जाना जाता है जिसका उपयोग यह जाँचने के लिए किया जाता है कि क्या विज्ञापन उस उपभोक्ता के दिमाग में बैठ गया है अथवा नहीं। बिक्री के मामले में विज्ञापन की प्रभावशीलता को मापने के लिए प्रगतिशील परीक्षण पद्धति का उपयोग किया जाता है। इन परीक्षणों को विज्ञापन की प्रभावशीलता के सम्बन्ध में ग्राहक जागरूकता, वरीयता खरीद के विभिन्न चरणों को मापने के लिए डिजाइन किया जाता है।

### IV अभियान पूर्व परीक्षण (Testing Before Campaign)

अभियान पूर्व परीक्षण एक नया क्षेत्र है जो इस तथ्य से प्रेरित है कि टीवी पर जो विज्ञापन अच्छी तरह से कार्य करता है जरूरी नहीं है कि वह अन्य मीडिया क्षेत्र में भी इसी प्रकार से कार्य करें, विशेष रूप से डिजिटल मीडिया के लिए आवंटित बड़े बजट में अभियान पूर्व परीक्षण की आवश्यकताओं को प्रेरित किया है। इस परीक्षण दृष्टिकोण के लिए मीडिया नियोजन टूल के अलावा विज्ञापनदाताओं को पूरे अभियान में रचनात्मक मीडिया का परीक्षण करने के लिए अनुमति देता है और एकीकृत अभियान के साथ अपेक्षित तालमेल को मापता है।

### V. पोस्ट परीक्षण या ट्रैकिंग परीक्षण (Tracking Test)

ब्रांड की जागरूकता, ब्रांड वरीयता, उत्पाद उपयोग और दृष्टिकोण सहित किसी ब्रांड के प्रदर्शन की निगरानी करने के लिए निरन्तर बाजार में अनुसन्धान करते हैं। इस प्रकार का परीक्षण लोगों के उस उत्पाद और विज्ञापन के प्रति जो परिवर्तित रवैया होता है उसी पर नजर (Track) रखते हैं जबकि अन्य विज्ञापन द्वारा निर्मित विशिष्ट परिवर्तनों को निर्धारित करने के लिए विभिन्न तरीकों का उपयोग करते हैं। अतः हम कह सकते हैं कि विज्ञापनदाता भविष्य के विज्ञापन अभियानों की योजना बनाने के लिए पोस्ट परीक्षण का उपयोग करते हैं इसलिए अभियान की उपलब्धियों पर सबसे विस्तृत जानकारी प्रदान करनेवाले यह दृष्टिकोण सबसे अधिक मूल्यवान होते हैं। प्रमुख विज्ञापन दाताओं के बीच सबसे अधिक उपयोग करनेवाले अभियान के बाद परीक्षण में निरन्तर ट्रैकिंग शामिल रहती है जिसमें विज्ञापन खर्च में परिवर्तन को ब्रांड जागरूकता और अध्ययन से परिवर्तन के साथ सम्बद्ध किया जाता है जिसमें उत्तरदाताओं के एक ही समूह को समय के साथ ट्रैक किया जाता है।

## ऑनलाइन विज्ञापन : प्रक्रिया
## (Online Advertisement : Process)

ऑनलाइन विज्ञापन प्रचार का एक ऐसा स्वरूप है जो ग्राहकों को अपनी ओर आकर्षित करने के लिए विपणन सन्देशों के वितरण के निश्चित उद्देश्य से इंटरनेट और वर्ल्ड वाइड वेब (www) का उपयोग करता है। ऑनलाइन विज्ञापन केवल इंटरनेट के माध्यम से किया जाता है ऐसी रणनीति में रुचि रखनेवालों के लिए कई विकल्प है। वैसे तो प्रारम्भ में ऑनलाइन विज्ञापन नहीं के बराबर हुआ करते थे लेकिन 2006 से 2010 तक ऑनलाइन विज्ञापन पर कुल विज्ञापन खर्चों का लगभग 12% धन खर्च किए गए। वर्तमान स्थिति को देखा जाए तो यह निःसन्देह कहा जा सकता है कि आनेवाले समय में ऑनलाइन विज्ञापन लगातार बढ़ते ही चले जाएँगे। ऑनलाइन विज्ञापन टेलीविजन विज्ञापन या प्रिंट विज्ञापनों के जैसे ही होते हैं इसमें सम्भावनाएँ भी असीम है इसके साथ ही इसमें जुड़े हुए हाइपरटेक्स्ट लिंकिंग (Hypertext Linking) होने के कारण विज्ञापन दाताओं के पास सम्भावित खरीदारों को अपने उत्पादें को बेचनेवाली साइट पर सीधा सम्पर्क कराने की शक्ति होती है। ऑनलाइन विज्ञापन कम्पनियों के लिए भी यह काफी सस्ते पड़ते हैं क्योंकि कुछ विज्ञापनों के साथ जब तक परिणाम नहीं आते हैं अर्थात् उस उत्पाद की बिक्री नहीं होती तब तक उस विज्ञापन करनेवाली कम्पनी को कोई भुगतान नहीं किया जाता है। क्लिक थ्रू (Click Through) विज्ञापन के माध्यम से विज्ञापनदाता केवल तभी भुगतान करता है जब कोई उस उत्पाद का उपयोगकर्ता विज्ञापन पर क्लिक करता है। इस प्रकार की रणनीति विज्ञापन को बहुत प्रभावी बनाती है, खासकर उन लोगों के लिए जिनके पास विज्ञापन देने के लिए बहुत बड़े बजट नहीं है।

ऑनलाइन विज्ञापन के उदाहरणों में शामिल है खोज इंजन (Search Engine) परिणामी पृष्ठों पर प्रासंगिक विज्ञापन, बैनर विज्ञापन, समृद्ध मीडिया विज्ञापन, सामाजिक नेटवर्क विज्ञापन, ऑनलाइन वर्गीकृत विज्ञापन, विज्ञापन नेटवर्क और ई मेल सहित ईमेल विपणन।

वेबसाइट ऑपरेटर जो नैतिक दृष्टि से ऑनलाइन विज्ञापन का उपयोग करते हैं आमतौर पर कम संख्या में विज्ञापनों का उपयोग करते हैं इनका इरादा उपयोगकर्ता का ध्यान भंग करना नहीं होता है।

कई वेबसाइट मालिक विज्ञापन देने के लिए कुछ कम्पनियों के साथ सीधे-सीधे व्यवहार करते हैं अर्थात् विज्ञापन के माध्यम से जुड़नेवाली वेबसाइट वैध होती हैं हालांकि वर्तमान समय में इसमें अवैध वेबसाइट का भी चलन बढ़ता जा रहा है। ऑनलाइन विज्ञापन में एडोब फ्लैश जैसी तकनीकों के अधिक उपयोग ने कुछ उपयोगकर्ताओं को अपने ब्राउज़र में इसे ऑप्शन करने, एडब्लॉक अथवा स्क्रिप्ट (Script) जैसे ब्राउज़र प्लगइन (Browser Plugin) का उपयोग करने के लिए बाध्य किया है। कई साइट केन्द्रीकृत विज्ञापन सेवाओं का उपयोग करते हैं जिनके विज्ञापन सुरक्षा और गोपनीयता उपायों के अतिरिक्त प्रभाव के रूप में अवरुद्ध किए जा सकते हैं क्योंकि सेवाओं को कार्य करने के लिए जावा स्क्रिप्ट (Java Script) और क्रास साईट (Cross-Site) अनुरोध की आवश्यकता होती है जबकि साइटों का उपयोग करने के लिए ऐसी सुविधाओं की आवश्यकता नहीं होती है और यह हमारी सुरक्षा की सम्भावना को भी कम करते हैं। अक्सर विज्ञापनों को देखने या न देखने के चयन का स्पष्ट विकल्प होता है तो उसे स्पैम से अलग करता है।

## ऑनलाइन विज्ञापन: प्रकार (Online Advertisement: Types)

भारत में 2010 के पहले तक ऑनलाइन विज्ञापन का चलन नहीं के बराबर था लेकिन 2010 के बाद से बहुत तेजी से बढ़ा है। ऑनलाइन विज्ञापन में विज्ञापनदाता और विज्ञापन एजेंसी दोनों का खर्च बहुत कम आता है और लाभ दोनों को ही होता है। ऑनलाइन विज्ञापन में विज्ञापनदाताओं को पैसे बहुत कम देने पड़ते हैं और वह भी तभी देना पड़ता है जब कोई उपभोक्ता या ग्राहक उसके विज्ञापन इमेज को क्लिक करता है। विज्ञापन एजेंसी भी उस विज्ञापन का अवलोकन (Observation) अपने एजेंसी के ही कार्यालय में बैठकर करती हैं। कुछ ऐसी भी विज्ञापन एजेंसी हैं जो विज्ञापन ऑनलाइन दिखाती हैं और विज्ञापनदाता से पैसा तभी विज्ञापन एजेंसी को प्राप्त होता है जब उस कम्पनी के विज्ञापन को कोई ग्राहक या उपभोक्ता उस पर क्लिक करता है। वर्तमान समय में ऑनलाइन विज्ञापन बहुत तेजी से बढ़ रहे हैं इसका सबसे बड़ा कारण यही है कि इसमें खर्च (Cost) कम आता है और लाभ ज्यादा होने के की सम्भावना रहती है। कुछ ऑनलाइन विज्ञापन प्रकार निम्नलिखित हैं—

### 1. चल विज्ञापन (Movable Advertisement)

एक ऐसा विज्ञापन जो उपयोगकर्ता के स्क्रीन पर या सामग्री के ऊपर चलता रहता है इसे ही चल विज्ञापन कहते हैं।

### 2. विस्तार विज्ञापन (Expandable Advertisement)

इस प्रकार का विज्ञापन आकार बदलता रहता है और यह वेब पेज की सामग्री को भी बदल सकता है।

### 3. वॉलपेपर विज्ञापन (Wallpaper Advertisement)

वॉलपेपर विज्ञापन एक ऐसा विज्ञापन है जो देखे जा रहे पृष्ठ की पृष्ठभूमि को परिवर्तित करता रहता है।

### 4. चालक बैनर (Driver Banner)

यह इस प्रकार का बैनर विज्ञापन है जो दृश्य सामग्री के साथ संवाद को भी दिखाता रहता है और यह एक चेतावनी का रूप धारण करता है।

### 5. पॉप-अप (Pop-Up)

एक ऐसी नई विंडो जो एक विज्ञापन या पूरे वेबपेज को प्रदर्शित करती हुई मौजूदा विंडो के सामने ही खुलती है, यह पॉपअप कहलाती है।

### 6. पॉप-अंडर (Pop-Under)

पॉप-अंडर भी बिलकुल पॉप-अप के समान ही होता है बस यह एक मौजूदा विंडो के पीछे से लोड (Load) किया जाता है जिससे उपयोगकर्ता इसे तब तक देखने पाए जब तक वह एक या अनेक सक्रिय विंडो बना कर दे।

### 7. वीडियो विज्ञापन (Video Advertisement)

वीडियो विज्ञापन बैनर विज्ञापन के समान ही होता है बस इसमें एक स्थिर या कार्टून छवि की जगह वास्तविक चलती हुई वीडियो क्लिप प्रदर्शित करती है। यह दूरदर्शन पर सर्वाधिक प्रचलित किस्म का विज्ञापन माना जाता है। कई विज्ञापनदाता टेलीविजन और ऑनलाइन विज्ञापन दोनों के लिए एक ही क्लिप का प्रयोग करते हैं।

### 8. मोबाइल विज्ञापन (Mobile Advertisement)

किसी मोबाइल फोन पर भेजा गया कोई सन्देश (SMS) या कोई वीडियो सन्देश (Multimedia Massage, MMS) मोबाइल विज्ञापन कहलाता है।

### 9. विनम्र विज्ञापन (Humble Advertisement)

यह इस प्रकार का विज्ञापन है कि जिसके द्वारा एक बड़े विज्ञापन को छोटे-छोटे टुकड़ों में डॉउनलोड किया जाता है जिससे दृश्य सामग्री में कम से कम व्यवधान आए क्योंकि यदि फाइल बड़ी होगी तो वीडियो का साइज बड़ा होता है और वह फाइल जल्दी-जल्दी डॉउनलोड और अपलोड नहीं हो पाएगी।

### 10. ई-मेल विज्ञापन (E-Mail Advertisement)

वैध ईमेल विज्ञापन या ईमेल विपणन को स्पैम (Spam) से भिन्नता करने के लिए इसे ऐच्छिक ईमेल विज्ञापन के रूप में भी जाना जाता है।

### 11. लक्ष्यकरण व्यवहार विज्ञापन (Targated Behaviour Advertisement)

इसमें जब कोई ऑनलाइन विज्ञापन को उपयोगकर्ता क्लिकस्ट्रीम के आधार पर देखता है तो उसको विज्ञापन एजेंसी अमने ग्राहक या अपने भावी उपभोक्ता के रूप में लक्षित कर सकती है जैसे यदि कोई ऑनलाइन विज्ञापन का उपयोगकर्ता मोटरवाहन खरीदना चाहता है तो वह तुलनात्मक साइट को देखने लगता है, ऐसे साइट के उपयोगकर्ताओं को वह कम्पनी मोटरवाहन सम्बन्धित विज्ञापन तुरन्त भेजती है जो निश्चय ही निकट भविष्य में उस कम्पनी का ग्राहक या उपभोक्ता साबित होता है।

### 12. सहबद्ध विपणन विज्ञापन (Affiliated Maeketing Advertisement)

सहबद्ध विपणन एक प्रकार का ऑनलाइन विज्ञापन है जहाँ विज्ञापनदाता सशक्त रूप से छोटे और बड़े समूह के साथ अपना विज्ञापन अभियान चलाता है। इसका आविष्कार 1994 में cdnow.com द्वारा किया गया था जिसे1996 में amazon.com द्वारा सुविधाज़नक बनाया गया। इसमें ऑनलाइन खुदरा विक्रेताओ (Retail Sellers) ने इसके प्रोग्राम को कम लागत में ब्रांड प्रदर्शन करने के लिए इस्तेमाल किया और साथ ही इसमें छोटे वेबसाइटों को कुछ पूरक आय उत्पन्न करने का मौका भी प्रदान किया गया।

## ऑनलाइन विज्ञापन : रचनात्मकता और मापन

**(Online Adevertisement : Creating And Measuring)**

### कॉस्ट पर माइल (Cost Per Mile, CPM)

सीपीएम (CPM) जिसका पूर्ण विस्तार होता है कॉस्ट पर माइल (Cost Per Mile) इसे दूसरे शब्दों में कॉस्ट पर थाउजेंड भी कहते हैं। जहाँ पर M सिम्बल होता है, रोमन भाषा में 1000 को M लिखते हैं। जब हम ऑनलाइन विज्ञापन की भाषा में बात करें तो किसी विशेष विज्ञापन को उपभोक्ता या ग्राहक जितनी बार क्लिक करता है उसी हिसाब से विज्ञापनदाता से उस विज्ञापन का पैसा चार्ज किया जाता है। ऑनलाइन विज्ञापन में कॉस्ट पर थाउजेंड (Cost Per Thousand, CPM) पेज इम्प्रेशन स्कोर बताता है। इस प्रकार सीपीएम नम्बर ऑफ़ क्लिक्स रजिस्टर्ड करता है और यह बताता है कि किसी वेबसाइट में कितने बार उस पिक्चर या उस चित्र को क्लिक किया गया है। किसी वेबसाइट की विज्ञापन राजस्व (Adevertisement Revenue) को कैलकुलेट करने के लिए सीपीएम शब्द का इस्तेमाल करते हैं। इस प्रकार के विज्ञापन में विज्ञापनदाता इस बात पर पैसे प्रदान करने के लिए तब राजी हो जाते हैं जब उनके विज्ञापन पर एक हजार तक व्यू मिल जाए।

### क्लिक थ्रू रेट (Click Through Rate, CTR)

सीटीआर का पूर्ण नाम होता है क्लिक थ्रू रेट (Click Through Rate) यह एक ऐसा तरीका होता है जिसके माध्यम से किसी ऑनलाइन विज्ञापन अभियान को मापा जाता है। क्लिक थ्रू रेट

उस प्रतिशत को बताता है जिसमें इसे पाने के लिए उपयोगकर्ताओं के वेब पेज के विज्ञापन पर क्लिक को डिवाइड किया जाता है। इसमें यह भी देखा जाता है कि कितनी बार वह विज्ञापन पेज का चित्र दिखाई दिया है या इम्प्रेशन डिलीवर हुआ है। जैसे यदि एक बैनर विज्ञापन को करीब 100 बार या अर्थात् 100 इम्प्रेशन डिलीवर हुआ हो और एक आदमी ने उसमें क्लिक भी किया हो जिसमें क्लिक को रिकॉर्ड किया जाता है। यह एक ऐसा मॉडल है जिससे यह पता चलता है कि कितने प्रतिशत उपयोगकर्ता है जो इस विज्ञापन को देखते हैं या इस वेब पेज को देखते हैं। इसका इस्तेमाल किसी विज्ञापन की सफलता का विश्लेषण करने के लिए किया जाता है। एक हाई क्लिक थ्रू रेट से वेबसाइट के मालिकों को यह पता चल जाएगा कि किस विज्ञापन पर सबसे ज्यादा क्लिक आ रहा है जिससे वह अपने-अपने लाभ के हिसाब से उपयोग कर सकें।

## कॉस्ट पर एक्शन (Cost Per Action / Cost Per Aqusation, CPA)

कॉस्ट पर एक्शन (Cost Per Action, CPA) या कॉस्ट पर एक्यूजेशन (Cost Per Aqusation) विज्ञापन एक प्रकार से सफलता आधारित होती है। यह व्यापार से सम्बद्ध विपणन क्षेत्र में बहुत सामान्य होती है। ऑनलाइन विज्ञापन में पूरा "ऑनलाइन विज्ञापन जोखिम" विज्ञापन एजेंसियों का ही होता है क्योंकि इसमें विज्ञापनदाता तभी पैसे देता है जब उसके विज्ञापन को कोई उपयोगकर्ता उस पर एक्शन लेता है, उसके विज्ञापन पर क्लिक करता है या फिर वहाँ से कुछ सामान खरीदता है। कॉस्ट पर एक्शन (Cost Per Action) या कॉस्ट पर एक्यूजेशन (Cost Per Aqusation) एक ऐसा विपणन मॉडल (Marketing Model) है जिसमें विज्ञापनदाता को केवल तभी पैसा खर्च करना होता है जब उसके विज्ञापन पर कोई क्लिक हो, कोई सामान की डिलीवरी हो या इमेज पर एक्शन हो। इसे सबसे ज्यादा प्रभावी विपणन मॉडल माना जाता है क्योंकि इसमें विज्ञापनदाता को अपने विज्ञापन के लिए तभी उस विज्ञापन एजेंसी को पैसे देने पड़ते हैं जब उसका कार्य पूर्ण हो जाता है।

## कॉस्ट पर क्लिक (Cost Per Click, CPC)

कॉस्ट पर क्लिक (Cost Per Click, CPC) एक प्रकार का पेमेंट ऑप्शन होता है जो किसी विज्ञापन एजेंसी को अदा करता है कि जब कोई ग्राहक किसी विज्ञापन लिंक पर क्लिक करे या फिर किसी विज्ञापनदाता के ऑफर पर क्लिक करे। कॉस्ट पर क्लिक एक प्रकार का आन्तरिक विपणन (Internal Marketing) तकनीक है जिसका इस्तेमाल बैनर विज्ञापन के मूल्य निर्धारित करने के लिए किया जाता है। कुछ विज्ञापनदाता विज्ञापन एजेंसी को यह जानने के लिए भी पैसा देते हैं कि उनके बैनर विज्ञापन को कितनी बार क्लिक किया गया है। कॉस्ट पर क्लिक को पेपरक्लिक भी कहा जाता है। यह बहुत ज्यादा इस्तेमाल किए जानेवाला ऑनलाइन विपणन तरीका है। इसमें वेबसाइट के मालिक को पैसे तभी प्रदान किए जाते हैं जब विज्ञापन दाताओं के द्वारा जब उनके वेबसाइट में दिखाए जा रहे विज्ञापन को क्लिक किया जाता है इसलिए कभी-कभी इसे हम अमाउंट (Amount) भी कहते हैं जिन्हें केवल पैसे प्राप्त करने के लिए ही खर्च किया जाता है। कॉस्ट पर क्लिक इतनी ज्यादा महत्त्वपूर्ण इसलिए है क्योंकि इसकी कीमत यह

निर्धारित करती है कि कोई सर्च अभियान कितना सफल है साथ ही इसका विश्लेषण करके यह विचार जाना जा सकता है कि किसी विज्ञापन को कितनी बार देखा जा रहा है।

## कॉस्ट पर लीड (Cost Per Lead, CPL)

कॉस्ट पर लीड (Cost Per Lead, CPL) यह एक अलग प्रकार का ऑनलाइन विज्ञापन मॉडल होता है जिसे किसी संगठन के द्वारा इस्तेमाल किया जाता है जो इस बात पर ज्यादा जोर देता है कि उसके द्वारा निवेश किए गए पैसे पर उन्हें कितना लीड जनरेट हुआ है। इस प्रकार के विपणन मॉडल में जब उपयोगकर्ता किसी विज्ञापन बैनर पर क्लिक करता है तो वह एक अलग लक्षित साइट (Targated Site) पर पहुँच जाता है। उपयोगकर्ता को वहाँ पर एक फॉर्म भरने के लिए निर्देश दिया जाता है या फिर कोई सब्सक्रिप्शन (Subscription) को परफॉर्म करने के लिए कहा जाता है जैसे ही वह उपयोगकर्ता उस आवेदन को भर लेता है तब ऐसे में लीड जनरेट हो जाता है।

## कॉस्ट पर सेल (Cost Per Sale, CPS)

कॉस्ट पर सेल बहुत ही प्रसिद्ध ऑनलाइन विपणन (Online Marketing) तरीका है। यदि वर्तमान समय की बात करें तो यह विज्ञापनदाता और विज्ञापन एजेंसी दोनों के लिए अत्यन्त उपयोगी है ऐसा इसलिए है क्योंकि प्रत्येक सफल बिक्री में एक कमीशन प्राप्त होती है जो दोनों में दोनों की पूर्व सलाह के अनुसार से बांटा जाता है। वर्तमान समय में ज्यादातर सम्बद्ध योजनाएँ इसी मॉडल कॉस्ट पर सेल मॉडल पर ही आधारित होती हैं।

# 6

# जनसम्पर्क

## (Public Relation)

जनसम्पर्क का सीधा अर्थ है "जनता से सम्पर्क रखना"। जनसम्पर्क एक ऐसी प्रक्रिया है जो एक उद्देश्य से व्यक्ति या वस्तु की छवि, महत्त्व एवं विश्वास को दूसरे समूह व समाज में स्थापित करने में सहायता करता है। जन संचार के विभिन्न उपकरणों के माध्यम से समाज या समूह से जीवन्त सम्बन्ध बनाने में जनसम्पर्क सेतु का कार्य करता है। जनसम्पर्क जिसने मानव जीवन को पुरापाषाण युग से लेकर आधुनिक युग तक हमेशा मनुष्यों के बीच संचार की सुविधा प्रदान की है। एक व्यक्ति जब किसी अन्य व्यक्ति या उसके समुदाय से बात करके कुछ समझौते और निर्णय लेता है तो वहाँ पर जनसम्पर्क की भूमिका दिखाई देती है। इसी प्रकार से सामाजिक उन्नति और विकास में जनसम्पर्क की भूमिका अत्यन्त महत्त्वपूर्ण रही है। जनसम्पर्क का इतिहास मानव की सभ्यता से जुड़ा हुआ है, पौराणिक कथाओं कि यदि हम बात करें तो प्राचीन कथाओं में नारद मुनि की भूमिका को एक चतुर जनसम्पर्ककर्मी के रूप में जाना जाता है। इस प्रकार हम कह सकते हैं कि जनसम्पर्क विचारों का वह सम्प्रेषण (Communication) है जिसके द्वारा विभिन्न प्रकार की जनता के साथ सम्पर्क करके सोची-समझी परिणाम की प्राप्ती की जा सकती है। इसे प्रबन्धन का कर्तव्य भी कहा जाता है जो जनता की सूचियों और अभिमत का ध्यान रखता है। जनसम्पर्क आपसी विचार मंच तैयार करके संगठन के प्रति एक धारणा का निर्माण करने का प्रयास करता है।

जन का अर्थ है 'जनता' जो व्यक्ति के आसपास व्यापक रूप से फैला हुआ है और उनसे सम्पर्क बनाए रखने की इच्छा ही जनसम्पर्क है। जनसम्पर्क अंग्रेजी के 'पब्लिक रिलेशन' शब्द से बना है। पब्लिक रिलेशन का पहला शब्द है पब्लिक (Public) अर्थात् जनता, रिलेशन (Relation) का तात्पर्य है 'सम्बन्ध'। आधुनिक युग में कुछ नए विद्वानों ने पब्लिक रिलेशन (Public Relation) को अलग तरह से परिभाषित किया है जैसे – पहला अक्षर P से परफॉर्मेंस (Performance) और R का तात्पर्य होता है रिकॉग्निशन (Recognition) अत: हम कह सकते हैं कि जनसम्पर्क एक ऐसा कार्य है जिसके द्वारा अच्छे कार्यों की स्वीकृति होती है।

जनसम्पर्क का प्रयोग अत्यधिक प्रतिस्पर्धी दुनिया में अपनी कम्पनी की सेवाओं और उत्पादों को बढ़ावा देने के लिए किया जाता है। जनतन्त्र के महत्त्वपूर्ण वर्गों के साथ सम्पर्क स्थापित करके आपसी समझ, सहयोग को सुरक्षित रखने के लिए साथ ही किसी संगठन और कम्पनी के ग्राहको, इनके शेयरधारको और कर्मचारी की सफलता के लिए जनसम्पर्क अत्यन्त

आवश्यक कार्य है। प्रभावी जनसम्पर्क लोगों से एक निश्चित कारण के लिए किया जाता है। जनसम्पर्क के माध्यम से लोगों को एक निश्चित उत्पाद या सेवा के प्रचार एवं प्रसार के लिए प्रेरित भी किया जाता है। जनसम्पर्क जनता से निवेश को प्रोत्साहित करने का प्रयास करता है। सही नीति और अच्छे प्रदर्शन की उम्मीद के लिए जनसम्पर्क करने की आवश्यकता पड़ती है। विभिन्न प्रकार की संस्थाओं में भिन्न-भिन्न प्रकार के जनसम्पर्क विभाग होते हैं। जनसम्पर्क विभाग अपने कार्य की प्राथमिकताओं के आधार पर बड़े या छोटे हो सकते हैं। किसी कार्यालय का जनसम्पर्क विभाग उस संस्था, विद्यालय या किसी भी संस्थान की छवि (Image) को अन्य लोगों के मन मस्तिष्क में अपने आप को बेहतर साबित करने का कार्य करता है।

आज के सूचना क्रान्ति के युग में जनसम्पर्क एक वैज्ञानिक एवं प्रबन्धकीय प्रक्रिया के रूप में उभरकर सामने आया है। नए-नए उपकरणों एवं माध्यमों के जरिए एक अच्छी जनसम्पर्क प्रक्रिया सम्भव हो रही है। इसके बाबजूद जनसम्पर्क मानव से जुड़ने की प्रक्रिया है एवं इसमें मृदु व्यवहार एवं उपकार करके ही लोगों से सम्पर्क स्थापित कर उनके दिलों को जीता जा सकता है एवं संस्था या संगठन की साख को मजबूत बनाया जा सकता है। जनसम्पर्क सम्प्रेषण की द्वि-पक्षीय प्रक्रिया है जिसमें एक ओर सरकार अथवा किसी संस्था की नीतियों एवं कार्यक्रमों का लक्षित जन-समूह तक प्रचार–प्रसार किया जाता है और दूसरी ओर जनता की प्रतिक्रिया एवं समस्याओं से सरकार अथवा सम्बन्धित संस्था को अवगत कराया जाता है। जनसम्पर्क अपने प्रतिष्ठान के प्रबन्धन और आम लोगों के मध्य सेतु का कार्य करते हुए एक–दूसरे को उनकी राय की जानकारी प्रदान करता है।

समाचार माध्यमों के बढ़ते प्रभाव और प्रसार के साथ-साथ जनसम्पर्क की प्रक्रिया निरन्तर चलती रहती है जिससे जनता उस संस्था को अपने स्मृति-पटल से ओझल न कर दे इसलिए समय के बदलाव के साथ जनता की मन:स्थिति का हमेशा मूल्याँकन करते हुए संस्था के हित के अनुरूप कई कार्यक्रमों को तैयार किया जाता है, जनता को अवगत कराया जाता है एवं उनसे सम्पर्क स्थापित कर बेहतर संचार किया जाता है और यह कोशिश की जाती है कि उन्हें संस्था से जोड़े रखे।

जनसम्पर्क एक सुनियोजित एवं सुदृढ़ संचार-कार्यक्रम है जो संगठन तथा उसके लक्षित-समूह (Targated Group) के मध्य क्रियान्वित किया जाता है। यह किसी भी संस्था के लिए अनिवार्य तत्त्व एवं आधार भी माने जाते हैं। जनसम्पर्क के क्षेत्र में 'लक्षित समूह' या जनसमूह से तात्पर्य 'जनता' शब्द से ही जुड़ा होता है। 'जनता' या 'लक्षित समूह' के अन्तर्गत कुछ ऐसे अनिक्छुक या उदासीन समूह होते हैं जिनके हित, विकास और कल्याण के लिए संगठन को कठिन प्रयास करना पड़ता है। इसमें कुछ चिह्नित उपभोक्ता भी शामिल होते हैं।

जनसम्पर्क एक प्रबन्धकीय कार्य है जो व्यक्तिगत एवं संगठनात्मक संचार पर विशेष बल देता है। इसका उद्‌देश्य परस्पर सहमति एवं सहयोग की भावना स्थापना करना है। यही कारण है कि जनसम्पर्क को संगठन एवं जनता के मध्य सार्थक सम्बन्धों के विकास, रख-रखाव या पोषणकर्ता के रूप में जाना जाता है। इसके अन्तर्गत उपभोक्ता, ग्राहक, कार्मिक (Worker), अंशधारक (Shareholder), प्रतिस्पर्धी समूह (Competitve Group) एवं आपूर्तिकर्ता

(Supplier) आदि शामिल होते हैं। उपरोक्त के प्रत्येक समूह को जनसम्पर्क या जनसमूह कि परिधि में आनेवाली जनता के रूप में जाना जाता है। इन विशिष्ट जनसमूह या समुदाय के साथ मधुर सम्बन्धों की स्थापना हेतु प्रभावी सम्पर्क स्थापित करना ही जनसम्पर्क है।

## जनसम्पर्क : प्रवृत्ति और क्षेत्र

### (Public Relation: Nature and Scope)

वर्तमान समय में हमारे चारों ओर सभी दिशाओं में प्रतिदिन बदलाव आ रहे हैं जिसके कारण विपणन, विज्ञापन, जनसम्पर्क आदि सभी क्षेत्रों में व्यापक परिवर्तन देखने को मिल रहा है। भारत में जनसम्पर्क अपने खुद के विशिष्ट परिवर्तनों का स्वयं साक्षी है। भारत में जनसम्पर्क का व्यवहार सामान्यता प्रेस, संस्थान, कारपोरेट जगत आदि से सम्बन्धित होते हैं। व्यावसायिक संगठन और प्रबन्धन जनसम्पर्क व्यवसायीयों के लिए जनसम्पर्क के क्षेत्र में सम्भावनाओं को विस्तार देने का प्रयास भी बहुत तेज गति से कर रहे हैं। जनसम्पर्क सम्भावनाओं के मूल्याँकन करने से पहले आज की अपेक्षा आधुनिक संगठन की जनसम्पर्क के परिवेश को समझना आवश्यक है। ग्रामीण जीवन औद्योगिक समाज की ओर बढ़ रहा है। जनसम्पर्क में वह सभी कार्य सम्मिलित माने जाते हैं जिनसे जनता को सम्पर्क करना होता है। यह जनता किसी संस्था या संगठन के अन्दर कार्य करनेवाली हो सकती है या बाहर की भी हो सकती है, वह सभी लोग जो उस संगठन या वहाँ के उत्पादन से सम्बन्धित होते हैं, जो प्रत्यक्ष और अप्रत्यक्ष रूप से उस संस्था या संगठन से जुड़े रहते हैं जो कम्पनी सेवा प्रदान करती है। इतना ही नहीं अपने संगठन के अन्य अधिकारियों और कर्मचारियों को जनता में अपने संगठन की एक पब्लिक इमेज या ग्रुप अवधारणा को स्थापित करने की भी सलाह देता है। यह उन कारणों की भी खोज करता है जिन कारणों से जो गलत अवधारणा संगठन के अन्दर या बाहर है और जनता के मन में बैठ चुकी है उसे बाहर निकालने का प्रयास करता है। जनसम्पर्क संगठन में सरकार या निजी संस्थान की क्षेत्रीयता विश्व में विस्तार करके उसे जनसाधारण तक पहुँचाने की बात कही जाती है और इस कार्य में प्रभावी रूप से कार्य करने के लिए सम्प्रेषण के अनेक माध्यमों का प्रयोग किया जाता है। इन सभी के पीछे जनसम्पर्क कार्य का यही उद्देश्य रहता है कि संगठन और जनता के मध्य सम्बन्धों की स्थापना में सुधार और निरन्तर विकास होता रहे। जनसम्पर्क का वास्तविक कार्य जनता को अपनी संस्थागत सच्चाई का मार्गदर्शन कराना है। प्रेस के साथ सम्बन्ध स्थापित करना, जनसम्पर्क के मुख्य कार्य में आता है। जनसम्पर्क का कार्य जनतन्त्र का विकास और जनता के सहयोग से सम्बन्धों को सुदृढ़ करना है। जनसम्पर्क के क्षेत्र में यह सर्वविदित सत्य है कि कोई भी सम्प्रेषण तब तक जनता द्वारा स्थाई रूप से नहीं स्वीकारा जाता जब तक कि उसके पीछे के तथ्य पूर्ण रूप से सत्य न हो। जनसम्पर्क अधिकारी का कार्य ऐसा है जिसे जनता स्वीकृति दे, जनता अच्छी अवधारणा पैदा करें, न केवल जनता को ही बल्कि अपने संगठन को भी एक-दूसरे के प्रति जागरूक करे। संगठन के अन्दर के लोग भी संगठन की सही जानकारी रखें जिससे कि बाहर के लोगों में वह कम्पनी का सही चित्रण कर सके और इस प्रकार एक लाभप्रद, स्वस्थ वातावरण का निर्माण हो सके। जनसम्पर्क का अन्य प्रमुख

कार्यों में जनता का मत परिवर्तन करना है, उन्हें शिक्षित करना, सही तथ्यों से अवगत कराना, नए विचार देना या स्थापित विचारधारा और मूल्यों को स्थाई करना या परिवर्तित करना अर्थात् जनता को अपने कम्पनी या अपने विचारों के अनुकूल मोड़ लेने का कार्य जनसम्पर्क अधिकारी का होता है। सरकारी और गैर सरकारी कम्पनी के भागीदारों, शेयर होल्डर, डीलर, स्टॉकिस्ट, कर्मचारी, यूनियन के नेता, ठेकेदार, डिस्ट्रीब्यूटर, वितरण एवं खरीदारों से भी जनसम्पर्क का कार्य अनिवार्य रूप से करना होता है। इसके लिए विभिन्न प्रकार के जनसम्पर्क माध्यम चुनकर संगठन की नीतियों का निरूपण करके, एकीकृत अभिमत तैयार कर अपने अनुकूल मोड़ लेने का प्रयास होता है एक जनसम्पर्क अधिकारी का।

जनसम्पर्क का सूक्ष्म अध्ययन करने पर विद्वानों का एक वर्ग इसे 'कला' के रूप में स्वीकार करता है तो विद्वानों का एक वर्ग इसे 'विज्ञान' के रूप में मानता है। विद्वानों के अनुसार मूर्त उपकरणों एवं साधनों के द्वारा किसी विशेष विषय के सम्बन्ध में अधिकाधिक प्रामाणिक एवं तथ्यात्मक ज्ञान के माध्यम से किसी समुदाय विशेष की अमूर्त भावनाओं को अनुकूल बनाने की कला ही जनसम्पर्क है। जनसम्पर्क अपने पक्ष या संस्थान विशेष की छवि को निखारने के व्यवहारिक प्रयोगों के कारण कला की श्रेणी में आता है। जबकि यहीं पर कुछ अन्य विद्वानों का वर्ग जनसम्पर्क को मूलत: विज्ञान कहता है क्योंकि विज्ञान, वर्ग विशेष को एक निश्चित प्रकार की जानकारी देकर उससे पूर्व निर्धारित परिणाम प्राप्त करने की क्षमता रखता है जो कि एक मानव विज्ञान की शाखा है इसलिए विद्वानों ने इसे 'सूचना व्यवस्थापक विज्ञान' कहा है और प्रस्तुति के आधार पर यह पूर्ण रूप से विज्ञानपरक और तथ्यपरक है। अत: हम इन दोनों प्रकार के विद्वानों की राय को देखते हुए इसे कलात्मक विज्ञान की संज्ञा दे सकते हैं। वास्तविकता तो यह है कि जनसम्पर्क कला और विज्ञान दोनों का ही समन्वित रूप है। यह सैद्धान्तिक रूप से तो कला है लेकिन व्यावहारिक धरातल पर यह पूर्णत: विज्ञान है। जनसम्पर्क एक ऐसी प्रक्रिया है जिसमें उपलब्ध जानकारी, सूचना-सम्पर्क के माध्यम से सामंजस्य स्थापित किया जाता है और फिर किसी व्यक्ति या समुदाय, विशेष संस्थान, उद्योग या अभियान के पक्ष में जनमत या समर्थन जुटाया जाता है। कला और विज्ञान दोनों की मिश्रित रूप में जनसम्पर्क एक ऐसी परिणति है जो अपने सिद्धान्त रूप में कला क्षेत्र में प्रविष्ट होती है परन्तु व्यावहारिक रूप में सामने आती है तो विभिन्न वैज्ञानिक रूप के साथ होती है। चाहे समाचार पत्र हो, प्रचार सामग्री हो, प्रकाशन हो, प्रदर्शन हो या विज्ञापन, सभी में विज्ञान व्याप्त रहता है। इस प्रकार जनसम्पर्क की इस विधा में विज्ञान व्याप्त रहता है।

जनसम्पर्क संचार और सम्प्रेषण का एक पहलू है जिसमें किसी व्यक्ति, संगठन या जनाकर्षण तथा इस क्षेत्र से सम्बन्धित लोगों के बीच सम्पर्क स्थापित किया जाता है। जनसम्पर्क के अन्तर्गत मीडिया सम्बन्ध (Media Relation), संकट प्रबन्धन (Crisis Management), विपणन संचार (Marketing Communication), वित्तीय प्रबन्धन (Financial Management), सरकारी सम्बन्ध, औद्योगिक सम्बन्ध (Industrial Relation) आदि शामिल हैं। सही दिशा में जनमत का निर्माण करना ही जनसम्पर्क का महत्त्वपूर्ण उद्देश्य है क्योंकि यह बड़ी संख्या में लोगों को प्रभावित करता है। जनमत का आधार

सूचनाओं पर निर्भर करता है सूचना देना भी जनसम्पर्क का एक पक्षीय उद्‌देश्य है। जनमत का आधार सत्य और यथार्थ सूचनाओं पर निर्भर होता है। जनसम्पर्क द्विपक्षीय प्रक्रिया है, वह सूचना देता है और सूचना का पुनर्निवेश (Feedback) भी प्राप्त करता है। प्रचार-प्रसार माध्यम जनमत और जनसम्पर्क के निर्माण में महत्त्वपूर्ण भूमिका निभाता है क्योंकि जनसम्पर्क सामाजिक घटनाओं के केन्द्र में होता है। जनसम्पर्क ही वह पहलू है जो समस्त घटनाक्रमों के केन्द्र में सकारात्मक परिस्थितियों को उनके परिवेश और परिप्रेक्ष्य के अनुरूप उचित स्थान दिला पाता है। जनसम्पर्क के तीन मूल उद्‌देश्य माने गए हैं—

1. सूचना (Information)
2. शिक्षा (Education)
3. मनोरंजन (Entertainment)

सूचना और सम्प्रेषण के अर्थ में संवाद की भी सार्थकता है, संवाद उस क्रिया का द्योतक है जो जनसम्पर्क के क्रम में सूचना शिक्षा और मनोरंजन के उद्‌देश्य से उद्‌देश्य को एक प्रभावी भूमिका के रूप में निभाता है। जनसम्पर्क का उद्‌देश्य यह होता है कि व्यक्ति या संस्था के कार्यों, उसकी सेवाओं आदि के बारे में जनता को बताएँ और जनता के विचारों को उस कम्पनी या संस्था को बताएँ, जो उसे प्रभावित और नियन्त्रित करने के साथ ही यह भी निश्चित करते हैं कि उसका अन्तिम परिणाम उस व्यक्ति या संस्था के हित में हो।

जनसम्पर्क प्रक्रिया को निम्नलिखित घटकों द्वारा विधिवत रूप से पूर्ण किया जाता है जो इस प्रकार है—

### 1. लक्ष्य का निर्धारण (Target Determination)

जनसम्पर्क के समक्ष एक सबसे महत्त्वपूर्ण कार्य होता है किसी समस्या या लक्ष्य का निर्धारण करना। जनसम्पर्क के माध्यम से सर्वप्रथम समस्या अर्थात् उद्‌देश्यों की पहचान करके उसके अनुरूप नीति निर्धारण कर लेना चाहिए जिससे उचित समय के अन्दर लक्ष्य की प्राप्ति की जा सके।

### 2. सन्देश रचना (Massage Creation)

सन्देश रचना अर्थात् सन्देश द्वारा कार्यक्रम आकड़ों की पूरी-पूरी जानकारी प्राप्त करना जहाँ पर जनसम्पर्क अभियान चलाना है, इसके लिए उस क्षेत्र की भगौलिक स्थिति, संस्कृति, बोलचाल, शिक्षा, भाषा इत्यादि का ध्यान रखना अति महत्त्वपूर्ण है। सन्देश रचना क्षेत्र के लोगों को ध्यान में रखकर उसी वातावरण के अनुकूल तैयार की जाए जिससे अभियान सफल सिद्ध हो सके।

### 3. सन्देश प्रसार (Massage Spreading)

सन्देश कहाँ, किस समय, किन माध्यमों द्वारा दिया जाएगा, यह एक अति महत्त्वपूर्ण प्रक्रिया है जिसे जनसम्पर्क अधिकारी अपनी सूझ-बूझ के साथ तैयार करता है।

**4. मूल्यांकन (Evaluation)**

जनसम्पर्क का अन्तिम चरण मूल्यांकन है। मूल्यांकन में यह देखा जाता है कि कार्यक्रम सन्देश माध्यम को वहाँ के लोगों ने कितना और कैसे पसन्द किया, कितने लोगों ने नापसन्द किया और क्या कमी रही, क्या परिवर्तन करना चाहिए था आदि।

## जनसम्पर्क का महत्त्व

### (Importance Of Public Relation)

भारत के सामाजिक एवं आर्थिक विकास में जनसम्पर्क एक अत्यन्त महत्त्वपूर्ण भूमिका निभाता है। जनसम्पर्क पहले की तुलना में एक प्रतिष्ठित पेशा (Profession) बन गया है और अब यह आजीविका (Craeer) के क्षेत्र में उभरकर सामने आ रहा है। जनसम्पर्क एक बहुत ही रचनात्मक कार्य है, यह सृजन सम्पर्क की आत्मा है। जनसम्पर्क के पेशे को अपनाकर हम अपने साथ अपने व्यवसाय, समाज, शासन और व्यावसायिक प्रतियोगी क्षेत्र में महत्त्वपूर्ण भूमिका निभा सकते हैं। एक समय था जब जनसम्पर्क अधिकारी का कार्य केवल मीडिया को सैर कराने और अतिथियों के होटल बुक करने तक ही सीमित समझा जाता था लेकिन वर्तमान समय में स्थिति पूरी तरह बदल चुकी है और अब जनसम्पर्क एक प्रतिष्ठित पेशे और व्यवसाय के रूप में दुनिया भर में स्थापित हो चुका है। यही कारण है कि 21 अप्रैल को "विश्व जनसम्पर्क दिवस" के रूप में मनाया जाता है। आज व्हाइट हाउस से लेकर हिन्दुस्तान लीवर लिमिटेड, प्रजापति ब्रह्मकुमारी का मुख्यालय, कलेक्ट्रेट कार्यालय, प्रधानमन्त्री कार्यालय और मुख्यमन्त्री कार्यालय आदि में आज सभी जगह जनसम्पर्क कार्यालय विद्यमान हैं। उत्पादों और संस्थाओं को बाजार में उतारने और कायम रहने की चुनौतियों ने जनसम्पर्क की उपयोगिता को बढ़ा दी है। अमेरिकी श्रम विभाग के अनुसार वहाँ के लगभग 2,00,000 से अधिक पेशेवर लोग जनसम्पर्क के कार्य में लगे हुए हैं। भारत में भी 1990 तक आते-आते आर्थिक उदारीकरण की नीति के प्रवेश के साथ कारपोरेट और सरकारी क्षेत्रों में जनसम्पर्क कार्य का इस्तेमाल तेजी से बढ़ने लगा और वर्तमान समय मोबाइल और इंटरनेट से नवनिर्मित सूचना समाज में जनसम्पर्क सरकार और बाजार से लेकर बॉलीवुड, हॉलीवुड और टॉलीवुड तक फैल गया है। भारत में आज लगभग 3,00,000 से अधिक लोग जनसम्पर्क कार्य को पेशे के रूप में अपना चुके हैं और यह क्षेत्र बहुत तेजी से विकास कर रहा है। सरकारी विभाग, कम्पनियाँ और कारपोरेट घराने जनसम्पर्क सलाहकारों की सेवाएँ ले रहे हैं। विगत लोकसभा चुनाव में उम्मीदवारों ने खूब जनसम्पर्क पेशेवरों की सेवाओं का इस्तेमाल किया। जनसम्पर्क के कार्य क्षेत्र में देखा जाए तो विभिन्न समूह किसी न किसी संगठन से अपने-अपने लाभ की आशा के चलते जुड़ते जाते हैं। यह अलग-अलग तरह के संगठन की प्रगति में सहायक बनते जाते हैं इसलिए सरकारी विभाग, कम्पनियाँ और कारपोरेट घराने को इनसे बेहतर सम्बन्ध बनाकर रखना होता है। जनसम्पर्क विभिन्न समूहों के लिए विभिन्न स्तर पर जनसम्पर्क के लिए गतिविधियाँ चलाता है।

यदि देखा जाए तो जनसम्पर्क कार्य मुख्यतया दो प्रकार से किया जाता है—

### 1. अन्तरिक्ष क्षेत्र (Internal Scope)

आन्तरिक जनसम्पर्क से तात्पर्य अपने संस्था के अधिकारियों और कर्मचारियों के मध्य सूचना सम्प्रेषण से है। इसमें संचार कायम रखकर उन्हें संगठित कर संस्था के उद्देश्यों की दिशा में कार्य करवाया जाता है। किसी भी संस्था के लिए उसके समस्त कर्मचारी आन्तरिक जन (Internal Public) हैं। इनसे हाउस जर्नल, बुलेटिन बोर्ड, इमेल आदि के जरिए सम्पर्क बनाए रखा जाता है।

### 2. बाह्य क्षेत्र (External Scope)

बाह्य क्षेत्र में जनसंचार कम्पनी या संस्था से इसके अन्य समूहों से सम्पर्क बनाए रखा जाता है जिसमें ग्राहक, उपभोक्ता, विक्रेता, शेयर होल्डर, मीडिया, सरकार, अन्य कम्पनियाँ आदि शामिल हैं जो किसी संस्थान के लिए बाह्य जन (External Public) कहलाते हैं। इनसे सम्पर्क बनाए रखने के लिए संचार के साधन बहुत अधिक कारगर साबित होते हैं। इनसे अखबार, रेडियो या टीवी आदि के जरिए सम्पर्क बनाए रखा जाता है।

## जनसम्पर्क का इतिहास

**(History Of Public Relation)**

वैदिक आधार पर नारद जी को जनसम्पर्क का प्रवर्तक माना जा सकता है। वैदिक काल में देव और असुर संग्राम में देवताओं का विजय प्रसंग, राजसूययज्ञ सम्बन्धी बातें, सन्देशवाहक की भूमिका में नारद द्वारा तीनों लोकों का भ्रमण जैसी बातें भारत में जनसम्पर्क के निर्माण में बड़ी महत्त्वपूर्ण सिध्द हुई है। भारत में जनसम्पर्क की उत्पत्ति के विषय में विचार करें तो पता चलता है कि जनसम्पर्क कला की शुरूआत मानव जीवन के संकेतों के साथी ही पनपने लगी थी जो रामायण काल, महाभारतकाल, प्राचीन काल, मध्यकाल, मौर्यकाल, मुगलकाल तथा वर्तमान काल तक यह पीढ़ी दर पीढ़ी चलती चली आ रही है। जब से व्यक्ति धरती पर आया है और एक-दूसरे से बातचीत करने का प्रयास किया है तभी से जनसम्पर्क का कार्य प्रारम्भ हो गया, जैसे-जैसे प्रगति होती गई लोग एक-दूसरे से सम्पर्क करते गए। पहले एक राजा दूसरे राजा से सम्बन्ध बढ़ाने के लिए, अपना जनसम्पर्क स्थापित करने के लिए एक-दूसरे की मदद करने का प्रयास करते थे और धीरे-धीरे इनके आपस में शादी-विवाह करके यह एक-दूसरे से अपने जनसम्पर्क बढ़ाते थे। यही कारण है कि ऐसी जनजाति जो सुदूर जंगल में रहती हैं उनके साथ भी वैवाहिक सम्बन्ध स्थापित किए गए या फिर उनके यहाँ मनसबदारी प्रथा या फिर इस तरह के कुछ उपक्रम किए गए जैसे कि उनका एक प्रतिनिधि राजा की सेना में शामिल होता था या फिर राजा के नवरत्नों में शामिल किए जाते थे और इस तरह के कार्य करके जनसम्पर्क किया गया। आज के इस आधुनिक समय की बात करें तो जनसम्पर्क हमारे अन्दर इतना समा चुका है कि बिना जनसम्पर्क के हम अब सांस भी नहीं ले सकते हैं। वर्तमान युग इंटरनेट, बहुत तेज गति से काम करनेवाले मोबाइल और व्हाट्सएप का युग हो गया है, जरा सी कोई बात हुई तो हम तुरन्त अपने रिश्तेदारों और दोस्तों को इस बात की सूचना देने लगते हैं। यदि अमेरिका में

कोई घटना घटी है तो तुरन्त वह भारत या बुलगारीया में वह घटना देखी जा सकती है क्योंकि यह बहुत ही तेज गति का युग हो गया है और यही कारण है कि हम हमेशा ऑनलाइन रहने की कोशिश करते हैं कि हमारी कोई भी घटना, कोई अच्छी या बुरी बात जो हमारे जीवन से जुड़ी है वह दूर न रहने पाए, हम हमेशा उस बात से और उस घटना से ओत-प्रोत रहें।

वर्तमान समय विकास का युग है, वर्तमान समय में जनसम्पर्क को एक व्यवसाय का रूप दे दिया गया है और आज के युग में हर कम्पनी अपने पास एक जनसम्पर्क अधिकारी रखने का प्रयास करती है जो कि पेशेवर हो और अपने काम को अच्छी तरह जानता हो। यह देख करके ऐसा प्रतीत होता है कि आनेवाले कई सालों में अभी जनसम्पर्क क्षेत्र में आजीविका (Career) को बहुत आगे ले जाया जा सकता है और इसमें नौकरी की कमी तो मेरे विचार से कभी नहीं आएगी क्योंकि यदि आप सांस लेते हैं, आपको यदि भूख, प्यास, ठंड लगती है तो आपको जनसम्पर्क की भी भूख लगेगी। जनसम्पर्क एक ऐसी विधा है कि बिना इसके कोई अस्पताल, संस्थान, स्कूल, कॉलेज, तकनीकी संस्थान नहीं रह सकता है। जनसम्पर्क से कोई सरकार, जिलाधिकारी, कोई विभाग आदि इससे अछूता नहीं रह सकता है। आप किसी भी क्षेत्र में रहते हो, आप सेना में काम करते हो, पुलिस में काम करते हो, आप किसी भी विभाग में काम करते हो आपको जनसम्पर्क की जरूरत पड़ेगी ही पड़ेगी क्योंकि एक पुरानी कहावत है कि "आप ईमानदार हैं यह बहुत अच्छी बात है लेकिन आप दूसरों को जनसम्पर्क करके बताइए कि आप ईमानदार हैं तो यह बहुत ज्यादा अच्छी बात है।"

विश्व स्तर पर जनसम्पर्क का बृहद स्वरूप वर्तमान में जिस प्रकार प्रस्तुत है उसके पीछे जनसम्पर्क का एक लम्बा इतिहास है। जनसम्पर्क के संगठनात्मक और संरचनात्मक स्वरूप में समय, स्थान एवं समाज के हिसाब से हमेशा परिवर्तनीय रहा है। जनसंचार के माध्यमों के विकास के साथ-साथ जनसम्पर्क के स्वरूप में विकास सम्भव हो पाया है। विश्व परिदृश्य में जनसम्पर्क की शुरुआत ईसा से हजारों वर्ष पूर्व हुई थी। ई.पू. 3500 के आसपास लिपि का आविष्कार हुआ। मुद्रण कला के आविष्कार के बाद पुस्तके इस कार्य में अत्यन्त ही सहायक सिद्ध हुई। लिपि के आविष्कार ने मनुष्य को जन-जन से जुड़ने का सम्पर्क सूत्र दिया। विश्व सभ्यता के शुरुआती समय में वार्तालाप, राजदूतों, प्रचारकों के साथ-साथ ताम्रपत्र, पिरामिड, शिलालेख, चित्रकला, प्रतीक चिह्नों, जुलूसों, पदयात्राओं ने जनसम्पर्क में सहायता की। पुनर्जागरण आन्दोलन में जनसम्पर्क के क्षेत्र का विस्तार हुआ क्योंकि जनसम्पर्क ने जन-समुदाय को मनचाही दिशा में प्रेरित करने का भरपूर प्रयास किया।

सबसे पहले जनसम्पर्क मनुष्य के आमने-सामने होता था, पश्चिमी देशों में मुद्रण कला के विकास के साथ पुनर्जागरण की स्थिति आई और जनसम्पर्क अभियान के कारण जनता के जन-जीवन में क्रान्तिकारी परिवर्तन हुआ। जनसम्पर्क के पाश्चात्य विद्वानों के अनुसार पुराने जमाने में असीरिया, बेबीलोन और सुमेरिया देशों में राजा अपनी स्वेच्छाचारिता के कारण चर्चित थे। वह अपनी प्रतिष्ठा और प्रचार हेतु साहित्य का निर्माण करवाते तथा कला सामग्रियाँ बनवाते थे। विश्व स्तर पर जनसम्पर्क का प्रारम्भिक सूत्र ई.पू. 1500 में इराक में किसानों को खेती-बाड़ी विषयक सूचना देने में मिलता है।

सुकरात द्वारा (ई. पू. 470—399) अपने शिष्यों और मतावलम्बियों को प्रश्नोत्तर शैली में उपदेश देने, मेगस्थनीज (ई. पू. 384-322) के भाषणों द्वारा जनता को सावधान करना, रोम के सम्राट जूलियस सीजर के राज्यकाल (100 से 44 ई. पू.) में दैनिक समाचार पत्र – "एकता दिरूना" के प्रकाशन से जनसम्पर्क का आभास मिलता है, इसके अतिरिक्त सिद्ध-पुरुषों और धर्म-प्रचारकों द्वारा फिलिस्तीन और अनेक स्तम्भों पर उपदेश देने व सम्प्रचार की प्रथा का उल्लेख मिलता है। जनसम्पर्क विधा के अन्तर्गत दैनिक समाचार-पत्र, पुस्तिकाओं, जुलूस, प्रदर्शन नारेबाजी आदि का प्रचलन सबसे पहले रोम में हुआ, जिससे जनता में उत्साह और दृढ़ विश्वास बढ़ा।

मध्यकाल जनजागरण का युग माना जाता है। जनसम्पर्क द्वारा सदियों से प्रचलित रूढी-परम्पराओं और अन्धविश्वासों से जनता को सावधान करने का प्रवृति पनपी। यह समय जनसम्पर्क प्रणालियों एवं अभियानों की स्थापना का काल रहा है। इसी समय रोम का चर्च राजनीतिक निर्देशन का केन्द्र बना और मार्टिन लूथर ने पोप के विरुद्ध विद्रोह का झण्डॉ उठाकर धर्म-सुधार अभियान का कार्य किया।

रोम के पोप ने भी जनमत की शक्ति को पहचान लिया था इसलिए उन्होंने भी अपने विरुद्ध चलाए जा रहे अभियान को चुनौती देने के लिए 'धर्म-सुधार विरोधी' अभियान अथवा 'प्रति धर्म-सुधार आन्दोलन' शुरू किया जिसमें जन-जन को सचेत किया कि वे धर्म-सुधार आन्दोलन से प्रभावित न हों, बल्कि सावधान रहें।

मुद्रण में मशीनें आ जाने के कारण छपाई के माध्यम से जनसम्पर्क कार्य को तेज गति मिली। इतिहास में उपलब्ध जानकारी के अनुसार इंग्लैंड के कवि (1608-1674) जॉन मिल्टन ने प्रेस कि स्वतन्त्रता का प्रश्न बड़े ज़ोर-शोर से उठाया। सन् 1640 से लेकर राजतन्त्र-प्रत्यावर्तन तक अर्थात् लगभग 1960 तक इंग्लैंड में तीस हजार के लगभग समाचार-पत्र और पुस्तिकाएँ प्रचारार्थ वितरित की गईं। इन पुस्तिकाओं में महत्त्वपूर्ण सूचनाओं के समावेश के साथ-साथ प्रचारार्थ सामाग्री का संचयन होता था। समाचार-पत्रों में सूचनाओं, समाचारों और प्रचार सामाग्री का संचयन होता था। समाचार-पत्रों में सूचनाओं, समाचारों और प्रचार सामग्री के साथ-साथ व्यावसायिक समाचारों को भी जगह मिलने लगी। यूरोप का पहला अखबार जर्मनी में फ्रेंकफर्ट नगर में सन् 1651 में प्रकाशित हुआ। इंग्लैंड में प्रथम समाचार-पत्र 1622 में आया। फ्रांस और अमेरिका में क्रमशः सन् 1631-1690 में प्रथम समाचार-पत्र प्रकाशित हुए।

इस तरह अठहरहवीं शताब्दी तक पहुँचते-पहुँचते जनमत का स्वरूप स्पष्ट हो गया था। जनमत, जननिर्णय जैसे शब्दों का प्रयोग भी होने लगा था। फ्रांसीसी विचारक रूसो (1712-1778) ने लोक-निर्णय के सिध्दान्त को भी प्रतिपादित किया। फ्रांसीसी क्रान्ति से विश्व इतिहास में युगान्तकारी मोड़ आया। विचार प्रक्रिया को फैलाने के लिए जनमत-निर्माण की दिशा में नए-नए तरीके खोज निकाले गए। इन्हीं तरीकों और पध्दतियों ने आगे चलकर बड़े व्यापक पैमाने पर जनसम्पर्क प्रक्रिया को सुगम बनाया। फ्रांस में जुलूसों, सभाओं, झाँकियों, भाषणों, समूहिक कार्यक्रमों का आयोजन करके जनसम्पर्क को बहुआयामी मोड़ दिया जाने लगा, जुलूसों में क्रान्तिकारी गीत गाए जाने लगे। मार्सेलस गीत, क्रान्ति ध्वज तिरंगा, जनता के लिए भाइयों-

बन्धुओं तथा नागरिको जैसे सम्बोधन का प्रयोग करके जनसम्पर्क प्रक्रिया को भावनात्मक आधार पर मजबूती देने की कोशिश की गई। इतिहास में इस बात का उल्लेख मिलता है कि आतंक फैलाने, क्रान्ति-विरोधियों को भयभीत करने तथा उनका मनोबल तोड़ने के लिए जुलूस को एक खास शक्ल दी जाती थी। कुदाल, भाले जैसे हथियार लेकर लोग जुलूस में शामिल होते थे। भालों पर फटे कपड़े, मांस के टुकड़े आदि लगाकर उन्हें हवा में उछाला जाता था। क्रान्तिकारी अपनी योजनाओं और अभियानों के विचार-विमर्श कि प्रक्रिया को निरन्तर जारी रखने के लिए गोष्ठियों व समारोहों का आयोजन भी करते थे।

भारतीय परिप्रेक्ष्य में मुगलों के पतन और अंग्रेजों के साम्राज्यवादी मनसूबों की वास्तविकता के उजागर होने का समय था। भारत में प्रेस या छापाखाने स्थापित हो गए थे। 29 जनवरी, 1780 को भारत में पहला समाचारपत्र कलकत्ता से एक अंग्रेज़ जेम्स ऑगस्ट हिकी ने निकाला था। सन् 1818 में बंगाल में प्रथम भारतीय भाषाओं के पत्र 'दिग्दर्शन' का प्रकाशन हुआ। इस तरह पुनर्जागरण काल के दौरान जनमत की शक्ति सिद्ध हो गई। उसके बाद के कुछ वर्षों में जनसम्पर्क की कार्य-पध्दतियों और उसके कार्यक्षेत्र को पर्याप्त विस्तार मिला। अपनी पुस्तक 'जनसम्पर्क प्रशासन' में लालचन्द लिखते हैं—'पुनर्जागरण आन्दोलन काल में अनेक नूतन देशों की खोज हुई, फलस्वरूप अनेक उपनिवेश स्थापित हुए तथा वाणिज्य एवं व्यापार में अभूतपूर्व वृद्धि हुई, फलतः जनसम्पर्क के कार्यक्षेत्र का विस्तार हुआ। इसी काल में 'राष्ट्रीय राज्यों' की स्थापना हुई और निरंकुश शासन के विरुद्ध संघर्ष प्रारम्भ हुआ जिसमें अन्ततः जनमत की विजय हुई।" सन् 1689 में ब्रिटेन में 'अधिकार पत्र' (Bill of Rights) पारित हुआ जिसमें जन प्रतिनिधित्व पर आधारित संसद् की सर्वोच्चता स्वीकार की गई। इस घटनाक्रम में जनमत को अप्रत्यक्ष रूप से ही सही, वैधानिक मान्यता प्रदान की गई। इसके फलस्वरूप विश्व के अन्य देशों में भी जनमत का ज्वार उठा। सन् 1900 तक विश्व के लगभग सभी देशों में यह तथ्य मान्य हो चुका था कि किसी भी योजना अथवा कार्य कि सफलता हेतु जन-समर्थन जुटाना आवश्यक है तथा जिसे प्रभावित करने के लिए व्यवस्थित रूप से संगठित व अनवरत प्रयास करना आवश्यक हैं।

बीसवीं शताब्दी की शुरुआत में जनसम्पर्क को सैध्दान्तिक स्वरूप मिला और जनसम्पर्क के वर्तमान स्वरूप की नींव भी अमेरिका में इसी समय राखी गई। जनसम्पर्क को व्यवहारिक और सैद्धान्तिक जामा पहनाया गया तथा विश्व स्तर पर जनसम्पर्क को प्रशासनिक विज्ञान की एक महत्त्वपूर्ण शाखा के रूप में स्वीकार किया गया। बीसवीं शताब्दी के प्रारम्भिक दशक में जनसंचार के विकसित होते नए साधनों– टेलीविज़न और रेडियो के विकास ने जनसम्पर्क को एक नया स्वरूप दिया। एक तरफ प्रचार और प्रोपेगेंडॉ के तहत जनता के सामने वास्तविकता को ढककर स्वपक्ष में झूठी-सच्ची कहानियों के प्रचार के रूप में जनसम्पर्क आगे बढ़ा तो दूसरी तरफ तथ्यात्मक प्रचार को भी प्राथमिकता मिली।

सन् 1903 में अमेरिका के आई.वी.ली. नामक व्यक्ति को "आधुनिक जनसम्पर्क का जनक" माना गया है। आई.वी.ली प्रेस एजेंट के रूप में कार्य करते-करते जॉन डी. राकफेवार का सलाहकार नियुक्त हो गया। उसे जनसम्पर्क अधिकारी का पद भी मिला। ली ने सन् 1919

में 'जनसम्पर्क' शब्द का प्रयोग करते हुए जनसम्पर्क की सम्भावनाओं और माध्यमों को सामने रखा। इसके पहले 1903 में 'पार्कर एंड ली कं. जो कि अपने व्यापारिक हितों के लिए जनमत को अनुकूल बनाने के लिए स्थापित कि गई थी, उसके द्वारा अपने जनसम्पर्क अभियान में जनसम्पर्क शब्द का प्रयोग हो चुका था।

प्रथम विश्वयुद्ध (1914-1918) के दौरान जनसम्पर्क को नए आयाम मिले। कहा जाता है कि प्रथम विश्वयुद्ध सैन्य शक्ति से कम, प्रचार (Propaganda) के बल पर अधिक लड़ा गया। राजकीय स्तर पर जनसम्पर्क पर ध्यान की शुरुआत प्रथम विश्वयुद्ध से हुई। एडवर्ड एल. बर्नेस के अनुसार—राजकीय स्तर पर जनसम्पर्क के संचालन का श्रीगणेश संयुक्त राज्य अमेरिका में 6 अप्रैल, 1917 को 'द कमेटी ऑन पब्लिक रिलेशन' (The Comettie On Public Relation) की स्थापना से हुआ। इसका गठन संयुक्त राज्य अमेरिका के प्रथम विश्वयुद्ध में शामिल होने के एक सप्ताह बाद हो गया था। राष्ट्रपति विल्सन ने इस कमेटी का गठन पत्रकार जॉन क्रील की अध्यक्षता में अपनी सरकारी योजनाओं, कार्यों और नीतियों को सुविचारित ढंग से प्रचारित-प्रसारित करने लिए किया था। इस कमेटी ने जनसम्पर्क के साधनों को विस्तार देते हुए प्रथम विश्वयुद्ध के सम्बन्ध में अमेरिका के दृष्टिकोण से अन्य राष्ट्रों को परिचित कराया। सरकारी प्रचार के इस प्रयास ने जनसम्पर्क में मत्वपूर्ण भूमिका निभाई। स्वयं एडवर्ड एल. बर्नेस इस कमेटी के एक सम्मानित सदस्य थे। बाद में उन्होंने जनसम्पर्क के स्वरूप और उसके विभिन्न आयामों तथा उसके महत्त्व को रेखांकित करते हुए 'पब्लिक ओपिनियन' तथा 'क्रिस्टलाइजिंग पब्लिक ओपिनियन' जैसी पुस्तके लिखीं, जो प्रकाशित होते ही लोकप्रिय हो गईं।

सरकारी स्तर पर जनसम्पर्क अधिकरणों के प्रयोग केवल अमेरिका में शुरू नहीं हुए बल्कि अन्य देशों ने भी इस दिशा में कदम उठाए। ब्रिटेन में राजकीय स्तर पर जनसम्पर्क के कार्यों को व्यापक बनाने के लिए सन् 1911 में 'नेशनल इंश्योरेंस एक्ट' पारित हुआ। प्रथम विश्वयुद्ध के समय जनसम्पर्क कार्य को सुचारु रूप से चलाने के लिए ब्रिटेन में जनसम्पर्क विभाग खोला गया। ब्रिटेन में जनसम्पर्क का काम तीन विभागों के अन्तर्गत किया गया। सूचना मन्त्रालय के अधीन देश, सम्मिलित देश और तटस्थ देशों में प्रचार-प्रसार कार्य का दायित्व सम्भाला। 'नेशनल बार कमेटी' ने ब्रिटेन के लोगों में राष्ट्रीयता की भावना का संचार करने जैसे महत्त्वपूर्ण कार्य का बीड़ा उठाया। नॉर्थ क्लिफ के निर्देशन में कार्यरत तीसरा संगठन शत्रु देशों में प्रोपेगेंडॉ कराने की योजनाओं के निर्माण और कार्यान्वयन में संलग्न था। सन् 1919 में हवाई सेना के मन्त्रालय में प्रेस अधिकारी की नियुक्ति की गई। स्वास्थ्य मन्त्रालय के अन्तर्गत सूचना विभाग खोला गया। सन् 1920 में ब्रिटिश लाइब्रेरी के सूचना विभाग (Information Department) के खुलने पर जनसम्पर्क कार्य के निष्पादन में सहायता मिली। प्रेस को महत्त्वपूर्ण मानते हुए पेरिस, रोम, बर्लिन, में 'प्रेस अटैची' (Press Attaichi) नियुक्त किए गए। सन् 1932 में प्रधानमन्त्री के कार्यालय में मुख्य प्रेस अधिकारी नियुक्त किया गया। अमेरिका और ब्रिटेन के अलावा अन्य देशों में राजकीय स्तर पर जनसम्पर्क कार्यों को महत्त्व देते हुए जनसम्पर्क कार्य के लिए प्रशासनिक संगठनों का निर्माण किया जाने लगा।

प्रथम विश्वयुद्ध के बाद (1917) की अक्तूबर क्रान्ति को व्यापक और कारगर बनाने के लिए बोल्शेविकों ने प्रोपेगेंडॉ के विविध तरीके अपनाए। इस तरह कम्युनिस्ट प्रोपेगेंडॉ के तहत श्रमिकों में क्रान्तिकारी जोश लाने के लिए पुस्तिकाएँ और समाचार-पत्र बाँटे जाते थे।

अमेरिका ने ऑफिस ऑफ वॉर इन्फोर्मेशन (Office Of War Information) की स्थापना कर युद्ध सम्बन्धी जानकारियाँ देने, सेना से जुड़ने और जोड़ने का रास्ता निकाला। द्वितीय विश्व युद्ध के पाश्चात् अमेरिका का प्राथमिक लक्ष्य था युद्ध में बर्बाद हुए देशों की आर्थिक स्थिति को सुधारना। अन्तरराष्ट्रीय स्तर पर विनिमय और व्यापारिक सम्बन्धों को मजबूत करना। अत: आर्थिक पुनर्निर्माण और व्यापारिक बाधाओं को दूर करने के लिए जनमत की शक्ति का सांथ होना जरूरी था। आर्थिक सुदृढीकरण के लिए किए जानेवाले प्रयासों एवं नीति के प्रचार-प्रसार ने जनसम्पर्क में प्रभावी भूमिका निभाई। स्वतन्त्र देशों में अमेरिका की आर्थिक और विदेश नीतियों के प्रचार में जनसम्पर्क के अभिकरणों का प्रयोग किया गया। द्वितीय विश्वयुद्ध के पाश्चात् अन्तरराष्ट्रीय स्तर पर जनसम्पर्क का व्यवासायिक रूप उभरा। व्यापारिक और औद्योगिक क्षेत्रों में जनसम्पर्क की आधुनिक तकनीकों का प्रयोग किया जाने लगा। इन क्षेत्रों में विज्ञापन और विज्ञापन एजेंसियों से भरपूर सहयोग लिया जाने लगा। अन्तरराष्ट्रीय स्तर पर जनसम्पर्क को विकासमूलक व्यवस्था का महत्त्वपूर्ण साधन बनाने के लिए सरकारी स्तर पर विभिन्न प्रयास हुए। सन् 1955 में 'अन्तरराष्ट्रीय जनसम्पर्क संघ' (International Public Relation Union) की स्थापना हुई। जून 1958 में ब्रूसेल्स में प्रथम विश्व जनसम्पर्क कांग्रेस का अधिवेशन हुआ जिसमें दुनिया के विभिन्न देशों ने भाग लिया। विभिन्न क्षेत्रों में विकास की गति बढ़ाने के लिए विश्व के अन्य देशों में भी जनसम्पर्क कला को विकसित किया गया। कई देशों में जनसम्पर्क के व्यवसाय को सरकारी मान्यता मिली, जनसम्पर्क संस्थान खोले गए, उसके नियम-कानून भी बने। आज सभी विकसित और विकासशील देशों में सरकारी और गैर-सरकारी स्तर पर जनसम्पर्क संस्थान प्रतिष्ठित हो रहे हैं। लगभग सभी मन्त्रालय और सरकारी कार्यालयों में अलग से जनसम्पर्क विभाग की व्यवस्था की जाती है। व्यावसायिक स्तर पर अनेक जनसम्पर्क एजेंसियाँ भी सरकारी और गैर-सरकारी कार्यालयों के जनसम्पर्क अभियान में सहयोग दे रही है।

वर्षों पहले जो घटनाएँ घटी वह आर्थिक, सामाजिक, धार्मिक, राजनैतिक दृष्टि से हमें आज भी पुरानें ग्रन्थों, धर्मग्रन्थों, पुस्तकों तथा काव्यों के माध्यम से उस प्राचीन समाज से जोड़े हुए है। प्राचीन समय में सूचना को डॉक द्वारा भेजा जाता था जिसके लिए घोड़ों की व्यवस्था होती थी। सन्देशों को देश के कोने-कोने में वाक्यानवीसों के माध्यम से फरमान के रूप में भेजा जाता था जिसे दासियाँ राजा को पढ़कर सुनाती थी। कानून और सन्देशों में जनता की प्रतिक्रिया निहित होती थी। जनता की आवाज को सर्वोपरि माना जाता था जो जनसम्पर्क की व्यवस्था का ही एक रूप था। इस काल में जनसम्पर्क के प्रचार के लिए राजाज्ञा ताम्रपत्र, शौर्य गाथाएँ, मुनादी, मूर्ति स्थापना, मेले व जुलूस आदि जनसम्पर्क के ही रूप थे। कवियों ने भी जनसम्पर्क की अवधारणाओं को अपनी रचनाओं का केन्द्र बिन्दु बनाया।

भारत में जनसम्पर्क के उदय के बारे में कोई ऐतिहासिक प्रमाण तो नही मिलते परन्तु जनसम्पर्क का विकास भी मानव विकास के साथ-साथ ही पला व बढ़ा माना जाता है। शिलालेखों

पर तत्कालीन समाज की स्थापना व कार्य तथा उनमें अंकित सेनापतियों, महामन्त्रियों, सामन्तों, राजपुरोहितों तथा विशिष्ट अधिकारियों की नियुक्तियों का उल्लेख भी जनसम्पर्क का ही स्वरूप है जिसके द्वारा शासन व्यवस्था को चलाना तथा तमाम जानकारियाँ राजा को उपलब्ध करवाना था। जनसम्पर्क के माध्यम से ही जनता से सम्पर्क साधा जाता था तथा महत्त्वपूर्ण जानकारियाँ जनता तक भेजी जाती थी। इतिहास पर नजर डॉली जाए तो आदिकाल से ही जनसम्पर्क का कार्य तीन स्तम्भो पर टिका है—

1. किसी कार्य से सम्बन्धित जानकारी जनता तक पहुँचाना
2. इस जानकारी के अनुसार जनता को काम करने के लिए प्रेरित करना,
3. जनता की प्रतिक्रिया को ध्यान में रखते हुए भावी कार्यक्रम बनाना।

जनसम्पर्क के साधन और उपक्रम देश और काल के अनुसार ही बदलते रहते है। किसी जमाने में शिलालेखों, ताम्र पत्रों और कथा-कहानियों आदि के माध्यम से जनसम्पर्क किया जाता था। बाद में उसी कार्य के लिए समाचारपत्रों, चल-चित्रों आदि का प्रयोग किया जाने लगा। अंग्रेजी शासन काल में सरकार का व्यवहार जनता के प्रति द्वेषपूर्ण था, कोई भी अखबार भारतीय भाषा में नही निकलता था तथा सरकार जनता का विश्वास प्राप्त करने या जनता को प्रेरित व जागरुक करने के हक में नही थी शासन को जनमत पर नहीं वरन् जन दमन की नींव पर खड़ा किया गया था।

समाज सुधारकों ने समाज की बुराइयों का अन्त जनसम्पर्क के माध्यम से किया जैसे कबीर ने जात-पात का खण्डन कर एकेश्वरवाद को जन्म दिया, राजा राम मोहन राय ने सती प्रथा का अन्त किया। स्वामी दयानन्द सरस्वती ने मूर्तिपूजा का विरोध किया। स्वामी विवेकानन्द ने विश्वबन्धुत्व की बात कही, गुरू नानक ने घर-घर भजन सुनाकर जनसम्पर्क साधा। इनके अलावा विभिन्न गणमान्य लोगों ने भी समाज का उत्थान किया जैसे ज्योतिबा फुले ने नारी शिक्षा पर विशेष बल दिया और इसके साथ ही लाल, बाल, पाल ने भारतीय राजनीति में एक भूचाल ला दिया और तिलक ने तो यह तक कह दिया ''स्वतत्रता मेरा जन्म सिद्ध अधिकार है इसे मैं लेकर ही रहूँगा।'' 1885 में इण्डियन नेशनल कांग्रेस की स्थापना हुई उसी जमाने में भारत के विभिन्न प्रदेशों में समाज सुधार के आन्दोलन चले। इन्ही दिनों भारतीय भाषाओं में पत्रकारिता एक नए माध्यम के रूप में राष्ट्रीय क्षैतिज पर उभरकर संवैधानिक सुधारों के लिए जनमत संगठित करने लगा।

भारत में स्वतन्त्रता के लिए बहुत से अखबारों व पत्रकारों ने जन प्रतिनिधि की भूमिका निभाई जिनकी बहुत बड़ी कीमत चुकानी पड़ी। पं. दुर्गा प्रसाद मिश्र तथा भारत मित्र के सम्पादक बाबू लाल मुकन्द गुप्त ने अपने क्रान्तिकारी विचारों के माध्यम से जनता को जागरुक किया। तिलक ने केसरी तथा मराठा पत्र निकाले, महात्मा गान्धी ने हरिजन समाचार-पत्र, डॉ. बी.आर. अम्बेडकर ने भी विशेष पत्र निकाले, गोखले ने वसीयतनामा पेश किया। इसके अलावा बहुत से उत्सव मनाए गए। इन सबने जनसम्पर्क में बहुत बड़ी भूमिका निभाई है। क्रान्तिकारी पंडित रामप्रसाद बिस्मिल, डॉ. रोशन सिंह, अशफ़ाक उल्ला खां आदि ने विभिन्न जातियों में जाकर जनसम्पर्क साधा और विभिन्न नारे जैसे 'वन्दे मातरम', 'इंकलाब जिन्दाबाद' लगाए और समाज

में चेतना पैदा की। भारतीय जनसम्पर्क की सराहना इसलिए भी की जाती है क्योंकि तब साधनों का अभाव था और विदेशी सरकार अभिव्यक्ति के इस माध्यम को पसन्द नही करती थी लेकिन पत्रकारिता ने लोगों में आदर्श तथा देशभक्ति को कूट-कूट कर भर दिया था। 1905 में लार्ड कर्जन द्वारा किए गए बंग-भंग के विरोध में भारतीय प्रेस द्वारा की गई कोशिशों का ही परिणाम था कि सरकार को अपना फैसला वापिस लेना पड़ा। भगत सिंह, बिस्मिल व आजाद आदि क्रान्तिकारियों ने भी प्रेस को ही जनसम्पर्क का माध्यम बनाया तथा जनता को अंग्रेजी सरकार के कार्यों के प्रति जागरूक किया। स्वतन्त्रता प्राप्ति के बाद सरकार और जनता के सम्बन्धों में अभूतपूर्व परिवर्तन हुआ। भारत सरकार के सूचना एवं प्रसारण मन्त्रालय ने भी शासन व्यवस्था की दूसरी शाखाओं के समान नए उद्देश्यों के अनुसार कार्यक्रम बनाए और उसी के अनुसार कर्मचारी भर्ती किए। इस प्रकार स्वतन्त्रता प्राप्ति से पहले जो सरकारी विभाग केवल विदेशी साम्राज्य की स्वार्थ सिद्धि का माध्यम मात्र था अब जनकल्याणकारी राज्य का सन्देश वाहक बन गया।

## भारत में जनसम्पर्क के परम्परागत साधन

**(Traditional Resource of PR in India)**

1. लोककलाएँ—चित्रकला, मूर्तिकला, वास्तुकला, हस्तकला।
2. लोकनृत्य—कठपुतली, समूह नृत्य, विवाह, जन्मादि अवसर पर किए गए नृत्य।
3. लोकगीत—विभिन्न क्षेत्रों के परम्परागत गीत विवाह, जन्म, मुण्डन, जन्मदिन और त्योहारों के अवसर पर गाए जानेवाले गीत।
4. लोकनाट्य—नौटंकी, तमाशा, भव, रास, जात्रा, नाटक आदि।
5. लिखित स्वरूप—ताम्रपत्र, शिलालेख, कला पत्रक।
6. लोक गाथाएँ—प्रशस्ति परक काव्य तथा शौर्य गाथाएँ।
7. अन्य साधन—डुगडुगी पीटना, मुनादी करना, हरकारों द्वारा सन्देश, कारिन्दों द्वारा घोषणाएँ, सभाएँ, यज्ञ, स्वयंवर आदि।
8. सामाजिक तथा धार्मिक पर्व-उत्सव, त्योहार, मेले, प्रदर्शनियाँ, कीर्तन आदि। शिकार किए गए पशुओं के कारण किया गया सामूहिक भोजन।
9. धार्मिक आयोजन—मन्दिर, मस्जिद, गुरूद्वारे और आश्रमों में होनेवाले धार्मिक उत्सवों के अवसर पर लोग भारी संख्या में एकत्रित होते तथा संवाद करते।

उपरोक्त सभी संवाद व सम्पर्क के परम्परागत साधन हैं। कहने को ये साधन परम्परागत हैं किन्तु आज के इलेक्ट्रानिक मीडिया के युग में भी इनका आकर्षण तथा प्रभाव कम नहीं हुआ है। यह कहना अतिशयोक्ति न होगा कि आज भी दृश्य, श्रव्य एवं सभी इलेक्ट्रॉनिक माध्यमों में प्रचार-प्रसार तथा विज्ञापन के लिए परम्परागत साधन अधिक मुखर व प्रभावशाली हैं। लोक शैलियों का प्रयोग सूचना को रोचक बनाकर प्रस्तुत करता है अत: यह आकर्षक है और प्रभावशाली भी है।

# जनसम्पर्क की परिभाषा

## (Definition Of Public Relation)

उत्तम छवि-निर्माण, सह-अभिव्यक्ति, समर्थन एवं जनअनुकूलता की प्राप्ति ही प्रतिष्ठित जनसम्पर्क की अभिव्यक्ति है। जनसम्पर्क एक व्यावहारिक प्रक्रिया है, इसलिए उसे निश्चित परिभाषा में नहीं बाँधा जा सकता है। जनसम्पर्क के स्वरूप-निर्धारग के लिए कुछ भारतीय एवं पाश्चात्य विद्वानों तथा विभिन्न जनसम्पर्क संस्थाओं द्वारा पुष्ट की गई है कि जनसम्पर्क सम्बन्धी परिभाषाओं और अवधारणाओं का मूल्याँकन करना उचित होगा। जनसम्पर्क-विशेषज्ञों ने विभिन्न दृष्टिकोणों से जनसम्पर्क की अनेक परिभाषाएँ दी हैं जिनमें से प्रमुख निम्नलिखित हैं—वेबस्टर की न्यू इंटरनेशनल डिक्शनरी के अनुसार, "व्याख्यात्मक सामाग्री द्वारा किसी व्यक्ति, फर्म अथवा संस्था का घनिष्ठ सम्बन्ध दूसरे व्यक्तियों, जनता विशेष या विशेष समुदाय के साथ स्थापित करना, पड़ोसी की भान्ति उनमें आपसी विचारों के आदान-प्रदान के विकास और उसकी प्रतिक्रिया का जायजा लेना जनसम्पर्क है।"

इस परिभाषा में व्यक्ति, फर्म या संस्था का जन-समुदाय से अनुकूल सामंजस्य स्थापित करने की दिशा में जनसम्पर्क का महत्त्व स्वीकारा गया है।

बर्टरजोलो के अनुसार, ''जनसम्पर्क वह चेतन प्रयास है जिससे बिक्री में वृद्धि तथा संस्था एवं उसके उत्पाद के प्रति जनता की चाह बनी रहे।''

बर्टरजोलो का यह भी कहना है कि संगठन का सन्देश ठीक विधि से, उचित समय पर, सही श्रोताओं तक, बिना किसी विज्ञापन के पहुँचे। वर्तमान समय के अनुसार जनसम्पर्क का मूल्याँकन किया जाय तो हम यह पाते हैं कि, ''मानवीय सम्पर्क-कला द्वारा जनसम्पर्क किसी संगठन या संस्था के लिए सार्वजनिक अनुकूलता या विशिष्ट जन-अनुकूलता प्राप्त करने का एक आधुनिक विज्ञान है जिसमें सम्प्रेषण के अनेक माध्यमों का प्रयोग किया जाता है।''

द इंस्टीट्यूट ऑफ पब्लिक रिलेशंस के अनुसार, "सन्देशों को परिभाषित करनेवाली ऐसी पद्धति जो वांछित परिणाम प्राप्त करने के लिए लक्षित समूह को संचारित की जाती हो उसे ही जनसम्पर्क कहते हैं।"

द इंटरनेशनल पब्लिक रिलेशंस एसोसिएशन के अनुसार, ''जनसम्पर्क वह व्यवस्थापकीय प्रक्रिया है जो सतत एवं योजनाबद्ध प्रयासों द्वारा जनता, निजी संगठन और संस्थान के विषय में सम्बन्धित लोगों अथवा भविष्य में सम्पर्क में आनेवाली जनता की सहानुभूति, सहमति एवं समर्थन प्राप्त कर सके। इस प्रक्रिया में संगठन और संस्थान अपनी नीतियों, सूचनाओं द्वारा अधिकाधिक क्षमता से उपयोगी उत्पादन कर सहअभिरुचि की पूर्णता प्राप्त करना है।''

ब्रिटिश इंस्टीट्यूट ऑफ पब्लिक रिलेशंस के अनुसार, ''जनसम्पर्क जनता और संगठन के बीच सोच-समझकर योजनाबद्ध तरीके से किया जानेवाला प्रयास है जिसमें निरन्तरता होनी आवश्यक है।''

एडवर्ड एल. बरजेल के अनुसार, "जनसम्पर्क का उद्देश्य व्यक्ति, समुदाय और समाज में परस्पर एकीकरण है। प्रतिस्पर्धापूर्ण जीवन-प्रणाली में अपना अस्तित्व बनाए रखने के लिए

हमें एक-दूसरे की भावनाओं को समझने और आदर करने की आवश्यकता होती है। जनसम्पर्क व्यक्ति और समाज में समायोजन करने और जन भावनाओं को मुखरित करने का एक साधन है।"

बरट्रैंड आर. केनफील्ड एवं फ्रेनिग्नरमून के अनुसार, "अपनी नीतियों व कार्य प्रणालियों की साख बनाए रखने के लिए जनता की सहमति हासिल करना ही जनसम्पर्क है। यह द्विपक्षीय सम्प्रेषण प्रक्रिया एवं समाज-दर्शन है।"

डब्लू पाल के अनुसार, "जनसम्पर्क मूलत: प्रबन्धन प्रणली की वह मानसिक तैयारी है जिसमें प्रबन्धकर्ता अपनी संस्था के प्रत्येक फैसले में जनता की प्राथमिकताओं को भी स्थान देता है।"

अन्तर्राष्ट्रीय जनसम्पर्क परिषद के अनुसार, "जनसम्पर्क एक सतत प्रयास है जिसमें संस्था अथवा निजी संस्थान अपने निर्णय जनता के सहयोग से उनकी रुचियों को ध्यान में रखते हुए करते हैं।"

डॉ बलदेव राज गुप्ता के अनुसार, "जनसम्पर्क जनता से सम्बन्ध स्थापित करने की एक कला है जिसके द्वारा सम्पर्ककर्ता अपने संस्थागत गुणों को उजागर करके योजनाबद्ध विधि से जन-सम्बन्धों को आधार बनाकर जनमत का निर्माण करता है।"

बैरी के अनुसार, "जनसम्पर्क मात्र प्रचार से अधिक व्यक्तिगत और समूहगत जनभावना को प्रभावित करने की एक कला है।"

ग्रीफ वोल्फ के अनुसार, "जनसम्पर्क एक प्रबन्धकीय कार्यशैली है जो जनअभरुचि को अपने अनुकूल करते हुए अपने संगठन को जनसमूह से परिचित कराता है। यह व्यक्तिपरक, संस्थापरक एवं संगठनपरक हो सकता है। अपने कलात्मक रूप में जनसम्पर्क एकपक्षीय संगठनात्मक स्वरूप या प्रक्रिया नही है, वरन जनसमूह के समर्थन, दृष्ट्रिकोणों से पूर्णता, समग्रता, सार्थकता एवं स्वीकारोक्ति प्राप्त करने की क्रिया है।"

कैम्पबेल के अनुसार, "जनसम्पर्क एक कला है जिसमें मानव व्यवहार व प्रवृत्ति का ज्ञान तथा उन्हें अपने अनुकूल मोड़ सकने की क्षमता शामिल है।"

सैम ब्लैक के अनुसार, "जनसम्पर्क विभिन्न सामाजिक विज्ञानों का सम्मिश्रण है जो हमें व्यक्ति और समूह की प्रतिक्रिया से अवगत कराता है, यह सम्प्रेषण का विज्ञान है जो तनाव को दूर करके बेहतर सम्बन्धों को बनाते हुए सहमति का निर्माण करता है।"

बेब्रनर के अनुसार, "आधुनिक प्रशासन में जनसम्पर्क तथा प्रचार-प्रसार का सीधा अर्थ है उद्योग में मानवीय दृष्टिकोण का अध्ययन तथा शासन में इसका विस्तार।"

डेनीग्रिल्ड के अनुसार, "जनसम्पर्क एक ऐसा प्रबन्धन कार्य है जो किसी व्यक्ति या संस्थान की प्रवृत्तियों का मूल्याँकन करता है, उसकी नीतियों, प्रक्रियाओं को समझता है और जनता की सहमति व उसके समर्थन के लिए आवश्यक कार्यक्रमों की योजना बनाता है।"

आर्थर रोलमैन के अनुसार, "वास्तविक रूप में जनसम्पर्क दो पक्षों का सम्प्रेषण है जिसमें सहमति का आधार सम्पूर्ण सत्य का ज्ञान तथा पूर्ण सूचनाएँ प्रदान करनी होती हैं।"

British Institute of Public Relations—"The deliberate planned and sustained effort to establish and maintain mutual understanding between an organization and its public."

Oxford Dictionary—"The business of giving the public information about a particular organization or person in order to create a good impression."

Philip Kotler and Gary Armstrong—"Public relation means building good relations with the company's various publics by obtaining favourable publicity, building up a good corporate image and handling or heading off unfavourable rumors, stories and events'.

International Public relation Association—"Public relations is a decision-making management practice tasked with building relationships and interests between organisations and their public based on the delivery of information through trusted and ethical communication methods."

उपरोक्त समस्त परिभाषाओं के आधार पर अन्त में हम इस निष्कर्ष पर पहुँचते हैं कि जनसम्पर्क के लिए जनसंचार और जनसंचार के लिए जनसम्पर्क का निर्देशन अत्यधिक आवश्यक है। यदि जनसम्पर्क के मौखिक, मुद्रित, श्रव्य एवं दृश्य तथा इलेक्ट्रनिक माध्यमों का प्रयोग विज्ञान की देन है तो जनसम्पर्क वह कला है जो इन माध्यमों का उपयोग प्रचार कार्य करने के लिए करती है और सदैव लक्ष्य तक पहुँचने का प्रयास करती है। जनसम्पर्क का कार्य किसी भी संस्था की विशेषताओं और उसके उद्देश्यों को प्रस्तुत करने का एक वैज्ञानिक तरीका है। विभिन्न विद्वानों ने जनसम्पर्क को जनता से सम्बन्ध स्थापित करने की एक कला माना है। इस कला द्वारा जनसम्पर्ककर्ता अपने संस्थागत गुणों को उजागर करके एक योजनाबद्ध विधि से जनसम्बन्धों को आधार बनाकर जनमत का निर्माण करता है। समय के बदलाव के साथ जनसम्पर्क की अवधारणा और उसकी प्रकृति में भी बदलाव आया है। पहले जनसम्पर्क में लोकसेवा, देशसेवा, जनसेवा के भाव को प्राथमिकता मिलती थी परन्तु आज इसमें व्यावसायिक रंग अधिक रहता है। कुल मिलाकर जनसम्पर्क वह मनोवैज्ञानिक प्रक्रिया है जिसमें सत्ता, संस्थान एवं व्यक्ति को जनता की मानसिक कृतियों, व्यवहार, अभिरुचियों, परिवेश तथा प्रचलित परम्पराओं को दृष्टिगत करते हुए निर्णय लेने चाहिए।

## जनसम्पर्क का कार्य और उसकी भूमिका
## (Work And Role Of Public Relation)

आज जीवन के हर क्षेत्र में जनसम्पर्क को महत्त्व दिया जाने लगा है। इसके कार्य क्षेत्र में कम्पनी से लेकर उत्पाद, जनता, परियोजनाओं या विचारों तक सब कुछ शामिल है। जनसम्पर्क के माध्यम से संगठन निर्दिष्ट वर्ग से सम्पर्क बनाए रख सकता है। जनसम्पर्क कोर प्रबन्धन का कार्य है तथा अनेक वर्षो से यह अनुकूल सक्रिय भूमिका निभाता आ रहा है। जनसम्पर्क का कार्य मीडिया और उससे जुड़े ऐसे लोगों की सूची बनाना जो उसके संस्थान, उसके उत्पाद या

उसकी सेवाओं के प्रचार-प्रसार को गति दे सकें और उनसे सम्पर्क स्थापित करना ही जनसम्पर्क का मुख्य कार्य है। अपने संस्थान, अपनी कम्पनी से सम्बन्धित जो जानकारी प्रचार या प्रकाशन के लिए जाएगी उसकी रूपरेखा तैयार करने और उसके क्रियान्वयन का कार्य जनसम्पर्क अधिकारी का ही होता है। वैसे तो जनसम्पर्क के अनेक कार्य हैं लेकिन उसके कुछ प्रमुख कार्य निम्नलिखित हैं—

### 1. निर्माण उत्पाद जागरूकता (Manufacturing Awareness)

एक नए उत्पाद को पेश करने या किसी मौजूदा उत्पाद को फिर से प्रक्षेपण ( Relaunch) करने के दौरान, विपणक एक सार्वजनिक सम्बन्ध तत्त्व का उपयोग करते हैं जो मीडिया प्लेसमेंट और विशेष घटनाओं के माध्यम से उपभोक्ता का ध्यान और जागरूकता उत्पन्न करता है।

### 2. सूचना प्रदान करना (Information Provider)

उपभोक्ता और ग्राहकों को उत्पादों और सेवाओं के बारे में अधिक जानकारी प्रदान करने के लिए सार्वजनिक सम्बन्ध का उपयोग किया जाता है। लेखों, सम्पार्श्विक सामग्री, समाचार पत्र और वेबसाइटों के माध्यम से सार्वजनिक सम्बन्ध बनाकर ग्राहकों को जानकारी प्रदान करता है जो उन्हें उत्पाद की समझ हासिल करने में सहायता करता है।

### 3. उत्तेजक माँग (Demand Creater)

किसी उत्पाद के बारे में जनसम्पर्क के लिए समाचार पत्र में एक सकारात्मक लेख, टीवी समाचार शो पर या इंटरनेट पर इसका उल्लेख किया जाता है जिसके परिणामस्वरूप अक्सर उत्पाद की बिक्री में वृद्धि होती है।

### 4. ब्रांड को लागू करना (Making A Brand)

कई कम्पनियों में मुख्य ग्राहकों और उपभोक्ताओं के साथ सकारात्मक सम्बन्धों को बनाए रखने और ब्रांड के सुदृढीकरण के साथ जनसम्पर्क कार्य भी शामिल है और इस तरह उत्पाद की एक मजबूत छवि बनाने में सहायता मिलती है। आज कम्पनियों और ब्रांडों के लिए एक अच्छी छवि बनाने के लिए यह अधिक महत्त्वपूर्ण है। एक मजबूत छवि कम्पनी को अपना व्यवसाय बढ़ाने में सहायता करती है और यह कम्पनी को संकट के समय में सहायता भी करती है।

### 5. सार्वजनिक सम्बन्ध (Public Relation)

जनसम्पर्क विशेषज्ञ विभिन्न मीडिया स्रोतों के लिए अपने संगठन और इसके उत्पादों और सेवाओं के बारे में जागरूकता पैदा करते हैं और विपणन करते हैं जिसमें टीवी, रेडियो, इंटरनेट, समाचार पत्र और पत्रिकाएँ आदि शामिल हैं। जनसम्पर्क विशेषज्ञ अपने संगठन और उत्पादों के बारे में विभिन्न रोचक और रचनात्मक कहानियों की डिज़ाइन विकसित करते हैं और इसे विभिन्न मीडिया के लोगों को देते हैं। संगठन अपने ब्रांड की प्रतिष्ठा बढ़ाने के लिए मीडिया

चैनलों के साथ अपने सम्बन्ध बढ़ाते हैं। जनसम्पर्क अधिकारी निम्लिखित उपायों की सहायता से मीडिया से सम्पर्क बढ़ाते हैं—

## मीडिया सम्बन्धों के उपकरण (Media Relation Tools)

### I. प्रेस किट (Press Kit)

प्रेस किट में संगठन और उसके शीर्ष लोगों के बारे में लिखित सामग्री शामिल है।

### II. ऑडियो, वीडियो विमोचन (Audio, Video Release)

ऑडियो रिलीज़ या वीडियो रिलीज़ विभिन्न मीडिया चैनलों को वितरित पूर्व-दर्ज सन्देश हैं।

### III. मैट विमोचन (Mat Release)

छोटे स्थानीय समाचार पत्र संगठनों द्वारा लिखे गए लेखों को स्वीकार करते हैं जब उनके पास प्रकाशित करने के लिए पर्याप्त लेख या कहानियाँ नहीं होती हैं। इस तरह के रिलीज को मैट रिलीज कहा जाता है।

### IV. वेबसाइट प्रेस कक्ष (Website Press Room)

जनसम्पर्क विशेषज्ञ ऑनलाइन प्रेस रूम के माध्यम से अपने संगठन, इसके उत्पादों और सेवाओं को बढ़ावा देते हैं।

### V. मीडिया दौरा (Media Tour)

जनसम्पर्क विशेषज्ञ मीडिया दौरे के माध्यम से अपने संगठन और इसके उत्पादों का प्रचार करते हैं। जहाँ संगठन के प्रमुख लोग मीडिया के साथ महत्त्वपूर्ण स्थानों की यात्रा करते हैं और मीडिया के लोगों को विभिन्न साक्षात्कारों के माध्यम से अपने उत्पादों को बढ़ावा देते हैं। वे विभिन्न समाचार चैनलों, रेडियो चैनलों और यहाँ तक कि प्रिंट मीडिया के लोगों के साथ अपने उत्पादों और सेवाओं के लाभों और उसकी यूएसपी (Uniqe Selling Point) को साझा करते हैं। जनसम्पर्क विशेषज्ञ अपने संगठन को बढ़ावा देने और प्रचार करने के लिए मशहूर हस्तियों या अन्य लोगों को भी नियुक्त करते हैं।

### VI. समाचार पत्र (News Paper)

समाचार पत्र लक्षित दर्शकों के बीच एक नियमित आधार (दैनिक, साप्ताहिक, पाक्षिक, मासिक, त्रैमासिक, अर्धवार्षिक, वार्षिक) पर वितरित किया जाता है। जनसम्पर्क विशेषज्ञ अपने लक्षित ग्राहकों की पूरी जानकारी (नाम, पता, आयु समूह) एकत्र करते हैं और अपने उत्पादों के बारे में जागरूकता पैदा करने के लिए समाचार पत्र वितरित करते हैं। न्यूज़लेटर्स में संगठन के बारे में जानकारी, प्रमुख लोगों से साक्षात्कार, उत्पाद जानकारी और ग्राहकों से प्रशंसापत्र आदि शामिल होने चाहिए।

### 6. सार्वजनिक बातचीत (Public Talkshow)

एक संगठन और उसके उत्पादों को सार्वजनिक करने के अप्रत्यक्ष तरीकों में से यह एक है। सार्वजनिक बातचीत का तात्पर्य सम्भावित ग्राहकों और लक्षित दर्शकों के साथ बातचीत से है। कम्पनी के अधिकारी लक्षित दर्शकों को सम्बोधित करते हैं और न केवल अपने उत्पादों और सेवाओं के बारे में चर्चा करते हैं बल्कि वे आम तौर पर किसी भी विषय को पसन्द करते हैं जो लक्षित दर्शकों को रुचिकर लगे।

### 7. सार्वजनिक सम्बन्ध के कार्य (Public Work)

जनसम्पर्क की मुख्य जिम्मेदारी जनता को नीतियों, प्रथाओं, समस्याओं और प्रदर्शनों को सम्प्रेषित करना है और शीर्ष प्रबन्धन के लिए सार्वजनिक राय और सुझावों की प्रतिक्रिया करना है जिससे संगठन और इसके शेयरधारकों, डीलरों, ग्राहकों, आम जनता, सरकार आदि के बीच एक आपसी समझ स्थापित की जा सके।

### 8. शेयरधारकों से संवाद (Conversation With Shareholders)

शेयरधारक व्यावसायिक जनता का एक हिस्सा हैं जिनकी सद्भावना और समर्थन किसी भी उद्योग के अस्तित्व और सफलता के लिए महत्त्वपूर्ण हैं। भारत की बदलती अर्थव्यवस्था में निवेशकों के नए वर्ग उभर रहे हैं जो उद्योगों में अपने धन का निवेश करने के लिए आकर्षित हुए हैं।

### 9. डीलर्स से संवाद (Conversation With Dealers)

किसी कम्पनी के लिए ग्राहकों से सामान्यतया सम्पर्क करना बहुत आसान कार्य नहीं है उनसे केवल विज्ञापन अभियानों के माध्यम से ही सम्पर्क किया जा सकता है जबकि यह प्रकिया हमेशा नहीं चलाई जा सकती है इसलिए उनसे निपटने का एक अधिक प्रभावी तरीका डीलरों के माध्यम से उनसे सम्पर्क करना है इसलिए डीलरों से अच्छी तरह से संवाद करना आवश्यक है।

### 10. ग्राहकों से संवाद (Conversation With Customers)

कोई ग्राहक किसी वस्तु या उत्पाद की गुणवत्ता और कीमत के अलावा चाहता है की कम्पनी उसके साथ अच्छा व्यवहार करें और उसकी दृष्टिकोण में अपने उत्पाद की बेहतर छवि विकसित करें। ग्राहक सम्बन्धों को बनाए रखने में सर्वप्रथम ग्राहकों को उस उत्पाद के बारे में सूचित करना और इसके पश्चात वह उस उत्पाद में क्या बदलाव चाहते हैं इसका आकलन करना आवश्यक है। किसी ग्राहक के मस्तिष्क का ज्ञान अनुसन्धान सर्वेक्षण और जाँच के माध्यम से मूल्याँकन किया जाता है। ग्राहकों की वरीयता को पूरा करने के लिए कम्पनी उत्पादों और उसकी प्राथमिकताओं को समायोजित करने का प्रयास करती है। ग्राहकों को वस्तु या उत्पाद की उपलब्धता और उत्पाद की गुणवत्ता के बारे में जानकारी दी जानी चाहिए क्योंकि उनके डर को बढ़ाने के लिए आवश्यक है कि विशेष रूप से कम आपूर्ति होने पर हीन गुणवत्ता के सामान की व्यावसायिक आपूर्ति न होने पाए।

## 11. आम जनता से संवाद (Conversation With General People)

आम जनता के मन में कॉर्पोरेट छवि विकसित करने के लिए जनता के साथ संचार पूरी तरह से आवश्यक है क्योंकि किसी व्यवसाय के लिए बड़े पैमाने पर जनता के प्रति अपनी सामाजिक जिम्मेदारी का एहसास हो। सबसे पहले, निर्माता को उचित कमी होने पर कीमतों में हेराफेरी से व्यापारियों और खुदरा विक्रेताओं की बेईमान गतिविधियों पर एक जाँच करने के लिए उचित व्यापार अभ्यास को लोकप्रिय बनाना होगा। राष्ट्र के आर्थिक और औद्योगिक विकास के लिए व्यवसाय के योगदान को जनता को सूचित करने के लिए दूसरे प्रयास किए जाने चाहिए जैसे कि उत्पादन के क्षेत्र में इसका प्रदर्शन, आयात प्रतिस्थापन, आत्मनिर्भरता, निर्यात प्रोत्साहन और इसकी गतिविधियों के विविधीकरण और अवसरों को बनाने में। व्यवसाय को एक नियोक्ता के रूप में अपनी भूमिका के बारे में जनता को सूचित करना चाहिए क्योंकि पारिश्रमिक, सुविधाएँ, अनुलाभ की अनुमति, कल्याणकारी गतिविधियाँ आदि प्रदान की जाती हैं अपने कर्मचारियों को बेहतर और अधिक सामंजस्यपूर्ण सम्बन्धों को विकसित करने की दिशा में इसके प्रयासों की अनुमति मिलती है। यह विचार भी होना चाहिए कि व्यवसाय में सामाजिक चेतना और जिम्मेदारी है। यह सामाजिक समस्याओं के समाधान में इसके योगदान और जनता के शिक्षा, स्वास्थ्य और सामान्य कल्याण के क्षेत्र में अच्छे कारण के साथ इसके सम्बन्ध में लेना चाहिए। इन सभी गतिविधियों में सार्वजनिक सम्बन्ध की अच्छी भूमिका है।

## 12. सरकार और सांसदों से संवाद (Conversation With Government and MPs)

वर्तमान भारतीय सन्दर्भ में सरकार किसी भी व्यावसायिक क्षेत्रों में से एक है। सरकार अर्थव्यवस्था को चलाने में एक प्रमुख भूमिका निभाती है और व्यवसाय सरकारी नीतियों और कार्यों पर अपने अस्तित्व, कामकाज और विकास के लिए स्वतन्त्र है इसलिए इसका कुई कारणों से सरकार के साथ एक प्रभावी संचार होना चाहिए क्योंकि कम्पनी सरकार के लिए अपनी कार्रवाई के लिए जवाबदेह है और सरकार व्यवसाय के विभिन्न पहलुओं की नियन्त्रित करती है।

सरकार केवल मन्त्रियों द्वारा ही नहीं बल्कि उसके कई अधिकारियों द्वारा मन्त्रालयों और अन्य विभागों में विभिन्न स्तरों पर चलाई जाती है। सरकार अर्थव्यवस्था के विकास के लिए जवाबदेह है। संसदीय कार्यवाही के लिए सांसदों के साथ संवाद करना कम महत्त्वपूर्ण नहीं है। यह कम्पनी के हित में है कि वह सरकार और सांसद के सम्पर्क में रहे और अपनी समस्याओं और प्रदर्शन के बारे में संवाद करे।

## 13. कर्मचारियों से संवाद (Conversation With Employees)

औद्योगिक सम्बन्धों को एक ऐसे क्षेत्र के रूप में वर्णित किया गया है जहाँ आज एक सामाजिक विवेक विशेष रूप से आवश्यक है। कर्मचारियों की माँग को उद्योग के बहुत अधिक संसाधनों के साथ नहीं सुलझाया जाना है। यह कार्मिक विभाग (Personnel Department) का क्षेत्र है लेकिन जनसम्पर्क को अपनी भूमिका को विनीत और सुरक्षा के साथ निभाना होता

है। जनसम्पर्क विभाग बेहतर कार्य स्थितियों, शिकायत, भर्ती प्रक्रियाओं और प्रचार नीतियों, कर्मचारी प्रशिक्षण, असाधारण कर्मचारी प्रदर्शन और शिक्षा की मान्यता के बारे में सुधार लाने के अपने प्रयासों में कार्मिक विभाग को बेहतर विचारों और संचार के साधन प्रदान करने में महत्त्वपूर्ण भूमिका निभाता है। इसके लिए जनसम्पर्क अधिकारी गृह पत्रिका का प्रकाशन करते हैं जिसमें उस संस्थान की वार्षिक रिपोर्ट के अलावा महत्त्वपूर्ण विषयों पर कुछ सारगर्भित लेख होते हैं। गृह पत्रिका में वहाँ के कर्मचारी, उनके परिवारीजनों द्वारा लिखे गए कुछ रोचक तथ्य व लेख इत्यादि होते हैं और उस पुस्तिका के माध्यम से कर्मचारियों और उनकी सुरक्षा, स्वास्थ्य, बचत, नियोजन और इससे सम्बन्धित कई विषयों पर परिवारीजनों के लाभ के लिए कई विषयों पर लेख प्रकाशित किए जाते हैं। उनका यह प्रयास होता है कि कर्मचारियों की चेतना को बढ़ावा मिले। गृह पत्रिका की सामग्री मुद्रित और दृश्य दोनों प्रकार की हो सकती है।

### 14. प्रेस के साथ संवाद (Conversation With Press)

बड़े सार्वजनिक और निजी उपक्रम हमेशा समाचारों में होते हैं। ये बड़े संगठन अक्सर प्रेस के विषय होते हैं क्योंकि अखबारों में जो पढ़ा जाता है उससे जनमत प्रभावित होता है। निश्चित रूप से प्रेस से किसी भी संगठन के सम्बन्ध में कोई सीधा दायित्व नहीं है लेकिन कम्पनियों की गतिविधियों से दोनों सार्वजनिक और निजी क्षेत्रों, सार्वजनिक हित जगाना और जनता के बीच संगठन की कॉर्पोरेट छवि को प्रभावित करते हैं इसलिए कम्पनी के लिए प्रेस के साथ एक अच्छा सम्बन्ध होना आवश्यक हो जाता है। इस प्रकार संक्षेप में कई कार्य सार्वजनिक सम्बन्ध द्वारा किए जाते हैं। सबसे पहले, एक व्यवसाय करनेवाले को इस तरह से अपने कार्यों का संचालन करना चाहिए जिससे वह स्वयं और समाज की अच्छी तरह से सेवा कर सके। दूसरा, इसे अच्छे विश्वास को बढ़ावा देना चाहिए और अपनी सामाजिक जिम्मेदारी को प्रदर्शित करना चाहिए।

तीसरा यह कि वह क्या कर रहा है और क्या करने की योजना है, इसे प्रचारित करने के लिए अपने पूरे साधनों का उपयोग करना चाहिए। प्रबन्धन को हमेशा राजनीतिक परिस्थितियों, सामाजिक-आर्थिक जलवायु और राय को प्रकाशित करने के लिए संवेदनशील होना चाहिए। सार्वजनिक हित में कमी होने पर व्यवसाय को अपनी सार्वजनिक नीति को संशोधित करने या बदलने में संकोच नहीं करना चाहिए।

## जनसम्पनर्क के सिद्धान्त

## (Theory of Public Relations)

1920 के दशक में जब जनसम्प र्क की अवधारणा शुरूआती स्तार पर थी तो एडवर्ड बर्नेज की पुस्तक 'प्रॉपगैंडॉ' ने इस बात के पक्ष में तर्क पेश किए कि क्योंक और कैसे जनसम्प र्क का व्यवहार सिद्धान्त और सामाजिक विज्ञान के तरीकों पर आधारित होना चाहिए। चार दशक के बाद एडवर्ड जे रॉबिन्स्न ने अपनी पुस्ताक 'कम्युनिकेशन एंड पीआर' में इसे दोहराया। नब्बेन के दशक में ह्यूग एम क्लसबर्सन और उनके साथी लेखकों ने महसूस किया कि जनसम्पर्क के पेशे से जुड़े लोग और अनुसन्धानकर्ता जितने सिद्धान्त की बात करते हैं, प्रयोग में उतना नहीं लाते।

जनसम्प र्क क्षेत्र के सह-संस्थापक माने जानेवाले इवी लेडबेटर ली ने अनुभव किया कि मूल सिद्धान्तों के उपयोग के आधार पर विश्लेषण मामला-दर-मामला अलग-अलग हो सकता है। जैसे कि सकारात्मतक प्रचार पाने के लिए खुलेपन और अच्छे काम की जरूरत होती है। उनके समकालीन बर्नेज मानते हैं कि जनसम्पएर्क को व्यावहारिक सामाजिक विज्ञान के रूप में विकसित किया जा सकता है। उन्हौनें इसके पक्ष में तर्क दिया कि मनोवैज्ञानिक एवं सामाजिक निरीक्षण जनसम्पहर्क की आवश्यकताओं और प्राथमिकताओं से जुड़ी जानकारियों तथा उसके विश्लेषण में सहायक होती हैं। ग्रुनिंग और हंट मानते हैं कि जनसम्पयर्क को अगर दोतरफा संचार (Two Way Communication) माध्यम बनना है तो ऐसी प्रक्रिया आवश्यक है जबकि बर्नेज इसे ग्राहक और लोगों के बीच बेहतर पारपृश्चिक सम्बन्ध बनाने के लिए आवश्यक मानते हैं। वैसे शिक्षाविद् और अनुसन्धानकर्ता वर्षों से अलग-अलग राय रखते रहे हैं। कुछ लोग इवी एल ली के मत से सहमत होते हुए प्रचार लेखन और तकनीक पर ज्यान्दा जोर देते हैं जबकि दूसरे लोग बर्नेज के मतानुसार व्यावहारिक विज्ञान सिद्धान्त को अधिक महत्त्व देते हैं। हम सब जानते हैं कि जनसम्पुर्क आज एक उभरता हुआ सामाजिक विज्ञान है। यही कारण है कि इसने समान रूप से विद्वानों और अनुसन्धानकर्ताओं को अपनी ओर आकर्षित किया है। बोटेन और हजलेटन के अनुसार सिर्फ व्यावहारिक समझ ही वांछित परिणाम देने में मददगार नहीं होते, किसी भी व्यनवसाय के विकास और उन्नमति के लिए सैद्धान्तिक ज्ञान भी जरूरी है। इसके पक्ष में वे तर्क देते हैं कि पेशे के रूप में इंजीनियरिंग का विकास भौतिकी व अन्य प्राकृतिक विज्ञानों से हुआ है, न कि निर्माण के व्यवसाय से। इसी तरह चिकित्सा विज्ञान को जीव विज्ञान और रसायन से जोड़े जाने से पहले यह व्यसवसाय नाइयों की दुकान पर चलता था इसलिए जनसम्प र्क के सिद्धान्त को विकसित करने के लिए हमें सामाजिक विज्ञान की मानवतावादी और प्रयोग पर विश्वास करने की परम्परा की ओर रूख करना होगा।

जेम्सा ई. ग्रुनिंग तर्क देते हैं कि सामान्यत: दुनिया जनसम्पर्क को थोपा हुआ और कौशल से निर्देशित मानती है इसलिए उन्हो्नें आपसी समझ विकसित करनेवाले और संघर्ष को नियन्त्रित करनेवाली अवधारणा के रूप में जनसम्पहर्क को पेश किया। "द रोल ऑफ थ्यो री इन पब्लिक रिलेसन्सी" के सम्पादकों ने सिद्धान्त के विश्लेवषण के चार उददेश्यर सुझाए हैं –

1. पहला सिद्धान्त को निर्देशक के रूप में कार्य करते देखा जा सकता है। यह जनसम्पर्क के अध्य.यन व विमर्श के लिए शब्द्कोष प्रदान करने में मदद करते हैं।

2. दूसरा सिद्धान्त का उद्देश्य समझ को बढ़ावा देना है। जनसम्पर्क क्या है, यह बताने के अलावा सिद्धान्त यह भी बताता है कि जनसम्पर्क का अस्तित्वा क्यों है।

3. तीसरा आकलन और नियन्त्रण वर्तमान और अतीत के निरीक्षणों के आधार पर किसी अवधारणा का भविष्यऔ क्यार होगा इसे पहचानने के सिद्धान्त की क्षमता को आकलन कहते हैं। जबकि सिद्धान्त द्वारा आकलन किए गए परिणाम को सिद्धान्तकार के प्रभावित करने की क्षमता को नियन्त्रण कहते हैं।

4. अन्त में सिद्धान्त का काम अनुसन्धान के माध्यगम से सीख देना भी है। यह सिद्धान्त के अनुसन्धान और अतिरिक्तध सिद्धान्त देने की प्रवृति को दर्शाता है।

ग्रुनिंग मानते हैं कि व्यावहारिक रूप से जनसम्पर्क का प्रयोग भले ही एक सदी से किया जा रहा हो लेकिन बौद्धिक दृष्टि से यह नया क्षेत्र है। ऐसे बहुत सारे सामाजिक सिद्धान्त हैं जिनका जनसम्पर्क में भी प्रयोग हो सकता है। वैसे भी जनसम्पर्क में किसी ऐसे सिद्धान्त का मिलना मुश्किल है जो किसी न किसी अन्य विषय से उधार न लिया गया हो। ग्रुनिंग के अनुसार जनसम्पर्क का प्रयोग भी अलग-अलग होता है। इस पेशे से जुड़े लोग एक ही तकनीक अथवा एक ही शैली के ज्ञान का प्रयोग नहीं करते जबकि टी. एस. कुन के अनुसार व्यावहारिक रूप से जनसम्पर्क एक ही उद्देश्य से नियन्त्रित होता है। उनके अनुसार संस्था अथवा संगठन के लाभ के लिए संचार संसाधनों का दक्षता से प्रयोग कर लोगों को पक्ष में करना ही जनसम्पर्क है। विश्लेषक 'दक्षता से पक्ष में करने' के बजाय 'विश्वास दिलाने' को जनसम्पर्क के लिए अधिक सुरक्षित सन्दर्भ मानते हैं। हालांकि, सन्दर्भ अथवा शब्द बदल जाने से उद्देश्य नहीं बदलते। दूसरी ओर इस पेशे से जुड़े लोग 'दक्षता से पक्ष में करने' को लोगों के लिए भी मददगार मानते हैं।

पूरी बहस को समाहित करते हुए ग्रुनिंग लिखते हैं कि मोटे तौर पर ज्यादातर लोग जनसम्पर्क को इस प्रकार परिभाषित करते हैं—"प्रायोजित करनेवाली संस्थाद और प्रभावित जनता के पक्ष में जनसाधारण को प्रभावित करना ही जनसम्पर्क है।" यह परिभाषा संचार के कुछ स्वाभाविक सिद्धान्तों की उपयोगिता भी सुझाता है, विशेषकर विश्वास और मनोवृति के सिद्धान्तों की।

ग्रुनिंग दिमाग की इस अवस्था को जनसम्पर्क असंगतावयव मॉडल (Asymmetrical Model of Public Relations) से जोड़ते हैं और इसके लिए वह एक वैकल्पिक व्यवस्था जनसम्पर्क का संगतावयव मॉडल (Symmetrical Model of Public Relation) सुझाते हैं। ऐसे अलग तरह के सिद्धान्तों के लिए अलग तरह की शर्तों और पूर्वानुमानों की जरूरत होती है।

ग्रुनिंग का जनसम्पर्क का संगतावयव (Grunning's Symetrical Model of PR)

संगतावयव की व्याख्या करते हुए ग्रुनिंग कहते हैं कि भले ही यह शब्द नया हो लेकिन जनसम्पर्क के इतिहास में हर जगह इस मॉडल का हवाला दिया गया है। विशेषकर इवी ली, एडवर्ड बर्नेज, जॉन हिल, स्कॉवट और क्यूटिलिप के कामों मे। मॉडल के लेखक के अनुसार संचार का संगतावयव सिद्धान्त निम्नतम परिकल्पनाओं पर आधारित है—समानता (Similarity)

सभी के साथ समान रूप से व्यवहार करना चाहिए और उनका आदर करना चाहिए। कोई भी संगठन के लिए अहम जानकारी दे सकता है चाहे उसकी शिक्षा और पृष्ठभूमि कुछ भी हो।

**स्वायत्ता (Autonomous)**

व्यक्ति उस समय अधिक सृजनशील, रचनाशील और आत्मसन्तुष्टछ होता है जब उसे व्यवहार को प्रभावित करने की स्वायत्ता होती है न कि उस दौरान जब वह दूसरों के द्वारा नियन्त्रित होता है।

## सृजनशीलता (Creativity)

परम्परा और सृजनशीलता के बजाय नए विचारों और लचीले विमर्श पर दबाव रहना चाहिए।

## प्रबन्धन का विकेन्द्रीकरण (Decentralisation)

प्रबन्धन सामूहिक होना चाहिए। प्रबन्धकों को आदेश देने के बजाय समन्वबय करना चाहिए। विकेन्द्रीकरण से स्वायत्त, कर्मचारियों की सन्तुलित और सृजनशीलता को बढ़ावा मिलता है।

## मतभेद सुलझाना (Resolve Differences)

मतभेद को जनसम्पर्क, वार्ता और संचार से सुलझाना चाहिए न कि बल, जोड़-तोड़, बाध्यत करके अथवा हिंसा से। लाभ पानेवाले समूह की उदारता यह राजनीति प्रणाली को लाभ पानेवाले समूह के बीच खुली प्रतिस्पार्द्धा की यॉँत्रिकी के रूप में प्रस्तुलत करता है। इससे गैर-जिम्मेहदार सरकार और निगमित ढांचा के खिलाफ आम लोगों के हितों की रक्षा के लिए नागरिक समूहों को बल मिलता है।

ग्रुनिंग के सिद्धान्त का विश्ले षण करते हुए ग्रेग लिश्टेंि ने अपने विद्वतापूर्ण लेख "सहयोग की सीमाएँ" में लिखा है कि संगतावयव जनसम्पर्क के बारे में दुनिया के विचारों में अन्तर को असंगतावयव जनसम्पर्क के दो उदाहरणों से समझा जा सकता है। जहाँ पहला सहयोग के लिए कहता है वहीं दूसरा मॉडल संगठन के लाभ के लिए लोगों की प्रवृति और व्यवहार को कौशल से नियन्त्रित करने की पैरवी करता है। संगतावयव जनसम्पर्क या प्रबोधक (समझाना-बुझाना) मॉडल के बारे में कहा जाता है कि यह हार-जीत की अवधारणा का विकल्प है जिसमें किसी एक के लाभ की तुलना दूसरे के नुकसान से की जाती है। हालांकि लिश्टेझ इस दावे पर ही प्रश्नव चिहन लगाते हैं कि दोतरफा संगतावयव अथवा सहयोगात्मक जनसम्पर्क हमेशा सम्भव है। कई मामलों के अध्य यन से यह बात सामने आई है कि संघर्ष की स्थिति में सहयोगात्मेक जनसम्पर्क के उदाहरण बहुत कम हैं जबकि ज्योदातर मामलों में टकराव का रवैया ही अपनाए जाने के प्रकरण सामने आते हैं।

इकतीस संगठनों पर लारिसा ग्रुनिंग के अध्य यन से पता चलता है कि किसी भी संगठन ने कार्यकर्ताओं के समूहों के साथ बातचीत की प्रक्रिया में व्यावहारिक रूप से दोतरफा संगतावयव जनसम्पर्क को प्रयोग में नहीं लाया। आश्च्र्यजनक रूप से किसी भी संगठन के लिए टकराव की रणनीति भी नहीं आई। लारिसा ग्रुनिंग का तर्क है कि सहयोगात्म क जनसम्पर्क अधिक उचित है क्योंकि इसमें विभिन्नि ऐसे समूहों की सहभागिता होती है जिनके हित हमेशा एक नहीं भी हो सकते हैं। किसी एक के हित की सुध लेने से हो सकता है कि मूल कारणों का ही पता चल जाए। रिचर्ड आइस ने इस घटना का अध्यनयन 1984 में भोपाल गैस दुर्घटना के बाद किया। दुर्घटना के तत्कोल बाद यूनियन कार्बाइड ने इस बात पर जोर दिया कि बनावट और कार्य प्रणाली की दृष्टि से भोपाल प्लां ट अमेरिकी प्लाम्बट के समान ही था। यह रणनीति इसलिए अपनाई गई

थी जिससे इन आरोपों को नकारा जा सके कि अमेरिकी श्रमिकों की तुलना कम्पनी ने भारतीय श्रमिकों और नागरिकों के जीवन को कम महत्त्व दिया। सुरक्षा मानकों को लेकर कम्पनी की इस वाकपटुता का अपेक्षित परिणाम सरकारी नियामकों और यूनियन कार्बाइड के श्रमिकों की मतभिन्नाता के रूप में सामने आया। कम्पनी का सतत् प्रयास उठ रहे सवालों को दबाना था, न कि यूनियन कार्बाइड और भारत सरकार के सम्बन्धों में तनाव लाना।

मार्सिया प्रायर मिलर मानते हैं कि जनसम्पर्क स्वाभाविक रूप से सांगठनिक संचार का स्वपरूप है। समकालीन सांगठनिक सिद्धान्त की जड़ें कई सारी सामाजिक-वैज्ञानिक विधाओं में है। जनसम्पर्क में सम्बन्धों की व्याख्या करने के लिए अनुसन्धानकर्ता एक से अधिक अवधारणा व्यवहार में लाते हैं। कटलिप और सेंटर समेत कई लेखकों ने पाया कि जनसम्पर्क में अनुसन्धान दस या उससे भी अधिक भिन्न अनुसन्धान परम्पराओं को आकृष्ट कर सकता है। अनुसन्धानकर्ता समाजशास्त्र में इसके लिए चार रूपरेखा का उल्लेख करते है–

## 1 सांकेतिक पारप्लिएरिक क्रियावाद (Symbolic Interactionism)

व्यजवहारवाद से इसकी उत्पचत्ति होने के कारण सांकेतिक पारस्परिक क्रियावाद का विकास समाजशास्त्रियों द्वारा लोगों के बीच पारस्परिक क्रिया को समझने और उनके पारम्परिक क्रिया के समाज पर प्रभाव को समझने के कुछ प्रारम्भिक प्रयासों से हुआ।

सांकेतिक पारस्पारिक क्रियावाद प्रतिपादित करता है कि लोग जिसे समझते हैं वही सामाजिक सच्चातई है। इसका तात्पर्य यह हुआ कि सामाजिक क्रियाएँ समझौता वार्ता की स्थिर अवस्था् में हैं इसलिए संगठन भी वैसा ही होगा, जैसा लोग मानेंगे। वे सामाजिक पारस्रिक क्रिया के उत्पातद हैं। संगठन के भीतर के आयामों और प्रक्रियाओं को समझने के लिए सांकेतिक पारप्तिकरिक क्रियावाद को सामाजिक मनोविज्ञानी एक महत्त्व पूर्ण् अवधारणा मानते हैं। लोग किस तरह संगठन से व्यहवहार करते हैं और किसी सांगठनिक पद्धति व संरचना का किसी व्यक्ति विशेष के व्यवहार पर क्यो प्रभाव पड़ता है, इससे समझने में मदद मिलती है।

विल्स न ओर स्ट्राइकर ने संगठनों की निगमित पहचान में इस अवधारणा की भूमिका खोजी है। कोई संकेत कैसे रणनीतिक विकल्प का वक्तव्य बन जाते हैं, इसकी खोज करने के लिए सांकेतिक पारस्परिक क्रियावाद का प्रयोग किया जा सकता है। सभी पहलुओं को समायोजित करते हुए मार्सिया प्रायर—मिलर कहते हैं कि जितना ज्यौदा एक सांगठहनिक संकेत को सांगठनिक वास्विविकताओं से जोड़ा जाएगा उतना ही ज्याादा वास्तठविकता की अपेक्षा होगी जब सिर्फ संकेत को ही पेश किया जाएगा।

## 2 विनियम का सिद्धान्त (Exchange Theory)

इस सिद्धान्त की व्याख्या प्रमुख सिद्धान्तकार पीटर एम. ब्लायू, जार्ज सी होमन्सि और रिचर्ड एम. इमरसन के द्वारा की गई है। यह सिद्धान्त इस अवधारणा पर आधारित है व्यक्तियों के बीच सामाजिक विनियम से सामाजिक ढांचा बनता है। इस सिद्धान्त के अनुसार लोग तभी सम्बन्ध बनाते और कायम रखते हैं जब उनमें यह विश्वास होता है कि इससे मिलनेवाला

'पारितोषिक' इसमें लगी 'लागत' से अधिक होगा। यह अनुमान लगाया जा सकता है कि सांगठनिक संचार होगा अथवा नहीं होगा, जब आवागमन (Input) और परागमन (Output) में सन्तुलन न हो तथा सांगठनिक बदलाव इन दोनों में लगातार सौदेबाजी (Bargaining) का परिणाम हो इसलिए इस प्रकार के संगठन में प्रबन्धन पहले से सक्रिय और प्रतिक्रियावादी दोनों ही होगा।

इस प्रकार विनिमय सिद्धान्त से किसी संगठन के सन्दर्भ में निम्नप बातें कही जा सकती हैं—

1. जब कोई संगठन पाता है कि वह अनुभवी और तेज-तर्रार कर्मी कम तनख्वासह और छोटे पद पर रख सकता है तो वह कम वेतन का ही प्रस्ताव्‌ देता रहेगा।

2. जब किसी संगठन का यह दर्शानेवाला फीडबैक मिले कि पेशे से जुड़े लोग बिना किसी बड़े लाभ के भी आवेदन देते हैं और पद स्वीाकार भी कर लेते हैं तब अधिक सम्भावना यही रहती है कि वह अनुभवी लोगों के पास भी कम वेतन का प्रस्ताव्‌ करेगा।

3. ऐसे संगठन का फायदा यदि जारी रहे तो उपरोक्ती दोनों पद्धतियों के भी जारी रहने की पूरी सम्भावना रहती है।

4. जब पेशेवर लोग नौकरी की अवधि के लिए संगठन पर अधिक निर्भर होते हैं तो संगठन की सत्ता भी उन पर उतनी ही अधिक हावी होती है।

## 3. संघर्ष का सिद्धान्त (Conflict theory)

इस सिद्धान्त के अनुसार संघर्ष सामाजिक बदलाव का आधार और परिणाम दोनों ही है। इस सिद्धान्त का विकास कार्ल मार्क्सा, जार्ज सिमेल, राल्ड डेरेनडोर्फ और एल ए कोलर के लेखों से हुआ है।

संघर्ष का सिद्धान्त इस तर्क पर आधारित है कि संघर्ष सामाजिक अन्तर्सम्बन्धों का अनिवार्य हिस्सा है। ऐसा प्रतिस्पसर्धात्महक उददेश्यों तथा संगठन व व्यक्तिगत मूल्यों के कारण होता है। दूसरे शब्दों में प्रत्येक क्रिया का धनात्मक और नकारात्माक दोनों पहलू होता है और इसके परिणामस्व रूप बदलाव आता है।

## 4. रचना सम्बन्धी-क्रियाशील सिद्धान्त (Structural—Functional theory)

इस सिद्धान्त के अनुसार लोगों की सामाजिक क्रियाओं का निर्धारण वृहतर सामाजिक क्रम के द्वारा होता है। यही पारस्पनरिक क्रियाएँ क्रम को बरकरार रखती हैं, न कि इन्हें सुविधानुसार व्यवस्थित करने के लिए बनाए गए नियम। इस सिद्धान्त का प्रतिपादन टालकोट पारसन, रॉबर्ट मेरटोन और पीटर ब्ला यू ने किया है। इन प्रस्तावनाओं के कारण जटिल संगठनों को समझने में इस सिद्धान्त की महत्त्वपूर्ण भूमिका है। हालांकि संगठनों के संचार विशेषकर जनसंचार के अध्ययन में इसके प्रस्तावनाओं का बहुत कम उपयोग हुआ है। विश्लेषक मानते हैं कि इन चारों सिद्धान्तों के सावधानीपूर्वक अध्ययन से अनुसन्धानकर्ता जनसम्पर्क के सिद्धान्त और व्यवहार में तारतम्यो बैठाने में सक्षम होंगे।

कार्ल बर्टन जनसम्पर्क की समीक्षा संचार पर आधारित व्यावहारिक सामाजिक विज्ञान के तौर पर करते हैं। जनसम्पर्क संचार का प्रयोग संगठन एवं जनता के बीच सम्बन्ध बनाने और उसे बहाल रखने के लिए करता है इसलिए बर्टन मानते हैं कि जनसम्पर्क व्यावहारिक संचार का एक उदाहरण है जिसका अध्यएयन सैद्धान्तिक और अनुसन्धान के उपकरणों से किया जा सकता है।

इन रूपरेखाओं के आधार पर विश्लेषकों ने संगठनों में विभिन्न व्यक्तियों के व्यवहार को समझने की कोशिश की। इसके अलावा इसके माध्यंम से संगठनों की बनावट और संगठन के अन्दर तथा संगठनों के नेटवर्क को समझने के भी प्रयास किए गए।

हेव्स के अनुसार, "सामाजिक विज्ञानियों का प्राथमिक कार्य सभी प्रकार के मानव व्यवहारों की व्याख्या करना है। यह व्याख्या सिद्धान्तों से ही सम्भव है" उदाहरण के तौर पर जब इस पेशे से जुड़ा कोई व्यक्ति किसी व्यावसायिक प्रयास की सफलता या विफलता की व्याख्या करता है तो वास्तव में वह सिद्धान्त के प्रतिपादन का पहला कदम है इसलिए वर्षों से उपयोग में लाए जानेवाले सामान्यत व्याख्या और तकनीक प्राथमिक सिद्धान्त माने जा सकते हैं।

सिद्धान्त का विकास अनुसन्धान पर आधारित होता है। कैसे काम होता है अथवा होना चाहिए, वे जाँचे हुए होते हैं। परिणाम का प्रयोग जिससे प्रक्रिया शुरू हुई है उस सिद्धान्त में सुधार लाने के लिए होता है। ए. कपलन के अनुसार, जब हम किसी सिद्धान्त का विकास ज्ञान की तलाश की राह में मिलनेवाली हर 'छोटी जानकारी' से आगे की 'छोटी जानकारी' का पथ प्रशस्ता करने के लिए करते हैं तो इसे विस्तारीकरण के द्वारा सिद्धान्त का विकास करते हैं। इसी प्रकार जब हम पहले से मौजूद ज्ञान के गहन अध्ययन और समझ से किसी सिद्धान्त को विकसित करते हैं, प्रबलीकरण के द्वारा सिद्धान्त का विकास कहते हैं।

उपरोक्त दोनों प्रक्रिया से विकास की राह पर कुछ दूर चलने के बाद ऐसी परिस्थिति आती है जिसमें कदम दर कदम आगे बढ़ने के बजाय लम्बी छलांग लगाने की आवश्यकता होती है। टी एस कुन इसे वैज्ञानिक क्रान्ति की संज्ञा देते हैं उन्होंने इसकी तुलना आइंस्टी न के भौतिक-विज्ञान के सापेक्षिकता के सिद्धान्त जैसे क्रान्तिकारी आविष्कार से की है।

हालांकि, विश्लेषक महसूस करते हैं कि जनसम्पर्क को संचार आधारित व्यावहारिक सामाजिक मानने से इस पेशा तथा इससे जुड़े लोग और अनुसन्धानकर्ताओं के सामने उलझने आएगी। जे वी पालविक और सीटी सलमान मानते हैं कि ज्ञान के व्यवस्थित निकाय का अभाव जनसम्पर्क के 'व्यवहार' से 'व्यवसाय' बनने की राह में बहुत बड़ो रूकावट है। दोनों के अनुसार पत्रकारिता में भी पत्रकार कार्य के दौरान जिस ज्ञान का प्रदर्शन करते हैं और सिद्धान्त में तालमेल के लिए किसी व्यवस्थित निकाय के न होने से यही स्थिति है। वैसे तथ्य यह भी है कि व्यावहारिक अनुसन्धान से कोई भी सिद्धान्त स्वत: विकसित नहीं हो जाता। बहुत से विश्लेषक मानते हैं कि जनसम्पर्क समृद्ध अनुभव की राह तय कर चुका है परन्तु उसे सिद्धान्तो के विकास की प्रक्रिया का लाभ उठाना है इसलिए व्यावहारिक सामाजिक विज्ञान सैद्धान्तिक ज्ञान को संचार तकनीक के सहारे की आवश्यकता के अनुसार व्यवहार में लाए जाने योग्य जनसम्पर्क में बदलाव करने की क्षमता है।

## प्रचार

## (Publicity)

प्रचार अर्थात् पब्लिसिटी जनसम्पर्क का एक ऐसा माध्यम है जो सामान्य जनता के विशेष लाभ के लिए कार्यरत समूह, उद्योग प्रतिष्ठानों, रेडियो एवं टेलीविजन प्रसारण आदि के माध्यम से किसी के पास पहुँचने का सर्वोत्तम स्वरूप है। यह एक ऐसा माध्यम है जिसकी द्विपक्षीय स्थितियाँ होती हैं एक ओर जन समर्थन और विश्वास जबकि दूसरी ओर युद्ध स्तर पर प्रतिस्पर्धात्मक रूप में प्रचार कार्य का संचालन और लोक समर्थन है।

लोक विश्वास की प्राप्ति के लिए अनुकूल परिस्थितियों के निर्माण में प्रचार माध्यम की सार्थकता, समर्थता एवं शक्ति को अस्वीकार नहीं किया जा सकता है। सरकारी, निजी एवं व्यावसायिक संस्थानों में भी इसकी सार्थकता स्वयं सिद्ध होती है। इसके अन्तर्गत एक विशेष स्तर पर इसकी विश्वसनीयता अस्वीकार की जा सकती है क्योंकि यह आवश्यक नहीं है कि प्रचार के लिए जो तथ्य और आँकड़े दिए गए हैं वह विश्वसनीय ही है।

प्रचार कई प्रकार का होता है जैसे समाचार कवरेज, फीचर, टीवी कार्यक्रम पर बातचीत (Talk Show), ब्लॉग (Blog) और सम्पादक के नाम पत्र आदि। प्रचार का मुख्य कार्य है कम्पनी के उत्पादों और सेवाओं की ओर मीडिया का ध्यान आकर्षित कराना। प्रचार इस अर्थ में विज्ञापन से हमेशा अलग है क्योंकि इसका भुगतान नहीं किया जाता है जबकि कम्पनी के उत्पाद के समर्थन के लिए जब वह नेट पर पत्रिकाओं, टीवी या अन्य वेबसाइटों पर विज्ञापन करता है तो उसे किसी सेलिब्रिटी की भूमिका में भुगतान करना पड़ता है और इस बात पर प्रकाश डॉलता है कि प्रचार से जनसम्पर्क हमेशा अलग है। जनसम्पर्क के मामले में गतिविधियों को अपने अनुकूल दिशा में एक विशिष्ट राय को एक निश्चित दिशा में निर्देशित किया जाता है, प्रचार की प्रक्रिया में यह संलग्न नहीं होता है यह केवल किसी उत्पाद और सेवाओं की ओर लोगों का ध्यान आकर्षित करने का काम करता है।

वैसे तो जनसम्पर्क और प्रचार का लक्ष्य समान होता है और यह कम्पनी के उत्पादों के प्रति मीडिया का ध्यान आकर्षित कराता है लेकिन प्रचार पूरे जनसम्पर्क अभ्यास का एक हिस्सा है जो कम्पनी की आँखों में सद्भाव और विश्वसनीयता उत्पन्न कराने के लिए किया जाता है। प्रचार समाचार या सूचनाओं का आदान-प्रदान नहीं है बल्कि एक ऐसा तन्त्र है जिसमें सिर्फ अपनी बात कहीं जाती है न कि दूसरों की बात सुनकर उसके बारे में प्रतिक्रिया देना। यह सिर्फ जनसम्पर्क के कार्य में ही किया जाता है। प्रचार शब्द को सम्प्रचार, विज्ञापन, प्रकाशन अथवा जनसम्पर्क के अर्थ के रूप में नहीं देखा जा सकता है। प्रचार अपनी बात सिर्फ एक पक्षीय ढंग से रखता है और यह जनसंचार का एक महत्त्वपूर्ण उपकरण है।

गोयबल्स के अनुसार, "यदि झूठ को बार-बार दोहराया जाए तो वह सच प्रतीत होने लगता है।"

किम्बल यंग के अनुसार, "प्रचार मूलत: संकेतों तथा अन्य सम्बन्धित मनोवैज्ञानिक विधियों द्वारा प्रतीक का सुनिश्चित, सुनियोजित एवं सुव्यवस्थित प्रयोग है जिसका पहला उद्देश्य

मान्यताओं को परिवर्तित करना है और अन्ततः पूर्णतया निश्चित आधार पर बाह्य क्रियाओं में परिवर्तन लाना है।"

सार्जेंट के अनुसार, "प्रचार के द्वारा साधारण लोगों के अभिमतों और उनके द्वारा क्रियाओं को एक निश्चित दिशा में प्रभावित करने का एक प्रयास है, विशेषतया यह निर्देशन द्वारा किया जाता है न कि तथ्यों और तर्कों के द्वारा।"

प्रचार वह क्रिया है जो अपना प्रभाव व्यक्ति के मन, मस्तिष्क और संवेग से उसके ऊपर डॉलती है तथा उसे किसी एक व्यक्ति के समूह अथवा दल के विचारों, भावनाओं, योजनाओं आदि को दूसरे व्यक्ति के समूह अथवा दल तक पहुँचाने का कार्य करती है।

जनसम्पर्क में कम्पनी व्यक्तिगत रूप से लोगों के पास पहुँचने का प्रयास करती है जबकि प्रचार में जनता को सामूहिक रूप से जानकारी दी जाती है। सामान्यतया आजकल लोग जनसम्पर्क अधिकारी को प्रचार अधिकारी भी कहकर सम्बोधित करते हैं। जनसम्पर्क अधिकारी और प्रचार अधिकारी का यह अन्तर दोनों शब्दों की निकटता को स्पष्ट करता है।

## जनमत (Public Opinion)

किसी भी सार्वजनिक हित के सवाल पर आम जनता की सामूहिक राय को जनमत कहते हैं। साधारणतया जनमत का अभिप्राय उन बातों के सम्बन्ध में है जिनसे समाज की रुचि होती है और जो समाज पर प्रभाव डॉलते हैं, जनमत उसी समाज के लोगों के विचारों का निचोड़ होता है। जनमत से अभिप्राय समाज में प्रचलित उन विचारों या निर्णयों से है जो लगभग निश्चित हैं, जिनमें स्थिरता है और जो समाज के एक बड़े समूह के लोगों में समान रूप से स्थित होते हैं। जनमत सार्वजनिक समस्या से सम्बद्ध होता है। जनमत विशिष्ट व्यक्ति या कुछ व्यक्तियों का ही नहीं बल्कि यह सामान्य जनता का मत होता है। जनमत का प्रभाव ऐसा होता है कि जिन्हें बोलने की ताकत नहीं होती है जो कहीं किसी मंच पर या किसी समूह में बोल नहीं सकते हैं वही व्यक्ति जनमत की शक्ति से बहुत ऊंचे स्वर में गर्जना करता है यह सिर्फ और सिर्फ जनमत के प्रभाव से ही सम्भव है, यह तभी होता है जब लोकमत या जनमत जाग उठता है। जनमत में यह शक्ति है जो किसी भी निरीह, शोषित और उत्पीडित समुदाय को समय आने पर विद्रोह का ध्वजवाहक और क्रान्ति का उद्घोषक बना देती है। जनमत की परिभाषा और हमारे जीवन में इसके महत्त्व पर अनेक विद्वानों ने अपने-अपने विचार प्रकट किए हैं जो इस प्रकार हैं—जॉन स्टुअर्ट मिल के अनुसार—"जनमत के नाम पर या कानून द्वारा स्थापित व्यवस्था के आधार पर जनसाधारण से एक विशेष स्तर के व्यवहार और आचरण की अपेक्षा की जाती है। व्यवहार के यह मापदंड या तो स्वयं जनता तय करती है या समाज का सत्ताधारी वर्ग अपने प्रभाव से काम लेता है और उसका फैसला सम्बद्ध वर्गों की पसन्द और नापसन्द पर ही होता है, जिसे जनमत की संज्ञा दी जाती है।"

**मैकियावेली के अनुसार—** "हम समझते हैं कि जब सरकारी नौकरियों या सार्वजनिक पदों पर नियुक्तियों का प्रश्न विचाराधीन हो तो बुद्धिमता इसी में है कि जनमत को पूरी तरह ध्यान में रखा जाए क्योंकि जब जनता जागरूक होती है तो वह कोई गलती नहीं होने देगी और

अगर कोई गलती हो भी जाए तो यह बिलकुल नगण्य सी और क्षम्य भी होगी। जहाँ जनमत की सरकार होती है वहाँ किसी प्रकार की धान्धली नहीं हो सकती।'

**जेम्स ब्राइस के अनुसार–** "एक समुदाय के सदस्य, साधारण जीवन से सम्बन्ध रखनेवाली समस्याओं पर जो भी विचार रखते हैं उन सबको सामूहिक रूप से जनमत की संज्ञा दी जाती है। इसमें सब कुछ शामिल हैं विश्वास, रूढ़ियाँ, उपलब्धियाँ, आशाएँ आकांक्षाएँ और सब प्रकार की कुण्ठाएँ। ये विचार प्रायः अस्पष्ट, असंगत और अत्यन्त परिवर्तनशील होते हैं और इनका रूप दिन-प्रतिदिन और प्रति सप्ताह बदलता रहता है।"

**मार्क्स के अनुसार—**"मार्क्स राजसत्ता अर्थात् स्टेट को शासक वर्ग के हाथ की कठपुतली मानते हैं। उनका यह सिद्धान्त है कि किसी भी राजनीतिक, सामाजिक ढांचे की बुनियाद वर्ग संघर्ष पर टिकी होती है और राजसत्ता अर्थात् हुकूमत तो शासक या शोषक वर्ग की ओर से व्यवस्था चलानेवाली कार्यकारिणी समिति होती है।

पूँजीवादी व्यवस्था में पूँजीपतियों या उनके प्रभाव में आए हुए लोगों के विचारों को ही "जनमत" के रूप में मान्यता दी जाती है। इसका एक कारण यह भी है कि पूँजीवाद में शिक्षा के संस्थानों, जनसंचार माध्यमों (प्रेस, रेडियो, टेलीविजन आदि) और सांस्कृतिक सुविधाओं पर साधन सम्पन्न लोग अपना अधिकार जमा लेते हैं। साधनहीन और शोषित वर्ग को आत्म अभिव्यक्ति के साधन उपलब्ध नहीं होते हैं, यही अवस्था उन देशों या उपनिवेशों की जनता की भी है जो साम्राज्यवाद की गुलामी के शिकार है। वहाँ के लोगों की आवाज को दबा दिया जाता है और उनके नाम पर विदेशी शासक लोगों के बारे में जो कुछ कहें, उसे जनमत की संज्ञा दे दी जाती है। कई प्रकार के द्वेष और पक्षपात या अन्य विकार हमारी चेतना को आन्दोलित करते रहते हैं। इन सबको उस देश और काल के प्रसंग अनुसार जनमत कहा जाता है।

जनमत की सृष्टि व्यक्तिगत इकाईयों के आधार पर होती है। किसी व्यक्ति के विचारों का निर्माण उसके जन्मजात गुण-दोषों, सामाजिक परिस्थितियों, निजी योग्यताओं, सफलताओं, विफलताओं, आशाओं और कुंठाओं आदि के आधार पर होता है। व्यक्ति का बौद्धिक विकास उसके परिवार, प्रशिक्षण, सामाजिक जीवन, धार्मिक विकास और जीवकोपार्जन के साधनों पर निर्भर है इसलिए यह आवश्यक है कि जनमत ऐसे ढंग से किया जाए जो विभिन्न रुचियों और स्वभाव रखनेवाले व्यक्तियों को अपनी ओर आकर्षित कर सके। जनमत निर्माण के लिए प्रचार वही सफल होता है जो प्रत्येक व्यक्ति की अपनी रुचि और पसन्द को सन्तुष्ट करे। यही कारण है कि राजनीतिक दल चुनाव के समय अपने घोषणा पत्रों में प्रत्येक वर्ग के लोगों को खुश करने के लिए हर प्रकार के वादों को करते हुए, उन वादों को पूरा कर दिखाने का वचन दे देते हैं।

एक उदाहरण के रूप में जनमत को और अच्छे से समझ सकते हैं कि सन् 1971 के आरम्भ में भारत सरकार के सामने भूतपूर्व राजाओं के प्रिवीपर्स को समाप्त करने की समस्या आई, देश की सभी पार्टियों और उनके घटकों ने इस प्रस्ताव के समर्थन या विरोध में विचार प्रकट किए। जनमत द्वारा यह सम्भव हो गया कि देश के समस्त नागरिक इस प्रश्न पर अपना

अपना मत प्रकट करें। प्रिवीपर्स को हटाने का प्रस्ताव इतना महत्त्वपूर्ण और व्यापक था कि इस पर जनमत का सक्रिय और सचेत होना स्वाभाविक था। अन्त में संसद द्वारा प्रिवीपर्स हटाने का फैसला हो गया क्योंकि इस बात के पक्ष में इतना सबल और सशक्त बहुमत था कि इस निर्णय को लागू न करना असम्भव था। सरकार का यह निर्णय जनमत की शक्ति का परिणाम था।

जनमत में होनेवाले परिवर्तनों ने हमारे देश में 1977 और 1980 में दो बार केवल तीन साल के अन्तर में दो चमत्कार दिखाए। 1977 के आम चुनावों में इन्दिरा गान्धी और उनकी पार्टी की जबरदस्त हार का कारण जनमत ही था। आपातकालीन गलत नीतियों के कारण जनता में उनके विरोध और असन्तोष की लहर दौड़ी हुई थी। 1966-1977 तक पूरे ग्यारह वर्ष सत्ता की बागडौर जिस नेता के हाथ में रही उसीको जनता ने मताधिकार का प्रयोग करके अपदस्थ कर दिया और सारे उत्तर भारत में उनकी पार्टी का सफाया हो गया लेकिन इसके केवल तीन साल बाद 1980 में स्थिति आ गई कि जब मतदाताओं ने जनता पार्टी को दंडित कर दिया क्योंकि उनके नेताओं ने अपनी निजी महत्त्वाकांक्षाओं के लिए मतदाताओं से विश्वासघात किया, इन्दिरा गान्धी फिर प्रधानमन्त्री बन गई। दूसरे शब्दों में जनमत ने दो क्रान्तियों—1977 और 1980 में सफल करके दिखाया। 1984 में राजीव गान्धी को विशाल और व्यापक जनमत प्राप्त हुआ और उन्हें प्रधानमन्त्री निर्वाचित किया गया, यह भी जनमत की शक्ति का ही प्रमाण है अन्यथा बहुत से दिग्गजों और महारथियों के मैदान में होते हुए भी राजीव गान्धी के नाम पर ही सब की सहमति होना किसी चमत्कार से कम नहीं था और यह इसलिए सम्भव हुआ क्योंकि देश की जनता चाहती थी कि इन्दिरा गान्धी का उत्तराधिकारी वही व्यक्ति बने जो उनकी नीतियों के अनुसार सरकार चलाए जिस आदर्श के लिए उनका बलिदान हुआ था।

## जनमत की विशेषताएँ

1. जनमत समाज के मौलिक घटकों (व्यक्तियों) की प्रतिक्रियाओं का प्रस्तुतिकरण है। वयस्क मताधिकार पर आधारित लोकतन्त्र में प्रत्येक व्यक्ति की अपनी-अपनी सम्मति का एक समान मूल्य है।

2. जनमत के लिए आवश्यक है कि जनमत लिखित, मौखिक या प्रतीकों द्वारा व्यक्त हो। अव्यक्त भावनाएँ चाहे कितनी भी गहरी हों, जनमत के मूल्याँकन के लिए नगण्य हैं क्योंकि उनके अस्तित्व को ही सन्दिग्ध माना जाता है।

3. जिस प्रश्न या समस्या पर जनमत का अध्ययन अपेक्षित है वह इतना स्पष्ट और प्रत्यक्ष होना चाहिए कि सम्बद्ध वर्ग अथवा जनसमुदाय उसका अस्तित्व तुरन्त स्वीकार कर ले। उदाहरणार्थ टैक्स के बोझ को सब मानते हैं लेकिन यह विषय इतना स्पष्ट नहीं है इसके विपरीत बिक्री या अल्प विशेष टैक्स हटाया जाना चाहिए या उसमें कटौती या वृद्धि होनी चाहिए, इस पर जो भी प्रतिक्रिया प्रकट होती है वह जनमत की परिधि में आती है।

4. जनमत का रूप तभी स्पष्ट और ठोस होता है जब जनसमुदाय किसी प्रस्ताव को "हाँ" या "ना" द्वारा स्वीकार करे या ठुकरा दे। जैसे—नशाबन्दी जिसमें वैसे तो सब मानते हैं

कि मदिरापान के दुष्परिणाम क्या हो सकते हैं लेकिन व्यावहारिक रूप में इस प्रश्न पर हमारे देश में जनमत पर्याप्त रूप से संगठित नहीं हुआ है क्योंकि नशाबन्दी को लागू करने के लिए अपेक्षित प्रयत्न नहीं किए जा रहे हैं इसके विपरीत परिस्थिति ऐसी हो गई है कि मदिरापान को प्रोत्साहन मिल रहा है इसलिए यह कहना ही पड़ेगा कि नशाबन्दी के लिए देश का जनमत तैयार नहीं है।

5. लोकतन्त्र में सबको विचारों की स्वतन्त्रता होती है इसलिए जो विचार किसी के मन में होता है वही जुबान पर या कलम की नोक पर आ जाता है लेकिन कल्पना कीजिए उन दिनों की जब हमारे देश में विदेशी साम्राज्यवाद का बोलबाला था, हम अपने मन में तत्कालीन सरकार के बारे में जो कुछ सोचते-समझते थे. वह लिख या बोल नहीं सकते थे। ऐसी स्थिति में जनमत की सफलता इसी में थी कि लोगों की सच्ची भावनाओं को समझा जाए और उन्हें किसी न किसी तरह प्रकट किया जाए।

6. जनमत के दो रूप होते है—प्रत्यक्ष और अप्रत्यक्ष। प्रत्यक्ष रूप में हमारा वह आचरण है, जब हम अनुभव करते कि हमारी कथनी करनी को दूसरे सब देख रहे हैं इसलिए हम सोच-समझ कर किसी प्रश्न पर अपना विचार प्रकट करते हैं। दूसरा अप्रत्यक्ष रूप है जब हम एकदम अपने आप में ही कोई अप्रत्यक्ष रूप में विचार प्रकट करते हैं। यह आवश्यक नहीं कि हम किसी को बताएँ कि हमने क्या सोचा है। जनसम्पर्क में हम जनमत के प्रत्यक्ष रूप पर ही प्रभाव डॉल सकते हैं लेकिन जनमत के किसी भी अभियान में अप्रत्यक्ष रूप की उपेक्षा नहीं की जा सकती है।

लोगों की पसन्द या नापसन्द के अप्रत्यक्ष रूप के महत्त्व और प्रभाव को दुकानों पर बिक्री का काम करनेवाले "सेल्समैन" अच्छी तरह जानते और समझते है। कोई भी सामान खरीदने से पहले ग्राहक कुछ सोचता है या रुकता है, तकनीकी भाषा में इसे उपभोक्ता प्रतिरोध (Consumer Resistance) कहते हैं। काउंटर पर ग्राहकों को सामान दिखाते-दिखाते सेल्समैन अनुमान लगा लेते हैं ग्राहक की स्थिति कैसी है और वह कितनी कीमत दे सकता है, वह यह भी जान लेते हैं कि ग्राहक वास्तव में चाहता क्या है और कई बार तो खरीददार को भी ठीक-ठीक पता नहीं होता कि उसे क्या खरीदना चाहिए। सेल्समैन ग्राहक के सामने कपड़े या दूसरा सामान जो भी उसे चाहिए दिखाना शुरू कर देता है और ग्राहक की प्रतिक्रिया पर ध्यान भी रखता है और उसकी माँग के बारे में पूछताछ करता रहता है जैसे ही ग्राहक की आँखों में पहचान की थोड़ी भी चमक दिखाई दे तो वह सौदा पक्का कर लेता है, इसे कहते हैं कि लोगों के अचेतनमन तक पहुँचना। जनमत के इन दोनों रूपों को समझ लेने में एक और लाभ है साधारणतया अनुभव किया जाता है कि किसी भी महत्त्वपूर्ग समस्या पर हमारी पहली स्वाभाविक प्रतिक्रिया प्रायः भावुकता प्रधान होती है उसके बाद विवेक पैदा होता है। आदमी हानि-लाभ की बात सोचता है फिर उसके आचरण में कुछ ठहराव और संयम आ जाता है।

जनमत के काम में इन दोनों पहली और दूसरी प्रतिक्रियाओं को समझना आवश्यक है। कई बार ऐसा भी होता है कि पहली प्रतिक्रिया के बाद जब हम दूसरी बार स्थिति पर विचार

करते हैं तो उत्तेजना अधिक हो जाती है। समस्या कैसी भी हो, जनमत में इन सभी स्थितियों को समझना नितान्त अनिवार्य है।

## सम्प्रचार या अधिप्रचार (Propaganda)

सम्प्रचार, अधिप्रचार या प्रोपेगेंडॉ (Propaganda) उन समस्त सूचनाओं को कहते हैं जो कोई बड़ा व्यक्ति या कोई बड़ी संस्था जन समुदाय की राय और व्यवहार को प्रभावित करने के लिए संचालित करती है। प्रोपेगेंडॉ का उद्देश्य लोगों को सिर्फ सूचना देना ही नहीं बल्कि लोगों के व्यवहार और राय को भी प्रभावित करना होता है अर्थात् कुल मिलाकर लोगों के मन, विचार, उनकी आशाएँ, उनकी समस्त सोच को अपने पक्ष में करने का होता है। प्रोपेगेंडॉ शब्द का उदभव लैटिन भाषा के प्रोपेगेटस से हुआ है जिसका अर्थ है जारी रखना। यहाँ जारी रखने से तात्पर्य किसी भी सन्देश को लगातार जारी रखने से है। किसी जानकारी को अधिक-से-अधिक प्रसारित करने के साथ-साथ जब यह भी प्रयत्न हो कि जनता प्रसारित सन्देश को न केवल स्वीकार करे अपितु उसके अनुरूप कोई कदम उठाए या करवाई भी करें तो यह प्रक्रिया सूचना या प्रकाशन से एक कदम आगे अधिप्रचार या प्रोपेगेंडॉ कहलाती है। साधारण शब्दों में जब किसी सूचना का प्रचार-प्रसार अति से ज्यादा हो जाए तो सम्प्रचार या प्रोपेगेंडॉ कहलाता है। सम्प्रचार, अधिप्रचार या प्रोपेगेंडॉ (Propaganda) की परिभाषाएँ विभिन्न विद्वानों ने दी हैं जिनमें से कुछ परिभाषाएँ निम्नलिखित हैं—

जोवेट और विक्टोरिया के अनुसार, "प्रोपेगेंडॉ प्रतिक्रिया प्राप्त करने, धारणाओं को आकार देने, संज्ञान में हेरफेर करने लिए जानबूझकर व्यवस्थित प्रयास है जो प्रचारक के वांछित इरादे को या प्रचारक जैसा चाहता है उसी इरादे को आगे बढ़ाता है। दूसरे शब्दों में इसे कहा जा सकता है कि प्रोपेगेंडॉ प्रचार हेरफेर का एक व्यवस्थित प्रयास है और यह काफी सफल है।"

डॉ सुशीला त्रिवेदी ने प्रोपेगेंडॉ की परिभाषा में पंचतन्त्र की एक लोककथा से उदाहरण देते हुए अत्यन्त सरलतम ढंग से स्पष्ट किया है की एक ब्राम्हण एक गाय की बछिया को अपने कन्धे पर ले जा रहा था जिसे अलग-अलग स्थान पर मिलनेवाले चार ठगों ने बछिया को गधा कहकर ब्राह्मण को दिग्भ्रमित कर दिया और बाद में उस बछिया को चोर उठा ले गए। इस प्रकार प्रोपेगेंडॉ में झूठ का नियमित प्रचार किया जाता है।

चार्ल्स बर्ड के अनुसार, "प्रोपेगेंडॉ व्यक्ति के बड़े समूहों के प्रति सुझाव का नियोजित तथा क्रमबद्ध उपयोग है जिसका उद्देश्य उनकी मनोवृत्तियों को नियन्त्रित करना तथा व्यवहार के पूर्वनिर्धारित ढंग को प्राप्त करना है।"

इनसाइक्लोपीडिया ऑफ कम्युनिकेशन के अनुसार, "प्रोपेगेंडॉ व्यक्तिगत लाभ के लिए पक्षपात के द्वारा प्रेरित करने का इरादतन किया गया प्रयास है जैसे चुनाव के समय हर पार्टी बहुमत प्राप्त करने का दावा करती है।"

प्रोपेगेंडॉ उदाहरण—शहर में अर्द्ध सैनिक बलों की भर्ती चल रही है ऐसा रेडियो व दूरदर्शन द्वारा बताया गया कि अमुक जगह पर अमुक तारीख तक अर्द्ध सैनिक बलों की भर्ती चल रही है तो यह है सूचना। इसके नियमों आदि के साथ विस्तृत जानकारी बार-बार दी गई तो यह है

प्रचार और यदि उसके साथ यह भी बताया जाए कि देश की रक्षा, आन्तरिक सुरक्षा को सुदृढ़ करने के लिए यह किया जा रहा है और इसके लिए चुने गए उम्मीदवारों को निर्धारित वेतन के साथ भत्ते भी दिए जाएँगे, आजीवन पेंशन दी जाएगी, यात्रा भाड़े में छूट मिलेगी आदि तो इसका अर्थ यह है कि आप लोगों को प्रेरित कर रहे हैं, यह कहलाएगा प्रोपेगेंडॉ।

प्रकाशन हो या प्रचार-कार्य इसका उद्देश्य यही होता है कि जनता को कुछ तथ्यों से अवगत कराया जाए और समाज के सामने कोई विशेष सिद्धान्त प्रस्तुत किया जाए। स्पष्ट है कि इस प्रक्रिया में ध्यान केवल इस बात पर केन्द्रित होता है कि जनता में क्या प्रकाशित या प्रचारित किया जा रहा है, जनता की इस संम्बध में क्या प्रतिक्रिया है, उसे सरकार या नियोक्ताओं तक पहुँचाने का कार्य किसी प्रकाशन या प्रचार का नहीं है बल्कि यह कार्य है जनसम्पर्क का। जनसम्पर्क के कार्य में सफलता के लिए आवश्यक है कि जनमत की विभिन्न प्रवृतियों का विधिपूर्वक अध्ययन किया जाए और उन्हीं के अनुरूप प्रोपेगेंडॉ को अपेक्षित दिशा, मोड़ या रूप दिया जाए। सन् 1633 ई. में मिशनरी कार्यों के प्रचार के लिए प्रोपेगेंडॉ शब्द का प्रयोग किया गया। प्रोपेगेंडॉ में मानवीय सम्बन्धों को स्थापित करने के लिए अष्टम् पोप के द्वारा सर्वप्रथम किया गया। इसका उद्देश्य रोमन कैथोलिक के विश्वासों का प्रचार करना था इसमें प्रोपेगेंडॉ का तात्पर्य सिर्फ उपदेश देने के लिए किया गया था। प्रोपेगेंडॉ का अभिप्राय लोगों के विश्वास एवं विचारों में परिवर्तन लाना है तथा उसे क्रियात्मक रूप से प्रेषित करना है। पोप अष्टम् ने सम्प्रेषण के स्थानीय माध्यम अपनाने तथा धर्म सुधार विरोधी आन्दोलन को प्रचारित करने के लिए जनसम्पर्क कर्ताओं के प्रशिक्षण के लिए प्रोपेगेंडॉ कॉलेज की स्थापना की। इसी अवधि मंल सम्प्रचार कला के विकास में इंग्लैण्ड के कॉफी हाउस ने बहुत बडॉ योगदान दिया। 18वीं शताब्दी में लन्दन में दो हजार से अधिक कॉफी हाउस थे जिनमें बुद्धिजीवी, प्रमुख सदस्य आदि सभी वर्गों के लोग एकत्र होकर सामयिक समस्याओं पर विचार-विमर्श करते थे। 1832 में तार सम्प्रेषण का आविष्कार, 1844 में अखबारी कागज का निर्माण आरम्भ हुआ और 1863 में मुद्रण की नवीन तकनीक का आविष्कार हुआ, इसी दिशा में वहाॅ प्रेस एजेंटरी विकसित हुई। 1928 में पहली बार छपी किताब प्रोपोगैंडॉ में बरनेस ने यह बताने का प्रयास किया कि लोगों की प्रयास प्रभावित की जा सकती है उसे बदला भी जा सकता है। पुस्तक में बरनेस यह बताते है कि आधुनिक जनसम्पर्क का विकास आधुनिक जीवन में जटिलताओं के विस्तार के साथ ही हुआ क्योंकि इस दौर में यह आवश्यक हो गया था कि लोग एक समूह से दूसरे समूह तक अपनी बात पहुँचा सकें और उसे सहमत कर सकें। सरकार किसी भी दल की हो उसके लिए यह आवश्यक है कि जनता उसके पक्ष में खड़ी हो और उसकी कही हुई बात पर क्रिया करे।

## राजनैतिक दलों का समाचार पत्रों में चुनाव के दौरान प्रोपेगेंडॉ

### (Polictical Parties Propaganda In News Papers During Election)

चुनाव राजनेताओं के लिए उनके आजीविका (Career) की सबसे पहली सीढ़ी माना जाता है इसलिए राजनेता अपने चुनाव में ऐसी कोई भी कमी नही छोड़ना चहते है जिससे चुनाव

परिणाम आने के बाद उन्हें कुछ निराशा हाथ लगे इसलिए राजनेता चुनाव के समय अपने क्षेत्र के समाचार पत्रों में अपनी नीतियों, पार्टी के घोषणा पत्र, चुनावी रैली, जनसम्पर्क, विज्ञापन के माध्यम से जनता के बीच पहुँच बनाते हैं। समाचार पत्र में प्रचार केवल एक व्यक्ति विशेष के लिए नहीं होता है बल्कि वह एक समूह के लिए किया जाता है। जनसम्पर्क की इस विधा को सामाजिक दृष्टि से काफी महत्त्वपूर्ण भी माना जाता है। समाचार पत्रों में सम्पादक भी उस सूचना को ज्यादा प्रकाशित करता है जिससे उस समाचार पत्र से ज्यादा लोग जुड़ सकें क्योंकि प्रचार एक व्यक्ति से हमेशा समूह की तरफ जाता है। समाचार पत्र नेताओं से जुडी हुई खबरों को अपने समाचार पत्रों में स्थान भी देते हैं। नेता चाहता है कि किसी विपक्षी के खिलाफ बोले हुए प्रत्येक भाषण को अक्षरश: अपने समाचार पत्र में स्थान दें लेकिन चुनाव के समय निर्वाचन आयोग और अखबार की आचार सहिन्ता के अनुरूप ही सम्पादक अपने समाचार पत्र में राजनेताओं को प्रोपेगेंडॉ को स्थान देते है।

निर्वाचन अभियान की प्रविधियों में नारों का महत्त्वपूर्ण स्थान है। अत: नारों का उपयोग व्यापक रूप में किया जाता है। नारों ने दल व प्रत्याशी के हित में वातावरण तैयार किया है तथा मतदाताओं के मस्तिष्क को नारों में निहित आकर्षण से प्रभावित किया है। नारों का चयन राष्ट्रीय, प्रादेशिक व स्थानीय समस्याओं को ध्यान में रखकर तैयार किया जाता है।

## प्रोपेगेंडॉ के प्रकार (Types of Propaganda)

### 1. विज्ञापन के रूप में (Propaganda As Advertisement)

प्रोपेगेंडॉ को विज्ञापन के तौर पर देखा जाता है। अगर कोई संस्था या व्यक्ति विज्ञापन के रूप में प्रोपेगेंडॉ करेगा तो आवश्यक नहीं कि सभी लोग उसको सच मान लें लेकिन इसमें कुछ सच्चाई है, ऐसा मान लेते है अर्थात् इस तरह का प्रोपेगेंडॉ पूर्णत: सफल तो नहीं होता लेकिन कुछ हद तक असरकारी होता है।

### 2. समाचार के रूप में (Propaganda As News)

दूसरे प्रकार के प्रोपेगेंडॉ में विज्ञापन का रूप न देकर समाचार का रूप दिया जाता है तथा उसका प्रसारण समाचार पत्र, रेडियो व दूरदर्शन माध्यम की सहायता से कर दिया जाए तो लोग यही कहेंगे कि यह पूर्णत: सत्य है तथा इस आधार पर प्रोपेगेंडॉ के सफल होने की सम्भावना बढ़ जाती है।

19वीं शताब्दी से राजनीतिक क्षेत्र में बड़े पैमाने पर प्रोपेगेंडॉ का उपयोग राजनेताओं, विरोधी उम्मीदवारों और विशेष रुचि समूहों द्वारा विभिन्न एजेंडॉ को आगे बढ़ाने के लिए किया गया था। प्रोपेगेंडॉ का उपयोग किसी विचार, व्यक्ति या कानून की नकारात्मकता या सकारात्मकता को उजागर करने के लिए किया जाता है। प्रथम विश्व युद्ध के बाद के युग में हिटलर ने अपने यहूदी विरोधी विचारों और जर्मनी के लिए अपने दृष्टिकोण को बढ़ावा देने के लिए बड़े पैमाने पर प्रोपेगेंडॉ या सम्प्रचार का इस्तेमाल किया था। संयुक्त राज्य अमेरिका में युद्ध के समय और

सेना में भर्ती के उद्देश्यों के लिए आम जनता के मनोबल को बढ़ाने के लिए प्रोपेगेंडॉ शब्द का उपयोग किया गया था। प्रोपेगेंडॉ को विशेष विशेषताओं द्वारा परिभाषित किया गया है जो सीधी जानकारी से अलग करता है और आमतौर पर इसमें छिपे या गुप्त उद्देश्यों को प्रकट करता है। यह विशेष विशेषताएँ इस प्रकार होती है जैसे—इसमें बुद्धि के बाजाय भावनात्मक अपील की जाती है इसमें दर्शकों के निर्णय, पूर्वाग्रहों, नैतिकता की भावनाओं से अपील करने का प्रयास किया जाता है इसमें जानकारी सन्तुलित नहीं बल्कि चयनात्मक जानकारी का उपयोग किया जाता है। प्रोपेगेंडॉ के माध्यम से लोगों का ध्यान आकर्षित करने और दर्शकों को लक्षित करने के लिए प्रोपेगेंडॉ विभिन्न माध्यमों का उपयोग करता है। प्रोपेगेंडॉ माध्यमों में निम्नलिखित प्रकार के माध्यम शामिल होते हैं –

### I. दृश्य श्रव्य माध्यम (Audio Visual Medium)

1. रेडियो (Radio)
2. टेलीविजन (Television)
3. सिनेमा (Cinema)
4. वृत्तचित्र (Documentary)
5. विज्ञापन (Advertisement)
6. गीत (Song)
7. समाचार (News)
8. बातचीत प्रदर्शन (Talk Show)

### II. इंटरनेट माध्यम (Internet Medium)

1. वेबसाइट (Website)
2. ब्लॉग (Blog)
3. सामाजिक मीडिया (Social Media)
4. सामाजिक नेटवर्किंग (Social Networking Sites)

### III. कला और साहित्य (Art And Literature)

1. चित्र (Image, Picture)
2. पोस्टर (Poster)
3. पर्चे (Leaflets)
4. नाटक (Drama)
5. प्रदर्शन कला (Exhibition)
6. कॉमिक्स (Comics)
7. समाचार पत्र (News Paper)
8. पत्रिका (Magazines)

**IV. भाषण माध्यम (Speech Medium)**

1. रैली (Rally)
2. राजनीतिक घटनाएँ (Political Activities)
3. संगीत कार्यक्रम (Musical Program)
4. खेल की घटनाएँ (Sports Activities)
5. सार्वजनिक प्रदर्शनी (Public Exhibition)

किसी कम्पनी के प्रचार विभाग को अपने प्रतिष्ठान द्वारा निर्धारित प्रोपेगेंडॉ कार्यक्रम से प्राप्त परिणामों का मूल्याँकन करना अत्यन्त आवश्यक है क्योंकि इस मूल्याँकन से ही उसे अपनी की गई गतिविधियों की उपलब्धियों का पता चल सकता है यह इसलिए भी आवश्यक होता है कि जिससे प्रोपेगेंडॉ कार्य में कहीं कोई कमी रह जा रही हो तो उसे सुधारा जा सके। प्रोपेगेंडॉ कार्यक्रम का मूल उद्देश्य अपनी बात को बार-बार दोहरा कर अपने पक्ष के लिए जनमत तैयार करना और समाज में अपने प्रति विश्वसनीयता उत्पन्न करना है। यह जन विश्वसनीयता की प्राप्ति का एकपक्षीय कार्य की उपलब्धता के रूप में सर्वमान्य है ही लेकिन इसके दूसरे पक्ष का अत्यन्त महत्त्वपूर्ण आधार यह है कि प्रचारित कार्यक्रम यथार्थ रूप में लोगों की अभिरुचि के अनुरूप ही सिद्ध हो क्योंकि निश्चित रूप से प्रोपेगेंडॉ कार्यक्रम की सार्थकता जन विश्वसनीयता पर ही आधारित होती है।

## सार्वजनिक मामले और पैरवी

### (Public Affairs And Lobbying)

वर्तमान युग व्यापारिक युग होता जा रहा है और जो कारपोरेट मामले होते हैं उसके लिए कम्पनियाँ और उद्योग जिस किसी खास नीति (Policy) को लेकर सरकार से सम्पर्क करती हैं उसकी जानकारी सार्वजनिक की जानी चाहिए, ऐसा भारत के परिप्रेक्ष्य में अब जरूरी होता जा रहा है। इसमें सार्वजनिक रूप से लोगों को पता चलना चाहिए कि सरकार को क्या स्वीकार्य है और क्या नहीं स्वीकार्य है अर्थात् क्या कानूनी है और क्या गैर कानूनी। इस तरह के सार्वजनिक मामले की पैरवी तो विदेशों में हमेशा से परिभाषित किए गए हैं लेकिन भारत में यह स्थिति काफी अस्पष्ट है क्योंकि सामान्यतया भारत में पैरवी (Lobbying) का तात्पर्य लोग घूस लेने से मानते हैं। अमेरिका जैसे देशों में पैरवी कानूनी तौर पर सही है लेकिन ऐसा करनेवालों को समय-समय पर इसका खुलासा करना होता है।

भारत में जब कोई कम्पनी या उद्योग का बड़ा अधिकारी अपने पेशेवर तौर पर भारत सरकार के किसी अधिकारी या मन्त्री से मुलाकात करते हैं तो इस बात का तात्पर्य यह नहीं निकाला जाना चाहिए कि घूसखोरी की बात या घूस की रकम तय की जा रही है क्योंकि यह सब कुछ छुपे तौर पर होता था लेकिन वर्तमान समय में उद्योगों की स्थिति देखते हुए और भारत की अर्थव्यवस्था जिस तरह चौमुखी विकास कर रहा है लगता है कि कम्पनियाँ सार्वजनिक रूप से किस प्रकार की पैरवी करवाना चाहती हैं इसका पता आम जनता को लगना आवश्यक हो

गया है। ऐसा करने से नि:सन्देह व्यापार के लिए एक अच्छा माहौल बनेगा और भारत सुरक्षित तौर पर, बढ़िया और बिना झंझट का निवेश स्थान बनाए जाने के लिए अग्रणी होगा। ऐसा त्वरित रूप से न हो पाने के कारण भारत का व्यापार में निरन्तर नुकसान हो रहा है क्योंकि भारत का स्थान अन्तरराष्ट्रीय व्यापार करनेवालों की जगह में काफी नीचे है। भारत में सार्वजनिक मामले और पैरवी तब सम्भव हो पाया है जब वॉलमार्ट की तरफ से की गई पैरवी के मामले पर शोर मच गया। वॉलमार्ट मामले के बाद से सार्वजनिक रूप से कानूनी दायरे में पैरवी किए जाने की वकालत की गई और ऐसा माना गया कि आम जनता को इसकी पूरी-पूरी जानकारी होनी चाहिए। ऐसा न हो पाने की दशा में भारत का दिनों दिन नुकसान होता जा रहा है।

सार्वजनिक मामले आम तौर पर संगठनों, व्यापार या सरकारी सम्बन्धों के निर्माण के बीच जुड़ाव के प्रयासों को सन्दर्भित करते हैं। सार्वजनिक मामलों के सम्बन्ध में कवरेज की इतनी विस्तृत शृंखला होने से, स्वभाव से विषयों का एक मिश्रित रूप है जो रणनीतिक संचार पर बहुत अधिक निर्भर करता है जबकि अक्सर इसकी तुलना पैरवी से की जाती है। यह आमतौर पर एक सार्वजनिक मामलों के व्यवसायी जो कर सकता है उसका केवल एक छोटा-सा हिस्सा होता है। अन्य विशिष्ट कार्यों में अनुसन्धान, रणनीतिक योजना और सलाह प्रदान करना शामिल है।

डॉ. जुआन कार्लोस मोलेडॉ—"कई प्रकार के संगठन वस्तुत: शारीरिक रूप से सम्बन्धों का एक गतिशील सेट बनाने के लिए अपने मूल देश के बाहर जनता के साथ बातचीत और संवाद करते हैं। व्यापार, प्रत्यक्ष विदेशी निवेश, राजनीतिक गठबन्धन, योग्य वैश्विक कारण, सूचना प्रवाह और सोशल नेटवर्किंग अन्य घटनाओं के बीच उन सम्बन्धों की जटिलता को नाटकीय रूप से बढ़ा रहे हैं।"

सार्वजनिक मामलों का उपयोग करनेवाले संगठन आमतौर पर बड़ी कम्पनियाँ, चैरिटी, ट्रेड यूनियन, सदस्यता संगठन और हित समूह होते हैं। उनके पास या तो उनके लिए सीधे काम करनेवाले कर्मचारी होते हैं या सार्वजनिक मामलों के सलाहकारों की एक फर्म या कम्पनी को नियुक्त करते हैं जो किसी दिए गए क्षेत्र के विशेषज्ञ होते हैं।

सार्वजनिक मामलों का मूल रूप से वैश्विक प्रभाव होता है और इसे उस परिप्रेक्ष्य में राष्ट्र के लेंस के माध्यम से देखना आवश्यक है जिसमें इसका अभ्यास किया जा रहा है। संयुक्त राज्य अमेरिका और ग्लोबल नार्थ की आधिपत्य शक्ति अक्सर अन्तरराष्ट्रीय स्तर पर की जा रही प्रगति और ग्लोबल साउथ के भीतर और अधिक विशिष्ट होने की निगरानी करती है। ग्लोबल नॉर्थ और साउथ के बीच विवाद का एक मुद्दा यह गलत धारणा है कि सार्वजनिक मामले और अन्तरराष्ट्रीय सम्बन्ध, प्रथाएँ जिन्हें ग्लोबल नॉर्थ में मुख्यधारा माना जा सकता है, ग्लोबल साउथ में चल रही वास्तविकताओं के लिए प्रासंगिक नहीं हैं। वैश्विक दक्षिण की सम्पूर्णता को और अधिक समरूप नहीं बनाया जाना चाहिए विशेष रूप से अपने भीतर। दूसरे शब्दों में, सिद्धान्तों और सर्वोत्तम प्रथाओं को प्रत्येक राष्ट्र की अनूठी सांस्कृतिक और सरकारी माँगों का पालन करने के लिए संशोधित किया जाना चाहिए। सरकारी मामलों को पूरा करने की रणनीति को एक देश से दूसरे देश में काफी भिन्न होने की सम्भावना होती है। उदाहरण के लिए जापान में जो सम्भव है वह ताइवान में विफल हो सकता है। मीडिया सम्बन्धों और हितधारक सम्बन्धों

के साथ-साथ आन्तरिक संचार (Internal Communication) जैसे सार्वजनिक मामलों की रणनीतियों को बहुत बुद्धिमत्ता पूर्ण तरीके से अमल में लाया जाता है। उपनिवेशवादी प्रयासों का एक लम्बा इतिहास है जो अनुरूपता के सन्देशों को प्रसारित करता है और यह बताता है कि ग्लोबल साउथ की संगठित सरकार हीन है। सार्वजनिक मामले (Public Affairs) शब्द की उत्पत्ति अमेरिका में हुई थी, यह शब्द 1913 के अमेरिकी संघीय सरकार के निर्देश से विकसित हुआ जिसे 'जिलेट संशोधन' के रूप में जाना जाता है जो किसी भी सरकारी एजेंसी को अमेरिकी कांग्रेस की स्वीकृति के बिना प्रचार के लिए पैसा खर्च करने से मना करता है। इस तरह के एक व्यापक विषय की इस अलग-थलग उत्पत्ति ने अन्ततः 'ग्लोबल नॉर्थ के वर्चस्व को चुनौती देने के लिए एक एकीकृत लक्ष्य' बनाया लेकिन इसने कुछ असमानताओं को भी बढ़ाया जो ग्लोबल साउथ के भीतर राज्यों के बीच उभरी। विशेष रूप से चीन, ब्राजील और भारत ने खुद को मजबूत आर्थिक शक्तियों के रूप में स्थापित किया और उन राष्ट्रों के बीच हाशिए की एक परिचित समस्या को स्थापित किया जो पहले से ही वैश्विक उत्तर द्वारा हाशिए पर हैं।

ग्लोबल साउथ में नीति निर्माण का विकास अन्तरराष्ट्रीय सहयोग में दक्षिणी देशों की भागीदारी का विस्तार करने में एक प्रेरक शक्ति रहा है जिसके परिणामस्वरूप वास्तविक नीति परिवर्तन, वैश्विक निष्पक्षता और न्याय के साथ-साथ वैश्वीकरण में स्थिरता पर अधिक ध्यान दिया गया। हालांकि पूरे सार्वजनिक मामलों का केवल एक हिस्सा पैरवी (Lobbying) का अपना स्थान है। पैरवी (Lobbying) व्यक्तिगत लक्ष्योंवाले समूहों को सरकारी विधायिका तक पहुँचने में मदद करता है जो किसी एक व्यक्ति के लिए कठिन कार्य है। संयुक्त राज्य अमेरिका के ग्लोबल साउथ और यूनाइटेड किंगडम में पैरवी (Lobbying) की जड़े बहुत मजबूत है। कुछ उल्लेखनीय देश जो पैरवी गतिविधियों में भाग लेते हैं उनमें कोरिया, मैक्सिको, सऊदी अरब, कुवैत, दक्षिण अफ्रीका, चिली और पेरू आदि शामिल हैं। इन देशों के भीतर हालांकि पैरवी सार्वजनिक मामलों के उद्योग में एक सहभागी संकेत के रूप में एक सक्रिय आन्दोलन है फिर भी ग्लोबल साउथ के अपने प्रयासों में प्रगति के लिए बहुत अधिक विकास और पहुँच में वृद्धि हो रही है।

ग्लोबल नॉर्थ बड़े पैमाने पर संयुक्त राज्य अमेरिका और यूनाइटेड किंगडम की राजनीतिक शक्तियों से बना है। अमेरिका में इसकी स्थापना केवल 100 साल से कुछ अधिक समय पहले हुई थी, सार्वजनिक मामले एक अपेक्षाकृत नई अवधारणा है, वास्तव में पिछले दशक में सरकार के भीतर सार्वजनिक मामलों का अभ्यास उतना अच्छी तरह से स्थापित नहीं हुआ था जितना कि निजी क्षेत्र में। सार्वजनिक मामलों ने 1980 के दशक में यूरोपियन सेंटर फॉर पब्लिक अफेयर्स (European Centre For Public Affairs, ECPA) के माध्यम से ब्रिटेन में अपनी जगह बनाई। इस विषय पर अमेरिकी विशेषज्ञों को अमेरिका में लागू किए गए दृष्टिकोण और विधियों को सिखाने के लिए यूरोप भेजा गया लेकिन ग्लोबल साउध के लिए इस्तेमाल किए जा रहे ब्लूप्रिंट की तरह ऐसी शिक्षाएँ यूरोपीय राजनीतिक व्यवस्था के अनुकूलन में लगभग अप्रासंगिक थीं। जैसे-जैसे साल बीतते गए सार्वजनिक मामलों के प्रभाव के समान परिणाम और आँकड़े अमेरिका और ब्रिटेन दोनों में सामने आए। उदाहरण के लिए, अमेरिका में 89%

निगम और 53% व्यापार संघ अपने लॉबिंग प्रयासों में सफल होते हैं जबकि 60% नागरिक समूह और 63% फाउंडेशन विफल हो जाते हैं। इसी तरह ब्रिटेन में 61% निगम और 57% व्यापार संघ सफल होते हैं ठीक उसी तरह जैसे अमेरिका में जहाँ उद्योग अक्सर जीतता है। यूके में नागरिक समूह और फाउंडेशन समान दर (67% और 56%) पर सफल होते हैं। ये आँकड़े ग्लोबल नॉर्थ के भीतर व्यवस्थित मतभेदों के सम्भावित संकेतक हैं। अमेरिका में ये निष्कर्ष धनी व्यक्तियों और हित समूहों के पुन: चुनाव प्रयासों के परिणाम हैं जो अन्तत: व्यक्तियों पर निगमों को लाभान्वित करते हैं। यह तर्क दिया गया है कि पेशेवर लॉबिंग लोकतन्त्र के खिलाफ जाती है क्योंकि यह बड़े व्यवसाय को सत्ता खरीदने और अच्छी तरह से वित्त पोषित अभियानों के साथ प्रभाव डॉलने की अनुमति देता है जिससे उन्हें अनुचित लाभ मिलता है। सार्वजनिक मामलों के उद्योग में विनियमन और पारदर्शिता के स्तर को बढ़ाने के प्रयास के लिए कई देशों में कदम उठाए जा रहे हैं। कई देशों ने पैरवी करनेवालों के लिए एक अनिवार्य रजिस्टर पेश किया है।

सार्वजनिक मामलों के वर्तमान विकास को देखते हुए उन लोगों के बीच अभी भी एक आम धारणा है कि वह सार्वजनिक मामलों को लॉबिंग के साथ-साथ जनसम्पर्क का पर्याय बनाते हैं। ग्लोबल नॉर्थ के भीतर सार्वजनिक मामलों में न केवल पूर्व बल्कि अतिरिक्त रूप से सूचना निगरानी, मीडिया प्रबन्धन, योजना और संगठन, राजनीतिक विपणन और निश्चित रूप से नेटवर्किंग शामिल है। अमेरिका में 2019 और 2029 के बीच उद्योग में रोजगार के अवसरों में 7% की वृद्धि होने की उम्मीद है जो अन्य सभी व्यवसायों के औसत से तेज है और ज्यादातर संगठनों को अपनी सार्वजनिक छवि बनाए रखने के लिए बढ़ती आवश्यकता में योगदान दिया जा सकता है। ब्रिटेन में सार्वजनिक मामलों के उद्योग के आकार को निर्धारित करना मुश्किल है। अध्ययन से पता चलता है कि उद्योग अधिक पेशेवर होता जा रहा है और यह अक्सर अनुमान से कहीं अधिक व्यापक है। ब्रिटेन में जनसम्पर्क (Public Relation) के चार्टर्ड संस्थान है जो सार्वजनिक मामलों सहित सार्वजनिक सम्बन्ध के लिए ब्रिटेन की पेशेवर संस्था है। अनुमान है कि 48,000 लोग जनसम्पर्क कार्य में शामिल हैं जिनमें से 30% सार्वजनिक मामलों में शामिल रहे हैं। यह शोध सीमित है क्योंकि यह केवल विशिष्ट नौकरी के शीर्षकों को मापता है और जो खुद को जनसम्पर्क में कार्य करने की घोषणा करते हैं। विभिन्न प्रकार के क्षेत्रों में विभिन्न जॉब टाइटल के तहत काम करते हुए सार्वजनिक मामलों की सेवाएँ प्रदान करनेवाले बड़ी संख्या में पेशेवर हैं। सार्वजनिक मामलों के चिकित्सकों की नौकरी के शीर्षक उनकी भूमिका के फोकस के आधार पर भिन्न हो सकते हैं लेकिन इसमें सार्वजनिक मामले, बाहरी मामले, कॉर्पोरेट संचार, सरकारी व संसदीय मामले और नीति शामिल हो सकते हैं।

संयुक्त राज्य अमेरिका में राष्ट्रपति बराक ओबामा सार्वजनिक मामलों में पारदर्शिता बढ़ाने के लिए कई उपाय शुरू कर चुके हैं जिसमें ओबामा ने कार्यकारी शाखा के शीर्ष अधिकारियों को उनकी नौकरी की समाप्ति के तुरन्त बाद पैरवी करने से रोकने के लिए 21 जनवरी 2009 को कार्यकारी आदेश जारी कर दिया जिसके बाद उन्हें 2 साल तक किसी तरह की पैरवी करने का कोई अधिकार नहीं रहेगा, वह अपनी सरकारी नौकरी में अन्तिम वर्ष के दौरान काम करनेवाले किसी भी मुद्दे से सम्बन्धित शाखा के पूर्व शीर्ष कार्यकारी अधिकारियों के लिए लॉबिंग नहीं कर

सकते हैं। उन्होंने लॉबिस्टों और आर्थिक सुधार निधि प्रदान करनेवाली संघोय एजेंसियों के बीच मौखिक संचार पर प्रतिबन्ध भी लगाया है। ये उपाय विवादास्पद साबित हुए हैं और कुछ का तर्क है कि यह एक सकारात्मक और आवश्यक कदम है अन्य ने नीतियों को विभिन्न खामियों के कारण विफल माना है।

मीडिया के महत्त्व और सार्वजनिक मामलों के उद्योग में सूचना वितरण ने पिछले कुछ दशकों में असंख्य प्रवृत्तियों का अनुभव किया है। 1950 और 1970 के के बीच अध्ययनों में पाया गया है कि टेलीविजन प्रसारण के माध्यम से समाचारों की खपत में वृद्धि हुई जबकि इस अवधि के दौरान समाचार पत्र प्रचलन में कमी आई है। पीटर क्लार्क और ली रग्गल्स द्वारा 1970 में किए गए एक अध्ययन में यह भी पाया गया कि प्रिंट से रेडियो और टेलीविजन समाचारों के इस विकास के दौरान लोग अभी भी सार्वजनिक मामलों पर राष्ट्रीय या अन्तर्राष्ट्रीय समाचारों की तुलना में अधिक बार स्थानीय समाचारों के लिए समाचार पत्रों की ओर रुख करेंगे। 1980 और 1990 के दशक में राजनीति और सार्वजनिक मामलों के आसानी से उपलब्ध कवरेज के बढ़ते जोखिम के कारण यह पाया गया कि जो लोग इस तरह की जानकारी में रुचि रखते थे वे इसे आसानी से ढूंढते थे और दूसरों के साथ इस पर चर्चा करने का आनन्द लेते हैं। इस तरह के विषयों के बारे में बातचीत करने में समुदाय की भावना और रुचि विकसित हो रही है और इसके परिणामस्वरूप आज इसे सामाजिक माध्यम (Social Media) के रूप में जाना जाता है। वास्तव में पिछले एक दशक में विशेष रूप से युवा में सामान्य रूप से समाचारों की खपत में गिरावट आई है और सोशल मीडिया के माध्यम से जानकारी प्राप्त करने पर निर्भरता बढ़ी है। इस प्रकार सोशल मीडिया आउटलेट जैसे फेसबुक (Facebook) और ट्विटर (Twitter) आदि कुछ सबसे लोकप्रिय हैं।

## जनसम्पर्क की नवीन प्रवृत्तियाँ

### (New Trends of Public Relations)

किसी सूचना को किसी विशेष उद्देश्य के साथ प्रभावशाली रूप से प्रस्तुत करना प्रचार है और प्रचार का सुव्यवस्थित, उद्देश्यपूर्ण सम्पूर्ण जानकारियों के साथ प्रस्तुतिकरण जनसम्पर्क है परन्तु आज बदलते दौर में जनसम्पर्क के तरीके भी बदल रहे है और इसी कारण से जनसम्पर्क के साधन भी। एक दौर था जब जनसम्पर्क मुख्य रूप से पत्र-पत्रिकाओं के इर्द गिर्द तक ही सीमित था परन्तु आज अनेक अन्य साधनों के माध्यम से भी जनसम्पर्क किया जाता है। बोले हुए शब्द जनसम्पर्क का सबसे पुराना और प्रभावशाली साधन है। सीधे सम्पर्क के दौरान कही हुई बातों, भाषणों के द्वारा रखे गए तथ्यों और प्रेस कांफ्रेस में कही हुई बातों के जरिए सीधा और प्रभावपूर्ण जनसम्पर्क होता है। प्रेस, टेलीविजन, रेडियो आदि भी जनसम्पर्क के अत्यधिक प्रचलित और प्रभावशाली साधन हैं। सामाचार पत्र, पत्रिकाओं, टेलीविजन और रेडियो का जनसम्पर्क में काफी उपयोग होता है। पल्स पोलियो अभियान की सफलता के उदाहरण को देखें तो इन साधनों के माध्यम से हुए जनसम्पर्क ने लोगों में पोलियो के प्रति संवेदनशीलता बढ़ाई और पोलियो ड्राप पीने के प्रति रुझान को भी तेज किया। सीधे डॉक के जरिए भेजी जानेवाली मुद्रित

सामग्री, हैण्डबिल व अन्य छपी हुई प्रचार सामग्री का इस्तेमाल भी जनसम्पर्क के पुराने साधन के तौर पर होता रहा है। आज कल भी स्वयं सेवी संगठन इस साधन का पर्याप्त इस्तेमाल कर रहे हैं। इसी प्रकार दृश्य श्रव्य माध्यम भी जनसम्पर्क का एक अच्छा साधन है। कैंसर के प्रति जागरूकता बढ़ाने में स्लाइड शो प्रभावशाली रहे हैं। प्रदर्शनी मेले और अन्य सामाजिक उत्सव भी ऐसे अवसर होते हैं जहाँ पर किसी बात को प्रभावशाली तरीके से रखा जा सकता है, समझाया जा सकता है। बहुत से व्यवसायी अपने उत्पादों को लोकप्रिय बनाने के लिए भी जनसम्पर्क के इस साधन का इस्तेमाल करते है। विज्ञापन तो जनसम्पर्क का सबसे आसान साधन है जो बात कहनी है उसे रेडियो, टीवी या पत्र-पत्रिकाओं में विज्ञापन के माध्यम से कह दिया जाता है और इस प्रकार बात सही जगह तक पहुँच जाती है। भारत में खाद्य तेल के रूप में घी के स्थान डॉलडॉ के प्रारम्भिक विज्ञापन देखें तो यह बात बहुत आसानी से समझी जा सकती है। डॉलडॉ के उन विज्ञापनों (60 के दशक) में यह बताया जाता था कि डॉलडॉ क्या है और यह देशी घी से क्यों उन्नीस नहीं है। इन विज्ञापनों ने डॉलडॉ के प्रति लोगों के उत्सुकता बढ़ाई और डॉलड़ा एक सफल उत्पाद बन गया बहुत सारे अन्य ब्राइंस की सफलता में भी विज्ञापन के माध्यम से सफल जनसम्पर्क का कमाल जुड़ा हुआ है।

इसी प्रकार फिल्म भी जनसम्पर्क का एक बड़ा साधन है। एक दौर में सिनेमाघरों में फिल्म के प्रदर्शन से पहले अनिवार्य रूप से भारत सरकार के दृश्य-श्रव्य विभाग की बनाई गई वृत्तचित्र (Documentary) फिल्में दिखाई जाती थीं। यह फिल्में सरकार की नीतियों का प्रचार भी करती थीं और जन भावना को प्रभावित भी करती थीं। मोबाइल, इंटरनेट व इलेक्ट्रॉनिक मीडिया के साधन जनसम्पर्क की दुनिया में अपेक्षाकृत नए हैं लेकिन इसका असर और प्रभाव क्षेत्र बहुत व्यापक है इसलिए आज जनसम्पर्क कर्मी इन साधनों का अधिक-से-अधिक इस्तेमाल कर रहे हैं। मोबाइल अब जनसम्पर्क का एक बड़ा साधन बन गया है तो इंटरनेट उससे भी आगे है। जनसम्पर्क के इन साधनों को देश काल परिस्थिति के अनुसार इस्तेमाल किया जाता है। अनेक बार इस प्रकार के साधनों की तुलना में सीधा व्यक्तिगत सम्पर्क भी अधिक कारगर होता है।

गुजरात के जामनगर में लगभग डेढ़ दशक पहले जब रिलायंस उद्योग समूह रिफाइनरी लगाने जा रहा था तो स्थानीय ग्रामीणों ने जमीनें देने से इनकार कर दिया। सरकारी आदेश और उस पर अदालत की मोहर लग जाने के बाद भी किसान जमीनें छोड़ने को तैयार नहीं हुए। सरकार ने जबरन जमीनें खाली करवानी चाहीं मगर वह भी अधिक कारगर नहीं हुआ। इस पर रिलायंस ने जनसम्पर्क का रास्ता अपनाया। रिलायंस के प्रतिनिधियों ने गांव-गांव जाकर एक-एक ग्रामीण से बात की। उन्हें तेल शोधक कारखाना बनने से होनेवाले लाभों के बारे में बताया। उन्हें उनकी अनुत्पादक, नमकवाली जमीन के बदले में मिलनेवाले लाभ बताए। रिलायंस के प्रतिनिधियों ने उन्हें जनसम्पर्क की नवीन प्रवृत्तियों के माध्यम से शिक्षित किया। उन सभी ग्रामीणों के साथ-साथ समस्त भारत को फेसबुक, ट्विटर, एमएमएस, ब्लॉग, यू ट्यूब, लिंक्डइन, वेबसाईट प्रबन्धन, ई-मेल, वेबकास्टिंग, सर्च, ऐप आदि के माध्यम से मुहीम छेड़ते हुए बतलाया कि यह बदलाव उनके जीवन और उनके आनेवाली पीढ़ीयों के लिए कितना महत्त्वपूर्ण है। ग्रामीणों को जब सारी हकीकत पता लगी तो वे सहर्ष जमीन देने को तैयार हो

गए। खुद उन्हीं के प्रतिनिधि भूमिपूजन में शामिल हुए। यह उदाहरण इसलिए उल्लेखनीय है कि रिलायंस की जामनगर रिफाइनरी न केवल आज देश की समृद्धि में बहुत बड़ा योगदान कर रही है बल्कि उसकी वजह से उस सारे इलाके के ग्रामीणों की दुनिया भी बदल गई है। कहने का अभिप्राय यह भी है कि जनसम्पर्क के साधन कोई भी हों यदि उनका लक्ष्य पवित्र हो और उनमें कोई दुराव-छिपाय न हो तो वही साधन सबसे अधिक प्रभावकारी साबित होता है।

भारत के सामाजिक एवं आर्थिक विकास में जनसम्पर्क अपने नवीन प्रवृत्तियों के माध्यम के साथ एक अत्यन्त महत्त्वपूर्ण भूमिका निभा रहा है। देखते ही देखते जनसम्पर्क पहले की तुलना में एक प्रतिष्ठित पेशा बनता जा रहा है और यह कैरियर क्षेत्र भी बनकर उभर रहा है। जनसम्पर्क एक बहुत ही रचनात्मक कार्य है, यह सृजन-सम्पर्क की आत्मा है। इस पेशे को अपनाकर आप एक साथ अपने व्यवसाय, समाज, शासन और व्यावसायिक प्रतियोगी क्षेत्र में महत्त्वपूर्ण भूमिका निभा सकते हैं।

जनसम्पर्क का कार्य मात्र फोटो खिंचवाने और बैठकों के कार्यवाही विवरण लिखने तक सीमित नहीं है। जनसम्पर्क के क्षेत्र में काम करनेवाले पेशेवर (Professional) को जनता के नब्ज और अपने संस्था के बारे में पूरी जानकारी होना चाहिए। संगठन के कौन से कार्य, गतिविधि और क्रियाकलाप का जनता पर क्या प्रभाव पड़ेगा और जनता की क्या प्रतिक्रिया होगी इसका ज्ञान संगठन को कई समस्याओं से बचा सकता है। जनसम्पर्क अधिकारी को शीर्ष प्रबन्धन के सामने केवल मीठा-मीठा नही बोलना चाहिए बल्कि संगठन के कमजोर पक्षों को प्रबन्धन के सामने लाने में तनिक भी नहीं हिचकना चाहिए।

आन्ध्रप्रदेश के जनसम्पर्क विभाग के रिटायर्ड डॉयरेक्टर सी वी नरसिम्हा रेड्डी ने अपनी पुस्तक "पब्लिक रिलेशन एंड इफेक्टिव मीडिया स्टेटजी" में जनसम्पर्क अधिकारी के गुणधर्म की चर्चा करते हुए लिखा है कि पीआरओ में एंटिना और रिसीवर का बुनियादी गुण होना चाहिए। सूचनाओं को जनता तक पहुँचाने और जनता की प्रतिक्रियाओं को प्रबन्धन तक पहुँचाने का काम जनसम्पर्क अधिकारी को मुस्तैदी से करना चाहिए। संकटकाल, दैवीय आपदा और दुर्घटना के समय जनसम्पर्क की भूमिका और महत्त्वपूर्ण हो जाती है। संकटकालीन परिस्थिति में त्वरित गति से, सही सूचनाओं का प्रवाह होने से जनता के बीच फैलनेवाले अफवाह को रोका जा सकता है। जनसम्पर्क अधिकारी को पारम्परिक मीडिया और नई मीडिया का ज्ञान होना जरूरी है। जनसम्पर्क अधिकारी को ब्लॉग, वेबसाईट प्रबन्धन, ई-मेल, वेबकास्टिंग, सर्च भी सीखना चाहिए। जनसम्पर्क में बहुत शक्तियाँ हैं। जनसम्पर्क की ताकतों का इस्तेमाल कर सामाजिक बुराइयों को दूर किया जा सकता है। वर्तमान समय की चुनौतियाँ जैसे जलवायु परिवर्तन, एड्स, गरीबी और अशिक्षा के प्रति लोगों को जागरुक करने और इसके बारे में व्यापक जनमत तैयार करने में जनसम्पर्क बड़ी भूमिका निभा सकती है। खेल के अन्तरराष्ट्रीय एवं राष्ट्रीय आयोजनों को सफल और उस आयोजन के प्रति एक व्यापक जनसमर्थन जुटाने में जनसम्पर्क की भूमिका महत्त्वपूर्ण बनती जा रही है।

जिन देशों में लोकतन्त्र है वहाँ लोकतान्त्रिक मूल्यों को मजबूत करने में जनसम्पर्क बहुत बड़ी भूमिका निभा रही है। भारत जैसे विकासशील देश में प्रशासन और सरकार और जनता

के मध्य पारदर्शिता लाने में जनसम्पर्क की निर्विवाद भूमिका बनती है। राजनीतिक कार्यों में जनसम्पर्क का महत्त्व बढ़ने लगा है। बीते लोक सभा चुनाव में जनसम्पर्क को बहुत प्रभावकारी ढंग से इस्तेमाल किया गया जिसमें जनप्रतिनिधियों ने अपने प्रचार के लिए अधिकतर जनसम्पर्क की नवीन प्रिय प्रवृत्तियों की सहायता ले रहे थे जिसमें फेसबुक, ट्विटर, इंस्टाग्राम, टेलीग्राम और व्हाट्सएप आदि प्रमुख हैं। आनेवाले दिनों में जनसम्पर्क पेशेवरों को बहुत सम्मान मिलेगा जैसे कि आज कल विकसित देशों में जनसम्पर्क पेशेवरों को बहुत ही प्रतिष्ठित माना जा रहा है। अमेरिका में तो इसे 10 सबसे सर्वोत्तम व्यवसाय विकल्पों में शामिल भी किया गया है जैसे कारपोरेट के लिए कारपोरेट कम्युनिकेशन्स, सरकार के लिए जनसम्पर्क, राजनीतिक जनसम्पर्क, कला जनसम्पर्क आदि।

## माइंड मैपिंग इन सोशल मीडिया
## (Mind Mapping In Social Media)

सामाजिक मीडिया (Social Media) से तात्पर्य सामाजिक संचार (Social Communication) के द्वारा लोगों के साथ आपस में जुड़ना है यह बिलकुल फिजिकल नेटवर्क (Physical Network) की तरह ही है बस इसमें नेटवर्क ऑनलाइन (Network Online) होता है और वर्तमान समय ऑनलाइन का ही है इसलिए लोग आपस में बातचीत करने, सम्पर्क बढ़ाने के लिए या अपनी पसन्द की चीजों और सूचनाओं का आदान प्रदान करने के लिए सोशल मीडिया का इस्तेमाल करते हैं। सोशल मीडिया एक ऐसा मीडिया है जो बाकी सारे मीडिया (प्रिंट, इलेक्ट्रॉनिक और समानान्तर मीडिया) से अलग है। सोशल मीडिया इंटरनेट के माध्यम से एक आभासी विश्व (Virtual World) बनाता है जिसे उपयोग करनेवाला व्यक्ति सोशल मीडिया के किसी भी प्लेटफार्म (फेसबुक, ट्विटर, इंस्टाग्राम, लिंक्डइन, व्हाट्सएप, टेलीग्राम) आदि का उपयोग कर उसमें अपनी पहुँच बना सकता है। सोशल मीडिया में वेबसाइट (Website) और एप्लीकेशंस (Applications) की सुविधा को समझा जाता है जो हमारे जैसे ही दूसरे उपयोगकर्ताओं (Users) को यह व्यवस्था प्रदान करती है जिससे कि हम और अन्य दूसरे उपयोगकर्ता आसानी से एक-दूसरे के की सामग्री (Content) को देख सकें, उसकी रचना (Create) कर सकें और साथ ही एक-दूसरे को (Share) भेज सकें साथ में हम सब एक-दूसरे के साथ जुड़ सकें और उस कार्यक्रम में भाग ले सकें किसी न किसी सोशल नेटवर्किंग चैनल के माध्यम से। सामान्य तौर से सोशल मीडिया सर्विस उपयोगकर्ताओं (Users) को उनकी प्रोफाइल बनाने के लिए सहमति (Allow) देते हैं जिन्हें हम मुख्य रूप से दो भागों (Categories) में बांट सकते हैं—

### 1. इंटर्नल सोशल मीडिया (ISM, Internal Social Media)

इंटर्नल सोशल मीडिया मुख्य रूप से क्लोज (Close) और बहुत ही कम लोगों का समुदाय (Private Community) होता है जहाँ छोटे छोटी मात्रा या कम मात्रा में लोग जुड़े रहते हैं यह समुदाय उन्हीं लोगों के बीच में कार्य करता है। यहाँ पर इस नेटवर्क में जुड़ने के लिए

एक आमन्त्रण (Invitation) की आवश्यकता पड़ती है और केवल आमन्त्रण मिलने पर ही अन्य कोई व्यक्ति इस में जुड़ सकता है जैसे कोई शैक्षणिक समूह (Educational Group), फोटोग्राफी ग्रुप, बैंक ग्रुप या अन्य कोई गुप्त समूह (Secret Forum)।

## 2. एक्सटर्नल सोशल मीडिया (ESM, External Social Media)

एक्सटर्नल सोशल मीडिया में मुख्य रूप से खुली (Open) हुई और सार्वजनिक समुदाय (Public Community) होते हैं जहाँ बड़ी मात्रा में ज्यादा-से-ज्यादा लोग जुड़े रहते हैं और यह इन्हीं लोगों के बीच एक समुदाय की तरह कार्य करती है यहाँ इस नेटवर्क में कोई भी जुड़ सकता है जो इस समुदाय में जुड़ना चाहते हैं। यह मुख्य रूप से विज्ञापनदाताओं (Advertisers) को अपनी ओर आकर्षित करने का प्रयास करता है जो कि यहाँ ज्यादा लोग रहते हैं ऐसे में उपयोगकर्ताओं को यहाँ पर अपना विज्ञापन देने में, दूसरों के साथ मित्रवत व्यवहार बनाने में आसानी रहती है। ऐसे प्लेटफार्म पर विज्ञापनदाता अपने विज्ञापन कराकर लोगों के बीच में पहुँचने का प्रयास करते हैं जैसे फेसबुक, ट्विटर, इंस्टाग्राम, माय स्पेस इत्यादि। ज्यादातर सोशल मीडिया में जब तक कोई उपयोगकर्ता किसी अन्य को कंफर्म (Confirm) नहीं कर देता तब तक वह आपस में लिंक (Link) नहीं हो सकते अर्थात् उनका आपस में सूचनाओं का आदान-प्रदान नहीं हो सकता है। सोशल मीडिया बिलकुल किसी व्यापारिक मॉडल (Business Model) की तरह कार्य करता है जैसे यदि आपके अकाउंट पर ज्यादा-से-ज्यादा लोग उपलब्ध रहते हैं अर्थात् आपके पसन्द करनेवालों (Followers) की संख्या बहुत ज्यादा है तो निस्सन्देह कोई विज्ञापनदाता (Adevertiser) आपके पेज (Page) पर अपने विज्ञापन देने के लिए आपसे सहमति माँग सकता है और आप अपने सोशल मीडिया अकाउंट पर एक अच्छा व्यापार खड़ा कर सकते हैं।

सोशल मीडिया का सही रूप से इस्तेमाल करके छोटे व्यापारी या नया व्यापार प्रारम्भ करनेवाले लोग (Enterpenures) इसका लाभ ले सकते हैं क्योंकि यहाँ पर वह बहुत लोगों के साथ मिलकर अपने व्यापार को बड़ा कर सकते हैं। इन्हीं सोशल मीडिया के प्लेटफॉर्म का इस्तेमाल करके अपने उत्पाद का विज्ञापन कर सकते हैं क्योंकि सोशल मीडिया पूरे विश्व में इस्तेमाल किया जाता है इसलिए इसकी सहायता से हम दुनिया के किसी भी देश में स्थित लोगों के साथ सम्पर्क बना सकते हैं और अपने व्यापार को नई दिशा और दशा दे सकते हैं। बहुत से ऐसे लोग हैं जो स्वास्थ्य के बारे में सोशल मीडिया का इस्तेमाल कर अपनी जानकारी को और लोगों तक पहुँचाते हैं जिससे समाज का और अन्य लोगों का अधिक-से-अधिक भला हो सके। साथ ही सोशल मीडिया पर अनेक प्रकार के लीगल इन्वेस्टिगेशन (Legal Investigation), क्रिमिनल केसेस आदि के बारे में भी जानकारी दी जाने लगी है। इस पर कुछ ऐसे ऐसी सूचनाएँ भी दी जाती हैं जिससे पुलिस को उन केस को सुलझाने में मदद मिल जाए। इसमें एक प्रसिद्ध साइट है माय स्पेस (My Space)।

सोशल मीडिया के इस्तेमाल बहुत से लोग समाज सेवा के रूप में भी करते हैं क्योंकि वह यह भली-भान्ति जानते हैं कि सोशल मीडिया पर बहुत ज्यादा लोग आते हैं और अच्छी

जानकारी तलाश करते हैं। यदि वह वह अपनी समाज सेवा के बारे में उनसे बात करें तो हो सकता है अन्य लोग भी कुछ अच्छे काम से जुड़ने के लिए अपनी सहमति प्रदान करते हैं इससे उन समाज सेवकों की संख्या दिनों दिन बढ़ने लगती है और यदि वह सीधे तौर पर उस समाज सेवी संस्था के सदस्य नहीं हो पाते हैं फिर भी उस संस्था के और उसकी उसके द्वारा प्रदान की जा रही जानकारियों को फॉलो (Follow) करने लगते हैं और एक समय आता है कि एक समान सोच के लोगों का एक बड़ा समूह इकट्ठा हो जाता है और किसी भी असम्भव लगनेवाले लक्ष्य को भी आसानी से प्राप्त किया जा सकता है और जो समाज के लिए एक मील का पत्थर साबित हो सकता है।

## सोशल मीडिया के लाभ
## (Advantages of Social Media)

सोशल मीडिया का उपयोग करके किसी वस्तु का विज्ञापन आसानी से किया जा सकता है। किसी स्कूल की क्रियाकलापों को आसानी से अन्य लोगों को बताया जा सकता है जो चाहे उस स्कूल के हो या किसी अन्य जिला या अन्य प्रदेश के रहनेवाले हो। यदि हमारे रिश्तेदार या दोस्त कहीं दूर इलाकों में भी रह रहे हो तब भी हम सोशल मीडिया के माध्यम से उनसे आसानी से सम्पर्क कर सकते हैं और वह भी अत्यन्त कम खर्च में। उन्हें हम अपने फोटो, कोई भी डॉक्यूमेंट इत्यादि आसानी से भेज सकते हैं और उसे वापिस प्राप्त भी कर सकते हैं। नए दोस्त बना सकते हैं जो किसी दूसरी संस्कृति, किसी दूसरे देश या किसी अन्य प्रान्त का रहनेवाला हो। यह हमें हमेशा आधुनिक (Uptodate) रखने में सहायता करता है। सोशल मीडिया की सहायता से आजकल राजनीतिक पार्टी भी अपना ऑनलाइन अभियान (Campaign) चलाती हैं। यहाँ पर हम किसी तरह के डिबेट फोरम इत्यादि तैयार कर सकते हैं और आपस में बातची्त कर सकते हैं। सोशल मीडिया कमर्शियल नेटवर्क (Commercial Network) को मदद करती है और लोगों को अपने उत्पाद के बारे में जानकारी प्रदान करने के लिए एक बहुत ही अच्छा मंच प्रदान करती है। इससे पुलिस के लोग भी अपने जाँच आदि को सुचारू रूप से करने के लिए सहायता लेते हैं।

## सोशल मीडिया के नुकसान
## (Losses of Social Media)

वर्तमान समय में हमारी निजता एक अत्यन्त गम्भीर मुद्दा है जो कि सोशल मीडिया के आ जाने से इसको बचा पाना अत्यन्त मुश्किल प्रतीत हो रहा है। सोशल मीडिया के माध्यम से आपको न जाननेवाला (Unknown) या कोई गलत इरादेवाला व्यक्ति हमारी व्यक्तिगत सूचनाओं को आसानी से प्राप्त कर सकता है और इसका गलत उपयोग भी कर सकता है। सोशल मीडिया के उपयोग से हम अपने परिवार और दोस्तों से दूर जाने लगते हैं क्योंकि हमें ऑनलाइन वाले दोस्त ज्यादा अच्छे लगने लगते हैं। सोशल मीडिया में प्रवेश करने के बाद आप अपनी आयु को गलत बता सकते हैं जिससे अनजाने में ही सही हम खुद को खतरे में डॉलने

का प्रयास करने लगते हैं क्योंकि लोग छोटी उम्र में बिना समझे इसका उपयोग करने लगते हैं जिसका लाभ गलत इरादेवाले व्यक्तियों का उठा सकते हैं। सोशल मीडिया पर लोग अपने नाम का गलत अकाउंट बनाकर आपसे धन कमाने का प्रयास कर सकते हैं। सोशल मीडिया अनजाने में पहले तो हमें अपनी ओर खींचती है और बाद में यह हमें अपना गुलाम बना लेती है। कम्प्यूटर और नए गैजेट्स का इस्तेमाल करने से यह हमारे स्वास्थ्य पर भी बुरा असर डॉलता है।

अलग-अलग जगहों पर रहनेवाले लोग अपनी बातें एक-दूसरे तक पहुँचाने के लिए पहले टेलीग्राम, टेलीफोन, फैक्स मशीन, पेजर, मोबाइल फोन का सहारा लेते थे. बदलते समय के साथ ऑनलाइन कम्यूनिकेशन के क्षेत्र में क्रान्ति आई और हमारे सामने सोशल मीडिया (Social Media) का आगाज हुआ, जिसने लोगों के एक-दूसरे से जुड़ने का तरीका बदल दिया. पहला प्रमुख सोशल मीडिया प्लेटफॉर्म फ्रेंडस्टर था, जिसे 2002 में लॉन्च किया गया था. इसी साल लिंक्डइन भी आया और फिर 2003 में माइस्पेस आया. इसके बाद साल 2004 में फेसबुक के लॉन्च ने हमारे जीवन को बदल दिया और फिलहाल इसके एक अरब से ज्यादा यूजर्स हैं. मौजूदा वक्त में फेसबुक के अलावा, व्हाट्सऐप, ट्विटर, इंस्टाग्राम, यूट्यूब सबसे आम सोशल मीडिया प्लेटफॉर्म हैं। सोशल मीडिया ने आज हमारा जीवन पूरी तरह से बदल कर रख दिया है. आज हममें से कई लोग अपनी दिनचर्या से जुड़ी हर बात सोशल मीडिया पर पोस्ट करते नजर आते हैं। लोगों की लाइफ प्राइवेट से पब्लिक हो रही है. चौबीसों घंटे लोगों के साथ सम्पर्क में बने रहना हमारी फितरत में शामिल होने लगा है. यही कारण है कि स्मार्टफोन आज हमारी जिन्दगी का एक अटूट हिस्सा बन गया है। सोशल मीडिया नेटवर्क का सबसे बड़ा लाभ यह है कि आप चाहे दुनिया के किसी भी कोने में हों, इसके माध्यम से एक-दूसरे से सम्पर्क साध सकते हैं। सोशल मीडिया के आने से न केवल संचार में क्रान्ति आई बल्कि व्यापार और विज्ञापन की दुनिया में भी जबरदस्त क्रान्ति आई है। यही नहीं सूचनाओं के आदान-प्रदान में भी अत्यन्त तीव्रता आई है। सोशल मीडिया के इसी प्रभाव को देखते हुए 30 जून 2010 को वर्ल्ड सोशल मीडिया डे मनाए जाने का प्रावधान किया गया और तब से लेकर प्रतिवर्ष 30 जून को सोशल मीडिया डे मनाया जाता है। सोशल मीडिया डे पर यूजर्स सेल्फी, ट्वीट, पोस्ट करते हैं और फेसबुक, इंस्टाग्राम पर लाइव कर इस दिन को सेलिब्रेट करते हैं। 17 जनवरी 2011 को जेनिफर ली ने अपनी सेल्फी इंस्टाग्राम पर पोस्ट की थी। इसके 10 दिन बाद, 27 जनवरी को उन्होंने अपनी पोस्ट को एडिट करते हुए इसमें सेल्फी (Selfie) का इस्तेमाल किया था. यह पहली बार था जब सेल्फी के साथ हैशटैग का इस्तेमाल किया गया था। 1940 में सबसे पहले सुपरकम्प्यूटर के आविष्कार के बाद पहला सोशल नेटवर्क आया सिक्स डिग्री, जिसे एंड्रयू विनरिच के द्वारा 1997 में लॉन्च किया गया था। इसके माध्यम से सबसे पहले ऑनलाइन फोटो अपलोड कर एक-दूसरे से कनेक्ट करने की सुविधा दी गई थी। इस समय पूरी दुनिया में लगभग 3 अरब सोशल मीडिया यूजर्स हैं। ट्विटर की बात करें, तो हर दिन लगभग 500 मिलियन ट्वीट किए जाते हैं, इसका तात्पर्य यह हुआ कि हर सेकेंड में 6,000 ट्वीट किए जाते हैं। कैम्ब्रिज में मार्क जुकरबर्ग के द्वारा तैयार किया गया फेसबुक आज दुनिया में अन्य दूसरे किसी भी सोशल मीडिया साइट के मुकाबले सबसे ज्यादा प्रसिद्ध है और इसके सबसे ज्यादा फॉलोवर हैं। एक

सर्वे के अनुसार हर मिनट यूट्यूब पर 300 से भी ज्यादा वीडियो कंटेंट अपलोड किए जाते हैं जिसे औसतन हर व्यक्ति 40 मिनट यूट्यूब देखता है।

## सोशल मीडिया का भविष्य
## (Future of Social Media)

वर्तमान समय में हम जिस दुनिया में जी रहे हैं यह सब कुछ तकनीकी (Technology) से परिपूर्ण है इसलिए और ऐसा लगता है कि आनेवाले समय में यह तकनीकी भरा होगा इसलिए निसन्देह हम कह सकते हैं कि सोशल मीडिया का भविष्य बहुत उज्ज्वल है। लगातार यह अपने विकास के पथ पर अग्रसर है। आज लोग अपने पड़ोसियों के बारे में कम लेकिन दूसरे के पड़ोसियों के बारे में उनसे ज्यादा जानते हैं। यदि देखा जाए तो सोशल मीडिया बहुत अधिक नहीं बल्कि यह एक आभासी विश्व (Virtual Wold) में हो रहे संचार (Communication) का रूप है जहाँ हमारे बहुत सारे आभासी दोस्त (Virtual Friends) और समुदाय (Community) हैं। धीरे-धीरे सभी चीजें इस आभासी विश्व की तरफ बहुत तेजी से बढ़ रहे हैं और ऐसे में वह दिन दूर नहीं जब हमारी सारी निजी जानकारियाँ सोशल मीडिया पर बहुतायत से उपलब्ध रहेंगी। हम कहाँ जा रहे हैं, हम कल कहाँ जाएँगे, हम 15 दिन बाद कहाँ जाएँगे, हम अगले साल कहाँ जाएँगे, अभी हम क्या खा रहे हैं, अभी हम किस रास्ते पर चल रहे हैं, किस दुकान पर खड़े हो जाएँगे, यह सब कुछ सोशल मीडिया के माध्यम से अन्य सभी लोगों को पता चलता रहता है। आज के दौर में सोशल मीडिया ने एक-दूसरे से जुड़ने का तरीका बदल दिया है, सोते-जागते, उठते-बैठते, सोशल मीडिया आज हर किसी की जिन्दगी का अटूट हिस्सा बन गया है।

## माइंड मैपिंग इन सोशल मीडिया
## (Mind Mapping in Social Media)

माइंड मैपिंग के नाम से बहुत तेजी से यह तकनीक लोगों में चर्चित हो रही है। इस तकनीक के माध्यम से कुछ दृश्यात्मक चित्र बनाकर अपने पढ़े हुए विषय को हमेशा अपने दिमाग में रखने के लिए इसका उपयोग किया जाता है। इस तकनीक के माध्यम से हमें अपने विषय को समझने और उसे हमेशा याद रखने में यह तकनीक सहायता करती है। जहाँ किसी गुढ़ शब्द को याद करने में हमें अत्यधिक कठिनाई होती है वही मस्ती भरे इस एक्टिविटी का उपयोग करके हम अपने नोट्स बना सकते हैं, ब्रेनस्टॉर्मिंग, अध्ययन और किसी पढ़ी हुई चीज को हमेशा अपने दिमाग में रखने के लिए इस तकनीक का इस्तेमाल कर सकते हैं। ज्यादातर लोग इस तकनीक को अपनी पड़ी हुई चीजों को याद रखने में कर रहे हैं। वर्तमान समय में सोशल मीडिया द्वारा इस प्रकार की तकनीक को बहुत अधिक बल मिल रहा है। माइंड मैपिंग अवधारणा के जन्मदाता टोनी बुझान है, एक ब्रिटिश लेखक हैं और इन्होंने माइंड मैपिंग पर बहुत सारी पुस्तकें लिखी हैं।

उदाहरणस्वरूप हमारे भारत देश में किसी भी राजनीतिक मुद्दे को सम्प्रेषित करने के लिए माइंड मैपिंग तकनीक का सहारा लिया जा रहा है जैसे हाल के कुछ वर्षों में वर्तमान भारत

सरकार के विरोधी दल अपने हित के प्रचार एवं प्रसार तथा वर्तमान सरकार की आलोचना के लिए इस प्रकार की अनेक सामग्री गलत समाचार (Fake News) के रूप में सोशल मीडिया पर प्रसारित करते हैं जिससे सरकार की छवि धूमिल हो सके। जैसे 15,00,000/ रुपये भारत के प्रत्येक नागरिक के खाते में आएँगे, यह दुष्प्रचार अत्यधिक जोर-शोर से सोशल मीडिया पर किया गया। विनिवेशीकरण के रूप में सरकार द्वारा घाटे में चल रही परियोजनाओं को बेचने के क्रम में भ्रामक खबरों को फैलाकर सरकार की छवि धूमिल करने का प्रयास किया जाता है। छोटी-छोटी घटनाओं को कुछ भ्रामक तस्वीरों के साथ तोड़ मरोड़ कर सोशल मीडिया पर प्रचारित एवं प्रसारित किया जाता है जिससे देश में साम्प्रदायिक तनाव और आपसी वैमनस्य की भावना उत्पन्न होती है। इस प्रकार की घटनाएँ हाल के वर्षों में अधिक देखने को मिल रही है कि जिससे देश में शान्ति और सुरक्षा का संकट पैदा हो और सरकार अस्थिर हो सके। देश के विभिन्न राज्यों में धार्मिक उन्माद और वैमनस्य फैलाने का प्रयास सोशल मीडिया के माध्यम से अत्यधिक किया जाता है। इसी तकनीक का सहारा लेकर एक कुशल जनसम्पर्क अधिकारी अपने अपने संगठन के हित में प्रचार करते हैं। यह तकनीक जहाँ एक और देश को संकट में भी डॉल सकती है वहीं दूसरी ओर देश की प्रगति में भागीदारी भी निभा सकती है।

इसी तकनीक का सहारा लेकर हमारे भारत देश की पतंजलि कम्पनी जो अपने आप को पूर्णतया स्वदेशी होने का दावा करती है। वह अपने उत्पादों का पूर्णतया स्वदेशी के नाम से खूब प्रचारित और प्रसारित करती है। वह इस प्रकार से सोशल मीडिया पर अपने विज्ञापन करती है जिससे प्रतीत होता है कि यदि आपके अन्दर भारतीयता के गुण हैं तो उस कम्पनी के उत्पाद अपने घरों के लिए खरीदना अवश्य चाहिए। यही कारण है कि माइंड मैपिंग का सोशल मीडिया के माध्यम से सहायता लेकर उस कम्पनी के उत्पाद आज भारत के लगभग सभी घरों में उपलब्ध है। भारत के लोग जो विदेश में रहते हैं उसी कम्पनी के उत्पाद अपने घरों में भी रखते हैं उनका यही मानना होता है कि वह भारतीय हैं इसलिए वह पतंजलि के उत्पाद खरीदना चाहते हैं। माइंड मैपिंग तकनीक का सहारा लेकर वर्तमान समय में पतंजलि का कारोबार कई हजार करोड़ का हो चुका है और वर्तमान समय में इनके भारत के साथ ही विदेशों में अनेक स्थानों पर आउटलेट हैं। इस प्रकार निसन्देह कहा जा सकता है की माइंड मेपिंग सोशल मीडिया की एक ऐसी तकनीक है कि आप अपने व्यापार को नई दिशा देते हुए शीर्ष बिन्दु तक पहुँच सकते हैं।

# 7

# जनसम्पर्क साधन

## (Public-Relation Tools)

जनसम्पर्क आरम्भ से ही सम्पर्क अधिकारी बनाने का एक सशक्त माध्यम रहा है इसके द्वारा किसी भी संगठन, संस्था, राजनैतिक पार्टियाँ इत्यादि में जनसम्पर्क द्वारा अपने उद्‌देश्य को सरलता से प्राप्त किया जा सकता है। विज्ञापन की भान्ति जनसम्पर्क भी एक ऐसा साधन है जो अपने प्रभाव के कारण सीधे जनसाधारण को अपने साथ जोड़ता है। इस अभियान में जनसम्पर्क प्रक्रिया के लिए अनेक उपयोगी एवं सार्थक साधन है जिनका अपना अलग-अलग महत्त्व है। उपयोग एव रुचि के आधार पर जनसम्पर्क के विभिन्न साधनों का उपयोग भिन्न-भिन्न उद्‌देश्यों के लिए किया जाता है जो कि इस प्रकार है—

### 1. रेडियो (Radio)

रेडियो जनसम्पर्क का प्रभावी साधन माना जाता है क्योंकि इसकी पहुँच सर्वाधिक आम आदमी तक है। आकाशवाणी सरकार का अतिमहत्त्वपूर्ण जनसम्पर्क माध्यम है जिसके द्वारा देश भर में हर भाषा में सरकार के कार्यक्रम, नीतियाँ घर-घर तक पहुँचाई जाती है। कुछ समय पूर्व जब दूरदर्शन नहीं था तब आकाशवाणी ही जनसम्पर्क स्थापित करने का महत्त्वपूर्ण साधन था। आज भी यह सस्ता, सुलभ और विस्तृत प्रसारवाला जनसम्पर्कीय साधन माना जाता है। शिक्षित, अशिक्षित, अमीर, गरीब, बुद्धिजीवी तथा किसान सभी लोगों को इसके माध्यम से जानकारी प्रदान की जाती है। जब भी कोई नई सरकार आती है, कोई महत्त्वपूर्ण बात होती है तथा राष्ट्रीय दिवसों पर शासनाध्यक्ष स्वयं आकाशवाणी से जनता को सम्बोधित करते हैं।

सरकार अपनी गृह नीति, विदेश नीति, आर्थिक नीति, औद्योगिक नीति, पंचवर्षीय योजनाओं आदि के बारे में आकाशवाणी के माध्यम से प्रकाश डॉलती है। आकाशवाणी पर प्रसारित होनेवाले कार्यक्रम जनसम्पर्क के प्रमुख साधन हैं। आज निजी एफएम रेडियो (FM Radio) भी जनसम्पर्क का एक अच्छा साधन बन गया है। निजी संस्थाओं के प्रतिनिधि इसमें कम मूल्य पर अपना पक्ष रख कर अपना जनसम्पर्क बढ़ा रहे हैं।

### 2. दूरदर्शन (Television)

रेडियो के बाद टेलीविजन जनसम्पर्क अभियान में अपनी महत्त्वपूर्ण भूमिका निभाता है जिसका अपना प्रभाव है। सरकार द्वारा 15 सितम्बर 1959 को टेलीविजन स्थापित किया गया। यह भारत का एक लोकप्रिय एवं प्रभावी माध्यम है जिसे जनसम्पर्क का एक विस्तृत साधन

माना गया है। रेडियो की भान्ति टेलीविजन जनसम्पर्क का एक विशिष्ट एवं उपयोगी साधन है। दूरदर्शन को आधुनिक युग की एक ऐसी देन के रूप में स्वीकार किया जाता है जो जनसम्पर्क का सर्वाधिक महत्त्वपूर्ण साधन बन गया है। आकाशवाणी सिर्फ श्रव्य माध्यम है परन्तु दूरदर्शन में श्रव्य और दृश्य (Audio & Visual) दोनों रूप साथ-साथ दिखाए जाते हैं, फलतः इसकी विश्वसनीयता अधिक हो जाती है। दूरदर्शन के माध्यम से समाचारों का संकलन दृश्य सहित प्रस्तुत किया जाता है। महत्त्वपूर्ण सामयिक प्रश्नों पर विशेषज्ञों के परिसंवाद (Seminar), गोष्ठियाँ (Conferences) और चर्चाएँ (Discussions) आदि आयोजित की जाती हैं। भारत में जब से दूरदर्शन का विस्तार हुआ है तब से सरकार ने छविगृहों में अपना प्रचार लगभग बन्द-सा कर दिया है तथा अब वृत्तचित्र (Documentary) इत्यादि दूरदर्शन पर ही दिखाए जाते हैं। देश के प्रधानमन्त्री, राष्ट्रपति व अन्य महत्त्वपूर्ण शासन अधिकारियों के वक्तव्य आदि सम्बोधन दृश्यों सहित टेलीविजन के माध्यमों के जरिए जनता को देखने को मिल जाते हैं। जब प्रधानमन्त्री अपना सम्बोधन राष्ट्र के नाम दूरदर्शन पर देते हैं तो सामान्य दर्शकों को ऐसे लगता है मानो प्रधानमन्त्री उनके कमरे में बैठकर उनसे आमने-सामने बातें कर रहे हैं। इस तरह की वार्ताएँ और प्रचार जनसम्पर्क के अति उत्तम सहायक है। निजी क्षेत्र और कारपोरेट घराने भी जनसम्पर्क के लिए टेलीविजन की ताकत को पहचान चुके हैं इसलिए वे भी अब इस माध्यम को जनसम्पर्क की पहली पसन्द मानने लगे हैं।

### 3. पत्र सूचना कार्यालय (Press Information Bureau, PIB)

जनसम्पर्क के रूप में पत्र सूचना कार्यालय सरकार का प्रमुख संस्थान है यह भारत सरकार की नीतियों, कार्यक्रम, पहल और उसकी उपलब्धियों के बारे में समाचार पत्रों तथा इलेक्ट्रॉनिक मीडिया को सूचना देनेवाली यह एक प्रमुख एजेंसी है। इसके दो विभाग प्रत्येक सूचना और कार्यक्रम को जन-जन तक पहुँचाने का कार्य करते हैं—

I. प्रशासनिक विभाग।

II. प्रेस प्रचार कार्यालय।

जन सम्पर्क स्थापित करने के विभिन्न साधनों में यह सर्वाधिक सशक्त माने जाते हैं। प्रत्येक सरकार अपने कार्यक्रमों और योजनाओं का जनता में प्रचार-प्रसार करने के लिए अनेक प्रकार के पत्र-पत्रिकाओं का प्रकाशन करती है। प्रायः सरकार का अपना एक सूचना अथवा प्रकाशन विभाग होता है। यह विभाग जनता को सरकारी कार्यों की आवश्यक जानकारी देने के लिए विभिन्न प्रकार के प्रकाशन यथा पत्रिकाएँ, पुस्तिकाएँ, पैम्पलेट, इत्यादि निकालता है। ये काफी सस्ते होते हैं, कुछ प्रकाशन सामग्री बिलकुल निःशुल्क भी दी जाती है। भारत में विज्ञापन तथा दृश्य प्रचार निदेशालय (Directorate Of Advertising And Visual Publicity) कुछ ऐसी पुस्तिकाएँ डॉक द्वारा निःशुल्क रूप से जनसामान्य को भेजता है जिसमें प्रधानमन्त्री का भाषण तथा नीतिगत वक्तव्य छपा रहता है। प्रकाशन विभाग का प्रमुख उद्देश्य यही है कि सरकारी कार्यों के बारे में जनता को जानकारी दी जाय और उन्हें तथ्यों से अवगत कराया जाय। सरकारी कार्यों तथा उपलब्धियों को बताने के लिए न सिर्फ अपने देश में प्रकाशन सामग्री उपलब्ध

करायी जाती है बल्कि विदेशों में भी अपने दूतावासों के माध्यम से जरूरतमन्द व्यक्तियों को यह प्रकाशन सामग्री दी जाती है। सरकार के उच्च पदाधिकारी प्रेस सम्मेलन के माध्यम से देशी तथा विदेशी पत्रकारों को अपनी नीतियों तथा उपलब्धियों के बारे में बताते हैं। निजी क्षेत्र व विभिन्न संस्थाएँ भी जनसम्पर्क के लिए प्रेस तथा प्रकाशन की सहायता लेती हैं। निजी संस्थाएँ अपनी पत्र-पत्रिकाओं का प्रकाशन भी करती हैं और अन्य प्रकाशनों के माध्यम से भी अपना पक्ष लोगों के सामने रखती हैं।

### 4. विज्ञापन एवं दृश्य विभाग (Advertisement And Visual Department)

भारत सरकार का विज्ञापन एवं दृश्य प्रचार विभाग सरकार के विभिन्न माध्यमो द्वारा सरकारी योजनाओं, नीतियों को हर भाषा, संस्कृति में प्रस्तुत करता है। इसमें चित्र, पुस्तकें, दृश्य, ध्वनि इत्यादि शामिल होते हैं। इसका मुख्यालय नई दिल्ली में स्थित है। बैंगलोर व गुवाहाटी में दो क्षेत्रीय कार्यक्रम इकाई व देश भर में लगभग 35 क्षेत्रीय इकाईयाँ है।

### 5. फिल्म डिवीजन (Film Division)

भारत सरकार का फिल्म विभाग फिल्मस, वृतचित्र (Documentary) का जनता की रुचि के अनुसार उनकी भाषा में कार्यक्रम तैयार करता है जिसे एक फिल्म के माध्यम से आम जन तक पहुचाया जाता है। इस विभाग ने अपनी वैबसाईट तैयार की है इसे फ़िल्म डिवीजन का नाम दिया गया है।

### 6. प्रकाशन विभाग (Publication Department)

प्रकाशन विभाग पुस्तकें, एलबम, चित्र, सामाजिक प्रकाशन, जीवन परिचय, लेख रूपक इत्यादि का सफल प्रकाशन करता है। रोजगार समाचार, समाचार पत्रिका, आजकल, कुरूक्षेत्र, योजना, भागीरथ, इंडियन एंड फोरन व्यू, बाल भारती इत्यादि पत्रिकाओं का प्रकाशन किया जाता है। ये विभाग प्रधानमन्त्री, राष्ट्पति के चुनिन्दा भाषणों का प्रकाशन करता है और प्रतिवर्ष लगभग 150 से अधिक पुस्तकें भी प्रकाशित करता है जिसके देशभर में 300 विक्रय एजेंट है जिनकी संख्या निरन्तर बढ रही है। इसका मुख्यालय दिल्ली में स्थित है। मुम्बई, कलकत्ता, पटना, लखनऊ, हैदराबाद, तिरूवतनपुर में इसकी क्षेत्रीय इकाई स्थापित है।

### 7. गीत एवं नाटक विभाग (Music And Drama Department)

सरकार का सूचना एवं प्रसारण मन्त्रालय के अन्तर्गत गीत एवं नाटक विभाग मनोरंजक तरीके द्वारा लोकगीत, तमाशा, नाटक इत्यादि द्वारा सरकार की नीतियों को आम जन तक पहुँचाती है। इसमें नृत्य-नाटिका, लोक नृत्य, कठपुतली व अन्य परम्परागत साधनों का भी उपयोग किया जाता है। इस विभाग में दस हजार स अधिक कलाकार कार्य कर रहे हैं।

### 8. चित्र विभाग (Photo Department)

फोटो विभाग हर कार्यक्रम की तस्वीरें विभिन्न संगठनों को प्रेषित करता है। सरकार का यह विभाग फोटो प्रदर्शनी व समय-समय पर अन्य कार्य भी करता है। आधुनिक युग में नए-

नए वैज्ञानिक आविष्कारों के कारण जनसम्पर्क स्थापित करने के लिए विभिन्न साधनों में दिनों दिन अत्यधिक वृद्धि हो रही है। अब जनसम्पर्क के नए-नए और अत्यधिक शक्तिशाली साधन विकसित हो चुके हैं। विभिन्न प्रकार के दृश्य साधनों के प्रयोग द्वारा जनसम्पर्क को अधिकाधिक सुलभ, सुन्दर और एक विशिष्ट कला बना दिया गया है।

### 9. चलचित्र (Films)

फिल्मों का प्रयोग भी सरकार अपने प्रचार साधन के रूप में करती है। किसी विशेष विषय की जानकारी या शिक्षा देने के लिए विभिन्न प्रकार के वृत्तचित्र बनाए जाते हैं। देश-विदेश में होनेवाली घटनाओं की जानकारी देने के लिए समाचार दर्शन का निर्माण किया जाता है। केन्द्र सरकार ने फिल्मों के विकास के लिए अलग से फिल्म डिवीजन की भी स्थापना की है जो सरकारी चलचित्र तैयार करता है। गांव-गांव एवं मोहल्लों में सरकारी गाड़ियों से घूम-घूम कर भी ये चलचित्र दिखाए जाते हैं तथा इसके द्वारा प्रचार के साथ मनोरंजक फिल्में भी दिखायी जाती हैं। हालांकि अब इलेक्ट्रॉनिक मीडिया के आने से यह प्रथा समाप्त होने लगी है।

### 10. इलेक्ट्रॉनिक मीडिया (Electronic Media)

बीसवीं सदी के अन्तिम दशक में इलेक्ट्रॉनिक मीडिया ने काफी तीव्र और प्रभावशाली ढंग से भारतीय परिवारों के शयन कक्ष में प्रवेश किया। इसके प्रभाव और आकर्षण ने लोगों को इतना प्रभावित किया कि जनसम्पर्क के अन्य माध्यम काफी पीछे छूट गए क्योंकि इसमें श्रव्य और दृश्य का एक साथ सुन्दर समायोजन दिखने लगा। सन् 2000 तक ही टेलीविजन पर सैकड़ों चैनल अपना प्रभाव जमाने के लिए प्रयत्नशील हो चुके थे। सूचना, समाचार, विश्लेषण रिपोर्ट, पैनल चर्चा आदि के माध्यम से लोगों को जागृत करने की जैसे होड़ मच गई। एक दर्जन से अधिक चैनल चौबीसों घण्टे समाचार का ही प्रसारण करने लगे। अत: इसने जनसम्पर्क के क्षेत्र में बहुत बड़ी क्रान्ति ला दी है। अब तो टेली कॉन्फ्रेंसिंग के माध्यम से समाचार कक्ष में बैठा पत्रकार देश-दुनिया के विभिन्न कोनों में उपस्थित विशेषज्ञों और पत्रकारों से सजीव वार्ता कर लेता है। देश के प्रधानमन्त्री, राष्ट्रपति और अन्य उच्च शासन अधिकारियों के वक्तव्य आदि जनता को नित्य देखने को मिल जाते हैं। समाचार देखने और सुनने के लिए अब किसी निर्धारित अवधि का इन्तजार नहीं करना पड़ता बल्कि हर वक्त पूरे विश्व का घटनाक्रम रिमोट के एक बटन पर उपलब्ध रहता है। इलेक्ट्रॉनिक मीडिया ने निजी क्षेत्र के लिए भी जनसम्पर्क आसान बना दिया है।

### 11. कम्प्यूटर एवं इन्टरनेट (Computer and Internet)

वैसे तो कम्प्यूटर का प्रवेश भारत में नब्बे के दशक से ही होने लगा था परन्तु बीसवीं सदी के अन्त एवं इक्कीसवीं सदी के प्रारम्भ में इसका विकास इतनी तीव्र गति से हुआ कि सुविधा, संचार और व्यवस्था की एक बहुत बड़ी ताकत से हमारा देश एकाएक जुड़ गया। इंटरनेट का प्रवेश होने के बाद लोग घर बैठे सूचनाओं के समुद्र से जुड़ गए और कम्प्यूटर के जरिए इतनी

सारी जानकारियाँ घर बैठे ही उपलब्ध होने लगीं कि "गागर में सागर" की कहावत चरितार्थ हो गई। बड़ी-बड़ी पोर्टल कम्पनियाँ, पुस्तकालय, समाचार पत्र-पत्रिकाएँ, शैक्षणिक संस्थान, व्यावसायिक गतिविधियाँ, मनोरंजन व खेल से जुड़ी संस्थाओं द्वारा अपनी सारी सूचनाएँ कम्प्यूटर में उड़ेल दी गईं। वस्तुत: कम्प्यूटर व इंटरनेट ने आज जनसम्पर्क के क्षेत्र में एक ऐसी आधुनिक क्रान्ति ला दी है जो अवर्णनीय है।

## 12. प्रदर्शनी (Exhibition)

जन सम्पर्क स्थापित करने के लिए विभिन्न प्रकार की प्रदर्शनियों का भी सहारा लिया जाता है। सरकारी व निजी संस्थाओं के कार्यकलापों से जनसाधारण को अवगत कराने के लिए समय-समय पर सार्वजनिक स्थलों और मेलों में प्रदर्शनियों का आयोजन किया जाता है। इन प्रदर्शनियों में सभी प्रकार की दृश्य सामग्रियाँ, फोटो चार्ट, रेखाचित्र, मॉडल युक्तचित्र, नक्शों आदि से विभिन्न विभागों या संस्थाओं के कार्यों को दिखाया जाता है। इन प्रदर्शनियों में विशेष विभाग से सम्बन्धित महत्त्वपूर्ण जानकारियाँ दी जाती हैं तथा उपलब्धियों को जनता के समक्ष रखा जाता है। निजी क्षेत्र के संगठन भी प्रदर्शनियों के माध्यम से अपना जनसम्पर्क बढ़ाते हैं।

## 13. व्याख्यान अथवा भाषण (Speeches)

व्याख्यान अथवा भाषण के द्वारा जनसम्पर्क करना एक प्राचीनतम साधन है जो आज भी अत्यन्त प्रभावशाली माना जाता है। सार्वजनिक स्थलों पर जनसमूह के समक्ष मंच से अपने विचारों को जनता तक पहुँचाना तथा विरोधी दलों के दोषारोपणों का जवाब देना जनसम्पर्क का माध्यम है। इसमें जनसाधारण प्रत्यक्ष रूप से अपने सामने प्रधानमन्त्री, अन्य मन्त्री अथवा उच्च पदस्थ नेताओं के विचार जानता है। जनसमूह के समक्ष दिये जानेवाले भाषणों में विभिन्न सरकारी योजनाओं और कार्यक्रमों पर प्रकाश डॉला जाता है। इस प्रकार के व्याख्यानों से सरकारी विभागों के कार्यों के बारे में जनता में प्रचलित अनेक भ्रान्तियाँ दूर होती हैं तथा जनता तथ्यों और वास्तविकताओं से अवगत होती है।

## 14. विज्ञापन (Advertisement)

विज्ञापन सिर्फ निजी कम्पनियों द्वारा ही नहीं अपितु सरकार द्वारा भी दिए जाते हैं जनहित के उद्देश्य में सभी सरकारें जनसम्पर्क के इस साधन का उपयोग करती हैं। जनता को उसके कर्तव्यों का स्मरण दिलाने, सचेत और सावधान करने की दृष्टि से भी सरकारी विज्ञापन उपयोगी होते हैं। परिवार कल्याण, अल्प बचत योजना, रेल सम्पत्ति की सुरक्षा, विद्युत बचत, टेलीफोन के दुरुपयोग को रोकना, अग्नि से सुरक्षा, बच्चों को रोग निरोधक टीका देने, गर्भ निरोधक उपाय अपनाने तथा समय पर कर (Tax) जमा करने इत्यादि से सम्बन्धित अनेक विज्ञापन श्रव्य और दृश्य माध्यम के साथ-साथ प्रकाशन माध्यम से तैयार किए जाते हैं। इन्हें पत्र पत्रिकाओं, रेडियो, दूरदर्शन इत्यादि पर प्रसारित और प्रचारित किया जाता है। निजी क्षेत्र के लिए तो विज्ञापन से बढ़कर दूसरा कोई जनसम्पर्क का साधन ही नहीं है।

## 15. परम्परागत साधन (Traditional Resources)

ग्रामीण क्षेत्रों में प्रचार-प्रसार के लिए भारत में परम्परागत साधनों का भी इस्तेमाल किया जाता है। लोक गायक, लोकनर्तक मंडलियाँ, नौटंकी, कठपुतलियों का नाच, हरि कथाएँ, कव्वालियाँ आदि भारत में ऐसे पुराने परम्परागत साधन हैं जो सीधी-सादी जनता को ज्यादा आकर्षित करते हैं। प्रत्येक जिले के सूचना और जन सम्पर्क विभाग में इस तरह के कलाकारों की नियुक्ति कर मंडलियाँ बनाई जाती हैं। इनके माध्यम से परिवार नियोजन, राष्ट्रीय एकता, पंचवर्षीय योजनाओं, सामुदायिक योजनाओं इत्यादि के बारे में विधिवत् जानकारी दी जाती है।

## 16. व्यक्तिगत सम्पर्क (Personal Contact)

जनसम्पर्क का सीधा अर्थ है जनसाधारण के साथ सम्पर्क। यदि यह सम्पर्क व्यक्तिगत रूप से प्रत्यक्ष रूप में हो तो बात ज्यादा प्रभावशाली बन जाती है, इसमें मशीनीकरण कम होता है मानवीयता ज्यादा होती है। यदि जनसाधारण किसी मन्त्री अथवा उच्च शासनाधिकारी से मिलता है तो यह समझता है कि वह सरकार से बात कर रहा है। मन्त्री या अधिकारी का सामान्य नागरिक के प्रति कैसा रुख है, इससे शासन की छवि बनती है। बहुत सी निजी कम्पनियाँ भी अपने क्षेत्र में लोगों से प्रत्यक्ष सम्पर्क के माध्यम से जनसम्पर्क करती हैं।

आदिकाल से लेकर आधुनिकता के आरम्भ तक जनसम्पर्क की हमें किसी न किसी रूप में आवश्यकता पड़ती रही है। जनसम्पर्क वह शक्तिशाली माध्यम है जिसके द्वारा सम्पर्क करके एक-दूसरे के साथ सबन्ध स्थापित किए जाते हैं। प्राचीन काल से ही जनसम्पर्क का उपयोग जनसाधारण के लिए प्रभावी संचार के रूप में किया जा रहा है। इसकी आवश्यकता समाज व विकास के लिए परम आवश्यक है चाहे वह स्वयं के लिए हो, समाज के लिए हो, संस्था के लिए हो या परिवार के लिए हो। यदि हम समाज में एक-दूसरे से मेल जोल, जनसम्पर्क, भाई-चारा नहीं रखेंगे तो हम समाज में एक-दूसरे के साथ सहभागितापूर्ण कोई भी कार्य सम्पन्न नही कर सकते हैं। जिस प्रकार मनुष्य को जीवित रहने के लिए भोजन की आवश्यकता होती है उसी प्रकार समाज में प्रतिष्ठा, सम्मान, अच्छे व्यवहार हेतु जनसम्पर्क की आवश्यकता होती है। कहने का तात्पर्य यह है कि जनसम्पर्क हमारे जीवन व समाज की एक मूल-भूत आवश्यकता है। प्रारम्भ में जनसम्पर्क मात्र अच्छे व्यवहार का सूचक माना जाता था चाहे वह रामायण काल हो, मौर्य काल, गुप्त काल, मुगलकाल या फिर वर्तमान समय। वर्तमान समय में परिवर्तन के साथ जनसम्पर्क एक बड़े व्यवसाय का ही रूप ग्रहण कर लिया है आज प्रत्येक संस्था, संगठन या कोई भी संस्थान चाहे वह किसी भी क्षेत्र का हो लोकतान्त्रिक व्यवस्था में जनसम्पर्क का स्थान गहरा होता जा रहा है जिससे वर्तमान में यह अपने आप को एक बहुत बड़े व्यापारिक क्षेत्र के रूप में स्थापित कर कर लिया है और निरन्तर अपना आकार बढ़ाता ही जा रहा है।

# जनसम्पर्क साधन : गृहपत्रिका

## (Public Relation Tools: House Journal)

गृहपत्रिका का सृजन अपने प्रतिष्ठान की छवि बनाने के लिए की गई जो उनके प्रतिष्ठान से प्रत्यक्ष या परोक्ष रूप से से जुड़े हुए हैं। गृहपत्रिका कम्पनी के अन्दर और बाहर दोनों प्रकार के उपयोग के लिए प्रकाशित की जाती है। कर्मचारियों में रचनात्मक भावना पैदा करने, कर्मचारियों की कम्पनी के प्रति सद्भावना प्रस्तुत करने, कम्पनी द्वारा लिए गए विभिन्न रचनात्मक उपाय व निर्णय और प्रतिष्ठान के कल्याणकारी कार्यों की जानकारी देने का एक सशक्त माध्यम है। गृहपत्रिका किसी प्रतिष्ठान या संस्थान के कार्य व व्यापार में होनेवाली किसी वृद्धि के लिए अनुकूल वातावरण बनाने के लिए एक बहुत हितकारी साधन है। गृह पत्रिका के माध्यम से कोई संस्थान या प्रतिष्ठान अपनी भाषा में तथा अपने तरीके से वह सब कुछ कह सकता है जो वह कहना चाहता है। गृह पत्रिका के रूप में प्रतिष्ठान को एक विशिष्ट अवसर मिलता है कि वह अपने कर्मचारियों, आम जनता, उपभोक्ता, डीलर, स्टॉकिस्ट, C&F एजेंट के सम्मुख कम्पनी अपनी बात कह सके और उनकी प्रतिक्रियाओं की जानकारी भी प्राप्त कर सके। औद्योगिक गृहपत्रिका का दायित्व है कि वह तकनीकी और औद्योगिक समस्याओं पर अपनी दृष्टि केन्द्रित करते हुए ऐसे वातावरण का निर्माण करे जिससे उद्योग तकनीकी आधार पर काम करनेवाले कामगारों की योग्यता और क्षमता का विकास भी हो सके। वह अपने कर्मचारियों को सूचना देती है, साहस देती है, कार्य करती है तथा आग्रह पूर्वक आह्वान करती है कि वह अपने कार्य में अपनी अधिकतम कुशलता प्रदर्शित कर सकें।

भारत के सरकारी और निजी संगठनों द्वारा उद्योग कारखानों में गृह पत्रिकाओं का प्रकाशन किया जाता है। गृह पत्रिका में न्यूनतम 50 प्रतिशत सामग्री हिन्दी के होने ही चाहिए ऐसा भारत सरकार ने निश्चित कर रखा है। गृह पत्रिकाओं में उस कम्पनी या उस कार्यालय के प्रबन्धन, प्रशासन, लेखा, साहित्य, तकनीकी, चुटकुले और कुछ प्रेरक कहानियाँ आदि सामग्री के तौर पर उपलब्ध रहती है। 19वीं शताब्दी में जब से औद्योगिक क्रान्ति का सूत्रपात हुआ उसके बाद दिनोन्दिन विस्तृत औद्योगिकरण ने सार्वजनिक एवं निजी दोनों ही क्षेत्रों में नई कम्पनियों और कारखानों को जन्म दिया और कारखानों में बड़ी संख्या में कर्मचारियों के लिए विभिन्न योजनाएँ लागू की जाने लगी इस कारण कम्पनियों को अपने कर्मचारियों, अपने ग्राहकों, अपने डीलर अपने अंशधारकों (share Holders) और उन सभी लोगों के साथ आपसी सम्प्रेषण माध्यम की आवश्यकता समझ में आने लगी। गृहपत्रिका की कुछ परिभाषाएँ निम्नलिखित हैं—सेम ब्लैक के अनुसार, "गृहपत्रिका को बिना लाभ का नियत कालीन प्रकाशन बताया जा सकता है जिसे संस्था अपने कर्मचारियों एवं जनता से सम्पर्क स्थापना के लिए प्रकाशित करती है।"

ब्रिटिश एसोसिएशन आफ इंडस्ट्रियल एडिटर्स के अनुसार, "गृहपत्रिका वह प्रकाशन है जो किसी औद्योगिक प्रतिष्ठान, कम्पनी या सार्वजनिक निगम द्वारा एक निश्चित समय पर निकाली जाती है बस इसमें अन्तर यही होता है कि लाभ के लिए नहीं प्रकाशित की जाती है।"

जॉन एच. हैजलाउड के अनुसार, "गृहपत्रिका का प्रकाशन वह है जो उद्योग व्यापार में सम्प्रेषण या संचार माध्यम के रूप में नियमित रूप से प्रकाशित किया जाता हो। यह प्रकाशन भीतरी और बाहरी दोनों प्रकार के सदस्यों के लिए हो सकता है। कहीं-कहीं इसका अलग से भी प्रकाशन होता है लेकिन ज्यादातर एक ही प्रकाशन आन्तरिक और बाह्य दोनों में कार्य करता है। गृहपत्रिका के पाठक कर्मचारी और ग्राहक होते हैं। गृहपत्रिका जनसम्पर्क एवं प्रचार का एक मिलाजुला माध्यम है जो किसी प्रतिष्ठान या संगठन के लिए एक शब्द एवं सुदृढ़ मंच के रूप में पारस्परिक दृष्टिकोण को समझने और समझाने के साथ ही नीति कार्यक्रमों के सफल क्रियान्वयन के लिए निर्माण किया जाता है।"

गृह पत्रिका मुख्यतः तीन प्रकार की होती है –

## 1. आन्तरिक गृहपत्रिका (Internal House Journal)

आन्तरिक गृहपत्रिकाएँ सरकारी या निजी कार्यालयों के गतिविधियों को प्रतिबिम्बित करने का प्रयास करती हैं। इन आन्तरिक गृहपत्रिकाओं के प्रकाशन से सम्बन्धित विभागों, कार्यालयों, संस्थानों को अपनी गतिविधियों को समेकित रूप में प्रस्तुत करने का एक सशक्त माध्यम प्राप्त होता है। जो लोग उस प्रतिष्ठान या संगठन से जुड़े हुए हैं उनको उस संस्थान की सही स्थिति का पता चल पाता है। आन्तरिक गृह पत्रिका किसी कम्पनी, प्रतिष्ठान या किसी उद्योग के आन्तरिक उपयोग के लिए होता है जिसका उद्देश्य कर्मचारियों से सहयोग प्राप्त करना और जो बहुत अच्छा कार्य कर रहे कर्मचारी होते हैं उन लोगों को समय-समय पर दिए जानेवाले पुरस्कारों को उस पत्रिका में प्रमुखता से जगह दिया जाता है। आन्तरिक गृहपत्रिका में कर्मचारियों, उस उद्योग या उस संस्थान की नीति, कार्यक्रमों का विवरण, कर्मचारियों की कल्याण सम्बन्धी योजनाएँ, विभागीय परिपत्र, निर्देश पत्र का स्पष्टीकरण, संस्थान की कठिनाइयाँ एवं कमियों की जानकारी और उसके सुधार के उपाय आदि बिन्दुओं पर इसमें चर्चा की जाती है जिससे वहाँ कार्य करनेवाले कर्मचारी और अधिकारी को संस्थान की परेशानी और खूबियों का पता चल सके। आन्तरिक गृह पत्रिका में किसी उद्योग या प्रतिष्ठान में घटनेवाली सभी प्रमुख और महत्त्वपूर्ण घटनाओं का विवरण देते हैं। विभिन्न समारोह, जयन्ती, सालगिरह, विशिष्ट व्यक्तियों के आगमन का विवरण आदि बातें सम्मिलित की जाती हैं, साथ ही इसमें चुटकुले, कार्टून, पहेली, पुरस्कार, बालसभा, लेख, कहानियाँ, कविताएँ आदि भी सजाई जाती हैं। कुछ आन्तरिक गृह पत्रिकाएँ इस प्रकार से हैं जैसे—भारतीय रिजर्व बैंक का विदाउट रिज़र्व, जीवन बीमा निगम का योगक्षेम, सीनरी, हिन्दुस्तान जिंक लिमिटेड का जिंक न्यूज़, स्टैंडर्ड बैटरीज का एक्यूमूलेट, हिन्दुस्तान पैट्रोलियम का एचपी न्यूज़ आदि आन्तरिक पत्रिकाओं का उदाहरण है।

## 2. बाह्य गृहपत्रिका (External House Journal)

बाह्य गृहपत्रिका मुख्यतः कम्पनी के ग्राहकों, डीलर, स्टाफ, c&f एजेंट और जो कम्पनी के उत्पादों से प्रत्यक्ष या परोक्ष रूप से जुड़े हुए हैं उनके लिए होती है। बाह्य गृहपत्रिका के माध्यम से कम्पनी अपने डीलर और स्टॉकिस्ट आदि के काफी नजदीक आ जाती है। बाह्य

गृहपत्रिका उन लोगों के बारे में जानकारी प्राप्त करती है और उसे अपने उत्पादों, कम्पनी के दृष्टिकोण आदि के बारे में विस्तार से बताती है। कम्पनी अनुभवी डीलरों से भी उनकी राय माँगती है। बाह्य गृहपत्रिका में कुछ बहुत अच्छे डीलर के विशेष लेख, उनके स्वयं के बारे में उनसे जानकारी लेती है और आधुनिक विपणन के क्या तरीके अपनाए जिससे उनकी बिक्री बढ़े इसके लिए उपाय एवं सुझाव लेती है और अपनी व्यापारिक रणनीति के बारे में बाह्य गृह पत्रिका में बताती है।

बाह्य गृहपत्रिका को उपयोगी एवं जनरुचि पूर्ण पत्रिका बनाने का प्रयास करना चाहिए। इसमें जितनी अधिक जानकारी अपने प्रतिष्ठान, उसकी उपलब्धियों और उनका आगे की सोच को जनता से बताने का एक बहुत अच्छा मौका होता है इसको डॉटा के हिसाब से बताना चाहिए। अपने ग्राहकों के बारे में कुछ लुभावनी बातें रखनी चाहिए। कर्मचारी का वह संस्था कितना ध्यान रखती है इस बात को छापा जाए तो उस संस्थान, उस उद्योग का लोगों के दिल में काफी ऊपर जगह मिलता है। इसी प्रकार भारत में कई कम्पनियाँ और कई उद्योग धन्धे अपनी बाह्य गृहपत्रिका निकालते हैं जिसमें से डेंटल, रेडियोग्राफ, फोटोग्राफी, किराना बाजार पत्रिका, साइकिल बाजार पत्रिका, स्वास्थ्य जीवन, सागर, भारत स्काउट्स आदि इस प्रकार की ढेर सारी बाह्य गृह पत्रिकाएँ हैं।

### 3. आन्तरिक बाह्य गृहपत्रिका (Internal-External House Journal)

आन्तरिक बाह्य गृहपत्रिका का उद्देश्य न केवल अपने कर्मचारियों बल्कि अपने प्रतिष्ठान के बढ़े हुए आकार के बाह्य परिवारों के बारे में भी जानकारी देना होता है। यह वह पत्रिका होती है जिसमें कम्पनी अपने कर्मचारियों के अतिरिक्त सामान्य जनता के हेत साधन का माध्यम बनती है। इसमें प्रतिष्ठान का इतिहास, उसके उत्पाद, उसकी आय-व्यय, कार्य विस्तार, भविष्य की योजनाएँ आदि सूचनाओं को कर्मचारियों के साथ-साथ आम जनता को भी देते हुए संस्थान के प्रति जनअभिमत जुटाना इसका मुख्य उद्देश्य रहता है। भारतीय जहाजरानी निगम द्वारा प्रकाशित होनेवाली पत्रिका 'सन्देश' इस प्रकार की सर्वश्रेष्ठ पत्रिका है। शालीमार स्टैंड, स्टील भारती, रक्षा मन्त्रालय की पत्रिका सैनिक समाचार आदि आन्तरिक बाह्य गृह पत्रिकाओं का उदाहरण है।

आन्तरिक बाह्य गृहपत्रिका का प्रमुख उद्देश्य है एक तरफ प्रतिष्ठान की विचारधारा, नीतियों, कार्यक्रमों और योजनाओं का प्रचार-प्रसार करना है साथ ही दूसरी तरफ अपने प्रतिष्ठान के कर्मचारियों को नवीनतम जानकारी, नई तकनीकी, नए अनुसन्धान आदि से परिचित कराना भी होता है जिससे उनकी कार्यकुशलता और उत्पादकता में दिनोन्दिन वृद्धि हो सके। दूसरे शब्दों में कहा जा सकता है कि आन्तरिक बाह्य ग्रहपत्रिका का उद्देश्य मालिकों, ग्राहकों, जनसाधारण और श्रमिकों में संस्थान के प्रति सद्भावना और सौहार्द पैदा करना ही इसका एकमात्र लक्ष्य है। यह संस्थान के प्रति सौहार्द का निर्माण करते हुए कर्मचारियों में सहयोग की भावना प्रदान करता है। यह समस्त पाठकों को संस्थान के बारे में नई-नई जानकारियाँ देता है, बिक्री के लिए वातावरण बनाता है, कर्मचारियों के मनोबल को उठाता है, साथ ही कर्मचारियों में रचनात्मक

गतिविधियों को विकसित करता है, पारस्परिक सद्भावना विकसित करता है, प्रतिष्ठान के कार्यों एवं उद्देश्यों की जानकारी लोगों को देता है। आन्तरिक बाह्य गृहपत्रिका कम्पनी या संस्थान अपने कर्मचारियों और अपने ग्राहकों के लाभ के कार्यों की जानकारी सम्मिलित करते हुए प्रतिभा निर्माण के कार्य में संलग्न होता है।

## गृहपत्रिका का सम्पादन
## (Editing Of House Journal)

गृहपत्रिका के सम्पादन कि यदि बात करें तो इसकी सामग्री सरल, स्पष्ट, रुचिकर होनी चाहिए। गृहपत्रिका में विशिष्ट आलेख जो अपने क्षेत्र के विशेषज्ञ व्यक्ति होते हैं उनका आलेख शामिल किया जाता है। इसमें किसी समस्या के समाधान और विशेषज्ञों के अनुभव आदि का समावेश किया जाता है। विषय को ज्ञानवर्धक और सुबोध बनाने के लिए चित्र, ग्राफ, डिजाइन आदि को भी सम्मिलित किया जाना चाहिए। विभाग की जानकारी को इतने सरल और रोचक ढंग से देनी चाहिए कि उस कार्य से सम्बन्ध नही रखनेवाले भी उसे आसानी से समझ सके तभी गृह पत्रिका का सफल सम्पादन माना जाएगा। इसमें चयनित सामग्री का प्रस्तुतीकरण उत्तम होना चाहिए। समस्त सामग्री को यथा स्थान सजाकर पहले से ही एक लेआउट (Dummy) तैयार कर लेना चाहिए। शीर्षक, उपशीर्षक, प्रमुख कथन आदि के लिए टाइप का आकार, मुद्रण स्थिति आदि को भी नियत कर देना चाहिए। ब्लॉक का रंग, डिजाइन यह सब कुछ पूर्व निर्धारित होना चाहिए। सम्पादक अपने विवेक के अनुसार औद्योगिक सम्बन्धों को लोगों में प्रचारित और प्रसारित कर सकता है क्योंकि यदि पत्रिका की प्रस्तुतीकरण व्यवस्थित और उपयोगी सामग्री लिखी गई है और ज्यादा रुचि पूर्ण संयोजन से पत्रिका बनी है तो उसके पाठक में वृद्धि होगी और इसको जितना ज्यादा पढ़ा जाएगा उतना ज्यादा ही लोग संस्थान या उस उद्योग में कार्य करनेवाले लोगों से उसके ग्राहकों के बढ़ने की उम्मीद ज्यादा होने लगेगी। गृहपत्रिका का सम्पादक अपने कौशल से इसे अत्यन्त रचनात्मक और प्रेरक बना सकता है। गृहपत्रिका में विज्ञापन भी दिया जा सकता है परन्तु ज्यादा विज्ञापन होने से यह वाणिज्यिक प्रतीत होने लगेगी।

## गृहपत्रिका का पंजीकरण
## (Registration Of House Journal)

भारतीय संविधान के अनुसार किसी भी गृहपत्रिका का पंजीकरण उस जिले के जिलाधिकारी से कराना अनिवार्य होता है। पहले गृहपत्रिका के प्रस्तावित नाम को जिले के समाचार पत्र पंजीयन कार्यालय में अनुमोदित कराना होता है। इसके बाद नियत तिथि पर जिलाधिकारी के सामने, मिलकर इस पर हस्ताक्षर कराने होते हैं। गृहपत्रिका में यह नितान्त आवश्यक है कि गृहपत्रिका के प्रकाशन की अवधि, प्रकाशन का स्थान, सम्पादक और प्रकाशक, मुद्रक का नाम, राष्ट्रीयता, पूरा पता, मालिक का नाम आदि विवरण पत्रिका में निर्धारित स्थान पर होना चाहिए।

## गृह पत्रिकाओं का इतिहास (History Of House Journal)

विश्व में गृहपत्रिकाओं का प्रारम्भ 19वीं शताब्दी में हुआ। यूरोप में औद्योगिक क्रान्ति के बाद बड़े-बड़े कल कारखाने और प्रतिष्ठान विकसित होते गए जिसमें कर्मचारियों का एक बड़ा समुदाय कार्य सम्पादन में प्रवेश करने लगा जिसके फलस्वरूप प्रबन्धक वर्ग और कर्मचारी वर्गों के बीच आपसी संचार के माध्यम के रूप में गृहपत्रिका का जन्म हुआ। इस पत्रिका का प्रारम्भ सन् 1840 में अमेरिका की 'लॉवेल कॉटन मिल्स' द्वारा 'दी ओवेल ऑफिरींग' के नाम से निकाली गई थी। इसको देखते-देखते अमेरिका के अन्य औद्योगिक प्रतिष्ठानों ने भी अपनी-अपनी गृह पत्रिकाएँ निकालना शुरू कर दिया। अमेरिका की यह हवा ब्रिटेन, यूरोप और अन्य देशों में फैलती चली गई। विश्व की प्रथम दो गृहपत्रिकाएँ अमेरिका से निकाली गई लेकिन तीसरी गृह पत्रिका इंग्लैंड से निकली। इंग्लैंड के वेस्टर्न रेलवे ने सन् 1862 ईस्वी में 'प्लांटर्स क्रॉनिकल' का प्रकाशन किया। इसी प्रकार द्वितीय विश्वयुद्ध के बाद विश्व के लगभग सभी देशों में गृह पत्रिकाओं का प्रकाशन बहुत तेजी से फैलने लगा। यदि भारत के परिप्रेक्ष्य में बात करें तो भारत में सबसे पहली बार सन् 1905 में 'प्लांटर्स क्रॉनिकल' नामक औद्योगिक गृहपत्रिका निकाली गई इसके बाद 1927 में और फिर तो लगातार कोई न कोई संस्थाएँ अपनी गृहपत्रिका निकालती गई। वर्तमान समय में एक सर्वे के अनुसार अनुमानित लगभग 850 गृह पत्रिकाएँ भारत में निकल रही है। प्रतिवर्ष लगभग 3 करोड़ रुपये तक का व्यय गृहपत्रिकाओं पर किया जाता है जो भारत में औद्योगिक विकास के साथ ही जुड़ा हुआ है।

## जनसम्पर्क साधन: प्रेस सम्मेलन (Public Relation Tools: Press Conference)

किसी सूचना या किसी बात को जन-जन तक पहुँचाने के लिए किसी नेता, अधिकारी आदि के द्वारा अख़बार और टेलीविज़न के पत्रकारों के लिए आयोजित बैठक को प्रेस सम्मेलन कहते हैं अर्थात् पत्रकारों को बुलाकर किया जानेवाला सम्मेलन पत्रकार सम्मेलन या संवाददाता सम्मेलन कहलाता है। प्रेस सम्मेलन सभी पत्रकारों या प्रकाशनों को सन्दर्भित करता है। प्रेस कॉन्फ्रेंस या न्यूज कॉन्फ्रेंस एक मीडिया आयोजन (Event) है जिसमें न्यूजमेकर पत्रकारों को अपनी बात सुनाने के लिए आमन्त्रित करते हैं और अक्सर सवाल पूछते हैं। दो या दो से अधिक बात करनेवाले पक्षों के बीच एक संयुक्त प्रेस कॉन्फ्रेंस आयोजित की जाती है। इसे जनता की विशिष्ट शंकाओं को दूर करने और इसके लिए प्रासंगिक जानकारी प्रदान करने के लिए प्रेस कॉन्फ्रेंस आयोजित की जाती है। मात्र एक बयान देने के उद्देश्य के साथ एक प्रेस कॉन्फ्रेंस कभी नहीं करना चाहिए, चाहे वह पत्रकारों के हित में हो या न हो क्योंकि यह समय की बर्बादी के रूप में लिया जा सकता है और आयोजक की विश्वसनीयता को नकारात्मक रूप में प्रभावित कर सकता है। कम्पनियों के मामले में उन्हें उपस्थित पत्रकारों के लिए विशिष्ट, संख्यात्मक डेटा, उत्पादों और सेवाओं के सम्बन्ध में समाचार भी साझा करने के लिए तैयार होना चाहिए। दूसरे शब्दों में, एक प्रेस सम्मेलन पत्रकारों को कुछ जानकारी प्रदान करने और उन्हें अपने स्वयं के निष्कर्ष निकालने के लिए इसका विश्लेषण करने का अवसर देने के लिए आयोजित किया जाता है।

जनसम्पर्क अधिकारी का कार्य बहुत जिम्मेदारी का होता है और प्रेस सम्मेलन आयोजित कराना उसके प्रमुख कार्यों में से एक है। एक जनसम्पर्क अधिकारी की प्रेस सम्मेलन की सफलता का आधार उसके सफल प्रेस सम्मेलन के आयोजन पर निर्भर करता है। प्रेस सम्मेलन या प्रेस कॉन्फ्रेंस जिसे पत्रकार सम्मेलन भी कहा जाता है, प्रेस के साथ सम्पर्क करने का सर्वोत्तम साधन है। किसी पत्रकार सम्मेलन को प्राय: संस्थान या संगठन का प्रमुख व्यक्ति, विशिष्ट व्यक्ति अथवा कोई बड़ा नेता या बड़ा मन्त्री ही सम्बोधित करता है। प्रेस के सम्मुख वह अपनी नीति को प्रस्तुत करता है, अपने पक्ष को वह जिस विधि और मजबूती के साथ प्रेस के समक्ष पेश करता है उसीके अनुरूप उसके पक्ष में पत्रकार लिखते हैं और इस बात से उस संस्था या उस व्यक्ति का प्रचार होता है। प्रेस सम्मेलन में सीधे पत्रकारों की शंकाओं का समाधान करते हुए उनके प्रश्नों के तत्काल उत्तर भी देता है। प्रेस सम्मेलन का कवरेज ताजा समाचार पत्रों में काफी स्थान पाता है यदि किसी पत्रकार सम्मेलन को किसी अखबार में कोई उचित अथवा अधिक स्थान नहीं मिला है तो इसका अर्थ यह है कि उस जनसम्पर्क अधिकारी का प्रेस के साथ अच्छा तारतम्य स्थापित नहीं है। किसी जनसम्पर्क अधिकारी को यह हमेशा प्रयास करना चाहिए कि ऐसे दिन प्रेस सम्मेलन का आयोजन उस शहर में न किया जाए जिस दिन किसी बड़ी घटना या प्रमुख व्यक्ति जैसे प्रधानमन्त्री, मुख्यमन्त्री या फिर कोई बड़ा अधिकारी उस शहर में आ रहा हो क्योंकि यदि उसका आगमन होगा तो प्रेस का पूरा कुनबा उसीके साथ व्यस्त रहेगा और अगले दिन अखबार में या टीवी पर उसीके काम की चर्चा होगी न कि उस जनसम्पर्क अधिकारी द्वारा बुलाए गए सम्मेलन की कोई बात सामने आ पाएगी। अत: हमेशा इस तरह के सम्मेलन को ऐसे दिन करना चाहिए जिस दिन कोई बड़ी घटना नहीं घटनेवाली होया बड़ा व्यक्ति नहीं आ रहा हो। शहर में जब कोई महत्त्वपूर्ण घोषणा या नीति सम्बन्धित परिवर्तन करना हो तो पत्रकार सम्मेलन बुलाना चाहिए यह आवश्यक है क्योंकि प्रतिनिधि बातों का स्पष्टीकरण चाहेंगे तो ऐसे समय पर आमने-सामने प्रेस के साथ उनके सवालों के जवाब दिए जा सकते हैं।

## प्रेस सम्मेलन की तैयारी (Preparation Of Press Conference)

एक जनसम्पर्क अधिकारी के लिए प्रेस सम्मेलन की तैयारी अत्यन्त महत्त्वपूर्ण कार्य है। इसमें कई महत्त्वपूर्ण बातों का ध्यान रखना होता है क्योंकि जब प्रेस सम्मेलन चलता है उस समय कोई भी कार्य आनन-फानन में नहीं किया जा सकता है इसलिए प्रेस सम्मेलन के आयोजन से कुछ दिन पूर्व ही जनसम्पर्क अधिकारी उस प्रेस सम्मेलन के अनुरूप पूर्व में ही तैयारी करके सभी प्रेस के लोगों को सूचना दे देता है। प्रेस सम्मेलन की तैयारी में निम्नलिखित बातों का बहुत ध्यान रखना चाहिए-

1. यदि प्रेस सम्मेलन में तकनीकी शब्द को बदलना सम्भव नहीं है तो इसका अर्थ तुरन्त स्पष्ट किया जाना चाहिए।

2. प्रेस सम्मेलन में ग्राफिक प्रस्तुतियों के डेटा को प्रत्यक्ष और पढ़ने में आसान शैली के साथ देना महत्त्वपूर्ण है।

3. प्रेस सम्मेलन के अन्त में उनकी एक भौतिक या डिजिटल कॉपी देना सर्वथा उचित है जिससे वक्ताओं द्वारा कही गई बातों में किसी प्रकार का अन्तर करना सम्भव नहीं हो पाए।

4. पत्रकार सम्मेलन में पूर्व समाचार को रखना चाहिए जनसम्पर्क अधिकारी का कर्तव्य है कि समाचार को प्रकट न होने दें।

5. पत्रकार सम्मेलन की सफलता सूचना अधिकारी, जनसम्पर्क अधिकारी की कुशलता पर निर्भर करती है जनसम्पर्क अधिकारी सारी स्थिति स्पष्ट कर दें, पत्रकार की ओर से उठनेवाली सम्भावित प्रश्नों को भी सम्बोधनकर्ता को बता दें, सम्मेलन की पूर्व सामग्री तैयार कर ले, सम्मेलन के अन्त में सामग्री प्रतिनिधियों में वितरित कर दे।

6. परम्परा के अनुसार यदि दोपहर का कार्यक्रम हो रहा हो तो चाय पार्टी या अल्पाहार, रात्रि में हो रहा हो तो भोजन जो समय के अनुसार उपयुक्त हो ऐसी व्यवस्था करनी चाहिए, परन्तु केवल प्रेस प्रतिनिधियों को खिला पिलाकर या मदिरापान करा कर ही अपनी मनमानी कवरेज कराई जा सकती है ऐसा किसी कम्पनी के द्वारा तो होना मुमकिन नहीं है। किसी जनसम्पर्क अधिकारी को इस प्रकार का प्रयास भी नहीं करना चाहिए ऐसा करना जनसम्पर्क आचार संहिता के विरुद्ध है।

7. समाचार के महत्त्व और संस्थान की प्रतिष्ठा के अनुरूप ही खानपान का प्रबन्ध किया जाता है और हो सके तो जनसम्पर्क अधिकारी सम्मेलन की तैयारी के समय जो निमन्त्रण पत्र पत्रकारों को भेजते हैं उस पर इसका उल्लेख कर देना चाहिए। समाचार पत्रों को प्रेस सम्मेलन का निमन्त्रण और सूचना कुछ दिन पहले ही दे देना चाहिए। इस निमन्त्रण पत्र में प्रेस सम्मेलन का आयोजन करने का कारण, प्रेस के सम्मुख वक्तव्य कौन देगा, विशेष व्यक्ति कौन होगा और उसके महत्त्व का भी वर्णन कर देना चाहिए।

8. समयाभाव के कारण, किसी आवश्यक और महत्त्वपूर्ण घटना पर तुरन्त प्रेस सम्मेलन बुलाना हो तो जनसम्पर्क अधिकारी समाचार पत्र के सम्पादक या प्रमुख सम्पादक से स्वयं दूरभाष पर बात करके ऐसा कर सकता है। कानून व्यवस्था एवं अन्य प्रकार की सूचना, तुरन्त लागू होनेवाली व्यवस्था की घोषणा करने के लिए इस प्रकार के सम्मेलन अक्सर बुलाए जाते हैं।

9. हमेशा दिन में 12:00 से 12:30 का समय प्रेस कॉन्फ्रेंस के लिए ठीक रहता है। 3:00 बजे के बाद प्रेस सम्मेलन बुलाना उचित प्रतीत नहीं होता है क्योंकि उस समय अगले दिन का कवरेज के लिए सामग्री भेज पाना कठिन होने लगता है।

10. सम्मेलन के लिए उपयुक्त दिन चुनना चाहिए। शनिवार को पत्रकार सम्मेलन नहीं बुलाना चाहिए ऐसे दिन सम्मेलन बुलाना चाहिए कि अगले दिन किसी महत्त्वपूर्ण व्यक्ति की प्रेस सम्मेलन न हो, न कोई ऐसा प्रमुख दिन हो, कोई छुट्टी का दिन न हो वरना सारे पत्रकार नहीं आ सकते हैं।

11. जनसम्पर्क अधिकारी पत्रकार सम्मेलन स्थल के बाहर द्वार पर प्रेस प्रतिनिधियों का स्वागत करे अथवा अपने कार्यालय की ओर से किसी अधिकारी को इस स्वागत कार्य के लिए नियुक्त करे। जनसम्पर्क अधिकारी औपचारिक रूप से प्रेस सम्बोधनकर्ता का विभिन्न प्रेस प्रतिनिधियों के साथ परिचय करवाते हैं।

12. प्रेस सम्बोधनकर्ता का वक्तव्य उसमें बोले जानेवाली सामग्री आदि प्रेस सम्मेलन से पूर्व तैयार करके ठीक समय और ठीक स्थान पर सुरक्षित रूप से उस कक्ष में रख देना चाहिए जिससे कि बाद में यह सामग्री प्रेस प्रतिनिधियों में वितरित कर दी जाए। यदि डिजिटल सामग्री हो तो उसको भी पहले से ही उसी प्रकार रख देनी चाहिए।

13. प्रेस सम्मेलन में कुछ बातें प्रेस प्रतिनिधियों को ऐसी बता दी जाती हैं जिन्हें प्रकाशित करना अनुचित रहता है ऐसी बातों का उल्लेख करते समय प्रेस प्रतिनिधियों को बता दिया जाता है कि यह कथन 'ऑफ द रिकॉर्ड' है कृपया इसे न छापा जाए।

14. जनसम्पर्ककर्ता को समय-समय पर प्रेस प्रतिनिधियों की प्रश्नावली और पूछताछ का उत्तर देते रहना चाहिए। प्राय: मान्यता प्राप्त प्रेस प्रतिनिधियों की पूछताछ पर अधिक ध्यान दिया जाए न कि सभी पत्रकारों पर।

## जनसम्पर्क साधन: प्रेस विज्ञप्ति

### (Public Relation Resources: Press Release)

किसी आयोजन के सम्बन्ध में आयोजकों द्वारा उस आयोजन में त्रटी एवं निर्णीत विषयों आदि की जानकारी के लिए जो सूचना प्रेस को प्रेषित की जाती है इसे ही प्रेस विज्ञप्ति (Press Relese) कहते हैं। प्रेस विज्ञप्ति लिखित सम्प्रेषण का एक महत्त्वपूर्ण माध्यम है। प्रेस विज्ञप्ति का उपयोग सरकारी और गैर-सरकारी संस्थान अपने किसी निर्णय, घोषणा, निर्देश और योजना आदि से सम्बन्धित सूचनाओं को सम्बन्धित व्यक्तियों एवं आम जनता तक पहुँचाने के लिए करते हैं। प्रेस विज्ञप्ति अखबार आदि में छापी जाती है। प्रेस विज्ञप्ति सरकारी और गैर-सरकारी आलेख का एक महत्त्वपूर्ण प्रकार है। जब सरकारी और गैर-सरकारी संस्थान के किसी विभाग द्वारा अपने निर्णय को विस्तार से जनता के बीच प्रसारित करना होता है तो इसके लिए वह विभाग सूचना के आलेख को तैयार कर समाचार पत्र प्रकाशन संस्थान के सम्पादक को समाचार पत्र में प्रकाशित करने के लिए प्रेषित कर देता है। प्रकाशन संस्थान द्वारा इस आलेख का प्रकाशन हू-ब-हू बिना किसी संशोधन के प्रकाशित किया जाता है इस आलेख को प्रेस विज्ञप्ति कहते हैं।

प्रेस विज्ञप्ति को प्राथमिक स्रोत भी माना जाता है जिसका अर्थ है किसी सूचना के लिए मूल मुखबिर। प्रेस विज्ञप्ति एक ऐसा आधिकारिक बयान या घोषणा है जिसे सार्वजनिक रूप से जारी करने व निर्देशित करने के उद्देश्य से समस्त मीडिया के सदस्यों को दिया जाता है। प्रेस विज्ञप्ति कई संरचनात्मक तत्त्वों से मिलकर बना होता है जिसमें शीर्षक, दिनांक, परिचय, मुख्य भाग, अन्य घटक, विशिष्ट अतिथि, मुख्य अतिथि आदि का उल्लेख होता है। प्रेस विज्ञप्ति सामान्यतया समाचार पत्र और इलेक्ट्रॉनिक समाचार के पत्रकारों को त्रितरित की जाती है और इन्हीं के उपयोग के लिए तैयार की जाती है। अक्सर प्रेस विज्ञप्ति के ऊपर यह लिखा होता है कि कृपया पहले उपयोग न करें अर्थात् यह समय के अधीन होती है जिसे समाचार प्रतिबन्ध के रूप में भी जाना जाता है। प्रेस विज्ञप्ति सामग्री का उपयोग करने से मीडिया निगमों को लाभ होता है क्योंकि वे लागत कम करने में मदद करते हैं और यह इसकी सामग्री के प्रारूप और शैली को बाधित करता है। इसके अलावा प्रेस विज्ञप्तियाँ उस संगठन के लिए अनुकूल हैं जिसने

उन्हें नियुक्त किया है इसके विषय को उसके पसन्दीदा मापदंडों के अनुसार तैयार किया जाता है। डिजिटल युग के उपभोक्ता तुरन्त जानकारी प्राप्त करने के लिए सम्भव रूप में मीडिया पर दबाव लाना चाहते हैं इससे मीडिया कम्पनियाँ समाचार बनाने के लिए प्रेस विज्ञप्तियों पर बहुत अधिक निर्भर होती हैं।

## प्रेस विज्ञप्ति के तत्त्व

### (Elements Of Press Release)

किसी रिपोर्टर या मीडिया स्रोत को जानबूझकर भेजी गई कोई भी लिखित जानकारी प्रेस विज्ञप्ति मानी जाती है। यह जानकारी मीडिया को भेजे जाने की क्रिया द्वारा जारी की जाती है। जनसम्पर्क अधिकारी अक्सर प्रेस विज्ञप्ति के लिए एक मानक पेशेवर प्रारूप का पालन करते हैं। पत्रकारों द्वारा नियोजित अतिरिक्त संचार विधियों में पत्र और मीडिया सलाह शामिल हैं। सामान्यतया एक प्रेस विज्ञप्ति में चार से पांच पैराग्राफ होते हैं जिनकी शब्द सीमा 400 से 500 तक हो सकती है।

प्रेस विज्ञप्ति की रचना करते समय अनेक तत्त्वों का समावेश होता है जिनमें कुछ सामान्य संरचनात्मक शामिल तत्त्व निम्नलिखित हैं—

### 1. लेटर हेड (Letter Head/ Logo)

### 2. मीडिया सम्पर्क जानकारी (Media Contact Information)

मीडिया कम्पनी में जिस व्यक्ति से सम्पर्क करना है उसका नाम, फोन नम्बर, ईमेल पता, डॉक पता या अन्य सम्पर्क जानकारी का उल्लेख करता है।

### 3. शीर्षक (Title)

पत्रकारों का ध्यान खींचने के लिए एक से छह शब्दों में समाचार को संक्षेप में प्रस्तुत करने के लिए शीर्षक का उपयोग किया जाता है।

### 4. डेक

एक उप-शीर्षक जो शीर्षक का अधिक विस्तार से वर्णन करता है।

### I. तिथि (Date-line)

इसमें विज्ञप्ति की तारीख सामान्यतया प्रेस विज्ञप्ति का मूल शीर्षक होता है। सूचीबद्ध तिथि उस तिथि के बाद की है जब सूचना वास्तव में मीडिया को भेजी गई थी।

### II. परिचय (Introduction)

एक प्रेस विज्ञप्ति में पहला पैराग्राफ, जो सामान्य तौर पर कौन, क्या, कब, कहाँ और क्यों के सवालों का बुनियादी जवाब देता है।

### III. मुख्य भाग (Main Content)

मुख्य भाग आगे की व्याख्या, आँकड़े, पृष्ठभूमि, या समाचार से सम्बन्धित अन्य विवरण का उल्लेख करता है।

### IV. बॉयलरप्लेट (Bailreplate)

सामान्य तौर पर एक छोटा "के बारे में" खंड, जारी करनेवाली कम्पनी, संगठन या व्यक्ति पर स्वतन्त्र पृष्ठभूमि प्रदान करता है। उत्तरी अमेरिका में, परम्परागत रूप से प्रतीक "-30-" बॉयलरप्लेट या बॉडी के बाद और मीडिया सम्पर्क जानकारी से पहले दिखाई देता है जो मीडिया को इंगित करता है कि रिलीज समाप्त हो गया है। एक अधिक आधुनिक समकक्ष "###" प्रतीक रहा है अन्य देशों में रिलीज के अन्त को इंगित करने के अन्य माध्यमों का उपयोग किया जा सकता है, जैसे टेक्स्ट "समाप्त"।

जैसे-जैसे इंटरनेट ने समाचार चक्र में बढ़ती प्रमुखता ग्रहण की है उसी प्रकार प्रेस विज्ञप्ति की लेखन शैली विकसित हुई है जिसमें से प्रेस विज्ञप्ति की कुछ शैली निम्नलिखित हैं—प्रेस विज्ञप्ति वितरण मॉडल (Press Release Distribution Model)

पारम्परिक प्रेस विज्ञप्ति वितरण मॉडल में मीडिया को सूचना जारी करनेवाला व्यवसाय, राजनीतिक अभियान या अन्य संस्था न्यूज़वायर को लिखित जानकारी लिखने और वितरित करने के लिए एक प्रचार एजेंसी को काम पर रखती है। इसके बाद न्यूजवायर सूचना को वैसे ही बिखेर देता है जैसे वह प्राप्त होती है जिसके परिणामस्वरूप सूचना या घोषणा सार्वजनिक ज्ञान बन जाती है। इस दृष्टिकोण में प्रेस विज्ञप्ति या तो सीधे स्थानीय समाचार पत्रों को भेजी जाती हैं या मुफ्त और सशुल्क वितरण सेवाओं को भेजी जाती हैं। वितरण सेवा तब प्रकाशन के लिए अपने मीडिया आउटलेट्स को सामग्री प्रदान करती है जो आमतौर पर ऑनलाइन माध्यम से सम्प्रेषित होती है। यह दृष्टिकोण अक्सर राजनीतिक संस्थानों द्वारा उपयोग किया जाता है। उदाहरण के तौर पर यूरोप में संवैधानिक न्यायालय, यूएस सुप्रीम कोर्ट और यूएस स्टेट सुप्रीम कोर्ट अपने स्वयं के निर्णयों के बारे में प्रेस विज्ञप्ति जारी करते हैं और समाचार मीडिया इन स्व-प्रकाशित विज्ञप्ति का उपयोग करते हैं।

## वीडियो समाचार विज्ञप्ति

**(Video News Release, VNR)**

कुछ जनसम्पर्क प्रचार एजेंसी वीडियो समाचार विज्ञप्ति (Video News Release, VNR) भेजती हैं जो पहले से टेप किए गए वीडियो प्रोग्राम या क्लिप होते हैं जिन्हें टीवी स्टेशनों द्वारा अपने पास बरकरार रखा जाता है। वीडियो समाचार रिलीज में फिल्म-सितारों के साक्षात्कार शामिल हो सकते हैं। ये साक्षात्कार एक सेट पर टेप किए गए होते हैं, फिल्म स्टूडियो में स्थित होते हैं और फिल्म के लोगो से सजाए गए होते हैं। वीडियो समाचार रिलीज़ पूर्ण विकसित प्रस्तुतियों के रूप में भी हो सकते हैं। इसके उत्पादन में हजारों डॉलर का खर्च आता है। यह वीडियो समाचार रिलीज़ टीवी समाचार के प्रारूप में भी हो सकते हैं या विशेष रूप से वेब

के लिए भी तैयार किए जा सकते हैं। कुछ प्रसारण समाचार आउटलेट्स ने खराब सार्वजनिक धारणा का हवाला देते हुए वीडियो समाचार विज्ञप्ति के उपयोग को हतोत्साहित किया है। इसे उनकी विश्वसनीयता बढ़ाने की इच्छा के रूप में भी देखा जाता है। इसके अलावा वीडियो समाचार विज्ञप्ति को पॉडकास्ट में बदला जा सकता है और फिर न्यूजवायर पर पोस्ट किया जा सकता है।

## प्रेस विज्ञप्ति प्रतिबन्ध (Press Release Limitation)

यदि कोई प्रेस विज्ञप्ति जनता के लिए सूचना जारी करने के इरादे से पहले वितरित की जाती है तो इसे प्रतिबन्धित माना जाता है। प्रेस विज्ञप्ति प्रतिबन्ध अनुरोध करता है कि समाचार संगठन एक निर्दिष्ट तिथि या समय तक कहानी की रिपोर्ट न करें। जब तक पत्रकार ने कानूनी रूप से बाध्यकारी गैर प्रकटीकरण समझौते पर हस्ताक्षर नहीं किया है जो अग्रिम रूप से प्रतिबन्ध का सम्मान करने के लिए सहमत है, पत्रकार के पास जानकारी को वापस लेने का कोई कानूनी दायित्व नहीं है। हालांकि, प्रतिबन्ध का उल्लंघन जारी करनेवाले संगठन के साथ उनके सम्बन्धों और एक लेखक या पत्रकार के रूप में उनकी प्रतिष्ठा को नुकसान पहुँचाता है। कभी-कभी प्रतिबन्ध तोड़ने के बाद समाचार संगठनों को काली सूची (Black List) में डॉल दिया जाता है।

## प्रेस विज्ञप्ति का इतिहास (History Of Press Release)

आधुनिक जनसम्पर्क के जनक कहे जानेवाले आईवि ली. ने सबसे पहली प्रेस विज्ञप्ति अक्टूबर 1906 में बनाई थी। आईवि ली. द्वारा कवर की गई पहली प्रेस विज्ञप्ति, पेंसिल्वेनिया रेलमार्ग से जुड़ी एक रेल दुर्घटना की थी, जिसमें पचास लोगों की मौत हो गई थी। ली ने दुर्घटना का दस्तावेजीकरण किया और साथी पत्रकारों को रिपोर्ट दी। सबसे बड़ा मोड़ वह ईमानदारी थी जो आईवि. ली. ने दुर्घटना के बारे में लिखी थी। आईवि. ली. के शब्द इतने प्रभावशाली और सटीक थे कि न्यूयॉर्क टाइम्स ने उनके सटीक बयान और टिप्पणियों को वितरित कर दिया। तब से प्रेस विज्ञप्ति का उपयोग अन्य पत्रकारों, पीआर और अन्य मीडिया सम्बन्धित लोगों को महत्त्वपूर्ण घटनाओं, आँकड़ों और घोषणाओं के बारे में सूचित करने के लिए किया गया है।

## जनसम्पर्क साधन: प्रदर्शनी (Public Relation Resources: Exhibition)

प्रदर्शनी का तात्पर्य कला या रुचि की वस्तुओं के सार्वजनिक प्रदर्शन से है। प्रदर्शनियाँ आमतौर पर कला दीर्घाओं, संग्रहालयों या व्यापार मेलों में आयोजित की जाती हैं। प्रदर्शनी क्रिया प्रदर्शन से ली गई है जिसका अर्थ है प्रदर्शित करना या दिखाना। एक प्रदर्शनी में आमतौर पर पेंटिंग, मूर्तियाँ और तस्वीरों जैसे कला के कार्य शामिल हो सकते हैं। प्रदर्शनी में ऐतिहासिक मूल्य, स्थानीय कला, शिल्प और यॉंत्रिक वस्तुओं जैसे मशीनों और रोबोट के साथ कलाकृतियों का प्रदर्शन कर सकती हैं। प्रदर्शनी, जनसम्पर्क गतिविधियों के संवर्धन हेतु एक अत्यन्त महत्त्वपूर्ण उपकरण है। प्रदर्शनी में प्रदर्शित वस्तुएँ और उसमें उपलब्ध सामग्री लोगों के मन पर एक अमिट छाप छोड़ते हैं प्रदर्शनी में बहुत बड़े स्तर पर लोगों की भागीदारी होती

है। प्रदर्शनी के उन्मुक्त वातावरण में उत्पाद प्रदर्शित किए जाते हैं। प्रदर्शनी व्यापार अर्जित करने की सम्भावनाओं को बढ़ाता है। प्रदर्शनी आयोजन में एक प्रभावशाली जनसम्पर्क अधिकारी की भूमिका ही उस प्रदर्शनी के सफल आयोजन को पूर्ण करती है। एक प्रदर्शनी किसी वस्तु या सूचना को उजागर करने के लिए एक क्रिया और प्रभाव है जिसमें इसे अन्य लोगों द्वारा देखा, सुना और सराहा जा सके। इसमें प्रदर्शनी शब्द कलात्मक, वैज्ञानिक, सांस्कृतिक, पुरातात्विक, ऐतिहासिक, तकनीकी, शैक्षिक या सूचनात्मक रुचि की वस्तुओं की सार्वजनिक प्रदर्शनीयों को सन्दर्भित करता है। प्रदर्शनी का सामान्यतया सांस्कृतिक या व्यावसायिक उद्देश्यों के लिए आयोजन किया जाता है। मुख्यत: लोगों को कुछ वस्तु या सूचना के लिए जागरूक करने के लिए प्रदर्शनी का आयोजन किया जाता है। प्रदर्शनी मौखिक रूप से किसी विषय या मुद्दे को दर्शकों के सामने रखने का कार्य करती है इस अर्थ में प्रदर्शनी या एक सम्मेलन प्रस्तुति भाषण हो सकती है जिसमें किसी विषय का एक विशिष्ट पहचान आम जनता की चर्चा और व्याख्या के अधीन करने के लिए विकसित किया जाता है। इस प्रकार के प्रदर्शनों के सफल आयोजन के लिए एक जनसम्पर्क अधिकारी की महत्त्वपूर्ण भूमिका होती है।

मौखिक और लिखित प्रदर्शनी किसी विषय या मुद्दे को प्रस्तुत करने का सबसे सामान्य तरीका है इसकी सामग्री की विस्तृत व्याख्या करना और सबसे महत्त्वपूर्ण पहलुओं को स्पष्ट, आश्वस्त तरीके से सम्बोधित करना और विकसित करने का प्रयास करना है। प्रदर्शनी में इस प्रकार के सूचनात्मक कार्य पूर्व निर्धारित रहते हैं क्योंकि प्रदर्शनी का उद्देश्य होता है ज्ञान, विचारों या प्रस्तावों की श्रृंखला को प्रसारित करना। हम डिजिटल या भौतिक सहायता सामग्री का भी उपयोग करके मौखिक रूप से प्रस्तुतियाँ दे सकते हैं जिसके माध्यम से हम अपने विषय को अपनी जनता के लिए सबसे दिलचस्प और मनोरंजक तरीके से संरचना कर सकते हैं और इसी प्रकार से जनसम्पर्क अधिकारी उस प्रदर्शनी के मुद्दों के ऊपर स्पष्ट और सुव्यवस्थित तरीके से उस प्रदर्शनी का विषय लिख लेते हैं।

ऑक्सफोर्ड इंग्लिश डिक्शनरी के अनुसार, "प्रदर्शनी एक कला गैलरी या संग्रहालय में या एक व्यापार मेले में सार्वजनिक प्रदर्शन पर वस्तुओं का एक संग्रह है।"

## प्रदर्शनी आयोजन में जनसम्पर्क अधिकारी की तैयारी (Preparation of An Exhibition by PRO)

बहुत सी ऐसी वस्तुएँ होती हैं जो नव निर्माण के बाद बाजार में आती हैं या कोई खास व्यक्ति ही उसको बनाने की कला जानता है या फिर वह कला के उत्कृष्ट नमूने हो सकते हैं जिनका अवलोकन सभी लोगों को करना चाहिए जिससे लोग उसे देख सके, उसे पसन्द कर सके और उसे खरीद कर अपने घर में इस्तेमाल कर सकें या फिर उसको बनाने का हुनर सीख सकें। ऐसी कलाओं के प्रदर्शन के लिए उन सभी वस्तुओं, उन सभी कारीगरों का एक ऐसे स्थल पर प्रदर्शन कराया जाता है जहाँ पर शहर या गांव के सभी लोग एक साथ इकट्ठे हो सके और उस प्रदर्शनी का आनन्द ले सकें। उसी प्रदर्शनी में आकलन किया जाता है कि यह वस्तु जो बनाई गई है अच्छी बनी है या खराब, उनके इस्तेमाल लायक है या नहीं, इसे ही प्रदर्शनी कहा

जाता है। इसमें कभी कला, मोटरसाइकिल, कार, कभी विज्ञान प्रदर्शनी, रेल प्रदर्शनी, हस्तकला प्रदर्शनी, काष्ठ कला और उद्योग प्रदर्शनी आदि समय-समय पर लगभग प्रत्येक शहरों में लगाए जाते हैं। यहाँ तक कि भोजन बनाने के लिए मशीन का प्रदर्शन और भोजन किस तरह बनाएँ कि उसमें कम विद्युत या गैस का खर्च हो इस बात को भी प्रदर्शनी में दिखाया जाता है, मशीनों के बारे में लोगों को समझाया जाता है इसे ही प्रदर्शनी कहा जाता है।

प्रदर्शनी आयोजित करने से पहले उस विशेष प्रदर्शनी के लिए नियुक्त जनसम्पर्क अधिकारी लगभग सभी मीडिया हाउसेस, समाचार पत्र, दूरदर्शन, निजी एफएम चैनल, आकाशवाणी सभी के साथ सम्पर्क साधता है और उन लोगों को निमन्त्रण पत्र प्रेषित करता है, प्रिंटेड माध्यम से या डिजिटल उनके मेल पर भेजा जाता है। जनसम्पर्क अधिकारी का प्रमुख कर्तव्य होता है कि निमन्त्रण पत्र पर साफ-साफ उस प्रदर्शनी के आयोजन का उद्देश्य, उसको कौन उद्घाटित करेगा, वह प्रदर्शनी कब से कब तक लगाई जाएगी, उसका स्थान क्या होगा, समय क्या होगा, कब तक वह प्रदर्शनी चलेगी और उसके मुख्य आयोजन बिन्दु क्या-क्या होंगे यह सब कुछ सिलसिलेवार ढंग से उस निमन्त्रण पत्र में लिखा रहता है। सभी मीडिया हाउसेस इस बात को जब छापते हैं तो आम जनमानस इस बात का लाभ उठाते हैं, उस प्रदर्शनी में आने का प्रयास करते हैं और जब लोगों का आगमन उस प्रदर्शनी स्थल पर होगा, लोग उससे लाभान्वित होंगे तो निश्चय ही जनसम्पर्क अधिकारी के कार्यों की प्रशंसा होगी। जनसम्पर्क अधिकारी का यदि सम्बन्ध प्रेस विभाग से अच्छा है तो समस्त मीडिया बन्धु उस प्रदर्शनी के बारे में सही और पूरी तरह से आम जनमानस को बताएँगे जिससे लोगों की भीड़ उस स्थान पर आ सकेगी और वह एक बड़ी प्रदर्शनी और निश्चय ही वह एक सफल प्रदर्शनी भी कहलाएगी।

## प्रदर्शनियों के प्रकार (Type Of Exhibition)

प्रदर्शनी के अनेक प्रकार है जिनमें से कुछ मुख्य निम्नलिखित है—

### 1. खुली प्रदर्शनी (Open Exhibition)

नई या हाल की कला की प्रदर्शनी आमन्त्रण खुली प्रदर्शनी होती है।

### 2. न्यायिक प्रदर्शनी (Judicial Exhibition)

न्यायिक प्रदर्शनी में जिसे दिखाया जाना है वह एक व्यक्ति या समूह प्रस्तुत कलाकृतियों के न्यायाधीश के रूप में कार्य करता है। यदि पुरस्कार प्रदान किए जाने हैं तो न्यायाधीश या न्यायाधीशों का पैनल आमतौर पर पुरस्कार विजेताओं का भी चयन करेगा, यह न्यायिक प्रदर्शनी कहलाती है।

### 3. आमन्त्रण प्रदर्शनी (Invitation Exhibition)

आमन्त्रण प्रदर्शनी में प्रदर्शनी के आयोजक कुछ कलाकारों को कलाकृतियों की आपूर्ति करने और उन्हें प्रदर्शित करने के लिए कहते हैं, यह आमन्त्रण प्रदर्शनी कहलाती है।

### 4. गैर-न्यायिक प्रदर्शनी (Non-judicial Exhibition)

गैर-न्यायिक प्रदर्शनी किसी भी आम नागरिक को कलाकृति प्रदर्शनी में प्रवेश करने और उन सभी को दिखाने की अनुमति देता है। एक प्रकार की प्रदर्शनी जो आमतौर पर गैर-न्यायिक होती है वह मेला कला प्रदर्शनी होती है।

कला प्रदर्शनियाँ विभिन्न प्रकार की होती हैं, विशेष रूप से वाणिज्यिक और गैर-व्यावसायिक प्रदर्शनियों के बीच अन्तर होता है। एक वाणिज्यिक प्रदर्शनी या व्यापार मेले को अक्सर एक कला मेले के रूप में जाना जाता है जो कलाकारों या कला डीलरों के काम को दिखाता है जहाँ प्रतिभागियों को आम तौर पर शुल्क देना पड़ता है। अस्थाई संग्रहालय प्रदर्शनियाँ आमतौर पर किसी विशेष अवधि या विषय पर संग्रहालय के अपने संग्रह से आइटम प्रदर्शित करती हैं। वे आम तौर पर बिक्री के लिए कोई आइटम शामिल नहीं करते हैं, वे संग्रहालय के स्थाई प्रदर्शनों से अलग हैं और अधिकांश बड़े संग्रहालय अस्थाई प्रदर्शनियों के लिए एक अलग जगह रखते हैं। वाणिज्यिक (Commercial) दीर्घाओं में प्रदर्शनियाँ अक्सर पूरी तरह से उन वस्तुओं से बनी होती हैं जो बिक्री के लिए होती हैं। आमतौर पर एक संग्रहालय प्रदर्शनी में प्रवेश करने के लिए आगन्तुक को भुगतान करना पड़ता है।

## जनसम्पर्क साधन : विज्ञापन

**(Public Relation Resources: Advertisement)**

जनसम्पर्क के साधन के रूप में विज्ञापन का अत्यन्त महत्त्वपूर्ण स्थान है। विज्ञापन वाणिज्य एवं व्यावसायिक क्षेत्र का एक ऐसा अंग है जो किसी भी कम्पनी, उद्योग व प्रतिष्ठान के प्रति जनमत निर्माण में मुख्य भूमिका निभाता है। बाजार में किसी भी विज्ञापन का प्रयोग वस्तुओं या सेवाओं को बेचने, उत्पादों तथा प्रायोजकों की पहचान करने के लिए किया जाता है। विज्ञापन द्वारा उत्पादों की आकृति, मूल्य, ग्राहकों को उस उत्पाद से मिलनेवाले लाभ आदि की जानकारी दी जाती है। वर्तमान समय में औद्योगिकरण के विकास के साथ-साथ विज्ञापन की उपयोगिता भी बढ़ी है। यह प्रचार माध्यम का ही सशक्त रूप है जो किसी व्यावसायिक और औद्योगिक क्षेत्रों में उसकी निरन्तरता, उत्पादन की जानकारी देने, माँग बढ़ाने, नवीन उत्पादों को उपभोक्ताओं तक ले जाने, बिक्री बढ़ाने एवं साथ ही प्रतिष्ठान के प्रति ग्राहक को या उपभोक्ताओं की रुचि एवं विश्वास पैदा करने में सहायक सिद्ध होता है। जनसम्पर्क के क्षेत्र में विज्ञापन निम्नलिखित माध्यम से प्रकाशित एवं प्रदर्शित किए जाते हैं—

### 1. मुद्रित माध्यम (Print Medium)

जनसम्पर्क के क्षेत्र में विज्ञापन महत्त्वपूर्ण उद्देश्यों में से एक है। जनसम्पर्क विज्ञापन को किसी वस्तु या उत्पाद के विज्ञापन में प्रयोग किया जाता है। जनसम्पर्क का उद्देश्य कम्पनी के उत्पादों की बिक्री करवाना होता है। जनसम्पर्क के लिए विज्ञापन का मुद्रित माध्यम अत्यन्त महत्त्वपूर्ण है। समाचार पत्र-पत्रिका द्वारा प्रकाशित विज्ञापन में प्राचीन माध्यम होने के कारण एक विश्वसनीय माध्यम भी होते हैं इसमें विज्ञापनों को प्रकाशित करना अन्य माध्यमों की अपेक्षा

कम खर्चीला होता है और इसकी पहुँच भी काफी होती है। परन्तु विश्लेषण के तौर पर देखा जाए तो जनसम्पर्क विज्ञापन में मुद्रित माध्यमों का प्रसारण एक सीमित क्षेत्र में ही हो पाता है, यही मुद्रित माध्यम की कमी है।

## 2. दूरदर्शन माध्यम (Television Medium)

जनसम्पर्क विज्ञापन में दूरदर्शन तथा निजी केबल नेटवर्क के माध्यम से विभिन्न कार्यक्रमों एवं धारावाहिक प्रसारित करवाया जाता है। यह एक अत्यन्त प्रभावशाली माध्यम है। वर्तमान में देखा जाए तो देश में दूरदर्शन का विकास और विस्तार अन्य माध्यमों की अपेक्षा कुछ ज्यादा ही तीव्र गति से हो रहा है। दूरदर्शन के माध्यम से प्रसारित विज्ञापनों द्वारा जनता का परिवर्तित व्यवहार स्पष्ट रूप से देखने को भी मिल रहा है। इस परिवर्तित व्यवहार से नए विचारों की उत्पत्ति स्पष्ट रूप से परिलक्षित हो रही है। यह काफी तेज गति से उत्पाद की बिक्री में परिवर्तन ला रहा है। यह दर्शकों पर अधिक प्रभावशाली असर छोड़ता है। दर्शकों द्वारा किसी भी उत्पाद की रुचि का पता इसके द्वारा आसानी से लगाया जा सकता है। दर्शकों को यदि कोई उत्पाद पसन्द है तो एक सर्वे के माध्यम से कम्पनियाँ अपने उत्पाद का प्रचार-प्रसार ज्यादा समय तक करवाती हैं लेकिन अगर उसकी बिक्री में ग्राहक या उपभोक्ताओं का रुझान घटता है तो उस विज्ञापन में फेरबदल करवाने का प्रयास करती हैं। इस प्रकार यह दर्शकों के मनोभाव का पता करती रहती हैं। दूरदर्शन पर दिखाए गए विज्ञापनों के माध्यम से यह दर्शकों के विचार जानने का अत्यन्त महत्त्वपूर्ण माध्यम है।

## 3. रेडियो माध्यम (Radio Medium)

जनसम्पर्क विज्ञापन में रेडियो से भी सन्देश का प्रसारण परोक्ष रूप से किया जाता है। किसी भी उत्पाद की पहचान कराने का यह एक अत्यन्त अच्छा और सस्ता माध्यम है। रेडियो के लिए विज्ञापन बनाते समय बोले गए शब्दों और उसमें बोले गए वाक्यों पर विशेष ध्यान देना पड़ता है। रेडियो का मुख्य लक्ष्य उस उत्पाद के विषय में जानकारी, शिक्षा और मनोरंजन के साथ जनसम्पर्क की विविध कार्यप्रणाली से सम्बन्धित रहती है। भारत जैसे विकासशील राष्ट्र जहाँ अधिकांश जनता गांव में रहती है, रेडियो एक ऐसा सशक्त माध्यम है जिसका प्रचार-प्रसार सुदूर गांव तक होता है रेडियो का रखरखाव भी बहुत कम खर्च में हो जाता है। रेडियो के माध्यम से विज्ञापन को आसानी से जनता तक दूरदराज ऐसे इलाकों में पहुँचाया जा सकता है जहाँ पर कोई साधन नहीं जा सकता है। रेडियो में भाषा स्पष्ट और आसान रखना आवश्यक है जिससे यह भोले-भाले, सीधे-सादे ग्रामीणों तक संचार आसानी से हो सके और यह अपनी प्रभावोत्पादकता कायम रख सके।

यहाँ ध्यान देने योग्य बात यह है कि जनसम्पर्क रणनीतिक संचार का एक अभ्यास है जिसका उद्देश्य कम्पनी और जनता के बीच पारस्परिक रूप से लाभप्रद सम्बन्ध बनाना है जबकि विज्ञापन मुख्य रूप से भुगतान की गई घोषणाओं के माध्यम से उत्पादों या सेवाओं पर जनता का ध्यान आकर्षित करने की एक तकनीक है। विज्ञापन एक खरीदा या चुकाया हुआ मीडिया है जबकि जनसम्पर्क एक अर्जित मीडिया है।

# जनसम्पर्क साधन : मीडिया दौरा

## (Public Relation Resources: Media Tour)

मीडिया दौरा पारम्परिक रूप से पत्रकारों, मीडिया जगत के लोगों, इलेक्ट्रॉनिक चैनल आदि को अनुमति देता है कि वह भौतिक रूप से विविध मीडिया उस कम्पनी के उत्पादों व नवगठित कम्पनी के नए उत्पादों के प्रारम्भ की ओर उनका ध्यान आकृष्ट करें और यह आज के दौर में अत्यन्त प्रासंगिक भी लगता है क्योंकि आजकल जनसम्पर्क के क्षेत्र में जनसम्पर्क टूर या मीडिया दौरा को जनसम्पर्क अभियान (Public Relation Campaign) का ही एक महत्त्वपूर्ण हिस्सा मानते हैं जिसमें मीडिया जगत के लोग उस कम्पनी या उस संस्थान को करीब से जान सकते हैं, उसे समझते सकते हैं, उसके उत्पादों को देख सकते हैं और उसे स्वयं के द्वारा अनुभव करते हैं। इसके बाद उस वस्तु विशेष के बारे में अन्य लोगों का अपनी लेखनी या दृश्यात्मक समाचारों के माध्यम से ध्यान आकृष्ट कराते हैं जिससे निःसन्देह उस उत्पाद या सेवा की बिक्री में जबरदस्त उछाल आता है। मीडिया दौरा (Media Tours) पारम्परिक रूप से पत्रकारों और मीडिया जगत के लोगों को यह अनुमति देता है कि वह साक्षात और सामने से उस उत्पाद या नवगठित कम्पनी को अपनी आँखों से अवलोकन कर सकें जिससे जनसम्पर्क में और अन्य लोगों को बताने में उन्हें मदद मिले। वर्तमान समय में जनसम्पर्क के साधनों में मीडिया टूर या मीडिया दौरा अत्यन्त महत्त्वपूर्ण हो गया है क्योंकि यह जनसम्पर्क अभियान का एक महत्त्वपूर्ण हिस्सा बनता जा रहा है। मीडिया दौरे के माध्यम से विभिन्न भागों की स्थितियों में लक्षित मीडिया से सम्पर्क स्थापित करने का यह एक सहयोगात्मक प्रयास है। जब मीडिया इस प्रकार के दौरे पर जाती है और उस वस्तु का अवलोकन करती है तो उसके अन्दर उस वस्तु को लेकर आत्मविश्वास ज्यादा बढ़ता है और उसी के अनुरूप वह उस वस्तु या उस सेवा प्रदान करनेवाली कम्पनी के विषय में अच्छा लिखने का प्रयास करती है और लोगों का भरोसा उस कम्पनी के प्रति बढ़ता है परिणामस्वरूप उस कम्पनी के उत्पाद की बिक्री दिनोन्दिन बढ़ने लगती है।

# मीडिया दौरे का उद्देश्य

## (Objective Of Media Tours)

एक चतुर जनसम्पर्क अधिकारी अक्सर मीडिया टूर या मीडिया दौरे का उपयोग करके अपनी कम्पनी के उत्पाद अथवा सेवा के बारे में मीडिया के लोगों को बताकर अपने व्यापार में नए तरीके से समाचार बनवाने का प्रयास करता है। किसी कम्पनी के मानक के अनुसार मीडिया दौरे का प्रमुख उद्देश्य हमेशा उन्नतिपरक रहता है और इस तरह के दौरों का आयोजन जो कम्पनी करती है उसका व्यापार निश्चय ही बहुत ही कम समय में अपने शीर्ष को छूने लगता है।

### मीडिया दौरे का आयोजन (Arrangement Of Media Tour)

सामान्यतया जब मीडिया दौरे का आयोजन किया जाता है तब उस कम्पनी का जनसम्पर्क अधिकारी इसकी योजना कुछ समय पूर्व ही बना लेता है और जितने मीडिया कर्मचारियों को

उस दौरे पर अपने साथ ले जाना है, उनके लिए होटल, गाड़ी आदि की व्यवस्था पहले ही कर लेता है जिससे मीडिया कर्मियों के आवभगत में कोई कमी न रहे। मीडिया के लोगों का कितने दिन का मीडिया दौरा रहेगा, उनको खाने, नाश्ते में क्या-क्या दिया जाएगा और उनके चलने के समय, किस प्रकार से उनसे विदा लेनी है यह सब कुछ पहले से ही तय कर लिया जाता है। मीडिया कर्मियों की कम्पनी के मालिक या मुख्य प्रशासनिक अधिकारी (CEO) से किस प्रकार से और कब मुलाकात करवानी है, यह सब कुछ पूर्व निर्धारित होता है। मीडिया कर्मियों के साथ जनसम्पर्क करने का यह बहुत ही कारगर उपाय है और वर्तमान समय में जो बहुत तेजी से वृद्धि करनेवाली कम्पनी है इस प्रकार की मीडिया दौरे का आयोजन में वह बढ़-चढ़कर हिस्सा लेती हैं और निःसन्देह उनके बनाए गए उत्पाद को मीडिया मिर्च-मसाला लगाकर छापती और दिखाती है जिससे उस कम्पनी के बनाए गए उत्पाद एवं सेवाएँ हाथों-हाथ बिकने लगती हैं।

## सार्वजनिक क्षेत्र में जनसम्पर्क

### (Public Relation In Public Sector)

किसी भी सरकार के कामकाज को सुचारू रूप से चलाने के लिए जनसम्पर्क की व्यवस्था अनिवार्य रूप से पालन की जानी चाहिए। सरकार में जनसम्पर्क का कार्य राजनीति से प्रेरित होकर नहीं बल्कि अलग ढंग से किया जाता है। सरकारी स्तर पर जनसम्पर्क का कार्य जितना कठिन है उतनी ही अधिक उससे अपेक्षाएँ भी रखी जाती हैं। भारत की प्रजातन्त्रात्मक व्यवस्था में जनता यह जानने का अपना हक समझती है कि उस पर शासन कैसे किया जाता है और उसे कौन-कौन से नियमों के पालन करने पड़ेंगे। पहले सरकार और जनता के बीच संचार अन्तराल (Communication Gap) हुआ करता था लेकिन कालान्तर में जनता और सरकार के बीच की यह खाई धीरे-धीरे समाप्त होने लगी है क्योंकि जनतन्त्र में इस अन्तराल का रहना अत्यन्त हानिकारक है। जनतन्त्र का यह अन्तराल जनसम्पर्क के माध्यम से ही समाप्त किया जा सकता है। जनता और मतदाता जब यह समझ पाएँगे कि उनके शासक अर्थात् सरकार, जनकल्याण के हित में जो कदम उठा रही है उससे उनके समाज का और देश का भला होगा तो वह उन कार्यों में अपना सहयोग प्रदान करेगी और तब सरकार के लिए किसी भी कार्य को कराना और उसे आगे की ओर ले जाना, अपनी नीतियों को जनता के ऊपर लागू करवाना साथ ही उसमें जनता की भागीदारी सुनिश्चित कराना अत्यन्त सहज हो जाएगा, कार्यक्रमों और योजनाओं द्वारा राष्ट्रीय विकास को और अधिक शक्ति मिलेगी। संसद के कुछ निर्वाचित सदस्य या सत्तारूढ़ दल के कुछ लोग जो निर्णय लेते हैं पूरे राष्ट्र पर उसका असर पड़ता है। भारत में कई धर्म, कई भाषा की जनता के बीच विभिन्न समूहों, समुदायों को जनसम्पर्ककर्ता ही उनके स्तर पर जाकर बता सकते हैं जिससे उनके अन्दर भाईचारा बढ़े न कि वैमनस्य। कुछ जनमाध्यमों का उपयोग करके जनसम्पर्ककर्ता सरकार की बात जनता तक और जनता की प्रतिक्रिया सरकार तक पहुँचाते है। सरकार और जनता के मध्य जनसम्पर्ककर्ता एक सेतु का काम करते हैं।

भारत की प्रजातन्त्रात्मक व्यवस्था में सरकार द्वारा जनता को अपनी गतिविधियों, कार्यक्रमों, नीतियों आदि के बारे में सूचित करना नितान्त आवश्यक हैं। भारत में जनता का मत ही सरकार की आधारशिला है जो सरकार की मशीनरी और नौकरशाही है वह अधिकारी, कर्मचारी, जनप्रतिनिधि इन जनसम्पर्क अधिकारियों और कर्मचारियों की सलाह पर चलते हैं। सामान्यतया इन जनसम्पर्क अधिकारियों की राय पर ही निर्णय होते हैं और कितनी जानकारी किस प्रकार से जनता को दी जाए, यह भी वही तय करते हैं। जनसम्पर्ककर्ता को पहले कठिनाई का सामना करना पड़ता है नौकरशाही से साथ ही जनसम्पर्कक्रर्ता को कार्यपालिका और विधायिका से भी समस्याएँ आती रहती हैं। सरकारी स्तर पर जनसम्पर्क कार्य में बड़ी-बड़ी राजनीतिक पार्टियाँ और उनके बीच कुर्सी की लड़ाई जनसम्पर्क के कार्य में अधिकतर बाधा बनती है। इन सब के प्रति निष्ठा बनाए रखना जनसम्पर्ककर्ता के लिए थोड़ा कठिन काम कार्य होता है लेकिन असम्भव नहीं है। जनसम्पर्ककर्ता का उद्देश्य विभिन्न माध्यमों की सहायता से सरकार की बात, सूचना, सरकार के कार्यक्रमों और नीतियों को जनता तक पहुँचाना हैं।

## सार्वजनिक क्षेत्र में जनसम्पर्क का उद्देश्य

**(Objective of PR In Public Sector)**

भारत की सरकारी शासन व्यवस्था में जनसम्पर्क जनकल्याण को दृष्टि में रखकर किया जाता है। सरकार की उन अभियानों में जनता का सहयोग अपेक्षित होता है जिनसे अन्ततः जनता का ही लाभ होना है और यह सहयोग जनसम्पर्क के बल पर ही प्राप्त किया जा सकता है। सरकारी नियमों, कानूनों का पालन और उनकी जानकारी देना जनसम्पर्ककर्ता के द्वारा ही सम्भव है। विभिन्न राष्ट्रीय और अन्तरराष्ट्रीय घटनाओं पर सरकारी त्रतिक्रिया की जानकारी भी जनता तक जनसम्पर्क अधिकारी द्वारा पहुँचाई जाती है। सरकार एक बार देश के अन्दर और बाहर विरोधियों को चुप कराने के लिए जवाबी माध्यम का इस्तेमाल जनसम्पर्क विभाग के द्वारा ही पूरा करते हैं। भारत में केन्द्रीय जनसम्पर्क विभाग राजनैतिक और दलगत प्रचार का कार्य नहीं करते हैं क्योंकि सत्तारूढ़ पार्टी का यह व्यक्तिगत मामला होता है इसके लिए किसी भी पार्टी का अपना जनसम्पर्क विभाग होता है वही यह कार्य करता है न कि कोई सरकारी जनसम्पर्क विभाग। सामान्यतया प्रजातन्त्रात्मक देश भारत में विभिन्न राजनैतिक दल, सत्ताधारी दल के सरकारी जनसम्पर्क का विरोध करते रहते हैं और हमेशा सन्देह और शंकाएँ प्रस्तुत करते रहते हैं क्योंकि उन्हें डर रहता है कि सत्तारूढ़ पार्टी अपने दल के प्रचार और अपने प्रोपेगेंडॉ के लिए प्रचार में सरकारी जनसम्पर्क माध्यमों का दुरुपयोग कर सकता है लेकिन फिर भी जनकल्याण को देखते प्रत्येक कल्याणकारी राज्य के लिए जनसम्पर्क विभाग का रहना नितान्त आवश्यक है। जनसम्पर्ककर्ता जनता के समक्ष अपनी सरकार द्वारा उठाए गए कदमों, प्रयासों, कार्यक्रमों, नीतियों और नियमों को साझा कर उन्हें अपनी सरकार के पक्ष में जनसम्पर्क अधिकारी ही करता है।

# भारत सरकार का जनसम्पर्क

## (PR of Government of India)

भारत में अंग्रेजी सरकार के समय में जनता और समाचार पत्रों को सम्पर्क में रखने और सूचना देने के लिए पुलिस कमिश्नर की नियुक्ति की गई थी। प्रथम विश्व युद्ध के समय ब्रिटिश सरकार भारतीयों से जन-धन आदि प्राप्त करने के लिए, युद्ध के बारे में जनता को सूचित करने के लिए केन्द्र और विभिन्न प्रान्तों में अनेक पब्लिसिटी बोर्ड स्थापित किए गए थे। अंग्रेजी सरकार ने युद्ध के बाद भी कार्य का लाभ होते देख, केन्द्र में सेंट्रल बोर्ड ऑफ इंफॉर्मेशन नामक संस्था स्थापित कर दिया। इसे टाइम्स ऑफ इंडिया ने तत्कालीन सम्पादक 'स्टेले रीड' के सुझाव पर स्थापित किया गया था। इसके पहले निदेशक इलाहाबाद विश्वविद्यालय के राजनीतिक विभाग के प्राध्यापक 'प्रोफेसर रशब्रुक' नियुक्त किए गए। द्वितीय विश्वयुद्ध के बाद सेंट्रल बोर्ड ऑफ इंफॉर्मेशन (Central Board Of Information) का नाम बदलकर प्रेस इनफार्मेशन ब्यूरो (Press Information Beuro) रख दिया गया जिसे पत्र सूचना कार्यालय भी कहते हैं। युद्ध का समय चल रहा था कवि, लेखक, सामाजिक कार्यकर्ता, नेता आदि लोगों को सेना में भर्ती के लिए उत्साहित किया जा रहा था। ऐसे में एक नया संगठन 'नेशनल वार फ्रंट' (National War Front) बनाया गया। इसी समय जब युद्ध समाप्त हो गया तो इसका नाम बदलकर फील्ड पब्लिसिटी ऑर्गेनाइजेशन (Field Publicity Organisation) रख दिया गया जो विभिन्न क्षेत्रों में उपलब्ध माध्यम से प्रचार का कार्य करने लगे। स्वतन्त्रता प्राप्ति के बाद केन्द्र और राज्य सरकार ने भी अपने-अपने क्षेत्रों में जनसम्पर्क का कार्य और इसकी कमी महसूस करने लगे। उसी समय से जनसम्पर्क के लिए राज्य और केन्द्र सरकारों ने अपने-अपने हिसाब से जनता से जनसम्पर्क स्थापित करने को जोर दिया। वर्तमान समय में सूचना एवं प्रसारण मन्त्रालय के अधीन जनसम्पर्क के लिए सूचना विभाग कार्यरत है। विभिन्न राज्यों में सूचना और प्रचार निदेशालय हैं जिन्हें जनसम्पर्क निदेशालय भी कहा जाता है यह राज्य सूचना मन्त्रालय के अधीन कार्य करते हैं। भारत सरकार के केंन्द्रीय सूचना और प्रसारण मन्त्रालय (Ministry Of Information & Broadcasting) के तत्त्वाधान में निम्नलिखित विभाग प्रचार-प्रसार और जनसम्पर्क का कार्य करते हैं –

### 1. पत्र सूचना कार्यालय (Press Information Bureau)

पत्र सूचना कार्यालय का संगठन जनसम्पर्क के कार्य में सबसे अधिक योगदान करता है। पत्र सूचना कार्यालय के दो प्रमुख भाग हैं—(I) प्रशासन चलाने का (II) प्रेस प्रचार कार्य का। मुख्य सूचना अधिकारी जिसे प्रिंसिपल ऑफ इंफॉर्मेशन ऑफिसर (Principal Of Information Officer) कहते हैं यह इस ब्यूरो का सर्वोच्च अधिकारी होता है, इसके अतिरिक्त कुछ उप मुख्य सूचना अधिकारी (Deputy Principal Of Information Officer) विभिन्न विभागों में प्रशासन कार्य चलाते हैं, उनके अधीन एक कार्यालय अधीक्षक अधिकारी (Section Officer) होते हैं और अन्य अधिकारी होते हैं। पत्र सूचना कार्यालय का मुख्य कार्य प्रेस प्रचार करना है। पत्र

सूचना कार्यालय सरकारी सूचना के वस्तुनिष्ठ प्रश्न के रूप में अपने साथ स्थापित करता है जो भारतीय और विदेशी पत्रकारों को विभिन्न अवसर पर विशेष रूप से और समय-समय पर समाचारों से सम्बन्धित कार्य में सुविधाएँ प्रदान करता है। पत्र सूचना कार्यालय समाचार पत्रों में समाचारों से सम्बन्धित समस्त सरकारी सामग्री तैयार करने, वितरण करने, उनके प्रकाशन की व्यवस्था के साथ ही उनके प्रभाव का भी अध्ययन करता है।

## 2. आकाशवाणी (All India Radio)

आकाशवाणी भारत सरकार के सूचना एवं प्रसारण मन्त्रालय के अधीन आम जनता तक सरकार की समस्त सूचना पहुँचाने का सर्वाधिक शक्तिशाली माध्यम है। भारत जैसे विशाल जनसमूह तक शहर के साथ-साथ सुदूर गांव जहाँ पर आम इंसान का पहुँचना बहुत मुश्किल रहता है ऐसे स्थानों पर भी आकाशवाणी आसानी से पहुँच सकता है। आकाशवाणी अपनी पहुँच क्षमता के कारण लोगों की सामाजिक, आर्थिक विकास में प्रमुख भूमिका निभाता है। आकाशवाणी विभिन्न वर्ग के लिए कार्यक्रम, बुद्धिजीवी और समाज सुधारकों के साक्षात्कार, भजन, किसानों के लिए कार्यक्रम, बहनों के लिए कार्यक्रम, स्वास्थ्य एवं मौसम सम्बन्धी सूचनाएँ, गीत-गुंजन आदि प्रत्येक आयु वर्ग के लिए कार्यक्रम प्रस्तुत करते हैं। मनोरंजन, संगीत और व्यावसायिक कार्यक्रम, राष्ट्रीय एकता, साम्प्रदायिक सद्भाव, जननी-सुरक्षा की देखभाल, स्वास्थ्य कल्याण, वृक्षारोपण, पर्यावरण, हमारा स्वास्थ्य, शिक्षा एवं मुक्त विश्वविद्यालय की शिक्षा प्रणाली में सहयोग और इस पर आधारित जन कल्याणकारी कार्यक्रम सुनाए जाते हैं। प्राकृतिक एवं विभिन्न तरह की आपदाओं के समय जनता के आत्मविश्वास को बढ़ाने और हमेशा ऊंचाई पर रखने के लिए आकाशवाणी का सहयोग लिया जाता है। आकाशवाणी में उत्पादन (Programming) और यांत्रिकी (Mechanical) दो विभिन्न और स्वतन्त्र विभाग है। इनमें से एक विभिन्न प्रकार के मनोरंजक, सूचनात्मक, ज्ञानात्मक, बौद्धिक, स्वास्थ्य एवं समाचार आदि का उत्पादन करता है तो वहीं दूसरा विभाग याँत्रिकी से सम्बन्धित होता है जो इन कार्यक्रमों का प्रसारण निर्बाध रूप से कराने का प्रयास करता है। आकाशवाणी के सभी कार्यक्रम का उत्पादन 'मुख्य कार्यकारी अधिकारी' (Chief Executive Officer) के अधीन अनेक अधिकारी एवं कर्मचारी करते हैं। तकनीकी विभाग मुख्य अभियन्ता के अधीन होता है परन्तु यहाँ ध्यान देनेवाली बात यह है कि आकाशवाणी में समाचार का प्रभाग पूरी तरह से 'निदेशक समाचार' (Director News) के अधीन होता है। समाचार विभाग में सम्पादक से लेकर रिपोर्टर तक होते हैं। इस प्रकार सरकार आकाशवाणी के माध्यम से दूरदराज बैठे हुए आम जनता तक जनसम्पर्क करती रहती है।

## 3. दूरदर्शन (Doordarshan)

दूरदर्शन सरकारी जनसम्पर्क का महत्त्वपूर्ण साधन है। दूरदर्शन सामाजिक परिवर्तन में एक प्रेरक भूमिका निभाता है। यह राष्ट्रीय एकता को बढ़ावा देता है। दूरदर्शन के द्वारा जनमानस में सामाजिक चेतना पैदा की जाती है। दूरदर्शन की सहायता से जनसंख्या नियन्त्रण

और परिवार कल्याण का सन्देश घर-घर पहुँचता है। कृषि उत्पादन बढ़ाने के लिए, सूचना के प्रसार के लिए दूरदर्शन का उपयोग किया जाता है। सरकार दूरदर्शन के इस्तेमाल से पर्यावरण संरक्षण, जलवायु सन्तुलन बनाए रखने का प्रयास करती है। महिलाओं, बच्चों, अल्प आय वर्ग और कमजोर वर्ग के कल्याण के लिए विभिन्न उपायों को दूरदर्शन के माध्यम से दिखाया जाता है। दूरदर्शन अपने यहाँ कार्यक्रम दिखाकर लोगों में खेलकूद के प्रति रुचि उत्पन्न करता है। कला और सांस्कृतिक धरोहर के प्रति हम सभी लोगों में जागरूकता पैदा करता है। दूरदर्शन क्षेत्रीयता को बताते हुए राष्ट्रीय एकता बढ़ाने में सहयोग करता है। फिल्म और फिल्मी गीतों के कार्यक्रम के माध्यम से लोगों का मनोरंजन करता है। लोगों को स्वास्थ्य, शिक्षा और उनके अच्छे रहन-सहन की बेहतर जानकारी देता है। दूरदर्शन के माध्यम से संसद की कार्यवाही से लेकर, हिन्दी और अंग्रेजी समाचार भी दिखाए जाते है जिसमें कुछ जीवन्त दृश्य भी दिखाए जाते हैं साथ ही उन घटनाओं से सम्बन्धित दृश्य और उन घटनाओं पर प्रतिक्रिया भी दिखाए जाते हैं। दूरदर्शन को अगर हम एक शब्द में कहे तो कहे सकते हैं कि दूरदर्शन घर-घर में सरकार के लिए एक अच्छे दोस्त की तरह जनसम्पर्क का कार्य करता है। कुछ अच्छे धारावाहिक, फिल्म आदि के कारण लोगों ने दूरदर्शन को अपने घर में एक पारिवारिक सदस्य का महत्त्व दिया है। छोटे बच्चों, युवा वर्ग, युवक-युवती, पुरुष, महिला और बुजुर्ग सभी को दूरदर्शन से अच्छे कार्यक्रम दिखाने का प्रयास किया जाता है और दूरदर्शन भी उनकी आवश्यकताओं को पूरा करने का भरसक प्रयास करता है। दूरदर्शन पर किस प्रकार के कार्यक्रम दिखाया जाए इसके लिए सरकार ने कई सलाहकार समितियाँ बना रखी हैं यह समितियाँ दूरदर्शन को दिशा निर्देश देने के साथ उनकी कार्य योजनाओं को बनाने में भी सहायता करती हैं, इनमें कुछ समितियाँ निम्नलिखित हैं –

1. मीडिया सलाहकार समिति (Media Advisory Committe)
2. केन्द्रीय कार्यक्रम सलाहकार समिति (Central Program Advisory Committee)
3. केन्द्रीय परिवार कल्याण कार्यक्रम सलाहकार समिति (Central Family Welfare Program Advisory Committee)
4. धारावाहिक कार्यक्रम चयन समिति (Serial Program Selection Committee)
5. फीचर फिल्म, क्षेत्रीय भाषाई फिल्म चयन समिति (Feature Film, Regional Language Film Selection Committee)

ग्रामीण लोगों में उनकी आवश्यकताओं के लिए भी अनेक स्तर पर ग्रामीण लोगों के अनुसार कार्यक्रम तैयार किए जाते हैं जो उनको पसन्द आते हैं। दर्शक अनुसन्धान एकांश नई दिल्ली में स्थित दूरदर्शन की एक संस्था है इसके द्वारा सांसद से लेकर आम आदमी तक की प्रतिक्रिया को महत्त्व दिया जाता है। दर्शकों की रुचि, आवश्यकता, उनकी अपेक्षाओं का पता लगाकर उनके अनुरूप ऐसे कार्यक्रम बनाए जाते हैं जो कारगर हो और दर्शकों को पसन्द आएँ। दूरदर्शन कार्यक्रम विनियमन भी करता है और व्यावसायिक संगठनों के सहयोग भी लेता है जिससे उसके कार्यक्रमों में जीवन्तता बनी रहे।

## 4. फिल्म प्रभाग (Film Division)

हमारे जीवन में दृश्यों का बड़ा महत्त्व है जो दृश्य हमें दिखाई देते हैं उनको हम बरसों तक नहीं भूल पाते हैं जबकि जिनको हम पढ़ते हैं उनको भूल जाने का डर रहता है क्योंकि हमारे मस्तिष्क की बनावट ऐसी है कि जिसे हम देख लेते हैं उसे काफी साल तक याद रख सकते हैं। इसी प्रकार दूरदर्शन की तरह दृश्य माध्यमों में फिल्मों का बहुत ज्यादा महत्त्व है और भारत सरकार ने जनसम्पर्क के लिए इस माध्यम का भी खूब उपयोग किया है। आजादी के बाद एक साल के भीतर ही तत्कालीन प्रधानमन्त्री पंडित जवाहरलाल नेहरू ने 1948 में मुम्बई में फिल्म प्रभाग 'फिल्म डिवीजन ऑफ इंडिया' की स्थापना की। फिल्म डिवीजन के सहयोग से भारत में बहुभाषी, बहुजातीय, बहुनस्लीय फिल्में बनने लगीं। विभिन्न भौगोलिक वातावरणवाले इस अनोखे भारत की तस्वीर से राष्ट्रीय एकता, छुआछूत उन्मूलन तथा परिवार कल्याण आदि विषय पर खूब सारी फिल्में बनाई जाती है। इन फिल्मों से देश के सिनेमाघरों में प्रतिदिन लगभग 4 शो में फिल्म प्रभाग के वृत्तचित्र (Documentary) या समाचार चित्र दिखाए जाते हैं। फिल्म डिवीजन का प्रयास होता है कि भारतीय लोग आपस में वैमनस्यता भूलकर भाईचारा बढ़ाए। फिल्म डिवीजन ने कई फिल्मों का भी निर्माण किया है जिन्हें राष्ट्रीय और अन्तरराष्ट्रीय फिल्म पुरस्कार भी मिल चुके हैं। फिल्म डिवीजन की वृत्तचित्र (Documentary) के माध्यम से भारत सरकार ने जनसम्पर्क करने में बेमिसाल उपलब्धि हासिल की है। इन वृत्तचित्रों के माध्यम से भारत के विकास की झांकी, परियोजनाओं और योजनाओं के लक्ष्य, उनके उद्देश्य, उपलब्धियाँ, सम्मेलन, यात्राएँ, घटनाएँ, अनेक महत्त्वपूर्ण अभियानों के रंगीन चित्र फिल्म के रूप में, वृत्तचित्र के रूप में और समाचारों के रूप में दिखाए जाते हैं। भारत के ऐतिहासिक महत्त्व, पर्यटन, शिक्षा, पर्यावरण, सुरक्षा जैसे विषयों पर भी अनेक फिल्मों का निर्माण किया गया है जो जनसम्पर्क की दृष्टि से अत्यन्त महत्त्वपूर्ण है। भारत सरकार जनसम्पर्क के लिए फिल्म प्रभाग के माध्यम से इन दस्तावेजी चित्रों को 'डॉक्यूमेंट्री फिल्म्स ऑफ इंडिया' एवं समाचारोंवाली न्यूज़ रील को 'इंडियन न्यूज़ रिव्यू' के नाम से रिलीज करती है। संविधान में मान्यता प्राप्त लगभग सभी भारतीय भाषाओं में निर्देशक और प्रोड्यूसर सरकारी फिल्में बनाते हैं। जनसम्पर्क की दृष्टि से भारत सरकार की कला पक्ष को भी मुखरित करनेवाली फिल्में फिल्म डिवीजन बनाता है। कार्टून अर्थात् एनीमेशन (Animation) फिल्मों का निर्माण भी यहाँ किया जाता है। फिल्म प्रभाग द्वारा फिल्म डिवीजन थिएटर और गैर थिएटर दर्शकों को ध्यान में रखकर एक अनुमान के मुताबिक सप्ताह में कम से कम दो फिल्में रोज बनाता है जो देश के सभी थिएटर द्वारा दिखाया जाना आवश्यक है। फिल्में शक्तिशाली और प्रभावशाली माध्यम है जो दर्शकों के ऊपर अमिट छाप छोड़ती हैं। फिल्म जनसम्पर्क के क्षेत्र में दर्शकों का सन्दर्भ स्पष्ट, सीधा और विशेष उद्देश्य पूर्ण होना चाहिए क्योंकि इसे सीधे सम्प्रेषण द्वारा विचारों, तथ्यों और कथानको को दर्शक देखते, सुनते और उनकी संवेदना प्राप्त करते हैं। भारत की केन्द्रीय सरकारी नीति और सरकार की भान्ति अनेक प्रादेशिक सरकारें भी अपनी सूचना एवं जनसम्पर्क विभाग द्वारा इस तरह की फिल्में जनसम्पर्क के लिए बनाती हैं।

## 5. फोटो प्रभाग (Photo Division)

भारत की समस्त सरकारी नीतियों, कार्यक्रमों को लोकप्रिय बनाने, इन्हें प्रचारित और प्रसारित करने के लिए भारत सरकार का फोटो प्रभाग, फोटो के माध्यम से प्रतिवर्ष विभिन्न आकार में 8 से 10 लाख तक फोटो प्रिंट तैयार करता है और फोटो के माध्यम से किसी कार्यक्रम को जनता तक पहुँचाने का प्रयास करता है। फोटो प्रभाग का उद्‌देश्य देश के आर्थिक, सामाजिक तथा सांस्कृतिक वातावरण में परिवर्तन के साथ-साथ महत्त्वपूर्ण राष्ट्रीय और अन्तरराष्ट्रीय घटनाओं को छायाबद्ध करना है। भारत के बाहर विदेशी मिशन, राष्ट्रपति, प्रधानमन्त्री, लोकसभा अध्यक्ष सहित केन्द्र और विभिन्न सरकारों की मन्त्रालयों की आवश्यकता को भी पूरा करता है। भारत सरकार के फोटो प्रभाग से कोई भी आम नागरिक फोटो खरीद सकता है। फोटो प्रभाग का मुख्यालय भारत की राजधानी नई दिल्ली में स्थित है। फोटो प्रभाग के प्रांगण में ही फोटो प्रभाग द्वारा समाचारों और किसी फीचर के लिए फोटो दिए जाते हैं जो समाचारपत्र, पत्रिकाओं को जन सूचना कार्यालय (Press Informaticn Bureau) के माध्यम से निशुल्क भेजी जाती हैं। विदेशी अतिथियों, राष्ट्राध्यक्ष, शिष्टमंडल को फोटो एल्बम भेंट किए जाते हैं जिससे भारत सरकार अपने आम जनता के लिए जो कार्यक्रम आयोजित करती है उसका प्रचार-प्रसार दूसरे देशों में भी हो सके जिसमें राष्ट्रीय नेताओं वीरपुरुषों, महापुरुषों, शताब्दी समारोह के फोटो वितरित किए जाते हैं। दूरदर्शन द्वारा जो कार्यक्रम आयोजित किए जाते हैं वह फोटो भारत सरकार के फोटो प्रभाग से लेता है। भारत सरकार का फोटो प्रभाग प्रतिवर्ष फोटो प्रतियोगिता भी आयोजित करता है।

## 6. विज्ञापन और दृश्य प्रचार निदेशालय (Directorate of Advertising And Visual Publicity, DAVP)

भारत सरकार के विभिन्न मन्त्रालयों, सार्वजनिक क्षेत्र आदि के लिए विज्ञापन और दृश्य प्रचार निदेशालय, प्रेस विज्ञापन और मुद्रित प्रचार सामग्री जैसे—पोस्टर, फोल्डर, ब्रोशर, पुस्तिकाएँ, दीवार पर लटकनेवाली सामग्री, प्रदर्शनी सामग्री, होर्डिंग, सिनेमा स्लाइड, दीवारचित्र, रेल, बस, ट्राम, कार पर चिपकाने या लगानेवाले विज्ञापन, आकाशवाणी, दूरदर्शन, फिल्म आदि दृश्य, श्रव्य माध्यमों के जरिए लघु विज्ञापन फिल्मों तथा प्रदर्शनी द्वारा भारत सरकार की नीतियों, कार्यक्रमों तथा उपलब्धियों का प्रचार-प्रसार करने की यह केन्द्रीय विज्ञापन एजेंसी है। विज्ञापन और दृश्य प्रचार निदेशालय का प्रयास रहता है कि जो निजी या सरकारी क्षेत्र में कम्पनी विज्ञापन आदि का कार्य करती हैं उनके अन्दर आपस में सामंजस्य की स्थापना रहे अर्थात् उन्हें गलाकाट प्रतियोगिता से बचाने का प्रयास करती हैं। आपस में विज्ञापन की दरों को लेकर किसी प्रकार के झगड़ों के उत्पन्न होने की स्थिति नहीं आने देना चाहती हैं। इसका मुख्यालय नई दिल्ली में स्थित है। विज्ञापन और दृश्य प्रचार निदेशालय (Directorate of Advertising And Visual Publicity, DAVP) रेलवे को छोड़कर भारत सरकार के लगभग सभी मन्त्रालय, संघ लोक सेवा आयोग (Union Public Service Commission, UPSC) तथा अन्य सरकारी विभागों की विज्ञापन एजेंसी भी है। यह सार्वजनिक प्रतिष्ठानों तथा अनेक

स्वायत्त संस्थाओं के लिए विज्ञापन एजेंट का कार्य करती है। यह सामाजिक परिवर्तन और आर्थिक विकास के राष्ट्रीय कार्यक्रम में लोगों की भागीदारी सुनिश्चित करने के लिए अनेक महत्त्वपूर्ण विषयों पर प्रचार अभियान का कार्य करती है जैसे—राष्ट्रीय एकता और साम्प्रदायिक सद्भाव, स्वास्थ्य और परिवार कल्याण, नई शिक्षा नीति, कृषि एवं ग्रामीण विकास, ऊर्जा एवं शक्ति संरक्षण, पर्यावरण, उपभोक्ता संरक्षण, राष्ट्रीय बचत, कमजोर वर्गों का उत्थान व गरीबी उन्मूलन, सामाजिक और आर्थिक बुराई, दहेज, छुआछूत, नशाखोरी, कर चुराना (Tax Evasion), तस्करी (Smuggling), नशीली दवाओं का प्रयोग आदि पर जनता की जागरूकता बढ़ाने के लिए प्रचार का कार्य करती है। यह उनके प्रचार की सामग्री तैयार करती है साथ ही उनका वितरण भी करती है। विज्ञापन और दृश्य प्रचार निदेशालय किसी महापुरुष की शताब्दी समारोह में मेले का प्रचार-प्रसार सामग्री भी तैयार करती है। भारत की राष्ट्रीय शिक्षा नीति, मुक्त विश्वविद्यालय, योजना, प्रधानमन्त्री के विभिन्न भाषाओं की पुस्तिकाएँ तथा अन्य प्रचार सामग्री की पुस्तिकाएँ, पोस्टर, कैलेंडर, डॉयरी आदि वितरित करती है।

### 7. प्रकाशन प्रभाग (Publication Division)

भारत सरकार अपने प्रकाशन विभाग के माध्यम से जनता के साथ अपना जनसम्पर्क करने का कार्य करती है। यह कम मूल्य पर आम जनता को सरकार की गतिविधियों, राष्ट्रीय और अन्तरराष्ट्रीय महत्त्व के नेताओं, प्रधानमन्त्री, राष्ट्रपति के विचारों को प्रकाशित करके आम जनता तक पहुँचाने का कार्य करती है। भारत सरकार का प्रकाशन विभाग देश-विदेश में सामान्य जनता को भारत के बारे में सही और नवीनतम जानकारी देने की दृष्टि से, देश के भीतर और विदेशों में भी जनसम्पर्क का प्रचार-प्रसार, राष्ट्रीय महत्त्व के विषयों पर पुस्तकों, पत्रिकाओं के प्रकाशन, बिक्री और वितरण का कार्य करता है। भारत का प्रकाशन विभाग हिन्दी, अंग्रेजी और अन्य भारतीय भाषाओं में पुस्तकें प्रकाशित करता है जिन्हें आम जनता या विदेश के लोग खरीद सकते हैं। भारत के प्रकाशन विभाग द्वारा बच्चों के लिए शिक्षा एवं ज्ञानदायक कहानियाँ, राष्ट्रीय नेताओं की जीवनी, भाषण, लेख तथा धर्म एवं संस्कृति की पुस्तकें प्रकाशित की जाती हैं। प्रकाशन विभाग महत्त्वपूर्ण पुस्तकों के अतिरिक्त अपने देश की जनता तक पत्रिकाओं के प्रकाशन भी पहुँचाता है जिसमें देश के विभिन्न क्षेत्रों की गतिविधियों का लेखा-जोखा होता है। इनमें से प्रमुख पत्रिकाएँ हैं– योजना, कुरुक्षेत्र, आजकल, बालभारती, एम्प्लॉयमेंट न्यूज़, रोजगार समाचार आदि इस प्रकार के पत्र-पत्रिकाएँ हैं जो लाखों की संख्या में बिकते हैं और यह आम जनता से जुड़े हुए रहते हैं। 'इंडियन एंड फॉरेन व्यू' विदेश मन्त्रालय के लिए प्रकाशन विभाग छापता है जो देश के साथ-साथ विदेश में भी भारत की छवि को प्रस्तुत करता है। भारत के प्रकाशन विभाग से छपी हुई पुस्तकों को अनेक पुस्तक विक्रेता अपने दुकानों से बेचते हैं। भारत सरकार का प्रकाशन विभाग पुस्तक मेलों और पुस्तक पुरस्कारों का भी आयोजन करता है। भारत सरकार के इस प्रकाशन विभाग में विषय वस्तु, उसके शीर्षक, सामग्री, लेखक, अनुवादक के कार्य सम्बन्धी परामर्श के लिए एक पुस्तक प्रकाशन समिति गठित की गई है जिसमें इनसे सम्बन्धित सलाह ली जाती है।

## 8. गीत और नाटक प्रभाग (Songs And Drama Division)

भारत सरकार ने जनसम्पर्क के लिए गीत और नाटक प्रभाव को भी अपनाया है। ग्रामीण अंचलों में इस माध्यम का प्रभाव ज्यादा अच्छा रहता है। गीत और नाटक का जनसम्पर्क में उपयोग सबसे पहले बहुत छोटे स्तर पर किया गया था। सूचना एवं प्रसारण मन्त्रालय की रिपोर्ट के अनुसार गीत और नाटक प्रभाग को योजना प्रचार हित के लिए सजीव मनोरंजन माध्यम के रूप में स्थापित किया गया था इस आशा के साथ की जो लोगों का मनोरंजन करने का परम्परागत माध्यम ग्रामीण जनता पर जाएगा तो यह निश्चय ही प्रभावशाली होगा। गीत और नाटक की विशेषता यह है कि इसके माध्यम से आम जनता तक तत्काल सम्बन्ध स्थापित किया जा सकता है वह भी त्वरित गति से। इसमें नए विचारों और धारणाओं को सरलता पूर्वक समाहित किया जा सकता है। राष्ट्रीय विषयों के सन्देश को दूर-दराज तक, प्रत्येक व्यक्ति तक पहुँचाने की दृष्टि से विभिन्न प्रकार के मंचों का प्रयोग किया जाता है जैसे नाटक, कठपुतली, नृत्य नाटिका, ध्वनि और पौराणिक शैलीवाली प्रस्तुति आदि। ग्रामीण सीमा और सैन्य सीमा क्षेत्रों में सैनिकों के मनोरंजन के लिए भी यह प्रभाग सशक्त भूमिका निभाता है। गीत और नाटक प्रभाग ने राष्ट्रीय विषयों, नीतियों और कार्यक्रमों को आम आदमी तक बखूबी पहुँचाया है। भारत सरकार के इस गीत और नाटक प्रभाग का मुख्यालय नई दिल्ली में स्थित है। गीत और नाटक प्रभाग स्थानीय भाषा और बोली द्वारा सन्देशों को मनोरंजक अन्दाज़ में कार्यक्रमों की प्रस्तुति करता है तो इसमें दोहरे उद्‌देश्यों की पूर्ति होती है जैसे वहाँ की स्थानीय भाषा और आपस में भाईचारे का सन्देश ज्यादा प्रस्फुटित होता है। देश के बड़े शहरों में इसके क्षेत्रीय केन्द्र भी हैं। रांची के आदिवासी क्षेत्र में इसका पायलट प्रोजेक्ट सेंटर है। बंगलुरु में ध्वनि और प्रकाशन केन्द्र है। विभागीय और गैर विभागीय दल कलाकारों और वाद्‌द्यको के हैं जो इसकी आवश्यकता की पूर्ति करते हैं। सीमा प्रचार और जनजाति मंडलिया महत्त्वपूर्ण कार्य करती हैं। भारत सरकार की नीतियों, कार्यक्रमों को गीत और नाटकों के माध्यम से आम जनता तक उनकी बोली-भाषा में पहुँचाने का जब इसके द्वारा कार्य किया जाता है तब आम जनता स्वयं को सरकार से जुड़ा हुआ मानने लगती है।

## 9. क्षेत्रीय प्रचार निदेशालय (Directorate of Field Publicity)

सूचना एवं प्रसारण मन्त्रालय के अधीन क्षेत्रीय प्रचार निदेशालय को सक्रिय बनाकर दूरदराज क्षेत्रों में विशेषकर ग्रामीण अंचलों में भारत सरकार अपना जनसम्पर्क कार्य करती है। जैसा कि हम जानते हैं कि भारत गांवों का देश है और यहाँ की 70% आबादी गांव में ही निवास करती है इन ग्रामीणों तक अपनी बात को पहुँचाना, नीतियों को बताना, कार्यक्रमों की उपलब्धियों के बारे में जानकारी देना, शिक्षित करना, राष्ट्रीय विकास की विभिन्न परियोजनाओं में सक्रिय भागीदारी के लिए प्रेरित करना क्षेत्रीय प्रचार निदेशालय का ही कार्य है। ग्रामीणों के लिए जनसम्पर्क कार्य को मूर्त रूप देने के लिए 1953 में क्षेत्रीय प्रचार निदेशालय की स्थापना कीं गई। इसकी विशेषता है कि यह अपने साज-सामान अर्थात् समस्त उपकरणों के साथ जनता से सीधे सम्पर्क करता है। ग्रामीण क्षेत्रों में ग्राम पंचायतों तक अनौपचारिक रूप में पहुँचता

है। स्थानीय लोगों की आवश्यकता, भाषा और वहाँ की स्थिति एवं अवसर के अनुसार प्रचार कार्यक्रम तैयार करता है। क्षेत्रीय प्रचार निदेशालय के वर्तमान में क्षेत्रीय कार्यालय और क्षेत्रीय प्रचार इकाइयाँ हैं। यह इकाइयाँ सीमा क्षेत्रों में सैनिकों का मनोरंजन और स्थानीय नागरिकों के हितों में प्रचार कार्य करती हैं। क्षेत्रीय प्रचार निदेशालय देश में सबसे बड़ा ग्रामोन्मुखी प्रचार संस्था है। क्षेत्रीय प्रचार निदेशालय का कार्य ग्रामीण जनता को सरकारी नीतियों, कार्यक्रमों और सरकार की उपलब्धियों के बारे में जानकारी देना, उनका लाभ उठाने का प्रयास कराना और उनका योगदान सरकार को देने के लिए प्रेरित कराना है। क्षेत्रीय प्रचार निदेशालय एक ओर तो सरकारी कार्यक्रमों का प्रचार करता है वहीं दूसरी ओर इन नीतियों और कार्यक्रमों के बारे में जनता की तत्कालीन प्रक्रियाओं को एकत्रित कर उन्हें जन प्रतिक्रिया रिपोर्ट के रूप में सम्बन्धित संगठन, इकाई एवं मन्त्रालय के पास भेजता है जिससे सरकार जनता के विचारों को जान सके और उसके अनुरूप अपना निर्णय ले सके। यदि उसके कार्यक्रम में कोई त्रुटि रह जा रही है तो वह उसके अनुरूप अपना व्यवहार परिवर्तित कर सके जिससे जनता का भरोसा सरकार पर कायम रह सके।

### 10. राज्यों का जनसम्पर्क (PR of States)

भारत में अनेक छोटे-बड़े राज्य हैं और केन्द्र सरकार हमेशा सभी राज्यों के साथ जन सम्पर्क साधने के लिए प्रयासरत रहती है इसलिए सभी राज्यों में जनसम्पर्क विभाग होते हैं जिनका नाम प्रत्येक राज्यों में अलग-अलग हो सकता है। जैसे हिम सम्पर्क हिमाचल प्रदेश में, लोक सम्पर्क विभाग हरियाणा में। किन्हीं राज्यों में इसे सूचना और प्रचार निदेशालय का नाम से जाना जाता है। कई प्रदेशों में जनसम्पर्क विभाग को सूचना एवं प्रचार विभाग और पर्यटन विभाग के साथ जोड़ दिया जाता है। सूचना एवं जनसम्पर्क विभाग को चाहे किसी भी विभाग से जोड़ दिया जाए परन्तु इसमें कार्य एक ही होता है वह है जनसम्पर्क और प्रचार-प्रसार का। उत्तर प्रदेश में इसे सूचना विभाग का नाम दिया जाता है। लगभग सभी राज्यों में अपनी आवश्यकता, भौगोलिक स्थिति और राजस्व के अनुसार जनसम्पर्क विभाग का आन्तरिक गठन किया जाता है। जनसम्पर्क विभाग का कार्य राज्य और केन्द्र सरकार की नीतियों, राज्य की प्रगति का प्रचार एवं प्रसार करना है। राज्य के जनसम्पर्क कार्यालय का निदेशक या विभागाध्यक्ष ही इन नीतियों के पालन कराने की जिम्मेदारी लेता है, वही जवाबदेही का कार्य करता है।

जनसम्पर्क विभाग का आन्तरिक गठन उस राज्य के वातावरण उसकी स्थिति और उसकी आवश्यकता के अनुसार किया जाता है अर्थात् जनसम्पर्क विभाग कितना बड़ा हो या कितना छोटा हो। यदि राज्य बड़ा है तो वहाँ का जनसम्पर्क विभाग भी बड़ा होगा, यदि छोटा है तो जनसम्पर्क विभाग भी छोटा होगा। उस राज्य की आय कितनी है इस पर भी जनसम्पर्क विभाग का आकार निर्भर करता है। जनसम्पर्क स्थापित करने के लिए राज्य सरकार अपने यहाँ विभिन्न विभागों में गृहपत्रिकाओं का भी प्रकाशन करते हैं। जनसम्पर्क विभाग प्रेस, रेडियो, टेलीविजन, क्षेत्रीय प्रचार, ड्रामा, फिल्म इन सभी के माध्यम से राज्य सरकार की नीतियों उसकी प्रगति और जनकल्याणकारी कार्यों को राज्य की जनता तक पहुँचाता है। जनता को राज्य की गतिविधियों

की सही और तथ्यपरक जानकारी देना और उनको सूचित करना जनसम्पर्क विभाग का परम दायित्व होता है। राज्य के सूचना एवं जनसम्पर्क विभाग में निदेशक, सहायक निदेशक, अभियन्ता, प्रकाशन अधिकारी, सम्पादक, उपसम्पादक, प्रूफ रीडर, अनुवादक, फोटोग्राफर, अनेक अधिकारी और तकनीकी कर्मचारी होते हैं। साथ ही सहायक निदेशक क्षेत्रीय प्रचार के अधीन क्षेत्रीय प्रचार अधिकारी, फिल्म अधिकारी, ड्रामा अधिकारी, अनेक कलाकार जो प्राय: अनुबन्ध के आधार पर कार्य करते हैं।

## 11. निकायों में जनसम्पर्क (PR In Corporations)

हम सभी लोगों में स्थानीयता का एहसास बहुत ज्यादा होता है इसी प्रकार सामान्यतया कोई भी नागरिक स्थानीय स्वशासन संस्थाओं जैसे नगर निगम, नगर महापालिका और नगर पालिका आदि में अधिक रुचि लेता है, उसके बाद उसकी रुचि राज्य सरकार में होती है, उसके बाद उसकी रुचि का अगला हिस्सा केन्द्र सरकार में होता है। कोई नागरिक स्थानीय घटनाओं, समाचारों व नीतियों से अधिक प्रभावित होते हैं। जैसे किसी शहर में नगर पालिका या नगर निकाय गृहकर या दूसरे करो में अचानक वृद्धि करते हैं तो उस नगर के व्यक्ति उससे अधिक प्रभावित होंगे और उस पर नाराजगी जाहिर करेंगे। नगर में कार, स्कूटर, साइकिल स्टैंड का अभाव, शौचालय का न होना या उनकी स्थिति अच्छी न होना, गलियों और सड़कों पर प्रकाश का प्रबन्ध न होना, सड़कों आदि की व्यवस्था, जल का प्रबन्धन, सफाई की व्यवस्था आदि अनेक समस्याएँ हैं जिससे नागरिक का सीधा और प्रतिदिन का सम्बन्ध रहता है। इन कार्यों से सम्बन्धित नीतियों और कानूनों का प्रभाव नागरिकों पर सीधे पड़ता है इसलिए उसे नगर पालिका या नगर निकायों की गतिविधियों से सीधे जुड़े रहना पड़ता है ऐसे में उन संस्थाओं के जनसम्पर्क अधिकारी या कार्यकर्ता को वहाँ के निवासियों के साथ बहुत ही सामाजिक और मित्रता पूर्ण व्यवहार करना होता है क्योंकि उनका प्रतिदिन का सम्बन्ध जनता से होता है। उसे नागरिकों की दैनिक कठिनाइयों का समाधान ढूंढना पड़ता है, उन्हें सूचित करना पड़ता है, नीतियों को समझाना पड़ता है और उनकी प्रतिक्रियाओं को भी जाना पड़ता है। स्थानीय निकायों के जनसम्पर्ककर्ता का प्रमुख कार्य अपने निकाय के नागरिकों को सूचित और शिक्षित करना है। स्थानीय नगरनिगम, नगरपालिका और महानगरपालिका में जनसम्पर्ककर्ता को नागरिकों, जनप्रतिनिधियों, स्थानीय अधिकारियों के साथ मिलकर कार्य करना होता है। सबके सहयोग से ही जनसम्पर्क अधिकारी स्थानीय लोगों में एक अच्छे नागरिक भावना को उत्पन्न कर सकता है और उन्हें निगम के कार्यों में सहयोग देने और उसमें रुचि लेने के लिए प्रेरित कर सकता है। जनसम्पर्ककर्ता का यही मुख्य दायित्व है कि वह निकाय किस प्रकार के निर्णय लेती है, उन सभी निर्णय को वहाँ के नागरिकों को दीवाल पेंटिंग के माध्यम से, पोस्टर के माध्यम से, डुगडुगी बजाकर, परम्परागत साधन इस्तेमाल करके या फिर चौराहों पर बोर्ड या होर्डिंग्स लगाकर, छोटे बैनर लगाकर, रिक्शे पर प्रचार गाड़ी चलाकर, पम्पलेट बांटकर, आकाशवाणी या स्थानीय एफएम रेडियो पर विज्ञापन आदि कराकर निकाय की सूचनाओं को आम जनता तक पहुँचाकर उनकी भागीदारी प्राप्त करना, यही जनसम्पर्क अधिकारी का प्रमुख कार्य होता है।

# निजी क्षेत्र के जनसम्पर्क

## (Public Relation In Private Sector)

ऐसे उद्योग व संस्थाएँ जिनका स्वामित्व, प्रबन्धन और नियन्त्रण सरकार के हाथ में नहीं होकर किसी एक व्यक्ति या किसी औद्योगिक घरानों के पास हो, ऐसी उद्योग और संस्थाओं को निजी उपक्रम कहा जाता है। इनका उद्देश्य होता है अधिक-से-अधिक लाभ अर्जित करना। सन् 1956 की आर्थिक औद्योगिक नीति में माना गया कि राष्ट्र की प्रगति तथा मजबूत अर्थव्यवस्था के लिए निजी क्षेत्र के उद्यमों को भी समान रूप से स्थापित होने और उनके बेहतर भविष्य के लिए संसाधन के साथ अवसर उपलब्ध कराए जाए जिसके फलस्वरूप आज निजी क्षेत्र में भी दिनोन्दिन तरक्की हो रही है। निजी क्षेत्र में हो रहे निरन्तर परिवर्तन के कारण भारत आज शक्तिशाली औद्योगिक घरानों की श्रेणी में खड़ा है। आज भारत में संचार के संसाधन, माइक्रोचिप, उपग्रह, परमाणु ऊर्जा, कम्प्यूटर, कम्प्यूटर के सॉफ्टवेयर, ऑटोमोबाइल, कपड़ा, सीमेंट, चादर, घड़ी, रेडियो, टेलीविजन, ट्रैक्टर, आलमारी, कार, मोटरसाइकिल आदि का उत्पादन भारत में हो रहा है। कहने का तात्पर्य है कि आप जिस ओर देखेंगे, जो भी सामान विदेश में बनता था वह सारी सुविधाएँ, सारी व्यवस्थाएँ, सारे सामानों का उत्पादन भारत में ही हो रहा है जो अन्य देशों को निर्यात भी कर रहा है।

निजी क्षेत्रों का हमेशा प्रयास रहता है कि उनके उत्पाद की माँग हमेशा बाजार में बढ़ती रहे। इसके लिए वह उपभोक्ताओं, ग्राहको, डीलर, c&f एजेंट, दुकानदार आदि से हमेशा जनसम्पर्क अधिकारी के माध्यम सम्पर्क करते रहना चाहते हैं इसलिए किसी भी उद्योग धन्धों में उनको सर्वोच्च शिखर पर पहुँचाने के लिए योग्य जनसम्पर्क अधिकारी की नियुक्ति करना अत्यन्त लाभकारी होता है जो उनके व्यापार क्षेत्र को और आगे बढ़ा सके। एक योग्य जनसम्पर्क अधिकारी देश के साथ-साथ विदेशों में भी जाकर अपने उत्पाद के प्रचार-प्रसार करते हुए अच्छा जनसम्पर्क स्थापित करता है और अपनी कम्पनी में उत्पादित वस्तुओं की माँग विदेश से भी करवा सकता है। निजी क्षेत्र के औद्योगिक घराने विभिन्न श्रेणियों व स्तरों की जनता के लिए अपने उत्पादों का विपणन और प्रचार-प्रसार करते हैं। एक सशक्त जनसम्पर्क अभियान द्वारा ही लक्षित जनता को अपने कम्पनी, उद्योग या संस्थान के पक्ष में प्रेरित व प्रभावित किया जा सकता है। किसी निजी उद्योग में आन्तरिक व बाह्य जनता जिसमें कर्मचारी, उपभोक्ता, शेयर धारक, वितरक, डीलर समुदाय, वित्तीय कम्पनियाँ, प्रबन्धन, प्रशासन, वित्तीय क्षेत्र के विशेषज्ञ, पूँजी निवेशक, मीडिया, प्रतिस्पर्धी और गैर प्रतिस्पर्धी उद्योग अथवा कम्पनियाँ सम्मिलित हैं। उनका सहयोग, समर्थन और विश्वास अपेक्षित होता है। निजी क्षेत्र की कम्पनियों की प्रगति एवं भविष्य के लिए जनसम्पर्क की भूमिका अत्यन्त आवश्यक है। निजी क्षेत्र का जनसम्पर्क अधिकारी निम्नलिखित लक्ष्यों को निष्पादित करता है—

### 1. शेयरधारकों से सम्बन्ध (PR With Shareholders)

कम्पनी अपने शेयरधारकों के हितों की रक्षा करते हैं साथ ही शेयरधारकों से अपने सम्बन्धों को आत्मीय बनाते हैं। यह सब कुछ कम्पनी जनसम्पर्क अधिकारी की संचार व्यवस्था के अन्तर्गत

सम्भव करती है। जनसम्पर्क अधिकारी शेयरधारकों के साथ अपनी कम्पनी के सम्बन्धों को विकसित करने के लिए उन्हें अपने कम्पनी की वार्षिक रिपोर्ट, उत्पादन सूचना, विपणन सूचना, शेयर धारक पत्रिका, शेयर धारक पत्राचार, वित्तीय प्रचार और विज्ञापन आदि की रिपोर्ट देते हैं।

## 2. जनसम्पर्क अधिकारी का कर्मचारियों से सम्बन्ध (PRO's Relation With Employees)

किसी भी कम्पनी में प्रबन्ध तन्त्र व कर्मचारी के मध्य सम्बन्ध में उतार चढ़ाव होना एक स्वभाविक क्रिया है। प्रबन्ध तन्त्र को संगठनात्मक, उत्पादन एवं आन्तरिक अनुशासन बनाए रखने के लिए समस्याओं से लगातार जूझना पड़ता है। जनसम्पर्क अधिकारी का यह कर्तव्य है कि वह कर्मचारी व प्रबन्ध तन्त्र के मध्य स्वस्थ सम्बन्ध की मजबूत नींव रखें जिससे संगठन की आन्तरिक छवि को निखारने का मौका मिले। किसी कम्पनी का मानव संसाधन विभाग (HR Department) और जनसम्पर्क के सम्मिलित आयोजनों के प्रयासों द्वारा कर्मचारियों को कम्पनी से दिशानिर्देशों की एक हैंडबुक, प्रशिक्षण कार्यक्रम, सेमिनार, सभाएँ, तकनीकी कक्षाएँ, सर्वोत्तम कर्मचारी सम्मान प्रोत्साहन राशि, कर्मचारियों और उनके मेधावी बच्चों के लिए के लिए प्रोत्साहन राशि आदि की व्यवस्था करने से कर्मचारी और कम्पनी के सम्बन्ध प्रगाढ़ होते हैं। इस तरह की व्यवस्था जनसम्पर्क अधिकारी ही करता है।

## 3. डीलर से सम्बन्ध (PR With Dealers)

किसी निजी संस्थान में कार्य कर रहे एक जनसम्पर्क अधिकारी का यह कर्तव्य है कि वह उस कम्पनी के उत्पादों का जहाँ प्रचार-प्रसार किया जाता है उससे सम्बन्धित डीलर और वितरक की सभी तरह की समस्याओं से हमेशा अवगत रहे और समस्या सुलझा न पाने की स्थिति में कम्पनी के किसी योग्य अधिकारी के पास जाकर उसकी समस्या का हल प्राप्त करे और हमेशा उनकी समस्याओं का पड़ताल करता रहे। ग्राहक और कम्पनी के मध्य डीलर ही महत्त्वपूर्ण सेतु का कार्य करते हैं। ग्राहकों को बेहतर सेवा देकर उन्हें सन्तुष्ट करने से विपणन तन्त्र मजबूत होता है चूंकि किसी भी कम्पनी का जनसम्पर्क अधिकारी सामान्यतया किसी ग्राहक या उपभोक्ता के पास सीधे तो नहीं पहुँच सकता परन्तु वह अपने डीलर या वितरकों के प्रयास से पहुँच सकता है इसलिए डीलर और वितरकों को प्रोत्साहित करने के लिए उनके साथ बैठक आयोजित करना चाहिए, यह जनसम्पर्क की एक महत्त्वपूर्ण रणनीति होती है। यदि किसी जनसम्पर्क अधिकारी का उसके डीलर और वितरक, छोटे स्टॉकिस्ट, आपूर्तिकर्ता का व्यक्तिगत मेल-जोल रहेगा तो किसी भी कम्पनी के लिए अत्यन्त लाभकारी होगा। डीलर के साथ पत्र व्यवहार, साहित्य प्रचार, विज्ञापन, ग्राहक या उपभोक्ता गोष्ठी, प्रदर्शनी एवं सम्मान प्रमाण पत्र इत्यादि का आदान-प्रदान कम्पनी द्वारा समय-समय पर किया जाता रहेगा तो निःसन्देह वह डीलर और वितरक कम्पनी के लिए एक मजबूत कड़ी साबित होगा इसलिए डीलर, वितरक और आपूर्तिकर्ताओं के मध्य कम्पनी का एक अच्छा जनसम्पर्क अधिकारी ही अच्छा सामंजस्य बैठा सकता है।

## 4. उपभोक्ता अथवा ग्राहक सम्बन्ध (PR With Consumer and Customer)

ग्राहक या उपभोक्ता किसी भी व्यवसाय के लिए शरीर में रक्त के समान है। ग्राहक कोई भी हो सकता है जैसे बच्चे, युवा, महिलाएँ या पुरुष जो अपनी रुचि के अनुसार उत्पादों को खरीदते हैं, परन्तु उपभोक्ता वही होता है जो उस वस्तु का उपयोग करे। कोई ग्राहक उस वस्तु की गुणवत्ता के बारे में सही नहीं बता सकता है लेकिन एक उपभोक्ता उस वस्तु के बारे में वह अच्छी है या बुरी, बता सकता है। वर्तमान समय में गुणवत्ता के सम्बन्ध में उपभोक्ता अधिकारों (Consumer Rights) के प्रति सतर्कता बढ़ी है। इस समय का ग्राहक हमेशा वस्तु को आईएसआई, आईएसओ देखकर खरीदता है, भ्रामक विज्ञापनों से बचने का प्रयास करता है, गलत वस्तु प्राप्त होने पर वह उपभोक्ता फोरम (Consumer Forum) जिला, राज्य या केन्द्र स्तर पर शिकायत दर्ज कर सकता है। जनसम्पर्क अधिकारी विज्ञापन, प्रचार, विक्रय साहित्य, ग्राहक सम्पर्क, प्रदर्शनी या दृश्य-श्रव्य मीडिया आदि के माध्यम से उपभोक्ता या ग्राहकों को अपनी ओर आकर्षित करने का प्रयास करते हैं। किसी भी अच्छे जनसम्पर्क अधिकारी का यही प्रयास होता है कि कोई भी भ्रामक सूचना ग्राहक या उपभोक्ताओं को नहीं दें अन्यथा वह ग्राहक या उपभोक्ता उनके वस्तु या सेवाओं से जब सन्तुष्ट नहीं होगा तो उनका ग्राहक टूटेगा ही लेकिन साथ में वह कई लोगों को और भी बताएगा कि इस कम्पनी का सामान मत लीजिए इसमें शिकायत आती है। इस प्रकार एक जनसम्पर्क अधिकारी को इतना चैतन्य रहना पड़ता है कि कोई असन्तुष्ट उपभोक्ता या ग्राहक से सबसे पहले बात करे और उसको सन्तुष्ट करने का प्रयास करे, आवश्यकता हो तो तथ्यों का सहारा ले किसी झूठ का नहीं।

## 5. समुदाय से सम्बन्ध (PR With Communities)

किसी सार्वजनिक क्षेत्र की तरह ही निजी क्षेत्र के लिए भी सामाजिक प्रतिबद्धता और सामाजिक जवाबदेही की अवधारणा सुनिश्चित की गई है। एक जनसम्पर्क अधिकारी पास-पड़ोस के समाज, शहर और गांव के निवासियों के लिए, स्थानीय प्रशासन की योजनाओं, सड़क निर्माण, जल प्रबन्धन, मनोरंजन, स्वास्थ्य आदि में निजी क्षेत्र के संगठन पूरी मदद करते हैं। निजी क्षेत्र के जनसम्पर्क अधिकारी प्रयास करते हैं कि क्या किसी समुदाय में यदि कोई टंकी लगाई जा सके या कम पैसे में निवेश करके उस जगह पर अपने ब्रांड या अपने कम्पनी के उत्पादों का प्रचार-प्रसार किया जा सकता है तो कोई भी समझदार जनसम्पर्क अधिकारी इसमें से पीछे नहीं हटता वह इस मौके का लाभ उठाता है। किसी सड़क का नाम अपनी कम्पनी के नाम पर करा देता है, कोई जल प्रबन्धन, सफाई व्यवस्था या कूड़ा गाड़ी की व्यवस्था, किसी कॉलोनी के सुन्दरीकरण की व्यवस्था, कॉलोनी गेट पर अपने कम्पनी के नाम के साथ लगवा देता है। जनसम्पर्क अधिकारी समस्त सामाजिक कार्यक्रमों के प्रचार और आयोजन के दायित्व का सफलतापूर्वक निर्वहन करना अपना पहला कर्तव्य समझता है क्योंकि इस तरह के आयोजन से कम्पनी की प्रतिष्ठा और छवि को बढ़ावा तो मिलता ही है साथ ही उनके ग्राहक और उपभोक्ताओं की संख्या में लगातार वृद्धि होती है।

### 6. मीडिया से सम्बन्ध (PR With Media)

निजी क्षेत्र के जनसम्पर्क अधिकारी काफी समझदारी से अपने कार्य को मूर्त रूप देने का प्रयास करते हैं। निजी क्षेत्र के जनसम्पर्क अधिकारी पत्रकारों, संवाददाताओं, मीडिया कम्पनी को अपने कम्पनी की प्रोफाइल, अपने उत्पादों के फीचर, उत्पादों के चित्र, प्रेस विज्ञप्ति आदि उपलब्ध कराते हैं। जनसम्पर्क अधिकारी प्रेस सम्मेलन आयोजित करते हैं साथ ही वह प्रेस के साथ फीचर लेख, वित्तीय नियोजन, आर्थिक पत्र-पत्रिकाओं के साथ सम्बन्ध स्थापित करते हैं और आपदा या संकट की स्थिति में लोगों के साथ भी खड़े रहते हैं।

## बहुराष्ट्रीय कम्पनियों में जनसम्पर्क

### (PR in Multinational Companies)

बहुराष्ट्रीय कम्पनियों (Multinational Companies) को कई देशों में अपना व्यापार फैलाने के लिए देश, काल और परिस्थिति के अनुसार ही काम करना होता है। जैसे—नोकिया मूलत: फिनलैंड की कम्पनी है लेकिन बहुराष्ट्रीय स्तर पर फैले अपने व्यापार के चलते वह विभिन्न देशों में अलग-अलग तरह के विज्ञापन, प्रचार अभियान, विपणन व विक्रय प्रणाली अपनाती है जिससे ज्यादा-से-ज्यादा ग्राहक उसके उत्पाद की ओर आकर्षित हो सकें। इसी तरह कई देश व उनकी सरकारें भी वैश्विक जनसम्पर्क के माध्यम से बृहद स्तर पर अपने देश की सकारात्मक व प्रगतिशील छवि दर्शाना चाहते हैं जिससे आर्थिक व कूटनीतिक दृष्टि से अपने देश को बेहतर साबित कर सकें। बहुराष्ट्रीय कम्पनियों के जनसम्पर्क में दो या दो से अधिक देशों के बीच अपनी योजनाओं और गतिविधियों का नियोजन, कार्यान्वयन व परस्पर सूचना सम्प्रेषण आता है। इसमें अपने सहयोगी और मित्र राष्ट्रों के साथ अच्छे सम्बन्ध बनाए रखने के लिए सूचनाओं का निर्बाध हस्तान्तरण अनिवार्य है। वैश्वीकरण ने पूरी दुनिया को प्रभावित किया है विभिन्न देशों की आर्थिक नीतियाँ संशोधित की गई हैं, उत्पादन कार्यों में सरकार की भागीदारी कम हुई है, बाजार प्रभावशाली हुआ है और निजीकरण को मजबूती मिली है। वैश्वीकरण (Globalisation) ने समाज के प्रत्येक हिस्से को प्रभावित किया है और रोजगार का स्वरूप, मीडिया का स्वरूप, राजनयिक कूटनीतिक सम्बन्धों की दिशा निर्धारण में भी इसका योगदान दिखाई पड़ता है। बहुराष्ट्रीयकरण के बाद वैश्विक अर्थव्यवस्था के लिए दुनिया के विभिन्न राष्ट्रों की एकजुटता वैश्वीकरण के रूप में स्पष्ट की जाती है।

बहुराष्ट्रीय कम्पनी से तात्पर्य है कि ऐसी व्यापारिक कम्पनी जिसका व्यापार एक से अधिक राष्ट्र में हो, उस देश के अनुसार उस कम्पनी के उत्पादों का विज्ञापन, उनके उत्पाद का प्रचार-प्रसार इत्यादि सब कुछ जनसम्पर्क अधिकारी के ऊपर ही निर्भर करता है। बहुराष्ट्रीय कम्पनी के जनसम्पर्क का उद्देश्य है कम्पनी और उसके उत्पादों को जनता के बीच अच्छी तरह से स्थापित करना। बहुराष्ट्रीय कम्पनी के जनसम्पर्क अधिकारी देश-विदेश की अपनी लक्षित जनता से सम्पर्क स्थापित करते हैं। संगठन की सर्वग्राही छवि, नाम और पहचान के लिए वहाँ की जनता से निरन्तर सम्पर्क एवं उनकी भावनाओं का संगठन के प्रति उदारीकरण ही जनसम्पर्क अधिकारी का लक्ष्य होता है। बहुराष्ट्रीय कम्पनी का जनसम्पर्क अधिकारी विभिन्न

संचार माध्यमों द्वारा सन्देशों का सम्प्रेषण कर संगठन के लिए विभिन्न वर्ग की जनता की स्वीकृति प्राप्त करता है।

## जनसम्पर्क और तकनीक

### (Public Relation And Technique)

आजकल बहुराष्ट्रीय कम्पनियों में जनसम्पर्क में तकनीकी का प्रयोग लगभग अनिवार्य हो गया है। बहुराष्ट्रीय कम्पनियों का जनसम्पर्क अधिकारी ई-मेल के माध्यम से लक्षित लोगों (Targeted Public) तक पहुँचता है। परस्पर सूचना सम्प्रेषण के लिए मोबाइल और ई-मेल ही कारगर माध्यम हैं। सोशल नेटवर्किंग साइट्स भी आजकल जनसम्पर्क का बेहतर माध्यम साबित हो रही हैं। इसके अलावा अन्य संस्थागत तरीकों, जैसे—गृहपत्रिका, सूचनाबोर्ड, वीडियो पत्रिका, सलाह बॉक्स (Suggestion Box) आदि के द्वारा भी बहुराष्ट्रीय कम्पनियों में प्रभावी जनसम्पर्क स्थापित किया जाता है। प्रसिद्ध संचार विद्वान मार्शल मैक्लूहान ने विश्व को एक वैश्विक गांव (Global Village) माना है। खासकर संचारक्रान्ति के इस युग में मीडिया प्रौद्योगिकी ने समय व स्थान की दूरी को समाप्त दिया है। अब हम घर बैठे देश-दुनिया के हाल जान सकते हैं। साथ ही विश्व के किस कोने में क्या घटित हो रहा है यह पल भर में जान जाते हैं। ऐसे में जनसम्पर्क के क्षेत्र में बहुराष्ट्रीय कम्पनियों ने सूचना प्रौद्योगिकी (Information Technology) में सम्भावनाओं के नितनए द्वार खोले हैं।

**जनसम्पर्क के तीन चरण (Three Steps Of PR)—**

किसी भी बहुराष्ट्रीय कम्पनी का जनसम्पर्क अधिकारी किसी भी जनसम्पर्क कार्य की शुरूआत इन तीन सोपानों से करता है—1. ध्यान आकर्षित करना (Attract Attention)

2. विश्वास अर्जित करना (Winning Trust)

3. समझ विकसित करना (Developing the Understanding)

यदि किसी कम्पनी को अपना उत्पाद बाजार में लाना है और उसकी साख बढ़ानी है तो जनसम्पर्क अधिकारी इन तीन सोपानों से गुजरेगा। सर्वप्रथम वह उत्पाद को बाजार में लांच करते समय इस प्रकार से ब्रांड या उत्पाद का संवर्धन करेगा कि ग्राहक का ध्यान तुरन्त उत्पाद की ओर जाए। समय के साथ-साथ उस उत्पाद को बाजार में बनाए रखने के लिए उस उत्पाद के प्रति उपभोक्ता का विश्वास बनाए रखेगा जिससे उपभोक्ता वही उत्पाद उपयोग में लाए। यदि कोई अवांछनीय, आकस्मिक घटना उत्पाद की छवि को प्रभावित करती है या उसकी ब्रिकी में कमी लाती है तो ऐसे वक्त में जनसम्पर्क अधिकारी का कार्य होगा उपभोक्ताओं के बीच समझ विकसित करना जिससे उपभोक्ता का उनके उत्पाद में से भरोसा न उठे।

आज के इस वैश्वीकरण के युग में बहुराष्ट्रीय कम्पनियों के लिए प्रतिस्पर्धा का युग है। मार्केटिंग गतिविधियों में जनसम्पर्क विधाएँ व्यापक रूप से प्रयुक्त की जा रही है और आज के इस बहुराष्ट्रीयकरण के दौर में ऐसा प्रतीत होता है कि यदि किसी कम्पनो के पास योग्य जनसम्पर्क अधिकारी है तो उसके उत्पादों और उसकी सेवाओं का परचम समस्त विश्व पर लहराएगा यदि

उसके पास अच्छे जनसम्पर्क अधिकारी नहीं हैं तो कम्पनी मृतप्राय होती चली जाएगी। अनेक विद्वानों ने बहुराष्ट्रीय कम्पनियों में 5 P पर बहुत जोर दिया है, यह निम्नलिखित हैं—

1. उत्पाद (Product)
2. मूल्य (Price)
3. स्थान (Place)
4. प्रोत्साहन (Promotion)
5. पब्लिक रिलेशन (Public Relation)

यही कारण है कि दिन-प्रतिदिन जनसम्पर्क अधिकारियों की माँग बढ़ती चली जा रही है, चाहे वह सरकारी क्षेत्र हो, निजी क्षेत्र या बहुराष्ट्रीय कम्पनियों का क्षेत्र हो। ऐसा प्रतीत होता है कि बहुराष्ट्रीय कम्पनियों के आ जाने से जनसम्पर्क अधिकारी की माँग में बहुत तीव्र गति से वृद्धि होती जा रही है। वर्तमान समय में बहुराष्ट्रीय कम्पनियों के बाजार में आज आने के बाद किसी संगठन के लिए यह प्रतिस्पर्धा का दौर हो चुका है और इस समय दो बातें प्रत्येक संगठन के लिए महत्त्वपूर्ण है पहला कि उसकी गुणवत्ता अच्छी हो, दूसरा वह सफलतापूर्वक जनता को यह बता सके कि वह श्रेष्ठ है। वैश्वीकरण के फलस्वरूप प्रतिस्पर्धा का स्तर भी अन्तर्राष्ट्रीय हो चुका है ऐसे में आक्रामक प्रचार, प्रोपेगेंडॉ, लगातार उपभोक्ता के साथ जनसम्पर्क आवश्यक हो गया है। आज के इस युग में किसी कम्पनी के उत्पाद को ब्रांड की स्थापना अत्यन्त महत्त्वपूर्ण हो गया है। प्रतिस्पर्धा का सामना करने के लिए बहुराष्ट्रीय कम्पनियों के जनसम्पर्क का रणनीतिक पक्ष मजबूत हो गया है तथा जनसम्पर्क, विज्ञापन, क्रियान्वयन, मूल्याँकन. साधन, प्रचार तथा शोध विधियों का प्रयोग कर रहा है। ऐसे क्षेत्र जो सीधे उपभोक्ताओं से जुड़े हैं या सेवा क्षेत्र में, प्रतिस्पर्धा का स्तर और भी ज्यादा बढ़ा है जिसका सामना करने के लिए आक्रामक जनसम्पर्क की रणनीति अपनाई जाती है।

## बहुराष्ट्रीयकम्पनी के जनसम्पर्क अधिकारी के कार्य
## (PR Work In Multinational Companies)

अपने उत्पाद और सेवाओं का प्रचार–प्रसार, साख निर्माण, मीडिया से सम्बन्ध, आन्तरिक संचार, लॉबिंग सम्बन्धी कार्य, सलाहकार की भूमिका, विपणन सहयोग, शोध एवं मूल्याँकन विज्ञापन, प्रबन्धन, आयोजन सम्बन्धी कार्य, प्रवक्ता सम्बन्धी कार्य, प्रचार एवं प्रसार सम्बन्धी कार्य जनसम्पर्क प्रशिक्षण, बहुराष्ट्रीय कम्पनी के जनसम्पर्क अधिकारी का यह महत्त्वपूर्ण कार्य होता है। जनसम्पर्क अधिकारी से आशा की जाती है कि वह अपने कम्पनी की सशक्त विकास की ओर अग्रसर होने की छवि प्रस्तुत करें। छवि निर्माण के कार्य में विभिन्न रचनात्मक गतिविधियाँ सहायक होती हैं। जनसम्पर्क अधिकारी कम्पनी की सेवाओं और उत्पादों की स्वीकृति की वृद्धि कराने में सहायक होता है इसके लिए मीडिया और आयोजन दोनों तरह के उपक्रमों की सहायता लिया जा सकता है, विभिन्न माध्यम से जनता को सूचित करके कम्पनी को मजबूती से स्थापित करने में उसकी साख को बनाया जाता है। बहुराष्ट्रीय कम्पनी के जनसम्पर्क अधिकारी को मीडिया के साथ सम्बन्ध बनाना होता है यह

उसका प्रमुख कार्य है। कुशल जनसम्पर्क अधिकारी संगठन की सकारात्मक कवरेज करवाने के लिए हमेशा सतर्क रहता है। वह मीडिया के साथ बेहतर सम्बन्ध विकसित करके अपने और अपने संगठन के लिए सकारात्मक मीडिया साख अर्जित करता है। प्रबन्धकीय सम्बोधन, प्रबन्धन, कर्मचारी बैठक, बुलेटिन बोर्ड, समाचार का प्रकाशन, कार्यशाला (Workshop), अनौपचारिक मुलाकात आदि के माध्यम से जनसम्पर्क तन्त्र बहुराष्ट्रीय कम्पनी संगठन में आन्तरिक संचार को बेहतर रूप से संचालित और सम्पादित करने का प्रयास करता है। जनसम्पर्क अधिकारी लॉबिंग के माध्यम से संगठन में अपने लिए समर्थन प्राप्त करता है। अधिक विस्तार, नवीनीकरण, विभिन्न दबाव समूह और ओपिनियन लीडर से समर्थन प्राप्त करने में लॉबिंग एक महत्त्वपूर्ण उपाय साबित होती है। बहुराष्ट्रीय जनसम्पर्क के लिए भी उन्हीं साधनों का इस्तेमाल किया जाता है जो अपने आन्तरिक जनसम्पर्क के लिए अपेक्षित होते हैं लेकिन किसी देश में कुछ विशेष स्थितियों में जब विशेष प्रकार के जनसम्पर्क की आवश्य कता होती है तो उसके अनुकूल साधनों का चयन तथा उनका उपयोग करना अनिवार्य हो जाता है। बहुराष्ट्रीय जनसम्पर्क में की गई एक छोटी-सी भूल भी किसी अप्रिय स्थिति का कारण बन सकती है। इससे किसी देश या कई देशों के साथ मैत्री सम्बन्ध भी प्रभावित हो सकते हैं। इसी प्रकार जनसम्पर्क का एक छोटा-सा प्रयास भी कई सार्थक परिणाम का कारक बन सकता है इसीलिए बहुराष्ट्रीय कम्पनियाँ विदेश में कार्यरत अपने जनसम्पर्क अधिकारियों को बकायदा इस दिशा में प्रशिक्षित करती है। अलग-अलग देशों में अपने स्थानीय कार्यालय खोलकर बहुराष्ट्रीय कम्पनियाँ भी स्थानीय जनसम्पर्क अधिकारी के माध्यम से सम्बन्धित राष्ट्र के समाज व आवश्ययकता के अनुरूप अपना काम बढ़ाती हैं। आपसी समझ और परस्पर सम्बन्ध बनाए रखने के लिए आज न केवल व्यावसायिक बल्कि अन्तर्राष्ट्रीय स्तर पर भी जनसम्पर्क का महत्त्व बढ़ता ही जा रहा है।

## बहुराष्ट्रीय कम्पनी में जनसम्पर्क अधिकारी के गुण

### (Public Relation Officer's Qualities in Multinational Companies)

किसी व्यक्ति, संगठन के विचारों, कार्यों को जनता को बताने, योजनाओं, कार्यों को जन-जन तक पहुँचाने के अलावा राष्ट्रीय-अन्तर्राष्ट्रीय कम्पनियों के ग्राहकों के साथ उत्पाद या सेवा के बारे में हर सम्भव जानकारी साझा करने का दायित्व जनसम्पर्क अधिकारी के कन्धों पर ही है। इसके लिए बकायदा जनसम्पर्क अधिकारी रखे जाते है। उन्हें संस्था के उद्देष्यों से अवगत कराने के बाद जनता से संवाद स्थापित करने के लिए रखा जाता है जिससे वह संस्था और जनता के बीच एक संचार सेतू की भूमिका निभा सके।

जनसम्पर्क विशेषज्ञ डॉ. स्कॉट एम. कटलिप ने किसी बहुराष्ट्रीय कम्पनी के जनसम्पर्क अधिकारी के लिए वांछनिय योग्यताएँ बतायी हैं—

"आकर्षक व्यक्तित्व और प्रभावोत्पादक चरित्र, प्रचार या सन्देश-प्रचार में प्रवीणता, विशेषतया लेखनशक्ति, लोकमत के निर्माण और इसके मूल्याँकन का अनुभव, प्रचार के लिए प्रस्तुत विषय पक्ष की पूरी जानकारी और अपने नियोक्ता का पूरा-पूरा विश्वा सी।"

जनसम्पर्क अधिकारी अर्थात् एक ऐसा व्यक्तित्व जो जनता से मेल करना, उन्हें प्रेरणा देना और विश्वास अर्जित करना जानता हो। मिलनसारी, वाक्पटु और सुलझे विचारोंवाला बुद्धिमान व्यक्ति ही एक अच्छा जनसम्पर्क अधिकारी बन सकता है। मूलत: उसे इन पक्षों पर ध्यान देना आवश्यतक है—भाषिक, तकनीकी योग्यता, व्यवहार कुशलता एवं व्यक्तित्व।

बहुराष्ट्रीय कम्पनी का जनसम्पर्क अधिकारी संचार सम्बन्धी योजनाओं के प्रबन्धन, संयोजन एवं क्रियान्वयन का कार्य करता है। कम्पनी की संचार सम्बन्धी आवश्यकताओं की पूर्ति इसका दायित्व है। बहुराष्ट्रीय कम्पनी का जनसम्पर्क अधिकारी अपनी कम्पनी के विज्ञापन सम्बन्धी आवश्यकताओं, जैसे—विज्ञापन योजना, विज्ञापन वितरण, विज्ञापन मूल्याँकन एवं जिन समूहों से दबाव मिल सकता है उनके साथ भी मिलकर कार्य करता है। विपणन सम्बन्धी संचार का दायित्व भी उस जनसम्पर्क अधिकारी को सम्भालना होता है। मीडिया के साथ जनसम्पर्क साथ ही विभिन्न संचार सम्बन्धी आवश्यकताओं की पूर्ति करना किसी बहुराष्ट्रीय कम्पनी के जनसम्पर्क अधिकारी का कार्य होता है।

## बाजार में वर्चस्व
## (Pre-dominance In Market)

बहुराष्ट्रीय कम्पनियाँ बाजार में अपना वर्चस्व स्थापित करने के लिए विशेष रूप से प्रयासरत रहती हैं इसके लिए वह अपने डीलर, फ्रेंचाइजी की शृंखला, व्यापार सहयोगी, क्षेत्राधिकार सम्बन्धी समझौते किसी कम्पनी के साथ विलय, उसका विस्तार, संयुक्त उपक्रमों की स्थापना, ग्राहक से सम्बन्ध, विज्ञापन और जागरूकता कार्यक्रमों का बहुत अधिक उपयोग करती हैं। इन सभी कार्यों में जनसम्पर्क विधाएँ अत्यन्त उपयोगी है। डीलर और फ्रेंचाइजी के सन्दर्भ में, कम्पनी की साख स्थापना, विभिन्न व्यापारिक सम्बन्धों से कम्पनी की मजबूती का सम्प्रेषण, अपने उत्पाद के ब्रांड को पहचान और सकारात्मक छवि निर्माण करने का कार्य जनसम्पर्क अधिकारी करता है। बाजार में बहुराष्ट्रीय कम्पनी का जनसम्पर्क अधिकारी अपने संगठन के लिए बेहतर छवि निर्मित करता है इसके अतिरिक्त बाजार की पहचान के लिए बाजार अनुसन्धान में भी वह सहयोग करता है।

## ग्राहक सन्तुष्टि
## (Customer Satisfaction)

बहुराष्ट्रीय कम्पनी ग्राहकों को आकर्षित करने के नए-नए तरीके उपलब्ध कराना, उत्पाद और ग्राहक के बीच सम्बन्ध स्थापित करना, उपभोक्ताओं की भावनाओं को प्रतिध्वनी कर बहुराष्ट्रीय कम्पनी के जनसम्पर्क अधिकारी अपने ग्राहक की सन्तुष्टि की दिशा में महत्त्वपूर्ण भूमिका निभाते हैं। ग्राहक सन्तुष्टि वस्तुत: मनोविज्ञान की गहरी समझ की माँग करता है यदि जनसम्पर्क अधिकारी को अपने किसी असन्तुष्ट उपभोक्ता का पता चलता है और यदि वह समझदार होगा तो वह सबसे पहले उस असन्तुष्ट ग्राहक से मिलेगा और उसकी समस्या को जानने का प्रयास करेगा, यदि उसका हल निकल गया तो बहुत अच्छी बात है अन्यथा अपने

किसी उच्च अधिकारी से मिलकर उसका हल निकलवाएगा जिससे उस ग्राहक को एक राजा की अनुभूति हो सके। आज उपभोक्ता को निरन्तर सन्तुष्ट रखना और अपने उत्पाद के प्रति उसकी चाहत को बनाए रखना अत्यन्त मुश्किल कार्य है। आज के वैश्वीकरण के दौर में बहुराष्ट्रीय कम्पनियों ने जनसम्पर्क अधिकारी के सामने अनेक चुनौतियाँ खड़ी की है। यह चुनाव के सन्दर्भ में एक युद्ध की स्थिति उत्पन्न करती हैं किसी भी कीमत पर सफलता प्राप्त करना प्रत्येक कम्पनी के शीर्ष प्रबन्धन की इच्छा होती है। ऐसे में वह जनसम्पर्क तन्त्र से ऐसी अपेक्षाएँ भी करता है जो कभी-कभी व्यवसाय की नैतिकता के विरुद्ध होती है। तथ्यों से छेड़छाड़, वैश्विक प्रतिस्पर्धा में वर्चस्व के लिए लॉबिंग, मीडिया कवरेज के एवज में सौदेबाजी आदि दबावों की कुछ रूप है जो आज अधिक स्पष्टता से दिखाई पड़ते हैं जबकि कहा यह जाता है कि किसी प्रकार का लालच मीडियाकर्मी को देना या बाजार में किसी प्रकार का गलत कार्य करना यह जनसम्पर्क की गरिमा के विरुद्ध है।

वर्तमान समय में आर्थिक पक्ष के सर्वाधिक वैश्विक प्रभाव को देखते हुए हम कह सकते हैं कि वर्तमान युग बहुराष्ट्रीय कम्पनियों के संगठन का युग है। दुनिया के व्यापार का नियन्त्रण मुख्य रूप से बहुराष्ट्रीय कम्पनियों के हाथों में है। लाभ कमाना और बाजार पर नियन्त्रण बहुराष्ट्रीय कम्पनियों का प्रमुख लक्षण है। बहुराष्ट्रीय कम्पनियाँ वैश्वीकरण के प्रसार में महत्त्वपूर्ण भूमिका बनाती जा रही हैं। एक ही तरह के उत्पाद और सेवाओं की उपलब्धता, अन्तरराष्ट्रीय बैंकिंग, कामगार मंगाना (Outsourcing), बाजार की प्रवृत्तियों के अनुसार उत्पादन और आपूर्ति आदि बहुराष्ट्रीय कम्पनियों की देन है। बहुराष्ट्रीय कम्पनियों के आ जाने से इसके लाभ भी दिखाई दे रहे हैं। जैसे—प्रतिस्पर्धा और विकल्पों की बहुलता बढ़ती जा रही है। इसमें पूँजी (Capital) और प्रौद्योगिकी (Technology) के साथ मानवीय (Humanity) तत्त्वों को भी महत्त्वपूर्ण स्थान दिया जा रहा है।

बहुराष्ट्रीयकरण के समय में जनसमर्थन प्राप्त करना अत्यन्त महत्त्वपूर्ण कार्य है। बहुराष्ट्रीय कम्पनी को सफलता प्राप्त करने के लिए आन्तरिक और बाह्य सम्प्रेषण (Internal and External Communication) की भूमिका महत्त्वपूर्ण हो गई है। सूचना, सम्पर्क, सम्प्रेषण और छवि निर्माण की आवश्यकता प्रत्येक बहुराष्ट्रीय संगठन को है। वैश्वीकरण ने जनसम्पर्क की आवश्यकता को और भी बढ़ाया है। जनसम्पर्क के विशेषज्ञ क्षेत्रों को इसी समय पहचान मिली है। प्रबन्धन की संकल्पना में जनसम्पर्क को भी स्थान दिया जा रहा है और संगठन के साथ उसकी जनता के बीच सम्प्रेषण स्थापित करने, प्रबन्धन के अन्य अंगों की संचार सम्बन्धी आवश्यकताओं को पूर्ण करने तथा जनता के बीच संगठन की सकारात्मक छवि को विकसित करने में जनसम्पर्क विधाओं का खूब उपयोग किया जा रहा है। वर्तमान समय में जनसम्पर्क को ऐसी विधा के रूप में मान्यता मिल रही है जो क्रियान्वयन (Execution) और प्रयोग प्रधान (Action Oriented) है, आज के युग में जनसम्पर्क को प्रतिस्पर्धा प्रबन्धन (Event Management) के रूप में महत्त्व दिया जा रहा है। एक अच्छे जनसम्पर्ककर्ता से यह अपेक्षा की जाती है कि वह अन्त:क्रियामूलक (Interaction) सम्बन्धों के विकास में कुशल हो इसके लिए कार्यक्रमों का क्रियान्वयन करने में सक्षम हो। उपभोक्ता को जोड़े रखने और सन्तुष्ट

रखने का दायित्व भी जनसम्पर्क के लिए महत्त्वपूर्ण हो गया है। आज का उपभोक्ता केवल गुणवत्ता ही नहीं से ही नहीं प्रभावित होता बल्कि वह चाहता है कि वह उस कम्पनी और उसके जनसम्पर्क अधिकारी उससे मिलें तो वह उनके साथ अच्छा व्यवहार करें, उस वस्तु के उपभोग से उसे सामाजिक हैसियत (Social Status) की पूर्णता का बोध होन चाहिए। बहुराष्ट्रीयकरण के फलस्वरूप जो परिस्थितियाँ उत्पन्न हुई उसमें जनसम्पर्क गतिविधियों की उपयोगिता और भी बढ़ गई है क्योंकि समस्त संगठन जनसम्पर्क में अपनी संचार आवश्यकता, आन्तरिक और बाह्य पूर्ति के लिए जनसम्पर्क अधिकारीयों की सेवाएँ अनिवार्य रूप से ले रहे हैं।

# 8

# भारतीय जनसम्पर्क सोसाइटी

## (Public Relation Society Of India, PRSI)

भारतीय जनसम्पर्क सोसाइटी (Public Relation Society Of India, PRSI) भारत में जनसम्पर्क के पेशेवर लोगों (PR Professional) की राष्ट्रीय स्तर का संगठन है। इसकी स्थापना सन् 1958 में जनसम्पर्क को एक पेशे के रूप में उत्साहवर्धन करने के लिए किया गया था। इसमें जनसम्पर्क में आ रही दिक्कतों या जिस प्रकार का जनसम्पर्क किया जा रहा है उसमें आनेवाली कठिनाइयों को दूर करके किस तरह एक प्रभावी जनसम्पर्क किया जा सके इन उद्देश्यों और उनके हल खोजने के लिए इस संगठन की स्थापना की गई। जनसम्पर्क से सम्बन्धित रणनीतियाँ, उनका प्रबन्धन, उनका कार्यक्रम और क्रियान्वयन आदि बातों का इसमें हल निकाला जाता है।

शुरुआती दौर में भारत में जनसम्पर्क नाम की कोई संस्था नहीं थी लेकिन औद्योगिकिकरण धीरे-धीरे भारत पर हावी होने लगा और 50 के दशक में जब बड़े-बड़े उद्योग-धन्धे लगने लगे तो उनके लिए काफी जमीन की आवश्यकता पड़ने लगी जिसके कारण लोगों को एक जगह से दूसरी जगह पर विस्थापित किया जाने लगा, ऐसी स्थिति में उन लोगों से सकारात्मक रूप से बातचीत करके उस जगह को खाली कराया गया और भारत में जनसम्पर्क की आवश्यकता पड़ने लगी जिसके फलस्वरूप पहले तो छोटे-छोटे जनसम्पर्क संगठन हुआ करते थे जिनको मिलाकर 1958 में एक व्यावसायिक संगठन की स्थापना की गई। बाद में भारतीय सोसाइटी एक्ट के अधीन जनसम्पर्क नाम की संस्था का रजिस्ट्रेशन सन् 1966 में महाराष्ट्र राज्य में करा दिया गया।

### भारतीय जनसम्पर्क सोसाइटी के उद्देश्य

**(Objectives Of PR Society Of India)**

भारतीय जनसम्पर्क सोसाइटी का उद्देश्य है जनसम्पर्क को एक व्यवसाय के रूप में पहचान दिलाकर इसको उन्नति के शिखर पर ले जाना। जनसम्पर्क वायवसाइयों के कार्यों, शक्तियों और उद्देश्यों की समझ को जनता के बीच लागू कराता है। जनसम्पर्क वायवसाइयों के मध्य उच्च मानक (High Standard) बनाए रखने का प्रयास करता है। भारतीय जनसम्पर्क सोसाइटी का उद्देश्य है जनसम्पर्क के पेशेवर गुणों का आपस में विचारों,

अनुभवों और सूचनाओं का आदान प्रदान करना साथ ही जनसम्पर्क के लिए अनुसन्धान एवं अध्ययन को बढ़ावा देते हुए उसमें गति लाना है। वर्तमान समय में भारतीय जनसम्पर्क को सोसाइटी के लगभग 20 क्षेत्रीय कार्यालय है और इसके सदस्यों की संख्या 3000 के ऊपर है।

## भारतीय जनसम्पर्क सोसाइटी का संगठनात्मक ढांचा

### (Organisational Structure Of PRSI)

भारतीय जनसम्पर्क सोसायटी का संगठन द्विस्तरीय है इसके दोनों स्तर निम्नलिखित हैं—
क्षेत्रीय कार्यालय (Regional Council)

क्षेत्रीय कार्यालय सबसे निचले स्तर पर होता है यह लगभग प्रत्येक क्षेत्र में स्थित है जो सदस्यों का नामांकन करते हैं, अपने संगठन के प्रचार एवं प्रसार के लिए विभिन्न तरह की सभाएँ आयोजित करते हैं, कार्यशाला आयोजित करते हैं साथ ही वह प्रशिक्षण के कार्यक्रम भी आयोजित करते रहते हैं। भारतीय जनसम्पर्क सोसायटी की प्रत्येक शाखा का क्षेत्रीय कार्यालय अपना अध्यक्ष, सचिव, कार्यकारिणी परिषद आदि का चुनाव कराता है।

## राष्ट्रीय परिषद

### (National Council)

भारतीय जनसम्पर्क सोसायटी की शाखा राष्ट्रीय परिषद के अधीन रहकर अपनी गतिविधियों को पूर्ण रूप और भली प्रकार से क्षेत्रीय कार्यालय का संचालन करता है। राष्ट्रीय परिषद अपने यहाँ के लिए अधिकतम 3 सदस्य को प्रत्येक चैप्टर के सदस्य के रूप में नामांकित करता है। प्रत्येक चैप्टर के अध्यक्ष और सचिव, प्रत्येक सभाओं में अवश्य भाग लेने आते हैं। इसके बाद सदस्यों के सम्मिलित समूह द्वारा चुने गए राष्ट्रीय अध्यक्ष सचिव और अन्य पदाधिकारियों की नियुक्ति की जाती है। राष्ट्रीय अध्यक्ष प्रत्येक वर्ष के वार्षिक चुनाव सभा के दौरान चुने जाते हैं। राष्ट्रीय परिषद समय-समय पर अपने अधीनस्थ क्षेत्रीय कार्यालयों के लिए मार्गदर्शन और निर्देशन प्रदान करते रहते हैं और जनसम्पर्क सम्बन्धी शिक्षा और अनुसन्धान की गतिविधियों एवं विश्वविद्यालय, प्रबन्ध संस्थानों, संघों, चेम्बर ऑफ कॉमर्स, सरकार और अन्य प्रमुख प्रशिक्षण, शैक्षणिक संस्थानों के साथ नजदीकी सम्बन्ध बनाए रखने के लिए हमेशा प्रयास करते रहते हैं। राष्ट्रीय परिषद प्रतिवर्ष सामान्यतया अपनी चार बैठकें आयोजित करते हैं जो कि क्षेत्रीय आधार पर अलग-अलग चैप्टरों में होती है एवं सम्बन्धित चैप्टर ही उस बैठक का आयोजक बनकर राष्ट्रीय सेमिनार कराता है।

## भारतीय जनसम्पर्क सोसाइटी की आचार संहिता

### (PRSI's Code Of Conduct)

भारतीय जनसम्पर्क सोसाइटी ने अपने सदस्यों को अनुशासित रखने और व्यावसायिक क्रियाकलापों को प्रोत्साहित करने के लिए सन् 1968 में दिल्ली में प्रथम अखिल भारतीय

जनसम्पर्क सम्मेलन में एक आचार संहिता को अपनाया था। इस सम्मेलन में अन्तर्राष्ट्रीय जनसम्पर्क संघ (International Public Relation Association, IPRA) के प्रतिनिधियों सहित कुल 150 से अधिक सदस्यों की उपस्थिति में आचार संहिता स्वीकार की गई थी जबकि यह संहिता सन् 1965 में एथेंस (यूनान) में अन्तर्राष्ट्रीय जनसम्पर्क संघ द्वारा स्वीकार की जा चुकी थी। इसी कारण जनसम्पर्क के अन्तर्राष्ट्रीय समुदाय में इसे 'एथेंस की संहिता' के नाम से भी जाना जाता है। यह संहिता संयुक्त राष्ट्र संघ के मानवाधिकार चैप्टर पर विस्तृत रूप से आधारित है।

भारतीय जन सम्पर्क सोसाइटी की स्थापना इस उद्देश्य से की गई थी की जनसम्पर्क को एक महत्त्वपूर्ण प्रबन्ध विज्ञान क्षेत्र की तरह शैक्षिक (Academic) आधार प्रदान कर लोगों के सामने परिचित कराना इसलिए सन् 1968 में अखिल भारतीय जनसम्पर्क सम्मेलन के तुरन्त बाद भारतीय जनसम्पर्क सोसाइटी ने अमेरिकन प्रोफेसर डॉक्टर 'स्कॉट कटलिप' को भारतीय जनसंचार संस्थान (Indian Instituet Of Mass Communication) के सहयोग के साथ प्रबन्धन विकास कार्यक्रम चलाने के लिए आमन्त्रित किया गया। इसके बाद से भारतीय जनसम्पर्क सोसाइटी ने अपने क्षेत्रीय कार्यालयों के माध्यम से कार्यशाला (Workshop) आदि लगातार आयोजित करती रहती है। भारतीय जनसम्पर्क सोसाइटी अपने अखिल भारतीय सम्मेलनों में जनसम्पर्क के विभिन्न क्षेत्रों जैसे—सरकार, निगमित क्षेत्र और संस्थानों की अपनी परिस्थिति के अनुसार सम्बन्ध बनाने की ओर जोर देता रहता है। भारतीय जनसम्पर्क सोसायटी अपने सभी सदस्यों को शिक्षित करने और नवीन जनसम्पर्क तकनीकी से सुसज्जित करने की बात करता है। इसका प्रयास हमेशा यही रहता है कि उसके सभी सदस्य प्रशिक्षण आदि से हमेशा भरपूर रहे जिससे उन्हें उनके कार्यों में आ रही किसी प्रकार की बाधा तुरन्त दूर हो सके। वह अपने सदस्यों के बीच व्यावसायिक दक्षता (Professional Efficiency) की उन्नति पर जोर देते हैं जिससे पत्रकारिता एवं विज्ञापन के क्षेत्र से प्रतिभाशाली लोगों को आकर्षित कर इसके अधिक-से-अधिक सदस्यों को बढ़ाया जाए।

## सममित और असममित जनसम्पर्क

### (Symmetrical And Asymmetrical Public Relation)

सममित और असममित जनसम्पर्क के बारे में सर्वप्रथम जेम्स ग्रूनिंग और टॉड हंट ने 1984 में अपनी पुस्तक मैनेजिंग ऑफ पब्लिक रिलेशन (Managing Of Public Relation) में बताया था। इनके अनुसार सममित जनसम्पर्क को एक जटिल लेकिन नैतिक अभ्यास का जनसम्पर्क माना जाता है। सममित जनसम्पर्क का दूसरा नाम सन्तुलित जनसम्पर्क भी है। जनसम्पर्क का यह मॉडल संवाद पर अधिक बल देता है जो किसी संगठन एवं उसके मुख्य शेयरधारकों के बीच एक सह सम्बन्ध स्थापित करता है और उस सम्बन्ध को आगे चलाने के लिए हमेशा प्रयास करता है। वर्तमान समय में लगभग सभी निगम तथा औद्योगिक घराने सममित जनसम्पर्क पर अत्यधिक बल देते हैं। सममित जनसम्पर्क के ऊपर निर्भरता वर्तमान समय में देखा जाए तो यह लगातार बढ़ती जा रही है क्योंकि वर्तमान बढ़ते हुए औद्योगिक

घराने, निगम, वैश्वीकरण की स्थिति पर विचार किया जाए तो यह पता चलता है की कोई भी कम्पनी और संगठन अपने पैसे पर व्यापार तो करती ही हैं लेकिन साथ में वह आम जनता से भी अतिरिक्त धन लेकर अपने व्यापार को बढ़ाने का प्रयास करते रहते हैं। जैसे देखा जा सकता है कि लगभग सभी बड़े संगठन या औद्योगिक घराने अपने कम्पनियों के शेयर IPO और FPO आदि के माध्यम से निकालकर पूँजी जुटाने क कार्य करते हैं जिससे उन्हें अतिरिक्त पूँजी और जितना चाहते हैं उसका लगभग 3 से 4 गुना धन जनता से मिल जाता है और वह अपने व्यापार में लगातार उन्नति करने का प्रयास जारी रखते हैं। बदले में वह संगठन समय-समय पर अपने शेयरधारकों को अपनी कम्पनी के लाभांश (Devident) देते रहते हैं। सममित जनसम्पर्क में संगठन और इसकी जनता के बीच एक सन्तुलित संचार होता है। सन्तुलित जनसम्पर्क में जनता और उसके शेयरधारकों की आवाज (Feedback) को सिर्फ जनसम्पर्क अधिकारी ही प्रबन्धन तक पहुँचा सकता है जिससे पता चलता है कि सन्तुलित जनसम्पर्क कि अपनी कुछ सीमाएँ होती हैं और उन सीमाओं का उल्लंघन करना इसमें सम्भव ही नहीं है।

असममित जनसम्पर्क में अपने लक्षित श्रोताओं (Targeted Audiances) और जनता से मिले बहुत सारे पुनर्निवेश (Feedback) को असममित जनसम्पर्क के माध्यम से शामिल किया जाता है। असममित जनसम्पर्क में अपने लक्षित श्रोताओं और जनता से जो बातें संगठन के जनसम्पर्क अधिकारी द्वारा बताई जाती हैं उस पर उनके क्या विचार हैं, उनके क्या रुझान हैं, इन ढेर सारे पुनर्निवेश को असममित जनसम्पर्क के माध्यम से उस संगठन के प्रबन्धन को पहुँचाया जाता है। असममित जनसम्पर्क का किसी भी संगठन द्वारा बखूबी इस्तेमाल किया जाता है क्योंकि असममित जनसम्पर्क की प्राथमिक रुचि उसकी जनता में है न कि उस संगठन या उसकी नीतियों या विचारों के परिवर्तन करने में।

असममित जनसम्पर्क का मानना है कि उसके लक्षित श्रोता और उससे जुड़ी हुई जनता ही उसके लिए सर्वोपरि है न कि वह कम्पनी या उस कम्पनी की नीतियाँ। असममित जनसम्पर्क संचार की बात करें तो यह सममित जनसम्पर्क संचार की अपेक्षा अधिक शक्तिशाली होता है क्योंकि इसमें सममित जनसम्पर्क की भान्ति पुनर्निवेश को मात्र एक रास्ते से नहीं बल्कि जनता और उसके लक्षित श्रोताओं के पुनर्निवेश को कई प्रकार से शामिल किया जा सकता है इसमें उनकी जनता पर निर्भर करता है कि वह किस प्रकार से अपना पुनर्निवेश उस कम्पनी तक पहुँचाना चाहते हैं अथवा वह अपने पुनर्निवेश को प्रबन्धन तक ले जाने के लिए किस साधन का इस्तेमाल करना चाहते हैं। असममित जनसम्पर्क को वैज्ञानिक प्रोत्साहन भी कहा जाता है क्योंकि यह अत्यधिक प्रोत्साहन संचार करने के लिए सामाजिक विज्ञान की विधियों को अपनाता है मुख्यतया किसी कम्पनी के विचारों में त्वरित बदलाव (Short Term Change) करने के लिए इस प्रकार की विधि अपनाई जाती है क्योंके यह अपने लक्षित श्रोताओं और जनता से ज्यादा-से-ज्यादा पुनर्निवेश और वह भी बहुत कम समय में इकट्ठा कर लेता है।

# कॉर्पोरेट या निगमित संचार

**(Corporate Communication)**

कारपोरेट कम्युनिकेशन या निगमित संचार (Corporate Communication) में जनसम्पर्क एक संगठन या कम्पनी द्वारा सार्वजनिक छवि बनाने के लिए उपयुक्त साधन है जो लोगों को संगठन और जिस तरह के निगमित जनता के साथ बातचीत करते हैं उसके बारे में महत्त्वपूर्ण जानकारी और विवरण एक जनसम्पर्क अधिकारी देते हैं। किसी संगठन या व्यावसायिक क्षेत्र मंय किसी की राय और निर्णय को व्यक्त करने के लिए कारपोरेट कम्युनिकेशन या निगमित संचार अत्यन्त महत्त्वपूर्ण है। मीडिया प्राय: उसी मीडिया सम्बन्धों को सन्दर्भित करता है जो पत्रकारों के साथ संगठन के सम्बन्ध को सही ढंग से प्रदर्शित करता है। निगमित संचारी या कारपोरेट कम्युनिकेटर सामान्यतया आन्तरिक संचार के क्षेत्र में कार्य करते हैं। इस क्षेत्र में कार्य करनेवाले जनसम्पर्क अधिकारी संगठन के भीतर विभिन्न विभागों से लक्षित संचार (Targeted Communication) करते हैं। जैसे—कर्मचारी समाचार पत्र, आन्तरिक वेबसाइट, ब्लॉग के माध्यम से जोड़ने के लिए जिम्मेदार रहते हैं। किसी कॉरपोरेट की आन्तरिक जनता अलग-अलग हो सकते हैं लेकिन इसमें सामान्यतया कर्मचारी, निवेशक, शेयर धारक और कार्यकारी सदस्य शामिल रहते हैं।

# निगमित जनसम्पर्क अधिकारी के कार्य

**(Work Of Corporate PRO)**

एक निगमित संगठन के जनसम्पर्क अधिकारी को प्रतिदिन विभिन्न प्रकार की भूमिकाओं का सामना करना पड़ता है। इन सभी के लिए दिन-प्रतिदिन की जिम्मेदारियों और कौशल की आवश्यकता होती है। इन सभी से निपटने के लिए प्रेस विज्ञप्ति, सोशल मीडिया पोस्ट, घटनाओं को अधिक-से-अधिक माध्यम से पत्रकारों के साथ जानकारी प्रदर्शित करने के लिए निगमित जनसम्पर्क अधिकारी या कारपोरेट पीआर संगठन की प्रतिष्ठा पूरे प्रबन्धन के लिए जिम्मेदार रहती है। जब किसी कम्पनी की प्रतिष्ठा को संकट का सामना करना पड़ता है तो कारपोरेट पीआर के अन्तर्गत संकटकालीन परिस्थितियों से निपटने के लिए निगमित जनसम्पर्क अधिकारी को सबके समक्ष आना पड़ता है। कई मामलों में जनसम्पर्क अधिकारी कम्पनी के पेशेवर (Professional) प्रवक्ता के रूप में कार्य करते हैं इसलिए मीडिया के साथ बात करने के लिए तैयार रहना किसी निगमित जनसम्पर्क अधिकारी के लिए अत्यन्त महत्त्वपूर्ण है और सम्भवत: कैमरा पर या बड़े दर्शकों के सामने कुशलता से प्रकट होना चाहिए। किसी बड़े औद्योगिक घरानों के लिए मीडिया उन्हीं सम्बन्धों को सन्दर्भित करता है जो पत्रकारों के साथ संगठन के सम्बन्ध को सही ढंग से प्रदर्शित करता है। निगमित संगठन के जनसम्पर्क अधिकारी मीडिया सम्बन्धों का उपयोग पत्रकारों के सहयोग से संगठन के विकास के लिए समाचारों के लेखन और वितरण कार्य के लिए करता है जो ग्राहकों के बीच कम्पनी की प्रतिष्ठा बनाने में मदद

करता है और अपने ब्रांड की जागरूकता बढ़ाने में भी सहायक है। एक निगमित संगठन के जनसम्पर्क अधिकारी के कार्य निम्नलिखित हैं—

### 1. लेखन (Writing)

जनता तक संगठन के उद्देश्यों के अनुरूप बात पहुँचाने के लिए सुन्दर भाषा में लेखन की आवश्यकता पड़ती है। विषय सामग्री लिखित एवं मौखिक दोनों ही रूपों में प्रभावी होनी चाहिए। मीडिया के लिए प्रेस विज्ञप्ति हो या पुस्तिकाओं, पैम्फलेट्स, जर्नल्स अथवा रेडियो, टेलीविजन और इलेक्ट्रॉनिक माध्यम हों, सभी के लिए लेखन एक आवश्यक कार्य होता है इसलिए किसी निगमित संगठन के जनसम्पर्क अधिकारी का लेखन कार्य में निपुण होना आवश्यक है।

### 2. सम्पादन (Editing)

लिखित विषय सामग्री का सम्पादन भी आवश्यक कार्य है। जनता के पास कोई भी लिखित सामग्री किस रूप में पहुँचने जा रही है और उसका संगठन के उद्देश्य प्राप्ति में सार्थक प्रभाव रहे इस दृष्टि से जाँचना व परखना आवश्यक होता है। प्रत्येक जन-सम्पर्क अधिकारी को सम्पादन के विभिन्न आयामों की जानकारी होनी चाहिए और उसे सम्पादन में पूर्णतया पारंगत व निपुण होना चाहिए। समाचार पत्र-पत्रिका, फोल्डर आदि किस रूप में लिखित सामग्री जनता के समक्ष पहुँच रही है, उसका सम्पादन करना परम आवश्यक है।

### 3. श्रेणीकरण (Categorisation)

किसी संगठन के जनसम्पर्क के उद्देश्य से उपयुक्त माध्यम का चयन कर जनता को सूचना सामग्री उपलब्ध कराना श्रेणीकरण के अन्तर्गत आता है। जनसम्पर्क अधिकारी को यह भली प्रकार पता होना चाहिए कि जनता को किसी निगमित संगठन के बारे में सूचना उपलब्ध कराने के लिए किस माध्यम का चुनाव किया जाए अर्थात् उसे किसी समाचार पत्र-पत्रिका के माध्यम से सूचित किया जाए या किसी इलेक्ट्रॉनिक माध्यम में जैसे टेलीविजन या रेडियो आदि के माध्यम सूचित किया जाए यही प्रक्रिया श्रेणी करण के अन्तर्गत आती है।

### 4. प्रस्तुतीकरण (Presentation)

जनसम्पर्क में निगम (Corporate) से सम्बन्धित सूचनाओं का प्रस्तुतीकरण अत्यन्त महत्त्वपूर्ण है। संगठन की जानकारी ओजस्वी एवं रोचक रूप में विशेष साज-सज्जा के साथ प्रस्तुत की जानी चाहिए जिससे उपरोक्त जनसम्पर्क का उद्देश्य पूरा हो सके।

### 5. भाषण (Speech)

निगमित जनसम्पर्क के अन्तर्गत एक महत्त्वपूर्ण दायित्व है कि जनता के सम्मुख संगठन के बारे में पर्याप्त सूचनाप्रद भाषण प्रस्तुत किए जाएँ। भाषण देने में प्रवीण वक्ताओं का चयन कर उन्हें पहले संगठन के उद्देश्यों की सम्पूर्ण जानकारी उपलब्ध करानी आवश्यक है।

## 6. जन-सम्पर्क और इण्टरनेट (PR and Internet)

इण्टरनेट के उपयोग के कारण जहाँ जन-सम्पर्क की प्रक्रिया अपेक्षाकृत सस्ती हो गई है वहीं इसकी वजह से समय भी कम लगता है। इण्टरनेट के द्वारा कम समय में अधिक-से-अधिक लोगों तक अपनी बात प्रभावी ढंग से पहुँचाई जा सकती है। प्रचार के लिए सामान्यत: सभी निगम और व्यावसायिक घराने इण्टरनेट का जमकर प्रयोग कर रही हैं। सभी व्यावसायिक घराने की इण्टरनेट पर अपनी वेबसाइट हैं जिन पर इन दलों के बारे में पूरा ब्यौरा है। इन वेबसाइटों पर इनकी नीति, रीति और भावी कार्यक्रम तक का प्रदर्शन किया जाता है।

## 7. जन-सम्पर्क और मोबाइल (PR and Mobile)

निगमित जनसम्पर्क (Corporate PR) में प्रचार के लिए मोबाइल फोन का खूब इस्तेमाल हो रहा है। मोबाइल फोन के माध्यम से निगमित जनसम्पर्क कार्य बेहद सरल हो गया है और इसमें समय भी बहुत कम लगता है। पलभर में मोबाइल फोन के जरिए आप लाखों-करोड़ों लोगों तक पहुँच जाते हैं। अक्सर विभिन्न कम्पनियाँ और संस्थाएँ अपनी बात लोगों तक पहुँचाने के लिए मोबाइल सन्देशों का प्रयोग करती है। मोबाइल फोन निगमित जनसम्पर्क का बेहद सस्ता और कारगर माध्यम साबित हो रहा है जिसका कारण है इनके द्वारा दोतरफा जनसम्पर्क (Two Way Communication) होता है जबकि जनसभा, पोस्टर, बैनर आदि परम्परागत प्रचार माध्यम महंगा है और इसमें दोतरफा जनसम्पर्क की सुविधा भी नहीं होती है।

निगमित जनसम्पर्क अधिकारी (Corporate Public Relation Officer) में सैद्धान्तिक और शैक्षणिक योग्यता तो होनी ही चाहिए साथ ही उसे व्यवहारिक और कर्तव्य बोधात्मक ज्ञान भी होना चाहिए। एक निगमित जनसम्पर्क अधिकारी को अध्ययन करनेवाला होना चाहिए जिससे उसकी बात का लोग विश्वास कर सकें। जनसम्पर्क अधिकारी को इस प्रकार का होना चाहिए वह प्रशासन के नए-नए नियम-कानून जो दिन-प्रतिदिन भेजे जा रहे हैं उसका मर्मज्ञ होना चाहिए। उसे पता होना चाहिए कि प्रशासन किस प्रकार के नए कानून लागू कर रहा है। किसी जनसम्पर्क अधिकारी को लोगों के साथ व्यवहार कुशल होना चाहिए। वह लोगों से समर्थन जुटाने में हर परिस्थिति में माहिर होना चाहिए। उसको आवश्यकता पड़ने पर अन्तर्मुखी परन्तु जब ज्यादा आवश्यकता हो तो तुरन्त बहिर्मुखी प्रतिभा का होना चाहिए।

एक जनसम्पर्क अधिकारी को अत्यन्त सहनशीलता से अपना कार्य करना होता है इसलिए उसका मृदुभाषी होना अत्यन्त आवश्यक है, उसे हमेशा सोचना चाहिए उसके पक्ष का हमेशा लाभ हो अर्थात् उसे पेशेवर होना आवश्यक है। उसके अन्दर इस प्रकार का व्यवहार हो कि वह अपने कम्पनी या अपने कारखाने में आए हुए अतिथियों का अच्छे से स्वागत कर सके। एक जनसम्पर्क अधिकारी को अपनी भावनाओं को अच्छे से व्यक्त करनेवाला होना चाहिए और आवश्यकता पड़े तो उसे अपनी कम्पनी का सच्चा मित्र साबित करनेवाला होना चाहिए, अपने जनसम्पर्क अधिकारी के अन्दर इस प्रकार के गुण लगभग सभी कम्पनियाँ खोजती हैं।

## निगमित छवि (Corporate Image)

वैश्वीकरण के इस युग में ग्राहकों और निवेशकों को समान रूप से आकर्षित करने के लिए किसी भी कम्पनी में एक समझदार, सूझबूझ और मजबूत इरादोंवाला पेशेवर जनसम्पर्क अधिकारी का होना नितान्त आवश्यक है क्योंकि उस कम्पनी की निगमित छवि को लोगों के सामने मजबूती से खड़ा करने का दारोमदार उसी जनसम्पर्क अधिकारी का होता है।

## निगमित छवि की आवश्यकता (Need Of Corporate Image)

कारपोरेट या निगमित जनसम्पर्क अधिकारी अपने ग्राहकों, उपभोक्ताओं, वितरण में शामिल सभी माध्यमों, विज्ञापन, प्रचार–प्रसार, अपने कम्पनी के शेयर होल्डर, उसके निवेशकों आदि सभी से सम्पर्क साधता है। कारपोरेट जनसम्पर्क अधिकारी की जिम्मेदारी होती है कि उन सभी से एक अच्छा व्यवहार बनाकर रखें जो उनकी कम्पनी के साथ जुड़े हैं जिससे जब कभी भी कम्पनी को निवेश की आवश्यकता हो तो निवेशक उसकी कम्पनी में पैसा लगा सकें और जब कभी वह कम्पनी कोई नए उत्पाद लेकर बाजार में आए तो उसके वितरक, विज्ञापन एजेंसी, ग्राहक, उपभोक्ता आदि हाथों-हाथ उसके उत्पाद को ले सकें जिससे उसकी बिक्री सुनिश्चित हो सके। कम्पनी की छवि को उच्च शिखर पर पहुँचाने का कार्य जनसम्पर्क अधिकारी का होता है। यदि उस कम्पनी के उत्पाद के विज्ञापन का प्रचार-प्रसार सही ढंग से किया जाएगा, उस कम्पनी का प्रतीक चिह्न अच्छा होगा, उसके उत्पाद में गुणवत्ता होगी तो निश्चय ही उस कम्पनी की छवि लोगों के अन्दर अच्छी बनेगी। इसमें जनसम्पर्क अधिकारी को हमेशा यह देखना होता है कि उसके उत्पाद से कोई ग्राहक या उपभोक्ता परेशान न हो, यदि जनसम्पर्क अधिकारी सूझबूझवाला है तो अपने असन्तुष्ट उपभोक्ताओं या ग्राहकों से सबसे पहले मिलता है, उनकी परेशानी का हल निकालने का प्रयास करता है जिससे उसके उत्पाद की बिक्री पर कोई असर न पड़ सके। अपनी कम्पनी के ग्राहकों और उपभोक्ताओं को आश्वस्त करने के लिए कम्पनी एक अच्छी छवि स्थापित करने का प्रयास करती है।

## कारपोरेट छवि निर्माण की तकनीक (Corporate Image Building Technique)

वर्तमान समय में कारपोरेट जनसम्पर्क अधिकारी को तकनीकी ज्ञान होना अत्यन्त आवश्यक है। उसे अपने कम्पनी की छवि को ग्राहकों और उपभोक्ताओं के लिए बनाने में अत्यन्त सावधानी रखने की आवश्यकता है साथ ही उसे तकनीकी ज्ञान होना आवश्यक है। जैसे—मोबाइल पर उपभोक्ता, ग्राहक, विज्ञापन से जुड़े हुए लोगों, मीडिया कर्मी आदि को मैसेज भेज कर, वीडियो मैसेज भेजकर या फिर फोन कॉल के द्वारा सीधे जुड़ा जा सकता है। इसके अलावा जनसम्पर्क अधिकारी को अपनी कम्पनी की वेबसाइट की गुणवत्ता का ध्यान रखना आवश्यक है क्योंकि वेबसाइट की गुणवत्ता सीधे कम्पनी की छवि को प्रभावित करती है। जब लोग उस कम्पनी के सामान्य सेवाओं का इस्तेमाल करते हैं तो अक्सर वह उस कम्पनी की

वेबसाइट को खोलकर उसके अन्य उत्पादों और कम्पनी के बारे में जानने की कोशिश करते हैं यदि कम्पनी की वेबसाइट अच्छी है तो निश्चय ही लोगों के हृदय में उस कम्पनी की एक अच्छी छवि निर्मित होती है। किसी कम्पनी की निगमित छवि निर्माण की प्रक्रिया में जनसम्पर्क के लिए हमेशा यह आवश्यक है की कम्पनी के प्रति लोगों में जागरूकता फैलाते रहे और यह देखते रहे कि उपभोक्ताओं की क्या आवश्यकता हैं और हम किस प्रकार की सेवाएँ दे रहे हैं अर्थात् तुलनात्मक अध्ययन करता रहे। किसी जनसम्पर्क अधिकारी को उस कम्पनी की छवि को अच्छा करने के लिए उसकी कम्पनी की छवि को बनाने का प्रयास करना चाहिए और उस कम्पनी के जितने वितरक, शेयर होल्डर और जो छोटे डीलर हैं उन सभी का समर्थन प्राप्त करने का प्रयास करना चाहिए साथ ही कम्पनी को अपने कार्यों का समय पर निष्पादन के साथ जो परिणाम प्राप्त हो रहे हैं उनका पुनर्निवेश (Feedback) करते हुए अपने उच्चाधिकारियों से अवगत कराना चाहिए।

## निगमित छवि निर्माण की प्रक्रिया (Corporate Image Building Process)

किसी निगमित जनसम्पर्क संगठन के छवि निर्माण की प्रक्रिया में जनसम्पर्क अधिकारी के अत्यन्त महत्त्वपूर्ण कार्य होते हैं। उसका यह कार्य है कि अपने कम्पनी और जनता के बीच एक सकारात्मक छवि प्रस्तुत की जाए और कम्पनी की व्यापार अर्थात् उसके लाभ और हानि को स्पष्ट किया जाए। उस जनसम्पर्क अधिकारी की हमेशा यह कोशिश रहे कि उसके कम्पनी की छवि को संवैधानिक तथ्यों से सुरक्षित रखा जाए। जिन तत्त्वों से उस कम्पनी के ऊपर दबाव हो सकता है उन्हीं दबाव समूहों से वह समर्थन जुटाए। उसके कम्पनी की जो भविष्य की योजनाएँ हैं उनकी एक प्रभावपूर्ण प्रस्तुति अपने ग्राहक, उपभोक्ता, वितरक, शेयर होल्डर, निवेशक इत्यादि लोगों से करना चाहिए साथ ही कम्पनी की सामाजिक प्रतिबद्धता का सम्प्रेषण भी लोगों के साथ करना चाहिए।

## निगमित पहचान (Corporate Identity)

पहचान चिह्न सन्देशों को संक्षेप में अभिव्यक्त करने का माध्यम होते हैं। आज के वैश्वीकरण के युग में जहाँ एक उत्पाद दूसरे उत्पाद के सामने अपनी गुणवत्ता में सुधार कर, मूल्य में सुधार कर, ग्राहकों और उपभोक्ताओं के लिए पहले से ज्यादा सुविधाजनक बनाने का प्रयास करता है, ऐसे समय में एक उत्पाद अपने आप को दूसरे उत्पाद से अलग दिखने के लिए हमेशा प्रयासरत रहता है। इसके लिए वह अपने कम्पनी की पहचान या अपने ब्रांड का नाम इस प्रकार का रखना चाहता है जिससे उसे लोग उसके नाम से या उसके चित्र को देखकर ही पहचान जाए और केवल उसी के उत्पाद की बिक्री हो। किसी भी कम्पनी का जनसम्पर्क अधिकारी ऐसा करने के लिए हमेशा आतुर रहता है। जैसे यदि साबुन की बात करें तो लक्स, लाइफब्वॉय, हमाम, रिन, एरियल, घड़ी, निरमा, व्हील पाउडर, डेटॉल, जय आदि, यह सभी हैं तो साबुन लेकिन जो अपने-अपने ब्रांड के नाम और चित्र के कारण एक अलग पहचान से बाजार में जाने जाते हैं। कोई भी जनसम्पर्क अधिकारी जब दुकानदारों से

मिलता है अपने उत्पाद का प्रचार करने के लिए और उसकी बिक्री बढ़ाने के लिए तो उसकी कोशिश रहती है कि उसके उत्पाद को दुकानदार थोड़ा अलग रखें, अपने उत्पाद का नाम वह छोटा (Handy) और ऐसा रखना चाहता है जिससे लोगों को बोलने में तकलीफ न हो और उसके उत्पाद का नाम तुरन्त उपभोक्ता या ग्राहकों के दिमाग में आ जाए। जनसम्पर्क अधिकारी अपने उत्पाद पर एक ऐसी छायाचित्र रखने का प्रयास करता है कि जिससे लोग उसके छायाचित्र से ही उस उत्पाद को पहचान जाएँ कि मेरावाला साबुन कौन-सा है। इसी प्रकार से यदि हम बात करते हैं मोटरसाइकिल की श्रृंखला में तो कई तरह के मोटरसाइकिल है जैसे—अपाचे, डिस्कवर, डिस्कवर 125, डिस्कवर100 CC, प्लैटिना, हीरो स्प्लेंडर, स्प्लेंडर प्लस, पैशन, पैशन प्रो, ग्लैमर, यामाहा, यामाहा RX100 आदि लेकिन ध्यान से देखा जाए तो सारे मोटरसाइकिल का अपना ब्रांड है, अपनी गुणवत्ता है, अपने-अपने उनके दाम हैं और साथ ही उन सभी के सन्तुष्ट ग्राहकों की अलग सूची है, सभी मोटरसाइकिल पर एक अलग पहचान चिह्न बने होते हैं।

### पहचान चिह्न की आवश्यकता (Need Of Identity)

दरअसल यह पहचान चिह्न सन्देशों को संक्षेप में अभिव्यक्त करने का माध्यम होते हैं। सम्प्रेषण में इन पहचान चिह्नों का अत्यन्त महत्त्वपूर्ण स्थान है। हम इन पहचान चिह्नों के माध्यम से ही बिना कुछ बोले केवल पहचान चिह्न देखते ही अपने उत्पाद की पहचान कर लेते हैं। हमारे शब्द उनके पीछे रहनेवाले विचारों के प्रतीक होते हैं। किसी संगठन के लिए प्रतीक चिह्न उसकी पहचान को सामने प्रकट करता है। संगठन का क्षेत्र, उद्देश्य आदि भी इसके द्वारा स्पष्ट होते हैं। उस कम्पनी के संक्षिप्त रूप और कम समय में प्रतीक चिह्नों के माध्यम से ही संगठन की पहचान तुरन्त ग्राहक या उपभोक्ता के सामने स्पष्ट हो जाती है इसलिए प्रत्येक कारपोरेट जनसम्पर्क अधिकारी अपने संगठन के उत्पादों के पहचान चिह्नों को प्रचारित और प्रसारित करता है। यह पहचान चिह्न किसी कारपोरेट के अधिकार क्षेत्र, उसकी भौतिक उपस्थिति, उसकी सम्पत्तियों, उसके कर्मचारियों, उसकी सेवाओं और उसके उत्पादों को स्पष्ट करने में सहायता करते हैं। इन पहचान चिह्नों से किसी कम्पनी की विशिष्टता का बोध होता है। पहचान चिह्न हमेशा पंजीकृत ही होते हैं जिससे कोई और कम्पनी उनके पहचान चिह्न का इस्तेमाल और उनके ब्रांड के नाम का इस्तेमाल नहीं कर सकें। सरकार भी इन पहचान चिह्नों का अपनी कम्पनी के उत्पादों पर प्रयोग करती हैं। किसी कम्पनी के पहचान चिह्न उस संगठन की साख और मजबूती को प्रतिध्वनित करते हैं और जनता के मन में संगठन की छवि को बनाए रखने और स्मरण कराने का कार्य करते हैं। कोई संगठन पहचान चिह्नों का उपयोग इसलिए भी करते हैं कि पूरे सन्देश को जनता भले न देख पाए लेकिन उस पहचान चिह्न को ही देखकर पूरे संगठन की छवि उसके दिमाग में घूम जाए। कुछ पहचान चिह्नों की लोकप्रियता बहुत अधिक सार्वभौमिक है जैसे टाटा, HCL, कुरकुरे, मैगी, विमल शूटिंग, किटकैट, सहारा, एरियल, घड़ी डिटर्जेंट पाउडर, गोदरेज, वोल्टास, ड्यूरियन, जिलेट, वीजॉन, दन्तक्रान्ति, अनिक, अमूल, वनहुसेन, ब्लैकबेरी, मान्यवर आदि।

## पहचान चिह्न के प्रकार (Types Of Identity)

किसी कम्पनी के हम निगमित पहचान चिह्नों की बात करें तो यह कई प्रकार के हो सकते हैं। एक कम्पनी भले ही कई प्रकार के उत्पाद बनाती हो लेकिन हर प्रकार के उत्पाद के लिए अलग-अलग पहचान चिह्न बनाती है जिसे कुछ कारपोरेट संगठन उत्पाद के अनुरूप एक से अधिक विशेषताओंवाले प्रतीक चिह्न प्रयुक्त करते हैं। ऐसे कारपोरेट संगठन जो कई प्रकार के उत्पाद बनाते हैं तो वह इस स्थिति में अपने प्रत्येक उत्पाद के लिए अलग-अलग पहचान चिह्न सम्प्रेषित करते हैं जिससे लोगों को किसी प्रकार का भ्रम न उत्पन्न हो। जैसे—डॉबर आँवला केश तेल, केश किंग, निखार, लक्स कोजी, घड़ी मशीन वॉश, हल्दीराम आलू भुजिया आदि। इसमें डॉबर नाम की कम्पनी कई तरह के उत्पाद बनाती है लेकिन जब वह तेल बनाती है तो उसके लिए अलग ब्रांड चिह्न का प्रयोग करती है इसी प्रकार से घड़ी मशीनवॉश RSPL नाम की कम्पनी का उत्पाद है जो कई तरह के उत्पाद नहाने का साबुन, वाशिंग पाउडर, बहुत कुछ बनाते हैं लेकिन जब वह अपनी घड़ी मशीनवॉश का प्रचार करते हैं तो उसका पहचान चिह्न अलग रखते हैं। इस प्रकार पहचान चिह्न किसी संगठन के लिए अत्यन्त महत्त्वपूर्ण होता है क्योंकि इन्हीं पहचान चिह्नों के माध्यम से संगठन को भौतिक रूप से जाना जाता है और यह प्रतीक चिह्न उस संगठन की जनता को प्रेरित करने, कर्मचारियों में गर्व का अनुभव और जुड़ाव का भाव कम्पनी से गहरा करने में अत्यन्त उपयोगी होते हैं।

## पहचान चिह्न का चयन (Selection Of Identity)

किसी कम्पनी के लिए पहचान चिह्न का चयन बहुत ज्यादा विचार विमर्श के बाद ही किया जाता है। पहचान चिह्न के बारे में हमेशा ध्यान रखना चाहिए कि वह संगठन के उद्देश्यों की अभिव्यक्ति करने और उस संगठन की प्रकृति के अनुरूप हो। उस कम्पनी का पहचान चिह्न, आकर्षक और संक्षिप्त होना चाहिए, पहचान चिह्न इस प्रकार का हो कि जिससे सन्तुलन और आकार में बदलाव से आकर्षण में कमी न आए। उसमें सांकेतिक समावेश होना अत्यन्त आवश्यक है। किसी कम्पनी के पहचान चिह्न को लक्ष्यों के अनुरूप होने चाहिए जैसे यदि कोई कारपोरेट कम्पनी लोहे का सामान बनाती है तो बहुत मजबूत दिखनेवाला पहचान चिह्न होना चाहिए और यदि शैक्षणिक संस्था का पहचान चिह्न है तो उसके चिह्न में ज्ञान का तत्त्व दिखाई पड़ना चाहिए साथ ही उसमें रंगों का प्रयोग, सेवा, उत्पाद या संगठन की प्रकृति के अनुरूप होना चाहिए।

# 9

# कॉर्पोरेट कम्युनिकेशन

## (Corporate Communication)

कारपोरेट कम्युनिकेशन से तात्पर्य यह है कि जिसमें व्यवसाय और संगठन, आन्तरिक और बाहरी विभिन्न दर्शकों के साथ संवाद करते रहते हैं। इन दर्शकों में सामान्यतया ग्राहक, सम्भावित ग्राहक, कर्मचारी, निवेशक और उस संगठन के मुख्य शेयर होल्डर शामिल रहते हैं। कॉर्पोरेट संचार एक प्रबन्धन कार्य है जो प्रमुख क्षेत्रों में सूचना के प्रसार, कॉर्पोरेट रणनीति के निष्पादन, आन्तरिक और बाहरी संचलन के लिए सन्देशों के विकास के लिए प्रतिबद्ध है।

कॉरपोरेट कम्युनिकेशन की सहायता से किसी भी कम्पनी की बेहतर तस्वीर सबके सामने आती है। वर्तमान परिवेश में इसके जानकारों (Professionals) की माँग काफी बढ़ी है। किसी कम्पनी की बेहतर छवि बनाने के लिए कॉरपोरेट कम्युनिकेशन विभाग जिम्मेदार होता है। इस दृष्टिकोण से इसका महत्त्व अब काफी बढ़ गया है। इसके अलावा कम्पनी के सम्पूर्ण आन्तरिक सूचना-तन्त्र की जिम्मेदारी भी कॉरपोरेट कम्युनिकेशन विभाग पर ही होती है। आज लगभग हर क्षेत्र की कम्पनियों में कॉरपोरेट कम्युनिकेशन डिपार्टमेंट होता है, जहाँ इस विषय के जानकारों की नियुक्ति होतीहै।

कॉरपोरेट कम्युनिकेशन डिपार्टमेंट द्वारा ही कम्पनी के सभी सन्देशों को आवश्यक ठिकानों तक पहुँचाया जाता है। कॉरपोरेट पहचान बनाने में इस विभाग की अत्यन्त महत्त्वपूर्ण भूमिका होती है। इसके लिए विभिन्न साधनों जैसे—प्रेस रिलीज, ई-मेल, वेबसाइट, सोशल प्रोग्रामिंग, मैसेजिंग आदि का इस्तेमाल किया जाता है। मीडिया से सम्पर्क रखना कॉरपोरेट कम्युनिकेशन का एक प्रमुख काम है। नियोक्ता और कर्मचारी के बीच सूचनाओं के आधार पर तालमेल बनाना भी इसका काम है।

एक कम्पनी कॉर्पोरेट संचार टीम का उपयोग व्यापार और आम जनता के बीच बेहतर सम्बन्ध स्थापित करने के रूप में करती है। एक कम्पनी के भीतर एक आन्तरिक विभाजन हो सकता है जिसे संचार सेवाएँ प्रदान करने के लिए डिज़ाइन किया गया है या इन कार्यों को करने के लिए तीसरे पक्ष के (Out Sourcing) फर्म को काम पर रखा जा सकता है। कॉरपोरेट कम्युनिकेशन टीम के सदस्यों का दायित्व है कि वे कम्पनी के सन्देश को लगातार जनता, मीडिया के सदस्यों और कुछ मामलों में निवेशकों तक पहुँचाएँ।

सर्वश्रेष्ठ संचार पेशेवर (Professional) वह हैं जो न केवल कम्पनी के व्यवसाय और रणनीति से परिचित हैं बल्कि वह भी हैं जो पूरे उद्योग को जानते हैं। मीडिया प्रतिनिधि विशेष रूप से तब दबाए जा सकते हैं जब किसी कम्पनी में किसी घटना या परिस्थिति के बारे में सवाल हों। एक संचार पेशेवर रिले करने में सक्षम है कि अधिक जानकारी बेहतर है। कॉर्पोरेट अधिकारी हमेशा टिप्पणी करने के लिए उपलब्ध नहीं होते हैं और अपनी ओर से बोलने के लिए संचार कर्मचारियों की क्षमता पर भरोसा करेंगे। एक पारम्परिक संचार टीम के विपरीत एक निगम में एक निवेशक सम्बन्ध प्रभाग (Investor Relation Department) निवेशकों से सवाल करने और महत्त्वपूर्ण घटनाओं के बारे में वित्तीय समुदाय को सूचित करने के लिए होते हैं। इस घटना में कि किसी कम्पनी में निवेशक सम्बन्ध टीम नहीं है, कॉर्पोरेट संचार प्रभाग के सदस्य इस भूमिका को भर सकते हैं। यह निवेशक सम्बन्ध समूह में अल्पकालिक अनुपस्थिति का परिणाम हो सकता है या यह उस तरह से हो सकता है जिस तरह से एक कम्पनी संरचित है। अत्यधिक बहुमुखी संचार कर्मियों को रोजगार एक दोहरी रणनीति में सफलता की सम्भावना को बेहतर बनाता है। एक कॉर्पोरेट संचार प्रभाग में कर्मचारियों के पास मजबूत लेखन कौशल होना चाहिए क्योंकि इनको कम्पनी की महत्त्वपूर्ण घटनाओं के बारे में प्रेस विज्ञप्ति लिखने के लिए कहा जा सकता है। एक प्रेस विज्ञप्ति में सामग्री स्पेक्ट्रम को चला सकती है और इसमें विलय के बारे में जानकारी, शीर्ष प्रबन्धन में बदलाव या नए उत्पाद विकास शामिल हो सकते हैं। इसके अलावा, इस घटना में कि कम्पनी मीडिया के लिए एक कार्यकारी उपलब्ध नहीं करा सकती है, संचार कर्मचारियों के एक सदस्य को कम्पनी की ओर से सार्वजनिक बयान जारी करने की आवश्यकता हो सकती है।

वर्तमान समय में बाहरी कारपोरेट संचार टीम को किराए पर लेकर कुछ कम्पनियों द्वारा उपयोग में लाया जा रहा है और यह विकल्प बहुत तेजी से उद्योग जगत में छा रहा है। इस प्रकार की कारपोरेट संचार टीम किराए पर आकर उस कम्पनी के लिए कार्य करती हैं और उनके लिए जनसम्पर्क जुटाती हैं। इस बाहरी कारपोरेट संचार फर्म को जनसम्पर्क कम्पनी के रूप में परिभाषित किया जा सकता है। एक बाहरी फर्म को शामिल करने के कारण हो सकते हैं क्योंकि एक आन्तरिक कॉर्पोरेट संचार टीम को शामिल करने के लिए एक कम्पनी और संसाधनों का आकार बहुत छोटा है। एक बाहरी फर्म जो निगम के निकटता में है, महत्त्वपूर्ण नहीं है लेकिन यह उपयोगी है क्योंकि विश्वास और पहुँच कॉर्पोरेट संचार की सफलता के लिए महत्त्वपूर्ण घटक हैं।

कॉर्पोरेट संचार सभी आन्तरिक और बाहरी संचारों के प्रबन्धन और संचालन में शामिल गतिविधियों का एक समूह है जिसका उद्देश्य हितधारकों (Share holders) के बीच अनुकूल दृष्टिकोण बनाना है जिस पर कम्पनी निर्भर करती है। यह एक कॉर्पोरेट संगठन, निकाय या संस्थान द्वारा अपने दर्शकों, जैसे कर्मचारियों, मीडिया, चैनल भागीदारों और आम जनता के लिए जारी किए गए सन्देश हैं। संगठनों का उद्देश्य एक ही सन्देश को अपने सभी हितधारकों तक पहुँचाना है जिससे सुसंगतता, विश्वसनीयता और नैतिकता को प्रसारित किया जा सके।

कॉर्पोरेट संचार संगठनों को अपने मिशन की व्याख्या करने में मदद करता है, इसके कई दृष्टिकोण और मूल्यों को हितधारकों के लिए एक एकजुट सन्देश में जोड़ता है। कॉर्पोरेट संचार की अवधारणा को हितधारकों को संगठन से जोड़नेवाली एक एकीकृत संचार संरचना के रूप में देखा जा सकता है।

### कॉर्पोरेट कम्युनिकेशन के प्रकार और रणनीति (Strategy and Type of Corporate Communication)

कार्य-योजना और संचार के तीन प्रमुख समूह व्यवसाय की रीढ़ और व्यावसायिक संगठनों की गतिविधि का निर्माण करते हैं। इनमें प्रबन्धन संचार (Management Communication), विपणन संचार (Marketing Communication) और संगठनात्मक संचार (Organisational Communication) शामिल हैं।

### प्रबन्धन संचार (Management Communication)

प्रबन्धन संचार, प्रबन्धन और उसके आन्तरिक और बाहरी दर्शकों के बीच होता है। प्रबन्धन संचार का समर्थन करने के लिए संगठन, विपणन संचार और संगठनात्मक संचार में विशेषज्ञों पर बहुत अधिक भरोसा करते हैं।

### विपणन संचार (Marketing Communication)

अधिकांश संगठनों में विपणन संचार को बजट का बड़ा हिस्सा मिलता है और इसमें उत्पाद विज्ञापन, प्रत्यक्ष मेल, व्यक्तिगत बिक्री और प्रायोजन गतिविधियाँ शामिल होती हैं।

### संगठनात्मक संचार (Organisational Communication)

संगठनात्मक संचार में जनसम्पर्क, सार्वजनिक मामलों, निवेशक सम्बन्धों, पर्यावरण संचार, कॉर्पोरेट विज्ञापन और कर्मचारी संचार के विशेषज्ञ शामिल हैं।

## कॉर्पोरेट संचार की जिम्मेदारियाँ

## (Responsibilities Of Corporate Communication)

किसी भी कम्पनी की उसके ग्राहकों और आम जनता में विश्वास बनाना, उसके कारपोरेट कम्युनिकेशन टीम की होती है इसलिए किसी कम्पनी के कारपोरेट कम्युनिकेशन टीम का अत्यन्त कुशल होना और जिम्मेदार होना स्वभाविक सी बात है क्योंकि कॉरपोरेट कम्युनिकेशन टीम यदि त्वरित निर्णय लेने में सक्षम है तो नि:सन्देह कहा जा सकता है की कुछ ही समय में उस कम्पनी के उत्पाद और सेवाओं से समस्त बाजार भर जाएगा और उसके उत्पाद एवं सेवाएँ ग्राहकों को हाथों-हाथ पसन्द आएँगी। किसी कारपोरेट संचार टीम की यह प्रथम जिम्मेदारी होती है कि उसके उत्पाद और सेवाओं के ब्रांड लोगों में सुगमता से

जाने और पहचाने जाएँ इसके लिए उनका उचित प्रकार से विज्ञापन किया जाए और मार्केट अभियान चलाया जाए।

कॉरपोरेट संचार टीम की जिम्मेदारियाँ निम्नलिखित हैं—

1. ब्रांड के पीछे कम्पनी कॉर्पोरेट ब्रांडिंग (Corporate Branding) के प्रोफाइल को बढ़ावा देने के लिए।

2. कम्पनी की वांछित पहचान और ब्रांड सुविधाओं के बीच विसंगतियों को कम करने के लिए।

3. संचार में कार्यों को सौम्पने के लिए।

4. संचार मामलों पर निर्णय लेने के लिए प्रभावी प्रक्रियाओं को तैयार करने और निष्पादित करने के लिए।

5. कॉर्पोरेट उद्देश्यों के लिए आन्तरिक और बाहरी समर्थन जुटाने के लिए।

6. अन्तरराष्ट्रीय व्यापार फर्मों के साथ समन्वय करने के लिए।

अमेरिका की सैकड़ों सबसे बड़ी फर्मों के एक सम्मेलन बोर्ड के अध्ययन से पता चला है कि लगभग 80 प्रतिशत के आस-पास कॉर्पोरेट संचार कार्य हैं जिनमें मीडिया सम्बन्ध, भाषण लेखन, कर्मचारी संचार, कॉर्पोरेट विज्ञापन और सामुदायिक सम्बन्ध शामिल हैं। जनता का प्रतिनिधित्व अक्सर स्व-नियुक्त कार्यकर्ता गैर-सरकारी संगठनों (एनजीओ) द्वारा किया जाता है जो किसी विशेष मुद्दे से अपनी पहचान बनाते हैं। अधिकांश कम्पनियों के पास विभिन्न दर्शकों के साथ संवाद करने के लिए पेशेवरों (Proffessionals) के विशेष समूह हैं, जैसे आन्तरिक संचार, विपणन संचार, निवेशक सम्बन्ध, सरकारी सम्बन्ध और जनसम्पर्क।

कॉर्पोरेट जिम्मेदारी अक्सर कॉर्पोरेट सामाजिक जिम्मेदारी के रूप में सन्दर्भित रहते हैं। कॉर्पोरेट नागरिकता, स्थिरता और यहाँ तक कि जागरूक पूँजीवाद कुछ ऐसे शब्द हैं जो समाचार मीडिया और कॉर्पोरेट मार्केटिंग प्रयासों के बारे में बन्धे हुए हैं क्योंकि कम्पनियाँ घटकों का विश्वास और वफादारी जीतने के लिए जॉकी हैं।

कॉर्पोरेट जिम्मेदारी (CR, Corporate Responsibility) समाज के हितों के लिए एक संगठन के सम्मान का गठन करती है जो ग्राहकों, कर्मचारियों, शेयरधारकों, समुदायों और पर्यावरण सहित उनके कार्यों के सभी हिस्सों में प्रमुख निर्वाचन क्षेत्रों पर इसकी गतिविधियों के प्रभावों का स्वामित्व लेकर प्रदर्शित होती है। संक्षेप में, सीआर एक निगम को अपने व्यवसाय के सामाजिक निहितार्थों के लिए अपनी पारम्परिक निचली रेखा से परे देखने के लिए प्रेरित करता है। कॉरपोरेट कम्युनिकेशन में कॉर्पोरेट संचार अपने कॉर्पोरेट ब्रांड को अपनी कम्पनी की एक धारणा के रूप में विकसित करने, साझा करने और अपने प्रतीक के माध्यम से जनता को अपने उत्पादों या सेवाओं के समूह को एकजुट कराने का प्रयास करती है। कॉरपोरेट कम्युनिकेशन की प्रक्रिया में आन्तरिक और बाहरी दोनों हितधारकों के साथ अनुकूल जुड़ाव और सकारात्मक प्रतिष्ठा बनाने का प्रयास किया जाता है। कारपोरेट कम्युनिकेशन की पहल

का उद्देश्य अपने कम्पनी के उत्पादों और व्यवसाय पर एक सकारात्मक प्रभामंडल उत्पन्न करना होता है जो उन उत्पादों और व्यवसायों को अधिक अनुकूल प्रभाव प्रदान कर सकने में सक्षम हो सके।

अनेक शोधों का अध्ययन करने के पश्चात हम सामान्य शब्दों में कह सकते हैं कि कम्पनियों के लिए कारपोरेट कम्युनिकेशन एक उपयुक्त रणनीति है जब एक कम्पनी और उसके ग्राहकों के बीच महत्त्वपूर्ण सूचनाओं को भेजा जाता है क्योंकि अधिकतर ग्राहकों और उपभोक्ताओं को कम्पनी की तुलना में उसके उत्पादों के बारे में बहुत कम जानकारी होती है। ग्राहक उस कम्पनी के उत्पादों या सेवाओं को खरीदने में उच्च स्तर की जोखिम का अनुभव करते हैं क्योंकि उन्हें डर रहता है कि वह जिस वस्तु का क्रय करने जा रहे हैं वह अच्छी होगी या बुरी होगी वह इस्तेमाल के बाद ही पता चल सकता है इसलिए कम्पनियाँ अपने उत्पादों के बारे में अपने ग्राहकों और उपभोक्ताओं को बताती रहती हैं। कॉर्पोरेट कम्युनिकेशन के माध्यम से उक्त कम्पनी अपने ब्रांड को बाजार में स्थापित करने का प्रयास करती है और उस ब्रांड के पीछे कम्पनी की विशेषता, उस उत्पाद या सेवा की विशेषता होती है जिससे ग्राहक और उपभोक्ताओं को अपनी ओर आकर्षित किया जा सके।

कॉरपोरेट कम्युनिकेशन के इस दौर में किसी भी कम्पनी के लिए अपनी कारपोरेट पहचान बनाना एक संगठन की वास्तविकता और ऐसी विशेषता है जो कारपोरेट संचार के माध्यम से अपनी बाहरी और आन्तरिक छवि और प्रतिष्ठा से अभिन्न रूप से सम्बन्धित है संगठनात्मक पहचान में एक संगठन की वह सभी विशेषताएँ शामिल होती हैं जो उसके सदस्यों को केन्द्रीय, विशिष्ट और स्थाई मानते हैं अर्थात् संगठनात्मक पहचान में वह सभी गुण शामिल होते हैं जो उनके प्रबन्धन को लगता है कि संगठन के लिए मौलिक और विशिष्ट रूप से वर्णनात्मक हैं और जो समय के साथ स्थाई संगठन के भीतर बने रहते हैं।

## कारपोरेट प्रतिष्ठा

### (Corporate Reputation)

किसी कारपोरेट की प्रतिष्ठा उसके हितधारकों, ग्राहकों, उपभोक्ताओं द्वारा उस संगठन का समग्र मूल्याँकन होता है। एक संगठन की अपनी अपेक्षाओं को पूरा करने की क्षमता हितधारकों द्वारा समग्र वह धारणाएँ हैं जो हितधारक कम्पनी के उत्पादों को खरीदने, कम्पनी के लिए काम करने या कम्पनी के शेयरों में निवेश करने में रुचि रखते हो. साथ ही उनकी प्रतिष्ठा उनके ग्राहकों में उस कम्पनी के प्रति उत्पन्न हो रही जागरूकता से भी बढ़ती है। किसी कम्पनी के उत्पादों या उसकी सेवाओं को निम्नलिखित प्रकार से जनता के मध्य, उसके ग्राहकों, उपभोक्ताओं और हितधारकों के बीच प्रतिष्ठित किया जा सकता है—1. कारपोरेट कम्युनिकेशन टीम अपने कम्पनी के उत्पाद या उसकी सेवाओं की विशेषताओं का संग्रह कर इसके सदस्यों की नजर में संगठन की निरन्तरता केन्द्रीय था और विशिष्टता के लिए इसको विशिष्ट रूप में प्रदर्शित करते हैं।

2. कॉरपोरेट कम्युनिकेशन टीम अपने कम्पनी की सेवाओं की पहचान, संगठन की विशेषताओं की स्वप्रस्तुति स्पष्ट संकेतों में प्रकट करता है जिसे संगठन संचार और प्रतीकों के माध्यम से आन्तरिक और बाह्य लक्षित दर्शकों तक प्रसारित किया जाता है और उन्हें अपने कम्पनी के पक्ष में मोड़ने का प्रयास किया जाता है।

3. कारपोरेट संचार टीम अपने कम्पनी के उत्पादों की वांछित पहचान जिसे आदर्श पहचान भी कहा जाता है उसकी आदर्श छवि जो शीर्ष प्रबन्धकों के पास उपस्थित रहती है उसे शीर्ष प्रबन्धन अपने नेतृत्व में आम जनता को बताते हैं और उसे प्रतिष्ठित करने का प्रयास करते हैं।

## संकट संचार

### (Crisis Communication)

कोई भी कम्पनी यदि अपने विकास के पथ पर अग्रसर है और उसके अग्रसर होने की रफ्तार अधिक तीव्र है तो उतनी ही तीव्रता से उसके दुश्मन की पैदा होते रहते हैं ऐसे समय में एक कुशल कारपोरेट कम्युनिकेशन टीम उस कम्पनी के लिए संकट संचार के माध्यम से निपटने के लिए हमेशा तैयार खड़ी रहती है। संकट संचार को कभी-कभी जनसम्पर्क पेशे की एक उप-विशेषता माना जाता है जिसे किसी व्यक्ति, कम्पनी या संगठन को उसकी प्रतिष्ठा के लिए सार्वजनिक चुनौती का सामना करने और उसकी रक्षा करने के लिए डिज़ाइन किया गया है। ये चुनौतियाँ एक सरकारी एजेंसी की जाँच, एक आपराधिक आरोप, एक मीडिया पूछताछ, एक शेयरधारकों के मुकदमे, पर्यावरण नियमों के उल्लंघन या कानूनी, नैतिक या वित्तीय स्थिति से जुड़े कई अन्य परिदृश्यों के रूप में आ सकती हैं। संगठनों के लिए संकट को इस प्रकार परिभाषित किया जा सकता है—

संकट एक बड़ी आपदा है जो या तो स्वाभाविक रूप से या मानवीय त्रुटि, हस्तक्षेप या यहाँ तक कि दुर्भावनापूर्ण इरादे के परिणामस्वरूप हो सकती है। इसमें मूर्त तबाही (Tangible Destruction) शामिल हो सकती है जैसे कि जीवन या सम्पत्ति का विनाश या अमूर्त तबाही (Intangible Destruction) जैसे किसी संगठन की विश्वसनीयता का नुकसान या अन्य प्रतिष्ठित क्षति। बाद के परिणाम मूर्त तबाही या मानवीय त्रुटि के परिणाम के लिए प्रबन्धन की प्रतिक्रिया का परिणाम हो सकते हैं। एक संकट का आमतौर पर एक कम्पनी पर महत्त्वपूर्ण वास्तविक या सम्भावित वित्तीय प्रभाव पड़ता है और यह आमतौर पर एक से अधिक बाजारों में कई क्षेत्रों को प्रभावित करता है।

## आन्तरिक / कर्मचारी संचार

### (Internal / Staff Communication)

कारपोरेट कम्युनिकेशन टीम का यह एक अन्य महत्त्वपूर्ण कार्य है। किसी कम्पनी में जैसे-जैसे संचार की सीमा बढ़ती है, कई कम्पनियाँ कई मीडिया का प्रबन्धन करने के लिए समर्पित कर्मचारियों के साथ एक कर्मचारी सम्बन्ध (Employee Relation) फ़ंक्शन बनाती

हैं जिसके माध्यम से वरिष्ठ प्रबन्धक आपस में और बाकी संगठन के साथ संवाद कर सकते हैं। २१वीं सदी में आन्तरिक संचार मेमो, प्रकाशन और प्रसारण से कहीं अधिक है जिसमें यह शामिल है; यह संगठनात्मक उत्कृष्टता को चलानेवाले मूल्यों पर एक कॉर्पोरेट संस्कृति के निर्माण के बारे में है। कर्मचारी सम्बन्ध विशेषज्ञों से आम तौर पर निम्नलिखित चार भूमिकाओं में से एक या अधिक को पूरा करने की उम्मीद की जाती है

1. दक्षता: आन्तरिक संचार का उपयोग मुख्य रूप से कॉर्पोरेट गतिविधियों के बारे में जानकारी के प्रसार के लिए किया जाता है।

2. साझा अर्थ: कॉर्पोरेट लक्ष्यों के बारे में कर्मचारियों के बीच साझा समझ बनाने के लिए आन्तरिक संचार का उपयोग किया जाता है।

3. कनेक्टिविटी: आन्तरिक संचार का उपयोग मुख्य रूप से कम्पनी के लोगों और गतिविधियों की कनेक्टिविटी को स्पष्ट करने के लिए किया जाता है।

4. सन्तुष्टि: पूरे कम्पनी में नौकरी की सन्तुष्टि में सुधार के लिए आन्तरिक संचार का उपयोग किया जाता है।

## निवेशक सम्बन्ध

### (Investor Relations)

निवेशक सम्बन्ध (Investor Relations) फ़ंक्शन का उपयोग उन कम्पनियों द्वारा किया जाता है जो स्टॉक एक्सचेंज पर सार्वजनिक रूप से शेयरों का व्यापार करती हैं। ऐसी कम्पनियों में, निवेशक सम्बन्ध विशेषज्ञ का उद्देश्य वर्तमान और सम्भावित वित्तीय हितधारकों-अर्थात् खुदरा निवेशकों, संस्थागत निवेशकों और वित्तीय विश्लेषकों के साथ सूचनाओं का आदान प्रदान करना है। कारपोरेट कम्युनिकेशन टीम का यह एक और महत्त्वपूर्ण कार्य है।

निवेशक सम्बन्धों की भूमिका तीन प्रमुख कार्यों को पूरा करना है:

1. नियमों का पालन करें।
2. प्रमुख वित्तीय दर्शकों के साथ अनुकूल सम्बन्ध बनाएँ।
3. कम्पनी की छवि और प्रतिष्ठा के निर्माण और रखरखाव में योगदान करें।

## जनसम्पर्क : मुद्दा प्रबन्धन और मीडिया सम्बन्ध

### (Public Relation: Issue Management and Media Relation)

कारपोरेट कम्युनिकेशन टीम जनसम्पर्क विशेषज्ञ की भूमिका निभाती है जो कई मायनों में कम्पनी के हितों की सेवा करनेवाले तरीकों से आम जनता के साथ उनके स्तर पर जाकर संवाद करती है। इसमें जनसम्पर्क में कई विशिष्ट क्षेत्र शामिल है जो कम्पनी के बारे में जानकारी को जनता तक पहुँचाते हैं जिसमें प्रायोजन, कार्यक्रम, मुद्दा प्रबन्धन और मीडिया सम्बन्ध शामिल है। इस प्रकार की गतिविधियों को कार्यान्वित करते समय जनसम्पर्क विशेषज्ञ को कम्पनी की रणनीतिक स्थिति से अवगत कराने के लिए व्यापक कारपोरेट सन्देशों को

शामिल करना चाहिए जिसमें कारपोरेट कम्युनिकेशन टीम यह सुनिश्चित करता है कि जनसम्पर्क गतिविधियाँ अन्ततः सन्देश देती हैं जो कम्पनी को अपने प्रतिस्पर्धीओं और समग्र बाजार से अलग करती है जबकि लक्षित दर्शकों के लिए कम्पनी के मूल्य को भी सम्प्रेषित करती हैं।

## मुद्दा प्रबन्धन

**(Issue Management)**

पीआर विशेषज्ञ की एक महत्त्वपूर्ण भूमिका कम्पनी को उन लक्षणों और विशेषताओं के लिए बेहतर रूप से जाना जाता है जो कम्पनी की कथित विशिष्टता और जनता के साथ प्रतिस्पर्धात्मकता का निर्माण करते हैं। हाल के वर्षों में, पीआर विशेषज्ञ कम्पनियों को रणनीतिक मुद्दों का प्रबन्धन करने में मदद करने में तेजी से शामिल हो गए हैं—उनकी गतिविधियों के बारे में सार्वजनिक चिन्ताएँ जिन्हें अक्सर विशेष रुचि समूहों और गैर सरकारी संगठनों द्वारा बढ़ाया जाता है इसलिए पीआर विशेषज्ञ की भूमिका में मुद्दों का प्रबन्धन भी शामिल है अर्थात् "संगठनात्मक प्रक्रियाओं, दिनचर्या, कर्मियों और मुद्दों का सेट"। एक रणनीतिक मुद्दा वह है जो एक कम्पनी को इससे निपटने के लिए मजबूर करता है क्योंकि "पदों या संसाधनों के वितरण से सम्बन्धित प्रक्रियात्मक या वास्तविक मामलों पर दो या दो से अधिक पहचान योग्य समूहों के बीच संघर्ष है"।

### मीडिया सम्बन्ध (Media Relation)

कारपोरेट कम्युनिकेशन टीम को मीडिया के साथ बेहतर सम्बन्ध बनाने के लिए संगठनों को मीडिया के प्रभावशाली सदस्यों के साथ सकारात्मक सम्बन्ध विकसित करने चाहिए। यह कार्य कम्पनी के मीडिया सम्बन्ध विभाग के कर्मचारियों द्वारा या एक जनसम्पर्क फर्म द्वारा नियन्त्रित किया जा सकता है।

## कम्पनी प्रवक्ता

**(Company Spokesman)**

जिस तीव्र गति से बाजार का बहुराष्ट्रीयकरण होता जा रहा है उसको देखते हुए कारपोरेट कम्युनिकेशन टीम की उपयोगिता दिनों-दिन बढ़ती जा रही है। अक्सर देखा जाता है कि कोई भी बड़ा पर्व, बड़ी घटना-दुर्घटना, खुशी की बात, बोनस का वितरण, शेयरधारकों से बातचीत करने का अवसर जैसे अनेक कार्यों पर कॉरपोरेट कम्युनिकेशन टीम को आगे आना पड़ता है और वही कम्पनी का प्रवक्ता प्रतीत होने लगता है इसलिए किसी कम्पनी की कारपोरेट कम्युनिकेशन टीम का दिमागी रूप से मजबूत होना अत्यन्त आवश्यक है। कॉरपोरेट कम्युनिकेशन टीम इन "सार्वजनिक चेहरों" को उनके सम्बन्धित क्षेत्र में प्राधिकरण माना जाता है और यह सुनिश्चित करता है कि कम्पनी या संगठन सुर्खियों में रहे।

कॉरपोरेट कम्युनिकेशन टीम को निम्नलिखित बिन्दुओं का अत्यन्त ध्यान रखना होता है—

1 कॉर्पोरेट वेबसाइटों और अन्य बाहरी स्पर्श बिन्दुओं की सामग्री का प्रबन्धन

2 कॉर्पोरेट प्रकाशनों का प्रबन्धन—बाहरी दुनिया के लिए

3 प्रिंट मीडिया का प्रबन्धन

इस प्रकार हम निष्कर्ष रूप में कह सकते हैं कि किसी भी कम्पनी के लिए कॉरपोरेट कम्युनिकेशन टीम उसकी आँख और कान है क्योंकि वह जो देखेगी उसी के तदनुरूप अपने कम्पनी को समग्र दिशा में ले जाएगी और कम्पनी सफलता के दिनोन्दिन नए सोपान लिखेगी।

# सन्दर्भ ग्रन्थ
## (References)


1. विज्ञापन माध्यम और प्रचार - विजय कुलश्रेष्ठ एवं प्रतुल अथैया
2. विज्ञापन व्यवसाय एवं कला - डॉ. रामचन्द्र तिवारी
3. विज्ञापन कला - एकेश्ववर प्रसाद हड़वाल
4. विज्ञापन - अशोक महाजन
5. भारतीय विज्ञापन में नैतिकता - मधु अग्रवाल
6. जनसम्पर्क, प्रचार एवं विज्ञापन - विजय कुलश्रेष्ठ
7. जनसम्पर्क, सिद्धान्त और व्यवहार - डॉ. अर्जुन तिवारी, विमलेश तिवारी
8. भारत में जनसम्पर्क - डॉ. बलदेव राज गुप्ता
9. लोक सम्पर्क - राजेन्द्र
10. Advertisement art' and ideas - Dr G.M. Rege
11. Public Relation in India - D.S. Mehta
12. Practical Public Relations - Sam Black
13. The Handbook of Public Relations - Ellis, Nigel
14. Effective Public Relations - Cullis Centre
15. The Role Of Public Relations In Management - Sam Black